»Richtig reisen«

Algerische Sahara

Warnschild an einer Saharastraße

»Richtig reisen«

Algerische Sahara

Reise-Handbuch

Ursula und Wolfgang Eckert

DuMont Buchverlag Köln

Umschlagvorderseite: Sanddünen im Grand Erg Occidental

Umschlaginnenklappe: Rast am Rande des Teffedest-Gebirges

Umschlagrückseite: Tuareg im Tassili n'Ajjer

An dieser Stelle danken wir besonders allen unseren Reisekameraden für ihre Geduld und Mithilfe während unserer gemeinsamen Reisen. Ferner möchten wir uns bei den Mitgliedern des Euro-Arabischen Freundschaftskreises, bei der Deutschen Botschaft in Algier, Herrn Schmerfeld vom ADAC München sowie bei allen anderen Saharafreunden und Institutionen bedanken, die mit nützlichen Informationen zur Entstehung bzw. Aktualisierung dieses Buches beigetragen haben.

Ursula und Wolfgang Eckert

4., überarbeitete Auflage 1987

Satz, Druck und buchbinderische Verarbeitung: Boss-Druck, Kleve

Printed in Germany ISBN 3-7701-1317-9

Inhalt

Von Saharareisenden ›verziertes‹ Markierungsschild am Wendekreis des Krebses (vgl. S. 119)

Im Gelben Info-Teil

Vorbemerkungen

»Die Sahara ist der Garten Allahs, aus dem dieser alles überflüssige menschliche und tierische Leben entfernt hat, damit es einen Ort gebe, wo er in Frieden wandeln könne.«

Arabisches Sprichwort

Jemanden ›in die Wüste schicken‹ gilt normalerweise als Ausdruck der Verbannung, des Verstoßens, der Strafe. Daß jemand einem solchen Befehl freudig nachkommt, daß Leute freiwillig in die Sahara fahren, ja, daß man regelrecht Heimweh nach der Wüste haben kann, mag manchem unbegreiflich erscheinen. Lernte man doch in der Schule, daß die Sahara eine lebensfeindliche, öde Landschaft ist, in der es nichts zu erleben gibt außer Hitze und Durst und nichts zu sehen außer Sand, hie und da einem Kamel und gelegentlich einer Fata Morgana.

Unsere erste Bekanntschaft mit der Sahara machten wir im Jahre 1974 auf einer – damals noch gebuchten – Geländewagentour durch mehrere Saharaländer. Damals ›leckten wir Blut‹, und in den folgenden Jahren führten wir unsere Reisen auf eigene Faust durch. Wir begannen mit einer VW-Bus-Fahrt nach Südtunesien, dann folgten der Kauf eines Landrovers und unsere erste Saharadurchquerung auf der damals noch ungeteerten Hoggar-Piste bis Tamanrasset und weiter nach Djanet. In den vergangenen Jahren unternahmen wir ausgedehnte Reisen auch durch Westafrika, Mali, Togo, Obervolta und Niger, aber es war immer wieder die algerische Sahara, die uns besonders anzog, für die wir die meiste Zeit aufsparten, die uns am stärksten faszinierte. Wir befuhren fast sämtliche Pisten Südalgeriens und legten außerdem große Strekken quer durchs Gelände, nur nach Karte und Kompaß zurück. Auf diese Weise lernten wir die algerische Sahara in all ihrer Schönheit, ihrer Vielfalt, aber auch mit all ihren Tücken ausgiebig kennen. Wir erhielten einen umfassenden Einblick in die Lebensgewohnheiten ihrer Bewohner, der Oasenbauern und der Nomaden.

In dem vorliegenden Buch sind die auf diesen Fahrten gewonnenen Erfahrungen und gesammelten Informationen zusammengetragen. Das Buch soll einerseits Saharaneulingen bei der Planung, Vorbereitung und Durchführung ihrer Reise nützliche Dienste leisten; andererseits aber auch ein wertvolles Handbuch für jene sein, die bereits vom ›Wüstenbazillus‹ angesteckt sind, nun noch mehr kennenlernen und vor allem auch in unbekanntere, unerschlossenere Gebiete vordringen wollen.

Daß jeder von ihnen gesund und unfallfrei auch wieder den Rückweg aus der Wüste findet, das gebe Gott – oder besser auf arabisch: *Inschallah!*

Freuden und Leiden auf einer Saharareise

Bevor man sich erstmals ›Hals über Kopf‹ in ein Wüstenabenteuer stürzt, empfiehlt es sich, die nachfolgende Tabelle einmal kritisch durchzugehen. Sie enthält eine grobe Gegenüberstellung von Vor- und Nachteilen einer Reise in die algerische Sahara. Wer auf der ›Negativseite‹ mehrere Punkte findet, die ihm ernsthafte Probleme bereiten könnten, sollte sich die Sache besser nochmals überlegen. Es gibt kaum etwas Schlimmeres als Reisende, die sich unterwegs nach Dingen sehnen, auf die man bei einer solchen Tour nun einmal verzichten muß. Ein Urlauber, der zufrieden von einem Badeaufenthalt in Rimini zurückkommt, hat seine Zeit sicher besser genutzt als ein von Afrika enttäuschter Ferntourist.

Pro	**Kontra**
Landschaftliche Schönheiten: riesige Dünenmeere, phantastische Gebirgslandschaften, malerische Oasen Gastfreundliche Bevölkerung Viele fremdartige Eindrücke und Erlebnisse ›Gut-Wetter-Garantie‹ Keine Menschenmassen, kein Schlangestehen vor Sehenswürdigkeiten ›Unbegrenzte Möglichkeiten‹ für Forscher und Entdecker Keine Zivilisationszwänge Keine Kioske, Verbots- oder Hinweisschilder zu Natursehenswürdigkeiten Keine Verkehrsstauungen, keine Ampeln; viel Platz und Freiheit auf Straßen, Pisten und im Gelände Wildes Campen überall erlaubt Viel Ruhe und Abgeschiedenheit Absoluter Gegensatz zum europäischen Alltagsstreß	Weite Anreise Zeitraubende Planung und Vorbereitung, Papierkrieg mit Behörden Wenige Hotels, kaum Gaststätten, keine Biergärten, keine Diskotheken Wenige organisierte Campingplätze Chronische Wasserknappheit, eventuell Trinkwasserrationierung, Verzicht auf Duschen und sonstigen hygienischen Komfort Spartanische Lebensweise als Folge mangelnder Versorgungsmöglichkeiten; Selbstversorgung Mangelhafte ärztliche Versorgung Extreme Temperaturen (heiße Sommertage, kalte Winternächte) Fliegen- und Moskitoplage Orientierungsschwierigkeiten im Gelände wegen mangelhafter oder fehlender Markierungen Erhöhtes Risiko von Autopannen Knappes Angebot an Reparaturwerkstätten Große Einsamkeit

Geländewagen auf einer Saharapiste

Wissenswertes über die Algerische Sahara

Landschaftsformen der Algerischen Sahara

Wie kann man nur immer wieder in die Wüste fahren, wo es dort doch nur Sand und öde Weiten gibt? Wie oft bekommt man als Wüstenreisender diese Frage zu hören! Jemand, der abwechselnd nach Griechenland, Spanien, Norwegen und in die Schweiz fährt, fährt auch immer wieder nach Europa, ohne daß man auf die Idee käme, ihm Einseitigkeit vorzuwerfen. Nur weiß heute eben jeder, wie schön und abwechslungsreich unsere europäischen Urlaubsländer sind. Wie schön, abwechslungsreich und faszinierend die Sahara ist, spricht sich dagegen – Gott sei Dank – nur langsam herum. Es hat sicher auch sein Gutes, wenn weiterhin die Ansicht überwiegt, bei der Sahara handle es sich um ein riesiges Sandmeer, das höchstens für ›wilde Geländefahrer‹ von Reiz sein könne.

Von allen Ländern, die sich in die Sahara teilen, hat Algerien zweifellos den landschaftlich interessantesten und abwechs-

Die Sahara bietet vielfältige landschaftliche Reize: Sicheldünen bei El Golea …

lungsreichsten Teil der Wüste vorzuweisen. Wir finden mächtige Vulkanberge im Hoggargebirge, zerklüftete Felsformationen im Tassili n'Ajjer, riesige Sanddünengebiete, ausgetrocknete Flußläufe, Hochplateaus mit tiefen Cañons, Tafelberge, weite Sand-, Kiesel- und Geröllebenen und dazwischen immer wieder die fruchtbaren Oasensiedlungen mit grünen Gärten und Palmenhainen. Wer mit offenen Augen die Sahara bereist, wird innerhalb dieser verschiedenartigen Landschaftsformen die vielfältigsten eigenen Entdeckungen machen, seien es Funde interessanter Steine, Felsformen, Naturphänomene wie Luftspiegelungen, Windhosen oder phantastische Wolkenbilder, Pflanzen, Tiere oder gar Spuren der vorgeschichtlichen Bewohner. Er wird Sonnenauf- und -untergänge in prachtvoller Landschaftskulisse erleben und das Spiel von Licht und Schatten in den Dünen bewundern. Im Vergleich zur räumlichen Enge unserer heimischen Landschaft, wo fast jedes Fleckchen erschlossen, parzelliert, von vorgeschriebenen Wegen durchzogen, mit Hinweis- und Verbotsschildern, Kiosken und Abfällen der Vorbesucher dekoriert ist, wirkt die Sahara als riesiges Paradies, das noch selbst entdeckt und auf eigene Gefahr und Verantwortung überall betreten und durchforscht werden kann. Diese großzügige Weite, diese unermeßliche Menge an Raum, Luft und Freiheit entschädigt neben der ungewöhnlichen Szenerie dafür, daß in der Sahara auf manche ›klassisch-schönen‹ Landschaften verzichtet werden muß. Wer vorwiegend blühende Wiesen, rauschende Wälder und murmelnde Gebirgsbäche liebt, ist hier fehl am Platz; der Reiz der Wüstenlandschaft liegt in ihrer Fremdartigkeit, ihrer Wildheit, ihrer Größe und Unberührtheit.

Die Sahara hat viele Gesichter. Eine Fahrt durch den Süden Algeriens bietet einen hervorragenden Einblick in die verschiedenartigen Landschaftsformen der Wüste und räumt auf mit dem alten Vorurteil, daß es in der Sahara nichts zu sehen gebe als Sand, Sand und nochmals Sand.

... und Gebirgsmassiv im Hoggar

Die Entstehung der Sahara

Im langen Verlauf der Erdgeschichte war der heutige Sahararaum wiederholt von großen Meeren bedeckt. Die vom Wind und in Flüssen hertransportierten Verwitterungsprodukte aus Kalk, Sand und Schlamm lagerten sich zusammen mit den Skeletten und Schalen der in den Ozeanen lebenden Tiere in dicken Schichten auf dem harten, kristallinen Meeresboden ab. Enorme tektonische Kräfte senkten und hoben den Boden mehrmals, schließlich floß das Wasser endgültig ab. Die dicken Sedimentschichten der einstigen Ozeane, um Hunderte von Metern über den heutigen Meeresspiegel angehoben, prägen noch heute mehr als ein Drittel des Landschaftsbildes der Sahara, Versteinerungen von Meerestieren und von einstigen Korallenriffen legen noch an vielen Stellen Zeugnis von der Urgeschichte der Sahara ab. In den folgenden Jahrmillionen breiteten sich Pflanzen auf dem Festland aus, die schließlich auch die Lebensgrundlage für Landtiere bildeten. Große Urwälder und Sümpfe bedeckten einst das, was sich später zur größten und trockensten Wüste der Erde entwickelte, Flüsse durchflossen die Gebirge und weiten Ebenen. Lang anhaltende kalte und warme, feuchte und trockene Perioden wechselten dabei einander wiederholt ab. Funde von versteinerten Bäumen und Wirbeltieren, ja sogar von riesigen Saurierskeletten beweisen, daß der Sahararaum nicht immer so unwirtlich war, wie er sich heute darstellt.

Seit etwa 10 000 Jahren, als die letzte Eiszeit allmählich zu Ende ging, stiegen die Temperaturen erneut an, und ein besonders trockenes Klima sorgt seither im Zusammenspiel mit intensiven Verwitterungsprozessen für das Ausbreiten der Wüste und für ständige Veränderungen in der Landschaft: Die von Flüssen einst eingegrabenen Schluchten werden durch Wind und Sand vertieft, ein unermüdliches natürliches ›Sandstrahlgebläse‹ zerlegt Felsschichten, zerkleinert und zerreibt sie. Felsen zerbersten durch Temperaturunterschiede und werden zu Sand zermahlen. Noch immer sind unerschöpfliche Gesteinsmassen vorhanden, die im Laufe der Zeit durch Erosionswirkung ihre ursprüngliche Form verlieren und teilweise bizarre Gestalt annehmen. Der Wind nimmt die leichten Sandkörner auf und weht sie weit hinaus in die Ebene, wo er sie zu riesigen Sandmeeren auftürmt. Vulkanische Aktivitäten schufen – vor allem in der Hoggar-Region – weitere ungewöhnliche Landschaftsformen. Lava floß in die Gebirgstäler und bedeckte die Ebenen. Die Eruptionskegel der Vulkane verwitterten im Laufe der Zeit, so daß heute häufig nur noch der harte Lavakern und erstarrte Basaltsäulen in den Himmel ragen. Was in der Sahara an festem Gestein heute noch steht, ist von Wind, Sand und Erosion gezeichnet, zernagt, zerklüftet, ausgehöhlt.

Felsen werden allmählich zu Sand zermahlen

Der überwiegende Teil des Wüstenraumes besteht aus Gebirgen, Hochflächen, Sand- und Kieselebenen. Der Anteil der Dünengebiete am gesamten Landschaftsbild der Sahara beträgt höchstens ein Fünftel. Das Wort ›Wüste‹ charakterisiert nicht, wie vielfach angenommen wird, riesige Sandflächen, sondern bezeichnet – unabhängig vom Landschaftsbild – jene Gebiete, in denen sehr wenig – zu wenig – Regen fällt (vgl. S. 252). In der Gegend von In Salah z. B. regnet es nur alle paar Jahre einmal, und auch dann nur in kurzen Schauern. Als in Tamanrasset einmal zwei Tage lang fast ununterbrochene Regenfälle niedergingen, war dies eine außergewöhnliche Katastrophe, da kaum eines der Lehmhäuser den Wassermassen standhielt. Aufgrund der hohen Temperaturen und des ›durstigen‹ Sandbodens verdunsten bzw. versickern solche Niederschläge jeweils sehr schnell.

Felsbilder und Funde in verschiedenen Regionen beweisen allerdings, daß die Sahara noch vor einigen Jahrtausenden eher das Bild einer Savannenlandschaft, vergleichbar etwa mit dem heutigen Sahelgürtel, zeigte (vgl. S.70). Große Herden domestizierten Viehs und relativ viele Menschen fanden ausreichend Wasser und Nahrung, wilde Tiere durchstreiften das Gelände, an den Wasserstellen stieß man auf Flußpferde und Krokodile. Eine allmählich voranschreitende Austrocknung und ein sinkender Grundwasserspiegel beeinflußten dann die weitere Entwicklung der Sahara. Die wilden Tiere und immer mehr Bewohner verließen das langsam lebensfeindlich werdende Gebiet. Aus der Steppen- und Savannenlandschaft ging im Laufe der letzten Jahrtausende endgültig Wüste hervor. Diese Entwicklung setzt sich auch heute weiter fort. Jahr für Jahr schiebt sich die Sahara ein Stück weiter nach Süden in die angrenzende Sahelzone vor und verwandelt die dortigen steppenartigen Weidegebiete in unfruchtbare, versandete Zonen. Diesen Vorgang aufzuhalten oder gar der Wüste gewisse Gebiete wieder abzuringen, ist ein Problem, das inzwischen weltweit Beachtung findet und über das sich Wissenschaftler (Desertologen) in allen Ländern den Kopf zerbrechen. Ein Patentrezept, wie man der Wüste Einhalt gebieten könnte, wurde bisher allerdings nicht gefunden.

Die Dünen (Erg)

Echte ›Bilderbuchwüste‹ – d. h. hohe, sanftgeschwungene Dünenhänge in unendlichen Sandmeeren – begegnet uns in Algerien in verschiedenen Regionen. Ein ausgedehntes Dünengebiet wird z. B. schon kurz hinter der tunesischen Grenze, im Souf, der Gegend um El Oued, durchfahren. Höhere Dünen von rötlicherem Sand finden wir im Grand Erg Occidental auf der Fahrt von El Golea nach Süden und – besonders malerisch – entlang dem Saoura-Tal zwischen Taghit und Timoudi. Im Gassi Touil zwischen Hassi Messaoud

Felsen in der Sahara zeigen oft bizarre Erosionsformen

und Hassi Bel Guebbour führt die Straße über Hunderte von Kilometern durch ein breites Dünental *(Gassi)* des Grand Erg Oriental. Hier und im weiteren Verlauf der Strecke, im Erg Bourarhet südlich von In Amenas, bauen sich immer wieder eindrucksvolle Sandberge auf. Außer in diesen relativ leicht zugänglichen Regionen finden sich Ergs und kleinere Dünengebiete verstreut über ganz Südalgerien.

Dünenlandschaften wirken stets von neuem faszinierend. Diese gewaltigen Sandablagerungen, deren Kämme sich gestochen scharf gegen den Himmel abheben und deren Oberfläche vom Wind zu einem ebenmäßigen Wellenmuster gekräuselt wurde, bieten einen ästhetischen Anblick, der Ruhe und Frieden ausstrahlt. Wo immer möglich, sollte man versuchen, seinen Übernachtungsplatz in den Schutz einer Düne zu legen (vgl. Farbabb. 34). Dünen entstehen durch die Arbeit des Windes, der den lockeren Sand in ständiger Bewegung vor sich hertreibt. Dort, wo die Sandkörner auf ein Hindernis treffen, lagern sie sich ab und bilden eine immer stärker werdende Barriere für neu ankommende Sandkörner. Weht der Wind ständig aus derselben Richtung, so bilden sich mit der Zeit *Barchane*, halbmondförmige, ebenmäßige Sicheldünen. Wechselt die Windrichtung, dann entstehen Seifdünen (*Seif* = Schwert), deren scharfgeschnittene Kämme, vom Wind verformt, in ungleichmäßig geschwungenen Bögen verlaufen. Wanderdünen sind Sandmassen, die der Wind durch stetes Wehen in dieselbe Richtung langsam vorantreibt. Die dem Wind zugekehrte Dünenseite wird abgetragen, die Sandkörner rutschen oder werden über den Kamm geblasen und schieben sich so langsam in Windrichtung voran. Eine Wanderdüne kann pro Jahr ohne weiteres 10 bis 20 Meter zurücklegen. Dünen, die unmittelbar neben Palmgärten aufragen, sind häufig durch menschliches Eingreifen, um nicht zu sagen Verschulden, entstanden. Besonders deutlich läßt sich dies z.B. in In Salah, in Foggaret ez Zoua oder auch in Timoktene beobachten. Die dortigen Bewohner steckten am Ostrand ihrer Gärten dichte Reihen von Palmwedeln in den Boden, um so ihre Pflanzungen vor den starken Sandverwehungen durch den fast ständig wehenden Ostwind zu schützen. Der angetriebene Sand lagerte sich an diesen Barrieren ab und wuchs allmählich zu einer kleinen Düne. Die vom Sand immer wieder zugewehten Palmwedel mußten immer höher auf den Kamm gesteckt werden, und im Laufe der Zeit bauten sich riesige Sandberge auf, die inzwischen teilweise zu einer ernsten Bedrohung für die Oasen wurden, da sie die Palmengärten allmählich unter sich begraben.

Sanddünen bedrohen die Palmengärten

Die kleinen Sandwellen, die sich auf der Oberfläche von Sandablagerungen bilden, stellen eine Art Wanderdüne in Kleinformat dar. Die vom Wind unmittelbar über die Sandoberfläche geschobenen Körner stauen sich, sobald sie auf ein Hindernis stoßen. Auf diesen Stau prallen weitere Sandkörner auf, die über das Hindernis hinweggeschleudert werden und alle in etwa der gleichen Entfernung wieder auf dem Boden landen. Dort bildet sich für nachkommende Sandkörner eine weitere Barriere, was sich beliebig fortsetzt und zur Folge hat, daß nach einem Sandwind oder -sturm ein gleichmäßiges Wellenmuster den Sandboden bedeckt.

Die höchsten Dünen Südalgeriens mögen eine Höhe bis zu 300 Metern erreichen. Man besteigt sie am besten auf der dem Wind zugewandten Seite. Dort weist der Sand eine größere Festigkeit auf, und man sinkt weniger ein. Es ist recht anstrengend, aber immer lohnend, solch eine Düne zu erklimmen und von oben aus in die unendlichen Dünengebirge hineinzublicken. In den Gassis, den meist topfebenen, steinigen Senken zwischen den Dünen, lassen sich interessante Entdeckungen machen. Die dortigen Steinansammlungen zeigen oft eine überraschende Vielfalt, und man stößt auf merkwürdige Formationen wie zusammengebackene, murmelgroße Sandsteinbällchen oder harte, grau-schwarze Steine, die an durchgeschnittene Kugeln erinnern. Selbst mitten in Dünengebieten finden sich meist noch Pflanzen, dürre Gräser oder kleine Büsche mit weit verzweigtem Wurzelwerk. Man kann aber auch blühenden Rutenginster und die hübschen gelben oder violetten Blüten der hyazinthenförmigen Cistanche entdecken oder Spuren von Käfern, Vögeln und Mäusen nachverfolgen, die verraten, daß sich selbst mitten in der Sandwüste noch tierisches Leben regt. Gelegentlich trifft man auf abgestorbene Büsche, deren Zweige im Laufe der Zeit regelrecht versteinerten. An Dünenabhängen finden sich manchmal ähnlich aussehende, zweigförmige Gebilde, die jedoch hohl und äußerst zerbrechlich sind und wie Glas klingen, wenn man sie gegeneinander schlägt. Dabei handelt es sich um ›Blitzröhren‹, Sand, der beim Einschlag von Blitzen schmolz und zu solch glasartigen Röhrchen erstarrte.

Sand zeigt in mancher Hinsicht Ähnlichkeit mit Schnee. Beim Befahren von Tiefsand kommt der Wagen leicht ins ›Schwimmen‹, zu Fuß sinkt man tief ein, es gibt hohe Verwehungen, und ein Fußmarsch über die Dünenhänge löst immer wieder kleine Lawinen aus, die allerdings ungefährlich sind.

Fotografieren Sie Dünen übrigens nicht im Mittagslicht! Warten Sie die Schatten der tiefstehenden Sonne (morgens oder abends) ab, und denken Sie daran, daß erst durch den Größenvergleich mit einer Person, einem Fahrzeug, einer Pflanze oder auch nur Ihren eigenen Fußspuren die gewaltigen Dimensionen der Sandberge richtig zur Geltung kommen.

Die Flachwüsten

Sand-, Kiesel- und Geröllebenen bedecken große Flächen der algerischen Sahara. Als *Hammada* bezeichnet man jene Ebenen, deren Oberflächen mit Geröll, mit groben Steintrümmern oder scharfkantigen Gesteinsscherben bedeckt sind. Eine typische Hammada ist z. B. das mit schwarzem, ungleichmäßig geformtem, grobem Geröll übersäte Tademait-Plateau. Der schwarze, glänzende Steinüberzug, den man als ›Wüstenlack‹ bezeichnet, entsteht im Laufe von Jahrhunderten durch Eisen oder Mangan, das nach Taubildung durch Kapillarwirkung an die Oberfläche gezogen wird und dort oxidiert. In solchen Geröllwüsten überlebt kein Tier, keine Pflanze. Dort, wo das Plateau abbricht, finden wir interessante, zerklüftete Schichtlandschaften. Zungenberge ragen weit in das Vorland hinaus, und Zeugenberge stehen abgesondert vom Plateau unten in der Ebene.

Weite, flache Wüstengebiete, die mit kleinerem, stärker abgeschliffenem Gestein, teilweise sogar mit runden Kieseln bedeckt sind, nennt man *Reg*. In manchen Regs ist der Boden von einem Mosaik aus kleinen, vielfarbigen Steinchen bedeckt, andere tragen einen Belag aus sehr groben, bis pflaumengroßen und ebenfalls verschiedenfarbigen Sandkörnern. Eine typi-

Hammada (Geröllwüste)

sche Reg-Landschaft ist z. B. die Tanezrouft-Ebene. Im Gegensatz zur Hammada, wo das zerklüftete und oft scharfkantige Gestein den Fahrzeugreifen sehr stark zusetzt, sind Regs meist ohne großes Risiko befahrbar. Ihre Oberfläche ist wegen des festgebackenen Steinpflasters häufig so tragfähig, daß man unbesorgt mit recht hoher Geschwindigkeit darüber fahren kann. Pisten, die über solche Ebenen führen, sind meist zu breiten Spurensträngen ausgedehnt, jeder fährt, wo es ihm gefällt.

Reg (Kieselwüste)

Eine Fahrt, die stundenlang auf nichts anderes als den fernen Horizont zuführt, hat durchaus (für gewisse Zeit) ihren Reiz, auch wenn dieser vielleicht nur in der Vorstellung besteht, wieviel Kreuzungen, Kurven, Verkehrsschilder, Ampeln, Stockungen und Staus auf einer entsprechenden Strecke zu Hause zu bewältigen wären. Die großen Ebenen gehören trotzdem sicher nicht zu den interessantesten Landschaftsbildern der Sahara; ihre Durchquerung ist ein notwendiges Übel, das man in Kauf nehmen muß, um danach wieder in abwechslungsreichere Gebiete zu kommen.

Die Gebirge

Hoggar, Teffedest und Tassili n'Ajjer sind die wesentlichen Gebirgszüge im Süden Algeriens. Jedes dieser Massive hat seinen eigenen, unverwechselbaren Charakter.

Im **Hoggar-Gebirge** faszinieren vor allem die Überbleibsel Millionen Jahre zurückliegender Vulkantätigkeit. Schwarzes Lavagestein bedeckt weite Flächen, und aus dem Boden ragen gewaltige Basaltdome, die Schlotfüllungen ehemaliger Vulkane, die der Erosion Trotz boten, nachdem der sie umgebende Gesteinsmantel längst zu Schutt und Geröll verwittert ist. Erstarrte Basaltsäulen stehen aufrecht in der Landschaft wie riesige Wände aus Orgelpfeifen, andere bilden, wild durcheinander geraten, scheinbar ungeordnete Schutthaufen. Das Ebenmaß der einzelnen Säulen wirkt wie von Menschenhand bearbeitet. Das Zentrum des Hoggar-Gebirges ist eine gewaltige, eindrucksvolle Landschaft, dunkel und unheimlich, wild und rauh, fremdartig und wohl gerade deshalb besonders interessant. An den Rändern zeigen sich die Hoggarberge etwas gefälliger. Auf der Strecke zwischen Abalessa und Tamanrasset etwa oder auch auf der Route Ideles – Tazrouk – Tamanrasset zieht sich die Piste zwischen originellen, freundlicher wirkenden Granitfelslandschaften hindurch. Die dunklen Vulkankegel erscheinen nur als Kulisse im Dunst, und im Gegensatz zu den steinigen Hochebenen im Gebirgsinnern hält sich in den Wadis und Senken am Rande auch eine etwas üppigere Vegetation.

Das **Teffedest-Gebirge** ist ein recht unzugängliches Bergland, das fast nur zu Fuß in anstrengenden Märschen oder Klettertouren erobert werden kann. Statt des Kamels wird hier nur noch der besonders ›geländegängige‹ Esel als Transporttier eingesetzt, und auch Autos können nicht weit in dieses Bergland vordringen. Die mächtigen Granitmassive des Teffedest zeigen vor allem im nördlichen Teil um den Garet el Djenoun, den ›Geisterberg‹, eindrucksvolle Ausmaße. Die Felstäler sind übersät mit riesigen, übereinanderliegenden Brocken, die von Wind und Sand oft zu phantastischen Monumenten geschliffen wurden. Plateaus und Steilhänge, enge Täler und Schluchten deuten auf lebhafte Erdbewegungen bei der Entstehung hin. Zwar gibt es durchaus noch Vegetation in den Tälern und am Rande des Gebirges, doch fehlt es an Wasser, um das Gebiet für Nomaden und ihre Herden interessant zu

Der markante Gipfel des Iharen im Hoggar

machen. Mit Ausnahme der kleinen Oase Mertoutek ist das Teffedest praktisch unbesiedelt und durch keine Pisten erschlossen. Wer sich hineinwagt in dieses wilde und noch weitgehend unerforschte Bergland, wird es alleine für sich haben.

Das **Tassili n'Ajjer,** das sich von der südöstlichsten Ecke Algeriens bis hinein nach Libyen erstreckt, bietet eine der phantastischsten Felslandschaften, die man sich vorstellen kann. Tassili n'Ajjer bedeutet ›Plateau der Flüsse‹, aber seit Jahrtausenden gibt es dort keine Flüsse mehr. Übrig geblieben sind riesige Schluchten oder breite Täler, in denen früher das Wasser rauschte, und ein paar *Gueltas,* Wasserstellen in den Felsen, in denen sich nach Regenfällen ein gewisser Wasservorrat hält. Die Hochebene selbst bildet über große Strecken eine geschlossene, ziemlich ebene Fläche. An ihren Rändern allerdings und auch in zahlreichen Plateau-Einschnitten und Schluchten öffnen sich grandiose Szenerien, wahre Städte aus Stein mit riesigen Felsquadern, Türmen und Pfeilern, Straßenschluchten, Gassen und Plätzen, Terrassen und Innenhöfen. Die hier entstandenen Felsklüfte und Einschnitte wurden durch Sickerwasser und Erosion in Jahrmillionen erweitert, Sand und Wind bearbeiteten den weichen Sandstein und schliffen ihn zu grotesken Formen. So zeigt sich das Massiv heute als zernagtes Felslabyrinth, in dem man sich ohne Führer unweigerlich in kürzester Zeit verirren würde. Winzig klein wirkt der Mensch, der sich durch dieses gigantische Chaos bewegt.

Pflanzen und Tiere

Wüstenpflanzen

Die einzige Gegend Südalgeriens, in der überhaupt nichts wächst und wo man keinem Vogel, ja kaum einer Fliege begegnet, ist das Tademait, das ›Plateau des Satans‹, jene Wüste aller Wüsten zwischen El Golea und In Salah. Überall sonst, selbst mitten in den großen Dünengebieten, trifft man auf – wenngleich manchmal recht kümmerlichen – Pflanzenwuchs und Spuren tierischen Lebens. Vergleichsweise üppige Vegetation bildet sich natürlich in der Nähe von Wasserstellen: Palmen, Oleanderbüsche, Akazien, Tamarisken, Schilfpflanzen und Gräser.

Interessant an fast allen Wüstenpflanzen ist die Art und Weise, wie sie sich in dem lebensfeindlichen, heißen und trockenen Klima behaupten und welche ›Tricks‹ sie anwenden, um überleben und sich fortpflanzen zu können. Das einfache Dünengras z.B. oder kleine, verkrüppelte Büsche verbreiten ihr Wurzelwerk oft viele Meter im Umkreis. Die Wurzeln verlaufen knapp unter der Sandoberfläche, um so jedes Tröpfchen Feuchtigkeit, das in Form von Regen oder Tau vom Himmel fällt, aufnehmen zu können. Oft bückt man sich beim Holzsammeln nach einem dürren

Die Wurzeln von Tamarisken verlaufen über viele Meter knapp unter der Sandoberfläche

Zweig, um dann, bei vorsichtigem Ziehen, festzustellen, daß dieser durchaus noch Leben enthält und viele Meter weit ›untersande‹ zu einem Gebüsch hinläuft. Größere Pflanzen, z.B. die Tamariskenbäume, besitzen zusätzlich noch tief in den Boden reichende Wurzeln, die der Pflanze Halt geben, gleichzeitig aber oft in so tiefe Schichten vordringen, daß sie bis an das Grundwasser heranreichen.

Zu geringe Wasserzufuhr im Vergleich zur Sonneneinstrahlung und damit übermäßige Verdunstung ist das Hauptproblem, mit dem die Wüstenpflanzen zu kämpfen haben. Neben zahlreichen Möglichkeiten, an Wasser zu gelangen und dieses zu speichern, haben die Pflanzen deshalb auch raffinierte Techniken entwickelt, um die Verdunstung möglichst gering zu halten. So gibt es Büsche, deren Blätter zwar völlig austrocknen, dann aber nicht abfallen, sondern als schattenspendende Schirme bis zum nächsten Regen und zum Trieb frischer Blätter hängenbleiben. Andere Pflanzen richten ihre Blätter senkrecht zur Sonne aus, um möglichst wenig Angriffsfläche zu bieten, oder sie schützen sich durch ›Verholzung‹, durch besonders kleine oder harte Blätter. Noch interessanter sind jene Pflanzen, die in Zeiten extremer Dürre ihren Stoffwechsel, ihre Existenz fast völlig einstellen – vergleichbar mit dem Winterschlaf der Tiere. Erst beim nächsten Regen erwachen sie wieder zu neuem Leben. Auch Samen von Saharapflanzen liegen oft jahrelang im Sand, bis ein intensiver Regen ihnen eine Lebensmöglichkeit gibt. In kürzester Zeit entwickeln sie sich über den Keim zur Blüte und schließlich zur Reife, und bevor der Boden wieder völlig ausgetrocknet ist, hat sich bereits neuer Samen gebildet, der für die Erhaltung der Art sorgt.

Stacheln und Dornen findet man an vielen Saharapflanzen. Sie schützen vor Verbiß durch Wild und Weidetiere. Die saftiggrünen Oleanderbüsche werden von Tieren verschmäht, weil die Blätter übel schmecken und giftig sind. Die Milch des Calotropis-Busches enthält ebenfalls Giftstoffe, die die Pflanze für Tiere ungenießbar machen. Diese Calotropisbüsche sieht man besonders häufig in den sandigen Tälern um Djanet, aber auch im Umkreis von Tamanrasset. Es handelt sich dabei um interessante und recht fotogene, oft übermannshohe Schwalbenwurzgewächse, die gleichzeitig blühen und Früchte tragen. Im Innern der etwa faustgroßen, etwas schwabbligen und ungenießbaren Früchte befinden sich tannenzapfenähnliche Samenstände, die mit zunehmender Austrocknung auseinanderfallen. Die einzelnen Samenkörner sind – ähnlich wie der Samen unseres Löwenzahns – mit kleinen ›Fallschirmen‹ versehen und können so vom Wind weit fortgetragen und verteilt werden. Die trockenen Äste dieser Büsche verwendet man selbst in holzarmen Gegenden nicht zum Heizen, da das verbrannte Holz unangenehm riecht und der Rauch in den Augen beißt.

Ebenfalls recht häufig trifft man auf Koloquinten (Bitterkürbisse). Diese Früchte wachsen an sehr hübschem, sattgrünem Kraut direkt am Boden. Auch diese prallen, gelbgrün gesprenkelten Kugeln trocknen in der Hitze schnell aus, brechen vom Stiel ab und legen, vom Wind getrieben, oft lange Strecken zurück. Irgendwo in weiter Entfernung platzen sie dann auf, und der Wind verteilt ihre dünnen Samenplättchen. An den lebensfeindlichsten Stellen in der Wüste, an Dünenhängen, ja auf Dünenkämmen, auf weiten, sonst vegetationslosen Ebenen kann man auf versprengte Koloquinten oder sogar auf frisches, grünes Kraut stoßen, das sich durch günstige Umstände aus den Samen entwickelte.

Eine recht hübsche Blume ist die Cistanche. Gelb oder violett wächst diese

Wüstenpflanzen: Cistanche (links oben), Koloquinten (links unten), Calotropis-Busch (Mitte), Androcymbium-Lilie (rechts oben), Schirmakazie (rechts unten) ▷

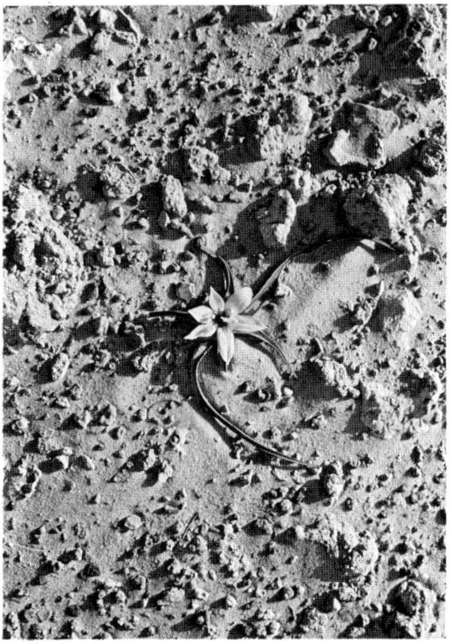

hyazinthenförmige Pflanze ohne Blätter direkt aus dem Boden. Dabei handelt es sich um eine Schmarotzerpflanze, deren Wurzelstrunk die Wurzel einer anderen Pflanze anzapft. Aufgrund der vielfach sehr weitverzweigten Wurzelsysteme können Cistanchen weit von der Wirtspflanze entfernt wachsen. In den Oasen richten sie mitunter großen Schaden an den Nutzpflanzen an. Während einer Winterreise fanden wir sie in großer Zahl an Straßenrändern, in den sandigen Oueds des Hoggargebirges und auch am Rande von Dünen. Auf anderen Reisen, teilweise zur gleichen Jahreszeit, schien es sie überhaupt nicht zu geben. Recht dekorativ wirkt auch der blühende Rutenginster (vgl. Farbabb. 42), wie wir ihn z.B. in den Dünen bei El Golea entdeckten. Selbst Pilze sprießen hin und wieder aus dem Boden.

Wer eine Vorliebe und ein Auge hat für Pflanzen, der wird auf einer Saharareise in puncto Wüstenvegetation viele interessante Beobachtungen machen können. Ein Blütenparadies ist die Wüste trotz allem nicht. Auch jene Geschichten, wonach sich die Wüste nach einem Regen über Nacht in ein Blütenmeer verwandeln könne, sind mit Vorsicht zu genießen und zumindest in bezug auf die Sahara nicht zutreffend.

Die Tiere in den Wüstengebieten haben es schwer, bei dem kargen Angebot an Pflanzen genügend Futter zu finden. Oft, wenn wir zu Hause an unseren saftigen Wiesen vorbeigehen, keimt der Wunsch auf, hier einmal eine Herde Ziegen aus dem Hoggar-Gebirge oder ein paar ausgehungerte Kamele weiden zu lassen.

Die Dattelpalme

Nach der Erschaffung des Menschen hatte Allah noch zwei Klümpchen Lehm übrig. Aus dem einen erschuf er das Kamel, aus dem andern die Dattelpalme. Das behaupten zumindest die Araber, und in ihrer bildreichen Sprache weisen sie auch gleich darauf hin, daß eine Palme den Kopf im

Krone einer Dattelpalme

Feuer und die Füße im Wasser haben muß. Am Feuer fehlt es nicht in der Sahara, denn die Sonne brennt fast das ganze Jahr über heiß vom Himmel. Für das Wasser aber muß der Mensch sorgen. So viel Regen, wie eine Dattelpalme zum Gedeihen braucht, fällt in der Wüste nie. Doch nur eine regelmäßige Bewässerung sichert ein Überleben der Pflanze und einen angemessenen Ertrag an Datteln.

Dattelpalmen werden nicht aus dem Kern, sondern aus Wurzelschößlingen gezogen. Die kleinen Setzlinge müssen gut ›beschattet‹ sein, damit sie nicht sogleich vertrocknen. Die Staude wird etwa fünf Jahre lang sorgfältig gepflegt, bewässert und hin und wieder mit Kamelmist gedüngt, bis sie endlich ihre ersten Früchte trägt. Ihre ›Glanzzeit‹, d.h. ihren höchsten Ernteertrag, hat die Palme im Alter zwischen 20 und 60 Jahren, doch kann sie ohne weiteres über 100 Jahre alt werden und auch dann noch Früchte hervorbringen. Der durchschnittliche (jährliche) Ertrag einer Palme mag bei etwa 60–70 kg Datteln liegen. Günstige Bedingungen ermöglichen Ernten über 100 kg, während Palmen im tiefen Innern der Sahara oft nur 10–20 kg liefern.

Eine ausgewachsene Palme kann über 20 Meter hoch werden. Mit zunehmendem Wuchs vertrocknen die untersten Blätter; die Wedel werden dann abgehauen, und die so entstehenden Stümpfe bilden natürliche Stufen, die ein Erklettern der Palme ohne Hilfsmittel ermöglichen. Solche ›Klettertouren‹ sind nicht nur zur Erntezeit nötig, sondern schon im Frühjahr, wenn die Palme befruchtet, bestäubt werden muß. Diese Arbeit überläßt man weder den Insekten noch dem Wind. Der Oasenbauer schlägt vielmehr in schwindelnder Höhe mit den Blütenwedeln männlicher Palmen auf die weiblichen ein oder steckt einfach die männlichen Büschel zwischen die zu befruchtenden Blüten. Diese ›Befruchtungsaktion‹ ist eine fast rituelle Handlung, die oft von Gesängen und Gebeten begleitet und meist durch ein Fest abgeschlossen wird. Auch die Ernte der Datteln feiert man mit einem großen, abschließenden Fest.

Erntezeit für die Datteln (vgl. Farbabb. 11) ist der Herbst – September bis November, je nach Sorte. Und Sorten gibt es vielerlei. Der Kult, der in arabischen Ländern um die Datteln und ihre verschiedenen Qualitäten getrieben wird, läßt sich vielleicht vergleichen mit unserem Weinkult, wo es eben auch je nach Sorte, Anbaugebiet, Pflege usw. vom Spitzenwein bis zur ›Nordhangsäure‹ alle Abstufungen gibt. Jede Dattelsorte hat ihren eigenen Namen. Höchsten Rang nimmt die *Deglet-en-nour* (›Finger des Lichts‹) ein, eine sehr süße, aromatische, allerdings auch recht klebrige Frucht, die größtenteils für den Export bestimmt ist. Die Einheimischen, vor allem die Nomaden, bevorzugen für den Eigenbedarf die trockeneren Sorten, wobei wieder zwischen verschiedenen Geschmacks- und Qualitätsrichtungen unterschieden wird. So gibt es die ›Frühreifen‹, die ›Süßsauren‹ oder die ›Schimmernden‹. Am unteren Ende der Skala dürften die ›Strohigen‹ liegen oder gar der ›Kameldreck‹, holzige, harte Früchte von minderwertiger Qualität, die sich höchstens noch als Tierfutter eignen.

Dattelernte in einer Oase

Datteln schmecken gut, enthalten wertvolle Nährstoffe und sind reich an Vitaminen. Ausgepreßt ergeben sie Dattelhonig. Die Früchte, die übrigens zur Gattung der Beeren gehören, lassen sich gut trocknen und lange lagern. Sie zählen zu den wichtigsten Grundnahrungsmitteln der Wüstenbewohner. Getrocknet und gemahlen ergeben sie ein Mehl, aus dem sich Brot backen läßt. Mit Ausnahme einer geringen Exportmenge hochwertiger Sorten bleibt fast der gesamte Ernteertrag zur Versorgung der eigenen Bevölkerung im Lande. Die Begleiter von Kamelkarawanen ernähren sich oft wochenlang ausschließlich von Kamelmilch und Datteln. Selbst die Kerne der Datteln enthalten noch Nährstoffe und werden, zerkleinert, als Kamelfutter verwertet. Bedenkt man diese enorme wirtschaftliche Bedeutung der Dattel, wird das hohe Ansehen verständlich, das die Palme in Wüstenregionen genießt. Und das nicht nur wegen des Fruchtertrags, sondern auch wegen einiger weiterer Vorteile: So lassen sich aus den Palmfasern, dem Bast, Seile drehen oder Besen, Körbe und Matten anfertigen, und daneben kann man sie auch als Polstermaterial verwenden. Die Palmwedel, also die Blätter, werden für den Hausbau, zum Dachdek-

Palmenhain bei In Salah

ken oder für Umzäunungen benutzt. Das Stammholz, ein ziemlich weiches Material, läßt sich gut bearbeiten. Man fertigt Küchengerät, Schalen oder Teller daraus, und es dient auch als einziges verfügbares Bauholz zur Verstärkung von Wänden, Dächern oder Kuppeln. Die Wurzeln der Palme schließlich liefern Brennmaterial.

Palmen, die keine Früchte tragen (z. B. weil wegen mangelnder Qualität die Fruchtstände abgeschlagen wurden), entwickeln in ihrem Innern einen Saft, Dattelmilch oder *Lagmi* genannt. Ihr Stamm wird am oberen Ende angezapft und die Flüssigkeit in Behältern aufgefangen. Unvergoren schmeckt diese milchige Brühe bei aller Phantasie nach gar nichts. Vergoren wird das Ganze als Palmwein genossen und hat – wenn schon keinen Geschmack – eine durchaus anregende Wirkung.

Zu guter Letzt muß noch der Wert des Schattens hervorgehoben werden, den die Palme spendet. Er ermöglicht in den Oasen eine Nutzung des Bodens in mehreren Etagen (vgl. S. 39). Getreide, Kartoffeln, Gemüse und Salat würden bei Anbau unter freiem Himmel und ständiger Sonneneinwirkung vermutlich nicht oder nur spärlich gedeihen. Im Schatten der Palmkronen und als gleichzeitiger Nutznießer der Bewässerung kann man in den Palmenhainen wogende Getreidefelder entdecken, Tomatenstauden, an denen faustgroße Früchte hängen, saftige Salatpflanzen, Möhren, Rüben, ja sogar Obstbäumchen (Pfirsiche, Aprikosen) und blühende Ziersträucher.

Palmen sind schöne, fotogene Bäume. Übernachtungen in Palmenhainen, wenn die ebenmäßig geformten Wedel sich gegen die untergehende Sonne abheben und wenn das sanfte Rauschen der Baumkronen einen in den Schlaf singt, gehören zu den stimmungsvollsten Eindrücken einer Saharareise. Allah sei Dank, daß er aus dem nach der Erschaffung des Menschen übrigen Lehmbatzen die Palme formte!

Wildtiere in der Wüste

Es gibt nur geringe Aussichten, im südalgerischen Teil der Sahara auf freilebende Tiere zu stoßen. Die größten Wildtiere sind Gazellen oder Mufflons, die aber nur sehr selten vorkommen und große Scheu vor Menschen zeigen, so daß man nie sehr nahe oder für längere Zeit an sie herankommen wird. Versuche, Film- oder Fotoaufnahmen von Gazellen zu machen, ergeben meist ›Suchbilder‹, auf denen nur der Eingeweihte etwas Lebendiges zu entdecken vermag. Mufflons muß es im Teffedest-Gebirge wohl noch geben. Zwar bekamen wir selbst keine zu Gesicht, doch wurde uns in der Oase Mertoutek als besondere Delikatesse Mufflonfleisch zum Kuskus serviert. Nur mit viel Glück wird man auch dem Fenek, dem Wüstenfuchs, begegnen (wir hatten dieses Glück zweimal, jeweils auf der Hoggarrundfahrt). Feneks, die sich von normalen Füchsen hauptsächlich durch ihre hellgelbe Farbe und die großen Ohren unterscheiden, sind Nachttiere. Sie werden von den Einheimischen gelegentlich als Haustier gehalten, gezähmt und manchmal sogar zum Kauf angeboten. Den meerschweinchen-ähnlichen Gundi – die Einheimischen nennen ihn Okaokao – kann man in felsigem Gelände umherhuschen sehen. Spring- oder Rennmäuse meiden die Tageshitze ebenfalls, man bekommt sie deshalb höchstens frühmorgens oder abends zu Gesicht. Anlocken kann man die possierlichen Tiere mit Obst- oder Tomatenresten.

Auch Schlangen und Skorpione verbergen sich in der heißesten Zeit des Tages und werden erst bei Dämmerung aktiv. Man trifft sie nur sehr selten an, und die Gefahr, von ihnen gebissen bzw. gestochen zu werden, ist dementsprechend gering. Skorpione halten sich vorwiegend in steinigem Gelände auf, tagsüber liegen sie unter den Steinen, und bei Nacht werden sie höchstens denen gefährlich, die mit nackten Füßen im Freien schlafen (Skorpione lieben den Geruch von Füßen). Ein

Antilopen sind heute in der Sahara sehr selten

Skorpionbiß ist zwar sehr unangenehm, aber selten tödlich. Schlangen sind tagsüber ebenfalls sehr träge. Mit ihrem Auftauchen muß man vor allem an Wasserstellen oder in Oasen rechnen. Solange sie sich nicht unmittelbar bedroht fühlen, werden Schlangen immer vor dem Menschen die Flucht ergreifen. Eine gefährliche und recht heimtückische Schlangenart ist die Hornviper. Zur Tarnung und zur Abkühlung gräbt sie sich knapp unter der Sandoberfläche ein; nur die Augen bleiben frei und lauern auf Beute. Die Spuren einer Hornviper im Sand sind unverkennbar. Wüßte man nicht um die merkwürdige Fortbewegungsart der Schlange, man würde die Spuren kaum für die eines Tieres halten. Durch ständige Gewichtsverlage-

Wüstenspringmaus

Schlangen ergreifen vor dem Menschen meist die Flucht

rung berührt die Viper den Boden immer nur mit einem Teil ihres Körpers, und da sie sich zudem in Schlangenlinien vorwärtsbewegt, besteht die Spur, die sie hinterläßt, aus voneinander abgesetzten, parallel verlaufenden Linien. Wo solche Spuren auftauchen, heißt es, vorsichtig zu sein!

Interessant sind auch die ›Sandfische‹, eine extrem schnelle und scheue Eidechsenart, die einem selten über den Weg läuft, aber gelegentlich von Kindern gezeigt oder gar zum Kauf angeboten wird. Für die Kinder gilt es als eine Art Sport, diesen Tierchen nachzujagen. Der Sandfisch bewegt sich zum Schutz vor der Sonneneinstrahlung knapp unter der Sandoberfläche fort. Man kann seinen Weg – ähnlich wie bei einer Wühlmaus – an der leicht angehobenen Sandwulst mitverfolgen und auch erkennen, wo an dessen Ende das Tier sitzt. Dort greifen die Kinder blitzschnell zu. Getrocknete Sandfische (man nennt sie auch ›Apothekerskink‹) sollen, zu Pulver zerrieben, als Aphrodisiakum wirken. Richtige Fische (in Kleinformat), Kaulquappen, Frösche und Libellen lassen sich in bzw. an den Gueltas beobachten. Eidechsen, Geckos und Warane kommen relativ häufig vor, und zwar sowohl in Sand- wie in felsigen Gebieten, ebenso Käfer, Spinnen, Gottesanbeterinnen, Schmetterlinge, Heuschrecken und Ameisen.

Recht zutraulich sind manche Vögel. Steinschmätzer wagen sich sehr nahe an den Menschen heran. Wir stellten gelegentlich einen wassergefüllten Teller ins Freie, der von den Vögeln dankbar zum Trinken und Baden benutzt wurde. Fliegen gibt es leider so gut wie überall, auch in reinen Sandgebieten. In der Nähe von Bäumen und in Siedlungen wird man besonders häufig von ihnen belästigt. Stechmücken (Moskitos) kommen vorwiegend in Wassernähe vor, dort dann aber konzentriert. Angriffszeit ist vor allem kurz vor Sonnenuntergang. Bei Einbruch der Dunkelheit wird man gebietsweise auch von Fledermausschwärmen umflattert, interessanten Tieren, die in der Luft wahre Akrobatikakte vollführen.

Die Vielzahl verschiedener Lebewesen inmitten einer scheinbar lebensfeindlichen Sandwüste spiegelt sich wider in der Menge der Spuren, die sich im Sandboden finden und die zu studieren immer wieder interessant ist. Käfer produzieren schnurgerade, kleingetüpfelte Ornamentbänder, die Spur der Springmaus ist an den winzigen Abdrücken und den relativ langen Zwischenräumen erkennbar. Dazwischen findet man die unter dem Sand verlaufenden Gänge des Sandfisches, verschiedene Vogelspuren und gelegentlich auch die breiten ›Plattfuß‹-Abdrücke eines Kamels.

Das Kamel

Die Tuareg, Meister der Dichtung (vor allem was Liebesgedichte anbetrifft), haben nicht nur ihre schönen Frauen besungen, sondern auch zahlreiche Verse über ihre Lieblingskamele verfaßt. Das Kamel ist das größte Geschenk, das Allah den Menschen machte, und das Kamel selbst scheint das zu wissen. Mit fast unerträglicher Arroganz, hochnäsig und eingebildet, blickt es über uns hinweg. Es gähnt uns voller Verachtung ins Gesicht und zeigt dabei seine häßlichen, gelbschwarzen Zähne. (Achtung: Kamele leiden stets an üblem Mundgeruch!) Wie eine blasierte Filmdiva klappt es die mit langen Wimpern versehenen Augenlider auf und zu. Die Bewegungen eines Kamels sind gravitätisch, selbst ein schnelles Reitkamel wirkt in seinem Gang noch würdevoll. Ihre Anmut verlieren die Tiere nur, wenn sie Angst haben und auszureißen versuchen. Kamele, die plötzlich auf der Fahrbahn auftauchen und dann erschrocken wie Geißböcke davonhüpfen, sehen sogar geradezu erheiternd aus.

Bevor sich das Kamel – ungefähr zu Beginn unserer Zeitrechnung – auch in der zentralen Sahara ausbreitete, benutzte man dort als Reit- und Lasttier noch das Pferd. Alte Felszeichnungen bestätigen, daß die einstigen Karawanenpfade, die von Libyen quer durch die Sahara bis hinüber nach Timbuktu an den Niger führten, mit Pferden und Streitwagen befahren wurden. Allerdings war damals die Wüste noch nicht das ausgetrocknete, sandige und lebensfeindliche Gebiet, als das es sich heute darstellt. Austrocknung, das Sinken des Grundwasserspiegels und der Anstieg der Temperaturen führten schließlich aber dazu, daß sich die Lebensbedingungen für Mensch, Tier und Pflanze erheblich verschlechterten. Das Kamel, das erst vor etwa 4000 Jahren von Vorderasien nach Ägypten kam, ist von allen in der Wüste lebenden Säugetieren nicht nur das größte, sondern auch dasjenige, das sich am besten an die widrigen Lebensbedingungen angepaßt hat, und so scheint es kaum verwunderlich, daß es bald die Rolle des Pferdes übernahm. Seinen breiten, gepolsterten ›Plattfüßen‹ macht der weiche Sandboden nicht zu schaffen. Ein Kamel ist extrem ›geländegängig‹ und bedeutend energiesparender als unsere spritsaufenden Fahrzeuge, wenn es auch vom Tempo her nicht ganz mithalten kann. Seine Augen werden durch die langen Wimpern vor eindringendem Sand geschützt, und es ist sogar in der Lage, die Nasenlöcher zuzuziehen. Während Pferde auf hohe Temperaturen sehr empfindlich reagieren, läßt dies ein Kamel völlig kalt. Im Gegensatz zu allen anderen Säugetieren (und den Menschen),

Der Blick von Kamelen wirkt überheblich

deren Körpertemperatur weitgehend stabil ist, paßt sich die Körper- und Bluttemperatur des Kamels der Umgebungstemperatur an, ohne daß eine wesentliche Verringerung der körperlichen Leistungsfähigkeit feststellbar wäre.

Die Ansprüche eines Kamels sind, was Speise und Trank anbelangt, sehr bescheiden, und das, was das Tier bekommt, vermag es geschickt zu rationieren und im Körper zu speichern. Ein durstiges Kamel kann auf einmal bis zu 120 Liter Wasser aufnehmen. Gespeichert wird diese Wassermenge nicht etwa im Magen oder gar – wie vielfach angenommen wird – im Hökker. Die Flüssigkeit verteilt sich vielmehr gleichmäßig im Gewebe des ganzen Körpers. Mehr als eine Woche (bei Wintertemperaturen) kann das Kamel nun ohne Wasser auskommen. Neueste wissenschaftliche Forschungen haben auch ergeben, daß die Nasenloch-Membrane beim Kamel eine etwa hundertmal größere Fläche bedeckt als beim Menschen. Diese Membrane nimmt beim Einatmen die minimale Feuchtigkeit aus der Luft auf und verhindert, daß sie beim Ausatmen wieder verloren geht. Mit dem kostbaren Naß gehen die Kamele sehr sparsam um. Sie schwitzen kaum und sondern nur sehr wenig, dafür aber stark konzentrierten Harn ab. Besteht das Futter des Kamels aus saftigem Grünzeug (dieses Glück wird ihm allerdings nur selten vergönnt sein), so reicht die darin vorhandene Flüssigkeit für den Bedarf des Tieres bereits aus. Kamele geben sich aber auch mit normalem Wüstenfutter zufrieden. Dürre, harte und trockene Gräser sind auf langen Karawanenstrecken oft das einzige, was wächst bzw. als Futter mitgenommen werden kann. Dank seiner Körpergröße kommt das Kamel auch an die Blätter von Bäumen heran. Daß es dabei, z.B. bei Akazien, mit seinen wulstigen Lippen über spitze Dornen hinwegknabbern muß, scheint es nicht weiter zu stören. Die Körpergröße bietet noch einen weiteren, wichtigen Vorteil: Bei Sandstürmen ragt der Kopf des Kamels häufig über die relativ dünne, selten mehr als zwei Meter hohe Schicht des dichten Sandtreibens hinaus. Während Mensch und Fahrzeug sich durch aufgewirbelte Sandmassen kämpfen müssen, atmet das Kamel selbst in starkem Sandsturm oft eine weitgehend sandfreie Luft ein.

◁ Das außerordentlich widerstandsfähige Kamel ist das wichtigste Lasttier in der Wüste (Darstellung von 1892)

Der Höcker des Kamels (genau genommen handelt es sich bei unserem einhöckrigen Freund um das Dromedar, doch bleiben wir beim ›Kamel‹, weil es sich halt so eingebürgert hat) speichert Fett, und zwar bis zu 30 Pfund. Von diesen Fettreserven zehrt das Tier in mageren Zeiten. Der Höcker wird durch laufenden Fettabbau dann immer schlaffer und kleiner. Aus seinem Zustand kann der erfahrene Kameltreiber die noch verfügbaren Energiereserven abschätzen. Gibt es dann wieder genug zu fressen und zu trinken, festigt und vergrößert sich der Höcker wieder und speichert Energie für die folgende Etappe. Wenn ein Kamel zu einer längeren Karawanenreise startet, muß es ausgeruht und kräftig sein, ausreichende Futterreserven angefressen und genügend Flüssigkeit aufgenommen haben. Auch heute noch sind Kamelkarawanen (vgl. Farbabb. 15) auf Strecken unterwegs, wo die Wasserstellen oft über einen Wochenmarsch auseinanderliegen (z.B. in die Salinenstädte Bilma/Niger oder Taoudenni/Mali). Solche Exkursionen kann man allerdings nur im Winter durchführen, wenn die Temperaturen im Bereich des Erträglichen liegen und der Wasserbedarf nicht so hoch ist. In den heißen Sommermonaten kann auch ein Kamel höchstens drei Tage lang ohne Wasser auskommen, während der Mensch solche Temperaturen ohne Flüssigkeitszufuhr nicht einmal einen Tag lang lebendig durchhalten würde. Kamelkarawanen legen im Schnitt pro Tag gute 40 km zurück. Ein gutes *Mehari,* ein Reitkamel,

Kamelkarawane in der Wüste (Darstellung um 1710)

kann seinen Reiter täglich 80–90 km weit transportieren. Weidenden Kamelen werden von den Nomaden übrigens oft die Vorderbeine zusammengebunden, was verhindert, daß sich die Tiere zu weit vom Weideplatz entfernen.

Das Kamel dient nicht nur als Reit- und Lasttier, es liefert auch Milch und Fleisch, Wolle und Leder. Die Milch zählt zu den wichtigsten Nahrungsmitteln des Nomaden. Kamelfleisch ist – wenn man kein zu altes Tier erwischt – recht schmackhaft. Die Stände der Kamelmetzger auf den Märkten kann man meist an ihrem ›Aushängeschild‹ erkennen, einem abgeschnittenen Kamelkopf, der den Kunden freundlich grinsend zum Kauf animieren soll. Ein Nomade wird sein Kamel nur in Ausnahme- oder Notfällen schlachten. Fleisch steht bei ihm selten auf dem Speisezettel, und selbst Ziegen verzehrt er nur zu feierlichen Anlässen. Die Wolle der Kamele, das Kamelhaar, begegnet uns, verarbeitet zu hochwertigen und teuren Textilien, in Europa wieder. Die Einheimischen weben Tücher und Decken daraus. Das gegerbte Leder wird zu Taschen, Säcken oder Sandalen verarbeitet, und den Kamelmist verwendet man als Brennstoff.

Zu einer Saharareise sollte auch ein Kamelritt gehören. Man muß ihn ja nicht unbedingt in den Touristenzentren absolvieren, wo man unter dem Beifall oder Gelächter (je nach Fertigkeit) der Zuschauer wie ein Karnevalsprinz auf dem geschmückten Kamel thront. Nomaden, denen wir unterwegs begegneten, boten uns häufig ihre Tiere zu einem kurzen Ritt an. Fast überall, wo es Kamele gibt, bietet sich durch entsprechende Verhandlungen auch die Möglichkeit, so ein Tier (samt Führer) kurzfristig zu mieten. In verschiedenen Oasen werden Kamelritte (*Meharées*) durch landschaftlich schöne Gegenden oder zu Felsmalereien organisiert (Nähe-

Kamelsattel der Tuareg

res finden Sie in den jeweiligen Streckenbeschreibungen).

Nachstehend noch einige Tips für den Umgang mit Kamelen: Gehen Sie nie zu nahe an den Kopf des Tieres heran, denn manche Kamele sind bissig. Damit der Reiter aufsteigen kann, muß sich das Tier zunächst hinlegen. Ein Kamel tut freiwillig überhaupt nichts. Also ergreift man den am Kopf des Tieres befestigten Strick und zieht diesen langsam nach unten. Viel gutes Zureden ist erforderlich, bis sich das Tier (häufig unter Protestgebrüll) hinlegt und der Sattel erreichbar wird. Kamelsättel (besonders die hübsch verzierten der Tuareg) sind, wenn nicht bereits für Touristen präpariert, eine sehr harte Angelegenheit, auf die unsere Weichteile recht empfindlich reagieren. Für längere Ausritte sollte man deshalb Kissen oder Decken mitführen. Nun hockt man also im Sattel, wobei man sich nicht kräftig zurücklehnen darf, weil die Sattellehne das nicht aushalten würde. Auch bei dem Sattelkreuz, das vor einem aufragt und die einzige Möglichkeit zum Festhalten bietet, handelt es sich um eine wacklige und zerbrechliche Konstruktion, die man nicht überstrapazieren sollte. Die Beine (man sollte ein Kamel möglichst barfuß, zumindest nicht mit harten Schuhe reiten) werden über dem Hals des Tieres gekreuzt, so daß die rechte Fußkante an die linke Halsflanke drückt und umgekehrt. Plötzlich schießt man kopfüber nach vorn, denn das Tier hat die Hinterbeine aufgerichtet. Kaum hat man das Gleichgewicht wiedergefunden, kippt man nach hinten, denn jetzt gehen die Vorderbeine in die Höhe. Dann folgt nochmals ein Ruck, wenn das Tier seine Hinterbeine vollends geradebiegt. Nun beginnt der Ritt, bei dem man nicht nach vorn und hinten, dafür aber nach links und rechts geschaukelt wird, denn Kamele gehen im Paßgang: linkes Vorder- und Hinterbein gemeinsam, dann folgen rechtes Vorder- und Hinterbein. Ungewohnt, dieses Geschaukle, und dazu noch in solch schwindelnder Höhe! Das Lenken des Tieres erfolgt durch Fußdruck gegen die entsprechende Halsseite und mit Hilfe des Zügels. Zisch- und Schnalzlaute (auch mit Flüchen klappt es) sind erforderlich, um das Tier zu Tempo anzutreiben.

Ein Kamel kann stur, eigensinnig, ja geradezu bösartig sein, dumm ist es garantiert nicht. Zweifellos spürt es genau, wer auf ihm sitzt, ein Könner oder ein Anfänger. Trotz kräftigen Gegenlenkens trampelten unsere Reitkamele mit Vorliebe unter tiefhängenden, stachligen Akazienzweigen durch und legten dort ungefragt Freßpausen ein.

Wer mehr über die Tier- und Pflanzenwelt der Wüste, über die ›Überlebenskünstler‹ in Flora und Fauna wissen will, dem seien folgende Bücher empfohlen:

›Biologie der Sahara‹ (Führer durch die Tier- und Pflanzenwelt der Sahara) – Peter Dittrich (Dittrich-Verlag, München; ISBN 3-9800794-0-6)

›Knaurs Tierleben in der Wüste‹ – H. Wagner (Verlag Droemer Knaur)

Wasser in der Wüste – Oasen und Oasenwirtschaft

Die klimatischen Verhältnisse in der algerischen Sahara erlauben eine Besiedlung nur dort, wo genügend Wasser für Menschen, Tiere und Pflanzen vorhanden ist. Die größten Ansprüche stellen dabei die Pflanzen. Palmenhaine und Gärten müssen regelmäßig bewässert werden, wenn sie ausreichenden Ernteertrag erbringen und dadurch den Lebensunterhalt der Bewohner sichern sollen. Regen fällt nirgends in der Sahara in genügender Menge, um die Versorgung eines Dorfes zu sichern. Die Zisternen, in denen der spärlich fallende Regen gesammelt wird, dienen deshalb nur der Zusatzversorgung.

Grundwasser

Der Wasserbedarf der Wüstenbewohner muß wegen der geringen Niederschlagsmenge hauptsächlich aus dem Grundwasser gedeckt werden. Unter dem Saharaboden befinden sich reichliche Grundwasservorräte, die in regenreicheren Perioden vor Tausenden von Jahren durch den Boden einsickerten. Tief unter der Oberfläche finden sich zwischen festeren Gesteinsschichten wasserführende Bodenschichten verschiedener Ausdehnung und von unterschiedlichem Volumen. Bei jenen unterirdischen Vorkommen, die weder durch Querverbindungen zu anderen Becken Zustrom erhalten noch durch gelegentliche Regenfälle aufgefrischt werden, besteht die Gefahr, daß der Wasserspiegel bei zu starker Ausbeutung immer weiter sinkt und der Vorrat eines Tages verbraucht ist. Günstiger sieht es an den Gebirgsrändern aus, wo häufigere Niederschläge immer wieder für Nachschub sorgen.

Brunnen

Um an das Grundwasser, die unterirdischen Wasserreserven, heranzukommen, müssen teilweise extrem tiefe Brunnenschächte gebohrt werden. Nur an wenigen

Wasser in der Wüste – Grundvoraussetzung für Leben

Stellen in der Sahara sprudeln Quellen durch eigenen Druck an die Oberfläche. Artesische Brunnen, vielfach aber auch schon elektrische Pumpen mit modernen Wassergewinnungsanlagen finden sich heute in den größeren Oasen. In den kleineren Dörfern und vor allem in den privaten Gärten sowie in unbesiedelten und nur von Nomaden durchzogenen Gegenden ist das Wasserschöpfen dagegen noch vorwiegend Handarbeit. Ein Eimer oder Wassersack wird an einem Seil über den Brunnenrand in die Tiefe gelassen und, mit Wasser gefüllt, mühsam wieder hochgezogen. Etwas leichter fällt diese Arbeit, wenn das Seil über eine Rolle läuft, die an einem Gerüst über dem Brunnenschacht hängt. Bei sehr tiefen Brunnen nimmt man zum Ziehen auch Tiere (Esel oder Kamele) zu Hilfe, die dann auf einer der Seillänge entsprechenden Trasse vom Brunnen weg- bzw. zu ihm hintraben. In den tiefen Sandtrichtern des Souf und besonders im Saoura-Tal finden wir die *Khottaras,* Brunnen, bei denen der Wassersack an einem langen Schwenkarm in die Tiefe gelassen und mit Unterstützung eines Gegengewichts wieder hochgeholt wird (vgl. Farbabb. 2).

Oueds (Wadis)

In den Oueds der Gebirgsregionen, wo die wasserführenden Schichten oft knapp unter der Sandoberfläche liegen, kann man gelegentlich beobachten, wie umherziehende Nomaden jeweils nach Bedarf an bestimmten Stellen Wasserlöcher anlegen. Bereits nach kurzem Graben wird der Boden feucht, und in einer Tiefe von vielleicht nur 40–50 cm sammelt sich bald genügend Wasser, um eine kleine Ziegenherde tränken zu können (vgl. Farbabb. 19).

Oueds (Wadis) sind Flußbetten, die die meiste Zeit des Jahres trocken liegen und sich nur nach Regenfällen mit Wasser füllen. Vielfach handelt es sich auch um fossile Oueds, in denen seit Menschengedenken kein Wasser mehr geflossen ist. Unter einem Oued ist durchaus nicht immer ein tiefer Bachbett-Einschnitt zu verstehen. Oft handelt es sich um eine kaum erkennbare Senke, die sich höchstens dadurch von der umliegenden Landschaft unterscheidet, daß ihr Untergrund sandiger, vielleicht auch etwas unebener ist und daß hier etwas mehr Vegetation gedeiht. Deutlicher erkennt man die Oueds in Gebirgsregionen, wo sie oft tief ausgewaschene, mit Steinen und Geröll übersäte Gräben oder gar tiefe Schluchten bilden, deren Überwindung per Fahrzeug äußerst schwierig oder sogar überhaupt nicht möglich ist.

Obwohl mit Regenfällen im Süden Algeriens nur sehr selten zu rechnen ist, sollte man es sich zur Regel machen, auf keinen Fall *in* einem Oued zu übernachten. Es kann durchaus passieren, daß in weit entfernten Bergregionen Regen fällt. Wüstenregen sind meist kurz, aber oft sehr heftig. Infolge des felsigen Untergrunds in den Bergen fließt das Wasser sehr schnell in die Täler ab, sammelt sich im Oued und macht dieses zum reißenden Fluß, der alle Hindernisse (auch Fahrzeuge) wegspült (vgl. S. 252). Man sagt, daß in der Wüste mehr Menschen ertrinken als verdursten, auch wenn es gerade für Europäer schwer vorstellbar erscheinen mag, daß man vom Hochwasser überrascht werden kann, obwohl in der näheren Umgebung kein Tropfen Regen gefallen ist.

Gueltas

Becken, die das ganze Jahr über einen gewissen Vorrat an Wasser speichern, finden sich verstreut in den Gebirgsregionen (vgl. Farbabb. 21, 22 u. 27). Diese *Gueltas* werden meist durch Regenwasser gespeist, das durch günstige Umstände in natürliche Felsbecken abfließt. Dank fehlenden Abflusses und geringer Sonneneinstrahlung (Gueltas liegen häufig in schattigen Felseinschnitten) bleibt oft bis zum nächsten Regenfall ein Wasservorrat erhalten. Gueltas können aber auch durch Quellen oder Grundwasser gespeist werden. Über Qua-

In den Gebirgsregionen finden sich zahlreiche malerische Gueltas

lität und Schönheit einer Guelta Auskunft zu geben, ist immer eine riskante Sache. Wo man nach kräftigen Regenfällen herrliche Becken mit klarem Naß bewundern kann, finden sich nach längerer Trockenheit nur noch abgestandene, verdreckte Tümpel oder absolut trockene Stellen. Entsprechend sollte man auch Einzeichnungen von Wasserstellen in Landkarten mit Vorsicht genießen. Oft handelt es sich um Gueltas oder Brunnen, die schon seit Jahrzehnten versiegt sind.

Besonders malerische Gueltas (vorausgesetzt, es sind ausreichende Wassermengen vorhanden) liegen an den Hoggarrundfahrten (Strecken Nr. 7 und Nr. 8) und am Weg vom Assekrem nach Hirhafok (Strecke Nr. 10). Auch auf der Fahrt von Illizi nach Fort Gardel (Strecke Nr. 2) sowie in der Nähe von Ideles (Strecke Nr. 11) sind Abstecher zu verschiedenen Gueltas möglich. Bei Ausflügen zu den Felsmalereien im Tassili werden immer wieder Wasserstellen passiert, und sehr hübsch gelegen sind auch die Gueltas bei Amguid (Strecke Nr. 16). In unmittelbarer Umgebung dieser Wasserstellen trifft man meist auf relativ üppige Vegetation: frische, saftige Gräser, Schilf, Oleanderbüsche oder Palmen. Libellen schwirren über dem Wasser, Eidechsen huschen umher, und im Wasser kann man Kaulquappen und Fische entdecken.

Foggaras

Eine sehr alte und langsam aussterbende Art der Wasserversorgung bilden die *Foggaras.* Hierbei handelt es sich nicht um eine Erfindung der Saharabewohner. Diese spezielle Bewässerungstechnik dürfte vielmehr aus dem Iran stammen, wo sie unter dem Namen ›Qanat‹ schon seit Jahrtausenden und bis in die Gegenwart hinein angewandt wird. Vom iranischen Hochland aus verbreitete sie sich allmählich über den halben Erdball. Bewährt haben sich diese Bewässerungsanlagen (jeweils unter anderem Namen) u. a. in Südeuropa, in China, ja sogar in Mittel- und Südamerika, und eben auch in Nordafrika. Foggaras sind unterirdische Stollensysteme, in denen das Wasser aus entfernt gelegenen, wasserführenden Schichten in leichtem Gefälle bis hin zu den Oasen und Palmengärten geleitet wird. Zum Bau dieser Foggaras grub man in Abständen von etwa 8–12 Metern senkrechte Schächte in den Boden und verband die unteren Schachtenden in einer Tiefe von bis zu 40 Metern durch Kanäle miteinander. Der Aushub wurde durch die Schächte an die Oberfläche gebracht und dort um die Öffnung herum abgelagert. An diesen ›Maulwurfshügeln‹ läßt sich der Verlauf der Foggaratunnels oft über viele Kilometer im Gelände verfolgen.

Vor allem in der Gegend des Tidikelt, des Gourara und des Touat-Tales (Strecken Nr. 3, 5 und 21) fallen lange Ketten solcher Hügel in der Landschaft auf. (Das Netz der Foggara-Kanäle in der Sahara summiert sich insgesamt auf mehrere Tausend Kilometer.) Angelegt wurden die Foggaras einst großenteils durch Negersklaven, die unter primitivsten und härtesten Bedingungen mit kurzstieligen Hacken und Körben in den engen Schächten und Tunnels arbeiten mußten. Der oft etwas krumme Verlauf der Kanäle wirkt verständlich, wenn man bedenkt, daß den Arbeitern keinerlei Hilfsmittel zur Verfügung standen, um

Die ›Maulwurfshügel‹ einer Foggara

untertage in direkter Linie auf den nächsten Luftschacht zuzugraben. Die unterirdischen Kanäle waren gerade hoch genug, daß eine Person gebückt darin arbeiten konnte. Die Luftschächte mußten so eng wie möglich gebaut werden, um sie weitestgehend gegen Sandeinwehungen zu schützen, andererseits aber groß genug, um den Arbeitern den Einstieg in die Stol-

Foggara-Bewässerung: schematischer Längsschnitt

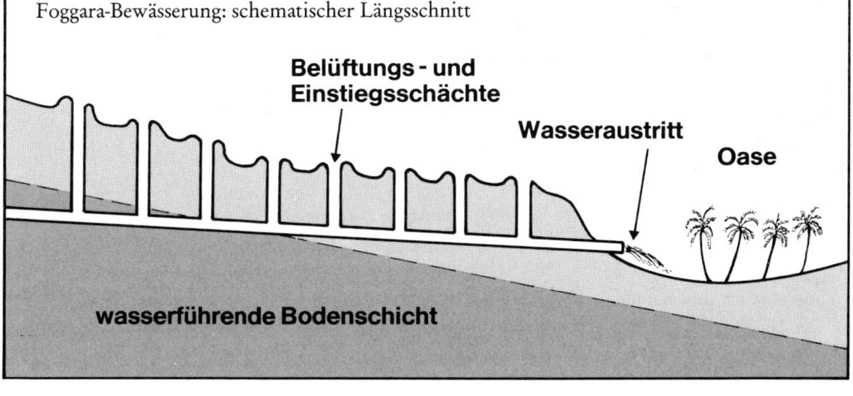

len zu ermöglichen und die gefüllten Sandkörbe nach oben ziehen zu können. Häufig sind die Schachtöffnungen zum Schutz vor Sand mit Steinplatten abgedeckt. Viele Foggaras, die deshalb verschüttet zu sein scheinen, führen noch Wasser.

Die Transportleistung der Foggaras ist sehr gering, sie liegt je nach Gegend zwischen zwei und acht Litern Wasser pro Sekunde. Die Foggara-Bewässerung wird heute immer unrentabler, und seit es keine Sklaven mehr als billige Arbeitskräfte gibt, legt man kaum noch neue Stollen an. Die bestehenden Schachtanlagen bedürfen ständiger mühsamer Wartung; ein hoher Prozentsatz des darin fließenden Wassers geht durch Versickerung und Verdunstung verloren, und durch sinkenden Grundwasserspiegel reduzieren sich die Wassererträge noch weiter. Viele Foggaras sind eingestürzt, verfallen und versiegt oder verdrängt durch die Konkurrenz moderner Bohrmethoden und Pumpen.

Oasen

Die Voraussetzungen für menschliche Siedlungen und Anpflanzungen inmitten der Wüstenlandschaft bildet – wie erwähnt – eine ausreichende Wasserversorgung. Je tiefer man in die Sahara vordringt, um so schwieriger wird dieses Problem. Die Entfernungen zwischen den einzelnen Oasen vergrößern sich deshalb nach Süden hin. Oft trifft man über Hunderte von Kilometern auf keine Siedlung. Wer nach solch langen Strecken dann die ersten grünen Palmwipfel auftauchen sieht, der empfindet ähnlich wie ein Seefahrer, der endlich »Land in Sicht« melden kann. Es gibt wieder Menschen, Wasser und Schatten.

Eine der reizvollsten Oasen Algeriens ist sicher das am Fuße des Tassili gelegene Djanet, auch die ›Perle der Oasen‹ genannt (vgl. Farbabb. 4). Durch seine Lage, weit entfernt von Teerstraßen, verdient es auch am ehesten noch die Bezeichnung Oase – ›Insel in der Wüste‹. Alle weiteren größeren Siedlungen in der algerischen Sahara

Ankunft in einer Oase (Darstellung um 1910)

sind bereits durch Teerstraßen miteinander verbunden, leichter zu erreichen und mit besseren Versorgungsmöglichkeiten versehen. Von der Anlage her typische Bilderbuchoasen mit den charakteristischen Palmenhainen inmitten der Sandwüste stellen z. B. die Städte El Golea, In Salah, Timimoun, Beni Abbes und besonders die vielen kleinen Oasen des Saoura-Tals dar. Völlig anders in seiner Struktur zeigt sich El Oued, wo wir keine zusammenhängenden Palmenhaine, sondern einzelne Sandtrichter mit jeweils kleineren Anpflanzungen vorfinden. Die sehr hoch gelegenen Oasen Tazrouk, Tahifet und auch Ideles im Hoggar-Gebirge oder Mertoutek im Teffedest weisen ein relativ rauhes Klima auf. Hier bestimmen statt Dattelpalmen schlanke Pappeln und riesige Feigenbäume das Bild, und in den Gärten wachsen Pfirsich- und Aprikosenbäume.

Bei allen Oasen ist zu beobachten, daß die fruchtbaren Bodenflächen – meist der Talgrund – der Anlage von Gärten und Palmenhainen vorbehalten bleiben. Die Wohnhäuser entstehen dort, wo sich noch Platz findet. Dies hat häufig zur Folge, daß das Dorf in malerischen Terrassen am Hang emporklettert und man beim Spaziergang durch die steilen Gassen immer wieder einen herrlichen Blick auf die im Tal liegenden grünen Palmenhaine bzw. Gärten werfen kann. Diese Methode der Bodenaufteilung (besonders deutlich in Ghardaia und Djanet) ist nicht nur rationell für die Bewohner, sondern erhöht auch den Reiz der Oasen für Besucher.

Oasenwirtschaft

Von der Bewässerungsmöglichkeit und vom Klima hängt es ab, welche Anbaumethoden, welche Arten von Nutzpflanzen in einer Oase zu lohnenden Erträgen führen. Auch die Verkehrsverbindungen und die Transportmöglichkeiten haben Einfluß auf die Oasenwirtschaft. Wo keine Möglichkeit besteht, die Ernteerträge schnell, bevor sie in dem heißen Klima verderben, an entfernte Handelsplätze zu transportieren, lohnt es nicht, über den eigenen Bedarf hinaus zu produzieren, vorausgesetzt, der karge Boden würde dies überhaupt zulassen.

Beherrschend ist der Anbau von Dattelpalmen (vgl. S. 24). In fast allen Oasen – ausgenommen die sehr hoch gelegenen Orte – finden wir ausgedehnte Palmenhaine. Unter günstigen Bedingungen kann die landwirtschaftliche Nutzung einer Oase in drei ›Stockwerken‹ erfolgen. Ganz unten, in Beeten oder Feldern, wachsen während der kühleren Jahreszeit Rüben, Karotten, Bohnen und Erbsen, Salat, Zwiebeln, Paprika und anderes Gemüse. Auch Korn gedeiht in manchen Oasen recht gut. Die Aussaat für Gerste und Weizen erfolgt im Oktober oder November, im März oder April ist dann das Korn reif. In den heißen Sommermonaten gedeihen höchstens Hirse oder Mais und auch nur wenige Gemüsesorten, z. B. Tomaten, Melonen und Kürbisse sowie das unentbehrliche Minzkraut für den Tee. Ein Stockwerk über den Beeten findet man Obstbäume (Aprikosen und Pfirsiche, Orangen und Zitronen), mitunter auch Mandel- und Olivenbäume oder Ziersträucher. Über allem erheben sich die breitgefächerten Wipfel der Dattelpalmen, die durch den Schatten, den sie spenden, wesentlich dazu beitragen, daß die Pflanzen der unteren ›Etagen‹ nicht in der Sonne vertrocknen.

In der Gegend um Adrar hat man sich auf den Anbau von Tomaten spezialisiert. Zur Erntezeit hängen die Tomatenstauden voll mit kräftigen, fleischigen Früchten. Was man nicht selbst verbraucht und nicht auf dem Markt verkauft, wird getrocknet. Neben den Feldern liegen die halbierten Tomaten auf dem sandigen Boden in der prallen Sonne. Getrocknet und zerkleinert sind sie lange haltbar und bilden die Grundsubstanz für Soßen und Beilagen zum Kuskus. Auch kleine Paprikaschoten werden auf diese Art konserviert. Die getrockneten Schoten kann man am Stück oder zerkleinert auf fast jedem Markt kaufen. In den höher gelegenen Bergoasen, wo das Klima für Dattelpalmen zu rauh ist, gedeihen statt dessen riesige Feigenbäume. Auch der Obst- und Gemüseanbau bringt in den Gärten dieser Orte, die im Sommer nicht unter so extremer Hitze leiden wie die tieferliegenden Oasen, eine gute Ernte.

Bewässerung: Voraussetzung für guten Ernteertrag ist die regelmäßige Bewässerung der Palmenhaine und Gärten. Die Anlage von Bewässerungsgräben und -kanälen, deren ständige Wartung und die sinnvolle, gerechte und rationelle Verteilung des Wassers auf sämtliche Anbauflächen – das ist eine Wissenschaft für sich. Nach einem genau ausgeklügelten System wird das Wasser von dort, wo es zutage tritt, durch einen Verteilerrechen in verschiedene Kanäle *(Mejras)* geleitet (vgl. Farbabb. 8). Diese Mejras teilen sich erneut auf in *Seguias*, kleinere Bewässerungsgräben, die netzartig durch die Gärten und Palmenhaine verlaufen, zwischendurch in kleine Speicherbecken münden und sich häufig noch in ganz schmale Wasserrinnen, die *Badous*, aufteilen. An den Gabelungen und Verzweigungen der Wasserläufe sorgen Verteilerrechen, meist aus Lehm geformt, für die richtige Steuerung und Dosierung des Wasserflusses. Soll ein Teil des Gartens vorübergehend ganz von der Wasserzufuhr ausgeschlossen werden, wird der Eingang zu seinem Kanal bzw. der entsprechende Durchlaß im Verteiler einfach zeitweise mit Lehmpfropfen verschlossen. Der Wasserverlust aufgrund von Verdunstung und Versickerung ist relativ hoch, da ein großer Teil der Kanäle nur aus einfachen Lehmrinnen besteht.

Die Wasserrechte in den einzelnen Oasen sind streng geregelt; die Wasserverteilung unterliegt genauen Vorschriften, und zu ihrer Überwachung setzt man nur besonders vertrauenswürdige Oasenbewohner ein. Die Technik dieser Bewässerung, die komplizierten, verschiedenartigen Kanal- und Verteilersysteme, lassen sich bei Spaziergängen durch die Oasengärten studieren. Besonders interessante und verzweigte Verteilersysteme besitzen In Salah und die Oasen des Gourara (z. B. Timimoun, Tiberghamine), doch auch schon die tunesischen Oasen Tozeur und Nefta, wo das Wasser noch sehr reichlich aus zahlreichen Quellen fließt, bieten anschauliche Beispiele für die Bewässerungskunst und das Haushalten mit dem in der Wüste so besonders wertvollen und begehrten Element Wasser.

Entwässerung und Entsalzung: Zum Problem der *Be*wässerung kommt in den Oasen noch das Problem der *Ent*wässerung, vor allem dort, wo das verwendete Naß viel Salz enthält. Läßt man das Wasser einfach in den Gärten verdunsten, so setzt sich das gelöste Salz auf dem Boden ab. Die Versalzung wird, besonders in der heißen Jahreszeit, außerdem dadurch gefördert, daß durch die Verdunstung des kapillar aufsteigenden Grundwassers Salze an die Oberfläche gelangen und sich dort absetzen. Da aber ein versalzter Boden unfruchtbar ist, muß man für ausreichende Entsalzung sorgen. Dies geschieht am wirksamsten dadurch, daß man das verbrauchte und überschüssige Bewässerungswasser zusammen mit den Salzen über Entwässerungsgräben und -kanäle in tieferliegende Verdunstungsbecken ableitet. Viele der algerischen Oasen haben solche Drainagesysteme, und deshalb wird man am Rande fast jeder Oase *Sebkhas* finden, Senken, in denen die abgeleiteten Abwässer versickern und verdunsten, wobei sie an der Oberfläche eine weiße, salzige Kruste zurücklassen. Auch Brunnen, die längere Zeit nicht benutzt werden, versalzen oder verbracken durch die Verdunstung und werden so unbrauchbar.

Bewässerungsrinnen im Palmengarten

Palmtrichter: Keine Probleme mit dem Be- und Entwässern ihrer Palmgärten haben die Oasenbauern in der Gegend um El Oued, dem Souf (vgl. Strecke Nr. 1). Diese Region nimmt eine Sonderstellung in der algerischen Oasenwirtschaft ein. Da der Grundwasserspiegel dort nicht allzutief liegt, pflanzt man die Palmen auf den Grund tiefer, von Menschenhand mühsam ausgehobener Trichter, deren oberer Durchmesser mehrere hundert Meter betragen kann. Die Wurzeln der Palmen reichen so von selbst bis an die wasserführenden Schichten heran. Was die Oasenbauern bei dieser Anbauart an Zeit und Arbeit für das Bewässern ihrer Palmen einsparen, benötigen sie andererseits jedoch, um ihre Gärten vor dem Versanden zu schützen. Der ständig über den Trichterrand hereinwehende Sand muß mühsam in Körben und auf Eselsrücken wieder hinaustransportiert werden (vgl. Farbabb. 12). Zwar sieht man überall auf den Trichterrändern dichte Reihen von Palmwedeln stecken, die den Sand abhalten sollen, doch können diese Barrieren Wind und Sand natürlich nur wenig Widerstand bieten. Es sind kümmerliche Pflänzchen, die da auf dem Trichtergrund im lockeren Sand und im Schatten der Palmen ums Überleben kämpfen: ein paar Kartoffelstauden, kleine Salat- oder Tomatensetzlinge mit geringen Wachstumschancen. Ein unvorsichtiger Schritt, und die halbe Ernte ist zerstört! Der Oasenbauer aber zeigt mit Stolz auf jedes grüne Blättchen, das da aus dem Sand sprießt und mit Glück vielleicht eines Tages zu etwas Eßbarem heranwächst.

Viehzucht und Tierhaltung: Außer dem Anbau in Gärten und Palmenhainen betreiben die meisten Oasenbewohner noch irgendeine Form von Viehzucht oder Kleintierhaltung. Ziegen liefern die nötige Milch, Schafe geben Wolle und Fleisch, Esel werden als Transport- und Lasttiere gehalten. Wer ein Kamel besitzt, zählt bereits zu den wohlhabenderen Leuten, denn er verfügt nicht nur über ein Reit- und Lasttier, sondern auch über einen Lieferanten von Milch, Wolle und Fleisch (vgl. S. 32). Geflügelhaltung ist – vermutlich wegen des Futterproblems – nicht sehr verbreitet. Die Hühner, die man gelegentlich sieht, wirken recht unterernährt, und die Eier, die sie legen, fallen entsprechend winzig aus.

Was die Oasengärten an Ertrag liefern und was die Tierhaltung erbringt, reicht selten aus, um den Bedarf der Oasenbewohner zu decken. Vieles muß deshalb aus dem Norden des Landes eingeführt werden. Für die Ausfuhr bleibt sowieso nichts übrig, sieht man von dem geringen Export hochwertiger Datteln einmal ab (vgl. S. 25).

Oasenbauern sind nicht reich, und sie können es auch nie werden. Es verdient aber schon genug Bewunderung, daß es den Wüstenbewohnern überhaupt gelungen ist, in diesem lebensfeindlichen Raum Fuß zu fassen und ihm wenigstens genügend zum Überleben abzuringen.

Tuareg-Siedlung im Hoggar-Gebirge ▷

Die Tuareg – Bewohner der Wüste

Eigentlich ist der Ausdruck *Tuareg* (Einzahl männlich *Targi* und weiblich *Targia*) ein Schimpfwort. Es ist arabisch und bedeutet ›von Gott Verstoßene‹. Die Tuareg selbst bezeichnen sich dagegen als *Imazighen* – ›die Freien‹ – oder, womit ihr ganzer Stamm und auch ihre Sprache bezeichnet werden, als *Tamaschek*. Doch bleiben wir beim arabischen Begriff Tuareg, der sich allgemein eingebürgert hat und wohl auch von den Tuareg selbst nicht mehr als Beleidigung empfunden wird.

Tuareg-Nomaden (vgl. Farbabb. 14, 16, 18 und Umschlagrückseite) sind in der Sahara vom Gebiet des Niger bis hinüber nach Libyen zu finden. Woher sie ursprünglich stammen, ist ungewiß; daß es sich bei ihnen um Nachkommen der bei Herodot erwähnten Garamanten, die einst ganz Nordafrika besiedelten, handelt, gilt zwar als wahrscheinlich, keineswegs aber als sicher. Fest steht wohl nur, daß sie einst von islamischen Arabern aus den nördlicheren Gebieten, den Ausläufern des Atlasgebirges, vertrieben und in die Wüste abgedrängt wurden und daß sie mit den nordafrikanischen Berbern sprachlich, nicht aber kulturell verwandt sind.

Das Hoggar-Gebirge in Südalgerien bildet eines der wichtigsten Siedlungsgebiete der Tuareg. Weitere wichtige Tuareg-Zentren sind die Bergmassive des Tassili n'Ajjer in Algerien, des Iforas in Mali und des Air in Niger. Vor allem in Tamanrasset fallen verhältnismäßig viele Tuaregmänner auf, die – oft Händchen haltend – in sehr gemächlichem Tempo die Straße auf- und abschlendern. Tuareg sind von Haus aus Nomaden, was also tun sie hier? Warum wandern sie untätig hier herum? Warum ziehen sie nicht mit ihren Herden durchs Gelände? Zur Beantwortung dieser Fragen muß man ein wenig ausholen und auf die alten, ziemlich außergewöhnlichen ›Kastenformen‹ der Tuareg eingehen.

Ähnlich wie bei uns im Mittelalter zu Ritterszeiten unterscheidet man bei den Tuareg nach alter Tradition zwischen den ›Adligen‹ *(Imohar)*, die Herrscher, Krieger, Grundbesitzer und Eigentümer der Herden waren, und den ihnen untergeordneten ›Vasallen‹ *(Imgad)*, einer Art von Pächtern, die für die Viehzucht zu sorgen hatten und den Schutz der Adligen genossen, ihnen dafür aber Abgaben aus dem Erlös ihrer Viehzucht leisten mußten. Noch niedriger im Rang standen die *Iklan*, ehemalige Sklaven, denen die harte Arbeit zufiel, vor allem die Versorgung der Herden, Ackerbau und die Verrichtung von Hausarbeiten. Bei diesen Sklaven handelte es sich meist um Schwarze (die Tuareg selbst sind recht hellhäutig), die sich die Tuareg in früheren Zeiten auf Raubzügen ›zulegten‹. Die Nachkommen dieser Sklaven genießen rechtlich längst die Freiheit, leben aber aus Tradition und aus Mangel an anderen Beschäftigungsmöglichkeiten meist weiter mit und in der Familie ihrer einstigen Herren. Eine etwas abgesonderte, undurch-

Tuareg erbeuten schwarze Sklaven (historische Darstellung)

sichtige und daher gefürchtete Position nehmen bei den Tuareg die Schmiede *(Enaden)* ein, denen wegen ihrer Fähigkeit, mit Feuer und Eisen umzugehen, magische Kräfte zugesprochen werden. Sie allein sind für alle handwerklichen Arbeiten, die Anfertigung von Werkzeugen, Hausgerät, Schmuck und sonstigen Metallgegenständen sowie für anfallende Reparaturen zuständig.

Die Aufteilung der alltäglichen Pflichten unter die verschiedenen Kasten hatte zur Folge, daß die ›adligen‹ Tuareg niemals körperliche Arbeit leisten mußten. Ihre Aufgabe bestand neben der Überwachung der Untergebenen darin, das Vermögen ihres Stammes zu vergrößern. Bis zum Beginn dieses Jahrhunderts geschah dies vor allem durch Raubzüge, Plünderungen und Überfälle. Diese Raubzüge (*Rezzu,* davon abgeleitet übrigens unser ›Razzia‹!) waren in den Augen der Tuareg durchaus nichts Ehrenrühriges. Bei Karawanenüberfällen bestand die Beute aus Kamelen, Geld, Gold, Salz und Nahrungsvorräten.

Erbeutete Sklaven wurden zum Teil weiterverkauft, zum Teil behalten. Als Bewaffnung trugen die Tuaregkrieger bei solchen Beutezügen Wurfspeere, Schwerter, Schilde und später auch Feuerwaffen. Noch heute kann man gelegentlich in den Nomadenlagern erleben, wie die Tuaregmänner zum eigenen Vergnügen oder zur Erbauung ihrer Gäste Scheinkämpfe mit furchteinflößenden Schwertern vorführen.

Die Raubzüge der Tuareg zeigten viele Ähnlichkeiten mit Raubrittermethoden: So konnten sich z. B. Karawanen durch Entrichtung von ›Sicherheitstributen‹ einen gefahrlosen Durchzug durch die Wüste erkaufen, was den Tuareg eine weitere Einnahmequelle verschaffte. Der französische Kommandeur Major Flatters, der 1880/81 das Territorium der Tuareg ohne deren Einverständnis durchquerte, wurde samt seiner Truppe von den erbosten Kriegern niedergemetzelt. Hin und wieder mußten auch Kämpfe gegen benachbarte Stämme geführt werden, wenn es darum ging, Weidegebiete, fruchtbare Oasen oder von den Tuareg ›kontrollierte‹ Karawanenwege zu verteidigen.

Mit der Kolonisierung des Landes durch die Franzosen und der Unterwerfung der Nomadenstämme Anfang dieses Jahrhunderts wurde den Raubzügen der Tuareg Einhalt geboten. Die Nomaden kämpften allerdings hart um ihre Freiheit und wehrten sich mit Todesmut gegen ihre Unterdrückung. In der großen Schlacht bei Tit (nahe Tamanrasset) im Jahre 1902 behielten aber schließlich die Franzosen die Oberhand, erste Friedensverhandlungen bahnten sich an. Nach Gesprächen zwischen General Laperrine und dem damaligen Tuaregfürsten Moussa ag Amastane (später ein Freund von Charles de Foucauld) kam 1904 ein Friedensabkommen zwischen den Nomaden und den französischen Kolonialherren zustande. Trotzdem wagten die Tuareg im ersten Weltkrieg einen letzten Aufstand. Die Franzosen, mit modernen Waffen, Flugzeugen und Maschinengewehren ausgerüstet, waren

Die viehzüchtenden Tuareg-Vasallen sind heute meist wohlhabender als ihre einstigen Herren

ihnen jedoch weitaus überlegen. Die Tuareg wurden endgültig besiegt und mußten im Jahr 1917 in In Salah dem Abschluß eines endgültigen ›Friedensvertrages‹ zustimmen. Von da an waren sie wohl oder übel gezwungen, sich an die vereinbarten Bedingungen zu halten. *Meharisten,* berittene französische Wüstenpolizisten, rückten in überall angelegte Garnisonen ein und sorgten – zum Teil mit ziemlicher Brutalität – für ›Ordnung‹ auf den Saharawegen. Strenge Strafen für Rechtsbrecher wurden verhängt, die Überfälle hörten auf. Seit einigen Jahrzehnten stellt das Durchqueren der von Tuareg besiedelten Gegenden kein tödliches Risiko mehr dar.

Die ›Adligen‹ der Tuareg wurden durch diese Entwicklung ihrer wichtigsten Beschäftigung und ihrer Haupteinnahmequelle beraubt. Ihre bisherige Tätigkeit, das Umherstreifen in der Wüste, das Aufspüren fremder Lager oder Karawanen zum Zwecke des Überfalls war nun unterbunden, die Überwachung des eigenen Lagers unnötig geworden, da man ja auch von außerhalb keine Überfälle mehr zu befürchten hatte. Arbeit kannten die Herrscher und stolzen Krieger nicht, und ihr Stolz ließ es nicht zu, daß sie sich durch körperliche Arbeit praktisch auf die gleiche Stufe mit ihren Untergebenen stellten. Hinzu kam, daß die Dürrekatastrophen vergangener Jahre, die Austrocknung der Weidegebiete und der sinkende Grundwasserspiegel das Nomadenleben immer härter, immer schwieriger und immer ertragsärmer machten. Viele Tuareg wurden so gezwungenermaßen seßhaft, ließen sich in und um die Städte herum nieder und hoffen seither auf irgendeine Arbeit von staatlicher Seite. Für jemanden, der nichts praktisch Verwertbares gelernt hat und in dem aus alter Tradition eine tief verwurzelte Abneigung gegen jede echte körperliche Arbeit sitzt, eine ausgesprochen fatale Situation!

Die ›Vasallen‹, die einstigen Pächter der ›adligen‹ Tuareg, konnten sich dank ihrer fundierten praktischen Kenntnisse im Umgang mit Vieh und Herden leichter mit der veränderten Situation abfinden. Viehzucht und Viehhandel sicherten ihnen weiterhin ein zumindest ausreichendes Einkommen. Den Schutz ihrer Herrn haben sie heute nicht mehr nötig, sie sind also von ihnen nicht mehr abhängig, und so stehen die ehemaligen Untergebenen wirtschaftlich meist bedeutend besser da als ihre hohen Herren.

Die Tuareg befinden sich heute in einer äußerst schwierigen Lage. Die Anpassung und Eingliederung in die neue Gesellschaftsstruktur ist schwer für ein so stolzes und seit Jahrhunderten an Freiheit und Nomadentum gewöhntes Volk. Wir beobachteten in Timiaouine eine Gruppe Tuareg, die im Militärgelände mit dem Bau einer Mauer beschäftigt war. In ihre langen Gewänder gehüllt und tief verschleiert handhabten sie Spachtel und Kelle und fügten mit stoischem Gleichmut Lehmziegel auf Lehmziegel. Nein! Körperliche Arbeit paßt nicht zu diesen ›Rittern der Wüste‹.

Kleidung und Kunst der Tuareg

Die eigentliche und ursprüngliche Bestimmung eines Tuareg ist es, Nomade zu sein. Seine Bedürfnisse und seine Lebensgewohnheiten sind deshalb auf das Leben in Wanderschaft abgestimmt. Die Gebirgstäler weisen nur eine spärliche Vegetation auf, die eine Herde bald abgegrast hat, so daß die Tuareg, obwohl sie in kleinen Gruppen von oft nur einer Familie zusammenleben, mit ihren Tieren immer wieder neue Weidegebiete aufsuchen müssen. Durch diese freie Lebensart konnten sich die Tuareg ihre eigene Kultur, eigene Sitten und Gebräuche weitgehend erhalten. Es gibt eine eigene Tuaregsprache, das *Tamaschek,* und eine eigene Schrift, das *Tifinagh.* Bis heute blieben die Tuareg unter dem Mantel des Islam auch ihren alten Glaubensvorstellungen treu, in denen weniger Allah eine Rolle spielt als vielmehr der Glaube an gute und böse Geister (*Djenoun,* vgl. S. 61). Die Tuareg wirken recht eindrucksvoll, wenn sie, gekleidet in ihre langen indigoblauen Gewänder, hoch zu Kamel dahergeritten kommen. Das Blau der Kleidung (die Männer bevorzugen meist eine hellere, die Frauen eine fast schwarzblaue Tönung) und das gelegentliche Einfärben des Gesichtes mit Indigo (als Schutz vor Insekten und dem ›Bösen Blick‹) hat den Tuareg den Beinamen ›Blaue Ritter der Wüste‹ verschafft. Das wichtigste Kleidungsstück, die *Gandura,* besteht aus einer leichten, angenehm zu tragenden Baumwollkutte mit langen, weiten Ärmeln, die bis zu den Knöcheln reicht. Sie ist seitlich geschlitzt und sowohl bei Männern wie bei Frauen an Ausschnitt und Seitenschlitzen, oft auch an den Ärmeln, mit rei-

Die 25 Zeichen des Tifinagh-Alphabets

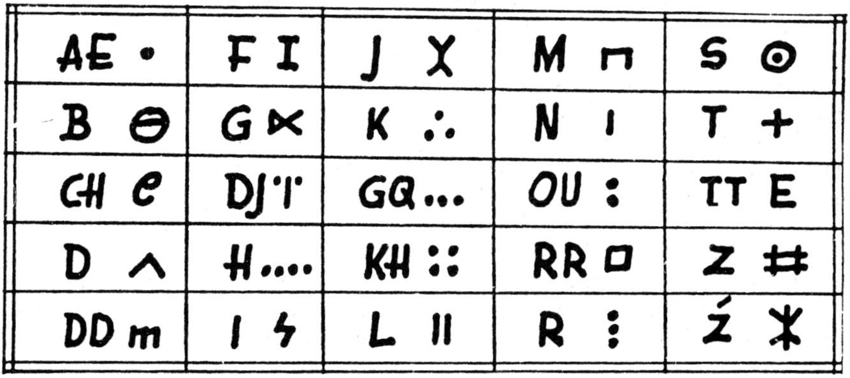

Bilder aus vergangenen Zeiten: junge Targia in Alltagskleidung mit verschiedenen Lederamuletten (oben) ...

... und adliger Tuareg-Krieger im Festgewand mit Lanze und Schild (links). Beide Aufnahmen entstanden um 1930

chen Steppornamenten geschmückt. Die typischen Tuareg-Sandalen heißen *Imarkaden* oder *Samara.* Sie sind aus Leder mit verstärkter, trapezförmiger Sohle gefertigt, kunstvoll und farbenfroh verziert. Einen Gesichtsschleier (*Litham* oder auch *Tagelmust* genannt) tragen nur die Männer. Die Targia, die Tuareg-Frau, geht unverschleiert. Bis ins letzte Jahrhundert hatte das Schleiertragen durchaus einen praktischen Sinn, dann z. B., wenn eine Gruppe von Reitern wild durch den Wüstensand preschte, um eine Karawane zu überfallen. Zum einen schluckten sie dabei durch den Mund- und Nasenschutz nicht so viel Staub, zum anderen konnte man sie nicht so leicht erkennen. Möglicherweise soll der Gesichtsschleier auch vor bösen Geistern schützen. Heute werden auch unter den Tuareg die Sitten langsam lockerer. Oft zieht man den Schleier nicht mehr bis unter die Augen hoch und zeigt ungeniert die Nase. Statt des Schleiers wird häufig auch nur ein Teil der Kopfbedeckung, des *Schesch,* über das Gesicht gezogen (vgl. Farbabb. 18). Diesen Schesch trägt jeder Tuareg. Er ist aus dünnem, weichem Baumwollstoff gefertigt, meist schwarz, weiß oder dunkelblau gefärbt, etwa 50 cm breit und bis zu acht Metern lang, und die Technik, ihn zu binden, will gekonnt sein.

Zur ordnungsgemäßen Ausstattung eines Targi gehört eine Waffe. Dabei kann es sich um ein einfaches Messer handeln, das in einer am Gürtel oder mit einer Lederschlinge am Oberarm befestigten Lederscheide steckt. In südlicheren Sahararegionen (z. B. Niger und Mali) sieht man sehr häufig noch die langen Schwerter. Diese tragen am Griff und auf der Klinge kunstvolle Verzierungen und stecken dann noch in einer reich geschmückten Lederscheide. Man wird unterwegs kaum einem Targi begegnen, der nicht in irgendeiner Form bewaffnet wäre. Selbst furchteinflößende Oldtimer-Gewehre sahen wir schon an Kamelsätteln hängen. Wer eine solche Waffe als Souvenir erstehen will, versuche dies am besten in den Oasen, auf Märkten, in den Siedlungen. Ein Nomade, der unterwegs ist, braucht seine Waffe. Zumindest glaubt er das, und er käme sich nackt und wehrlos vor ohne irgendetwas Messer-, Dolch-oder Schwertähnliches. Noch heute trauern wir einem Prachtexemplar von Schwert nach, das einem Tuaregnomaden gehörte, dem wir weitab von jeglicher Siedlung begegneten. Die Klinge hatte man offensichtlich aus einer Landrover-Feder geschmiedet, denn als Verzierung trug sie – neben eingehämmerten, feinsten Ornamenten – noch die eingeprägte Rover-Teilenummer. Der Griff war kunstvoll mit Kupfer beschlagen und die Lederscheide zwar alt und speckig, aber mit so feiner Handarbeit verziert, daß wir ein halbes Vermögen für dieses Schwert hergegeben hätten. Der Nomade hingegen erklärte schlicht, er habe nur dieses Schwert dabei, noch einen langen Weg vor sich und könne es deshalb nicht verkaufen. Selbst auf eine für seine Verhältnisse phantastische Angebotssumme zeigte er keinerlei Reaktion oder Zeichen der Versuchung, zuckte nur mit den Schultern und schritt stolz mit seiner Waffenpracht davon.

Ein weiterer Schutz des Tuaregnomaden besteht in den zahlreichen Amuletten und Talismanen, die er um den Hals hängen hat. Schon kleinste Kinder, sonst vielleicht total nackt, tragen um den Hals ihre *Kris-Kris.* Rechteckige Lederhüllen, aufgefädelt an einer ledernen Schnur, bergen Koranverse, Haare, Kräuter oder sonstige

Tuareg-Schwert, dessen Klinge aus einer Landrover-Feder geschmiedet wurde

glücksbringende Dinge. Vorsicht: Für Touristen hergestellte Lederamulette sind oft nur mit Lederresten ausgestopft und helfen deshalb natürlich nicht! Auf den Märkten kann man am Stand des Apothekers winzige Ledersäckchen erstehen, die Zaubermittel, vermutlich Kräutermischungen gegen Skorpione, Schlangen, den ›Bösen Blick‹, spezielle Geister und andere Gefahren enthalten. Silber gilt als glücksbringendes Metall, Gold verursacht Unglück, und reines Eisen zieht nach Ansicht der Tuareg die bösen Mächte an. Die Eisenklingen der Schwerter oder sonstige eiserne Gebrauchsgegenstände werden deshalb mit Rillen, Kreisen oder Dreiecken verziert, die durch ihre Symbolwirkung diese negativen Einflüsse abwehren. Auch Kupferverzierungen auf Eisen wirken bösen Geistern entgegen und schützen außerdem vor Krankheiten und Verwundungen. Wenn das Eisen daneben noch mit Messingverzierungen versehen wird, hat man seinen bösen Zauber völlig gebannt.

Verzierter Lederbeutel

Terewt-Anhänger

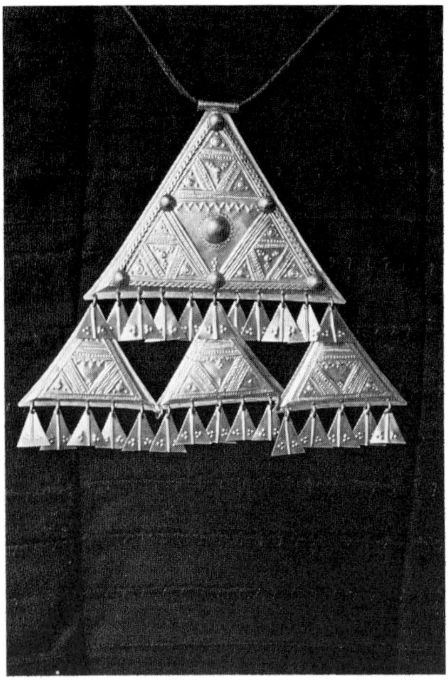

Aus Leder werden sehr schöne Taschen gefertigt, die der Targi an einer Lederschnur um den Hals trägt und in der er Geld oder Papiere aufbewahrt. Eine solche Umhängebörse besteht aus einer Tasche mit vielen Innenfächern, über die dann von oben her eine reich verzierte Lederhülse gestülpt wird, die die Öffnung der Tasche vor eindringendem Sand, begehrlichen Blicken und fremdem Zugriff schützt. Ein kräftiges Büschel aus Lederfransen bildet den unteren Abschluß dieses praktischen und originellen Geldbeutels. Wahre Kunstwerke stellen auch die Satteltaschen dar, riesige Beutel aus Leder, ebenfalls mit reichen Verzierungen und Fransenschmuck versehen, die seitlich am Kamel befestigt werden und in denen der Nomade Hausrat und Vorräte transportiert. Bei der Bearbeitung des Leders haben die Tuareg, vor allem die Frauen, große Fertigkeit und Vielseitigkeit erreicht. Das Leder wird geprägt, mit andersfarbigem Leder beklebt oder durchflochten, bestickt, mit Metall beschlagen, in Fransen geschnitten und vor allem bunt eingefärbt, wobei ein helles Grün besonders beliebt ist: Hellgrün übt schützende Wirkung aus.

Ganz besondere Erwähnung verdient der Schmuck der Tuareg. Als Material verwendet man hauptsächlich Silber, gelegentlich auch Kupfer, niemals dagegen Gold, das Unglück bringt. Eine reiche Targia trägt oft mehrere silberne Anhänger, Amulette und Armreifen über- bzw. nebeneinander. Zu den schönsten Schmuckstücken gehört der *Terewt (Tereout),* ein Anhänger, zusammengesetzt aus mehreren silbernen Dreiecken, von denen jedes mit feingehämmerten Motiven, durch Aufsetzen von Silberbändern und Silberknöpfen sowie durch angehängte kleinere Silberdreiecke verziert ist. Häufig sieht man auch die *Khomessa,* einen Anhänger, bei dem fünf rautenförmige und erhabene Silberplatten auf einer Lederunterlage angebracht sind. Sehr schöne und wertvolle Schmiedearbeiten findet man auch unter Silberringen und Armreifen. Zur Dekoration werden fast ausschließlich geometrische Muster verwendet, wobei das Dreieck, Symbol gegen den ›Bösen Blick‹, überwiegt. Mit Silber oder Kupfer beschlagene Vorhängeschlösser kommen ebenfalls aus den Schmieden der Tuareg. Selbst solche reinen Gebrauchsgegenstände erhalten kunstvolle ornamentale Verzierungen. Die ebenfalls schön geschmückten Schlüssel zu diesen Schlössern werden von den Tuareg-Frauen auch gern als Schmuck und Zuggewicht für die Enden ihrer Umhänge benutzt.

Die Targia und ihre Kinder

Tuareg-Frauen haben etwas Faszinierendes. Ihre Bewegungen sind meist anmutig und von einer gewissen adligen Vornehmheit, ihre Haltung strahlt Würde aus. Sie reiben sich häufig die Haare mit parfümierter Butter ein und flechten sie dann zu vielen winzigen Zöpfchen, die schnurgerade in parallelen Reihen über den Kopf verlaufen. Die Targia geht – im Gegensatz zu ihrem Mann – völlig unverschleiert. Mit ihren feinen Gesichtszügen, der hellen Haut, schneeweißen Zähnen, funkelnden dunklen Augen und ihren graziösen, oft gar ein wenig kokett wirkenden Bewegungen bietet die Targia (zumindest in jungen Jahren) meist ein recht ergötzliches Bild, und häufig sieht man unter Tuareg-Frauen ausgesprochene Schönheiten.

Die Selbstsicherheit der Targia gründet sich u.a. wohl auf ihre im Vergleich zu arabischen Verhältnissen hohe Stellung innerhalb der Familie. Eine Targia bekommt ihren Mann nicht von der Familie ›zugeteilt‹; sie wählt ihn sich selbst aus und hat auch die Möglichkeit, ihn wieder zu verstoßen, wenn er ihren Ansprüchen nicht genügt. Man spricht bei den Tuareg z. B. nicht vom Stammvater, sondern von der Stammutter, denn Abstammung und Erbe richten sich nach der weiblichen Linie. Entsprechend gilt ein Kind nur dann als ›adlig‹, wenn auch seine Mutter ›adlig‹ war, und der Bruder der Mutter steht ihm

Tuareg-Frauen haben etwas Faszinierendes

verwandtschaftlich näher als sein eigener Vater (Ethnologen bezeichnen diese Abstammungsrechnung als matrilineal). Die Erziehung der Kinder und Entscheidungen über ihre Ausbildung sind Sache der Mutter. Sie organisiert auch das *Ahal,* ein Treffen, bei dem sich heiratsfähige Mädchen und Jungen begegnen können. Bezeichnend ist auch, daß ein Großteil der Tuareg-Literatur, Gedichte oder Liedertexte, von Frauen stammen.

Selbstverständlich verwischen sich auch diese Traditionen mit den Veränderungen in den Lebensbedingungen der Tuareg immer mehr. So bemüht sich die algerische Regierung gerade im Hinblick auf die speziellen Anpassungsprobleme der Tuareg sehr um eine ausreichende Schulbildung der Nomadenkinder. Die Kinder sind oft monatelang von ihren Familien getrennt, während sie z. B. in Tamanrasset, Ideles, Illizi oder Djanet die Internatsschule besuchen. Theoretische Kenntnisse erhalten sie so in der Schule, praktische allerdings weiterhin zu Hause, wo sie schon in frühester Jugend zur Mithilfe herangezogen werden. Sie lernen, mit den Herden umzugehen, auf diese und die jüngeren Geschwister aufzupassen, Brennholz zu sammeln, Feuer zu machen und dergleichen mehr.

Sicher haben weder eine Targia noch ein Targi jemals ein Buch über moderne Erziehungsmethoden gelesen oder einen entsprechenden Kurs besucht. Daß sie es trotzdem fertigbringen, eine derartig liebe, lustige und gleichzeitig vernünftige, um nicht zu sagen disziplinierte Kinderschar großzuziehen, das gibt zu denken. Die Tuareg scheinen da eine besondere Fähigkeit zu besitzen, deren sich nicht (oder nicht mehr) alle Nomaden rühmen können. Die Berber im Süden Tunesiens, Marokkos und in den nördlicheren Saharagebieten Algeriens lassen häufig weniger Zurückhaltung und Würde spüren, Erwachsene wie Kinder machen meist einen bedeutend ›wilderen‹ Eindruck. Eine Geschwisterliebe, wie sie unter Tuaregkindern immer deutlich zu beobachten ist, fällt bei Berberkindern seltener auf. Während bei Familie Tuareg Geschenke von einem Familienmitglied mit Würde in Empfang genommen und später angemessen verteilt werden, stürzen sich bei Familie Berber häufig alle auf die Gaben, und man wird zum Mittelpunkt erbitterter ›Nahkämpfe‹. Bei Tuaregs geht's vornehmer zu!

Eine Nomadenfamilie wird sich immer über Lebensmittelgeschenke freuen

Wohnung und Essen

Da Nomaden häufig ihren ›Wohnsitz‹ wechseln, muß ihre Behausung schnell aufstellbar und – wie auch der Hausrat – leicht transportabel sein. Die klassischen Nomadenzelte der Tuareg aus meist rot gefärbten Ziegenhäuten, die man in Bahnen aneinan-

◁ Targia mit Kind

dernäht, sieht man nur noch selten. Stoff- oder Plastikbahnen, die es auf den Märkten zu kaufen gibt, ersetzen sie in zunehmendem Maße. Diese Bahnen werden über mitgeführte Zeltpflöcke oder ein Holzgerüst aus Ästen gespannt und bieten Schutz vor Kälte, Wind, Sand und Sonne. Aus Stroh geflochtene Matten dienen zur Verstärkung der Zeltwände, als Zwischenwände, als Wind- oder Sonnenschutz am Zelteingang und als Bodenbelag. Zum Schlafen verwendet man Teppiche und Decken. Möbel in irgendeiner Form kennt der Nomade nicht. Der Hausrat liegt in der Zeltecke oder wird am Zeltgerüst aufgehängt. Hierzu gehören die *Gerba,* ein Wassersack aus Ziegenfell (in neuerer Zeit oft auch aus alten Autoschläuchen), dann der Hirsemörser, Kochtöpfe, Büchsen mit Vorräten, Schalen und Löffel sowie – als Wichtigstes – der Teekessel. Kalebassen (verholzte Kürbisse), hübsch verziert, dienen als Gefäße und Behälter für Wasser oder Vorräte, werden aber immer mehr von Plastik- oder Emaillegeschirr abgelöst. Statt der großen, ledernen und reichlich verzierten Satteltaschen, in denen früher ein Großteil der Habe während des Transports untergebracht war, entdeckt man auch immer häufiger Plastikkoffer mit Schnappverschlüssen, die zwar dem motivsuchenden Touristen wieder eine Illusion mehr rauben, aus der Sicht der Nomaden aber ihren Zweck ebensogut erfüllen.

Die Ernährungsgrundlage der Nomaden bilden Milch (von den eigenen Ziegen oder Kamelen), Hirse, Mehl, Datteln und gelegentlich Fleisch, wobei außer Milch und Fleisch alles auf dem Markt gekauft werden muß. Frisches Gemüse gibt es nur selten. Praktisch immer vorhanden und lange haltbar sind dagegen getrocknete Tomaten, getrocknete Paprikaschoten und getrocknete Zwiebeln. Hieraus läßt sich eine feurige Soße zubereiten. Da Fleisch und sogar Hirsebrei (Kuskus) nur zu besonderen Anlässen gekocht werden, sieht der Speisezettel einer Nomadenfamilie meist sehr einseitig und kärglich aus. Für die Versorgung mit Vitaminen sorgen die Datteln, die sich ebenfalls in getrocknetem Zustand lange lagern lassen, die roh sehr gut schmekken und aus denen sich auch verschiedene Süßspeisen zubereiten lassen. Ein wichtiges Nahrungsmittel der Tuareg stellt das Brot dar, das in Fladenform gebacken wird. Wir haben den wandernden Tuaregnomaden beim Brotbacken zugeschaut und ihr Rezept, vor allem die Backtechnik, an anderer Stelle (vgl. S. 308) beschrieben und zur Nachahmung empfohlen.

Eine Nomadenfamilie wird sich immer über Lebensmittelgeschenke – gleich welcher Art – freuen. Sehr begehrt sind Nudeln, Reis, Tomatenmark, aber auch Kaffee, Tee, Zucker, französisches Stangenbrot oder – als besondere Delikatesse – Marmelade, Dosenfisch oder Käse. Auch ihnen völlig fremde Speisen verzehren sie nach kurzer Skepsis. Nomaden sind nicht wählerisch. Ein Beispiel: Eines Abends tauchte während des Essens eine sechsköpfige Nomadenfamilie an unserem Lager auf. Das einzige, was wir übrig hatten, waren ein Teller mit Reis und unser Nachtisch in Form eines Schokoladenpuddings. Wir händigten beides zusammen mit einem Glas Marmelade und einem halben Laib Brot dem Familienoberhaupt aus. Was geschah? Reis und Pudding wurden zusammengeschüttet, darüber kam die Marmelade, und das Ganze wurde mit Brotbrocken unter sichtlichem Genuß verspeist. Die Familie labte sich noch an unserem Himbeersaft und zog dann satt, dankbar und zufrieden wieder in Richtung ihrer Zelte davon.

Sollten Sie einmal von Nomaden oder auch seßhaften Bewohnern zum Essen eingeladen werden, bekommen Sie mit ziemlicher Sicherheit Kuskus, das Nationalgericht, vorgesetzt. Machen Sie sich darauf gefaßt, daß die Zubereitung dieses Essens eine sehr langwierige Angelegenheit sein kann. Während der Kuskus (eine Grießart), den man bei uns im Laden erhält, meist schon nach zehn Minuten Quellzeit fertig ist, stellt die Zubereitung eines echten nordafrikanischen Kuskus eine regelrechte Zeremonie dar. Vier Stunden waren die Rekordzeit, die wir vom Beginn der Zubereitung bis zum Servieren des Mahles warteten. Der Kuskus wird zunächst mehrmals gesiebt, bevor man ihn in mehreren Arbeitsgängen über dem Dampf gart. Gemüse wie etwa Tomaten, Karotten, eine grüne, uns unbekannte Blattgemüseart oder Kichererbsen werden – sofern vorhanden – ebenfalls gekocht und entweder separat serviert oder mit der Grießmasse vermischt. Fleisch bereitet man extra zu. Ist das Gericht schließlich fertig, wird es auf einer großen Gemeinschaftsplatte serviert, um die sich Familie (meist nur die erwachsenen männlichen Mitglieder) und Gäste setzen. Jeder bekommt – sofern vorhanden – einen Löffel in die Hand gedrückt. Sobald man nun die erste Mulde in den Kuskus gegessen hat, beginnt die Zuteilung der Beilagen. In jede Kuhle wird ein Löffel voll Soße bzw. Gemüse gegossen; dazu erhält man ein Bröckchen Fleisch. Gelegentlich wird dieses Fleisch vom Gastgeber von Hand zerrupft und zielsicher reihum in die Mulden geworfen. Es empfiehlt sich, diese Bröckchen nicht gleich nach Erhalt zu verspeisen, da sonst umgehend eine neue Zuteilung erfolgt. Fleisch ist eine teure Kostbarkeit, die sich eine arme Familie nur selten gönnen kann und die nicht von wohlgenährten Touristen gedankenlos weggefuttert werden sollte. Manchmal, wenn die Gastgeber einen Garten besitzen, gibt es noch einen Teller mit Salat. Als Getränk macht Wasser, meist in einen Napf gefüllt, die Runde. Ein gut zubereiteter Kuskus ist auch für den verwöhnten europäischen Gaumen sehr schmackhaft. Selbst in sehr einfachen Zelten herrscht übrigens oft äußerste Sauberkeit bei der Zubereitung der Mahlzeiten (was Sie vor dem Risiko einer Magen- oder Darminfektion allerdings nicht unbedingt bewahrt).

Die Teezeremonie

Nomaden sind traditionell sehr gastfreundlich. Es wird kaum ausbleiben, daß Sie während Ihrer Fahrt durch die Wüste irgendwann einmal zum Tee eingeladen werden. Während sich eine Einladung zum Essen zur Not noch – z. B. aus Zeitgründen – ›mit Anstand‹ ausschlagen läßt, kann man sich einer Einladung zum Tee kaum entziehen. Einen Tee abzulehnen, gilt als sehr unhöflich.

Eine Warnung vorweg: Auch Teetrinken kann man in Algerien nicht ›auf die Schnelle‹. Wenn die Prozedur der Teezubereitung einmal begonnen hat, heißt es, Geduld zu bewahren, denn bis zum Servieren des ersten Gläschens ist es ein langer Weg: Oft muß erst ein Feuer gemacht, die notwendige Glut abgewartet werden, bis man den Teekessel darüberhängen oder daraufstellen kann. Aber auch wenn das Wasser zusammen mit den Minzeblättern und einem dicken, von einem Zuckerhut abgeschlagenen Brocken Zucker kocht, ist

Teeservice aus der Sahara (Südmauretanien)

es noch lange nicht soweit. Der Tee wird mehrmals in hohem Strahl hin- und hergegossen, vom Glas wieder zurück in den Teekessel, nochmals aufgekocht, wieder in schäumendem Strahl in ein Glas geleert, abgeschmeckt, zurückgegossen, aufgekocht (vgl. Farbabb. 1). Irgendwann hat man dann endlich das erste, meist etwas klebrige Gläschen in der Hand. ›Heiß wie die Hölle‹, stark und süß soll diese erste Runde sein; sie wirkt belebend und schlafraubend, was man bedenken sollte, wenn man sie abends serviert bekommt. Mit nicht mehr ganz dem gleichen Aufwand folgen nun die zwei weiteren Runden, wobei der Tee jedesmal etwas schwächer wird, da man nur noch Wasser auf die Teeblätter nachgießt und nachsüßt. Drei Gläser sind obligatorisch, das zweite oder dritte abzulehnen, wäre eine grobe Unhöflichkeit. Nach dem dritten Glas ist dann aber mit Sicherheit Schluß. Zum Tee bekommt man gelegentlich getrocknete Datteln angeboten. Wir erlebten sogar einmal, daß unser Gastgeber ein Ei in die Pfanne schlug, eine kräftige Handvoll Zucker darüberstreute und uns dann die Pfanne samt süßem Rührei herüberreichte.

Bei allen Einladungen in Zelte und Hütten bitte nicht vergessen: Schuhe ausziehen! Für den Gast wird eine Matte oder ein Teppich auf dem Boden ausgebreitet, und es wäre undenkbar, darauf mit selbst noch so sauberen Schuhen herumzulaufen. Wehe dem, der nicht gewaschene Füße und frische Socken vorzuweisen hat! Etwas ungewöhnlich für unsereins ist das längere Sitzen auf dem Boden, egal ob man im Schneidersitz, auf untergeschlagenen Beinen oder mit angewinkelten Knien hockt. Während die Einheimischen stundenlang ruhig in derselben Position verharren, verrät sich der Fremde dadurch, daß er ständig herumrutscht, seine Beine neu sortiert und verzweifelt nach einer erträglichen Sitzhaltung sucht. Bedanken Sie sich für eine Essens- oder Tee-Einladung mit angemessenen Geschenken (Kleidung, Lebensmittel, Zigaretten o. ä.)!

Charles de Foucauld – Vertrauter und Erforscher der Tuareg

Tamanrasset war ein winziges Dorf, als sich der französische Pater Foucauld im Jahre 1905 dort niederließ. Foucauld, 1858

Charles de Foucauld (1858–1916), Vertrauter und Erforscher der Tuareg

als Sohn eines Adligen in Straßburg geboren, lernte als Offizier Algerien und die Sahara kennen. Als Mitglied des Trappistenordens lebte er eine Zeitlang in Syrien und Israel und studierte anschließend in Rom Theologie. Später kehrte er als Missionar nach Algerien, zunächst nach Beni Abbes, zurück. 1905 kam er erstmals in das Hoggar-Gebirge und war so fasziniert von dieser Gegend und ihren Bewohnern, daß er sich fest in Tamanrasset niederließ. Das von ihm erbaute *Bordj* (Fort), in dem er die letzten Monate seines Lebens verbrachte und dem eine kleine Kapelle angeschlossen ist, liegt am Ende der durch den Ort führenden Hauptstraße. Größere Bekanntheit als diese ›Stadtwohnung‹ des Paters genießt seine ehemalige Klause hoch oben in der luftigen Höhe des Assekrem (vgl. Assekrem-Rundfahrt, Strecke Nr. 7), wo er im Jahre 1911 fünf Monate in großer Einsamkeit wohnte.

Über zehn Jahre lang lebte Foucauld mit und unter den Tuareg. Er gewann ihr Vertrauen, indem er ihnen weniger missionierend als beratend und helfend zur Seite stand. Der Pater kümmerte sich um die medizinische Versorgung, um Impfungen; er setzte sich dafür ein, daß Brunnen gebaut wurden und beriet die Bewohner bei Problemen der Oasenwirtschaft. Mit der Zeit erlangte er den Ruf eines weißen Marabut, eines Heiligen. Pater Foucauld war gleichzeitig mit Major Laperrine, dem französischen Befehlshaber im Hoggar, den er bereits aus seiner Offizierszeit kannte, und mit dem damaligen Oberhaupt des Tuaregstammes, dem Fürsten *(Amenokal)* Moussa ag Amastane befreundet. Er eignete sich damit hervorragend als Verbindungsmann zwischen den beiden seit jeher verfeindeten Parteien. Seinen Schlichtungskünsten, seinen Aufforderungen zur Mäßigung an beide Seiten, ist es maßgeblich zu verdanken, daß die Friedensverhandlungen zwischen französischen Kolonialherren und den freiheitsliebenden Tuareg letzten Endes mit verhältnismäßig wenig Blutvergießen zum Erfolg führten.

In der Zeit seines Zusammenlebens mit den Tuareg studierte Pater Foucauld Sprache und Schrift der Nomaden. Er verfaßte ein Wörterbuch und eine Grammatik des Tamaschek. Foucauld sammelte die Gedichte der Hoggar-Bewohner, ihre Sagen, Legenden und Lieder. Vieles, was wir heute über die Tuareg wissen, geht auf das Konto seiner gründlichen Forschungen, die ihm dank seiner Vertrauensstellung möglich waren. Charles de Foucauld wurde 1916 durch eine libysche Senoussi-Patrouille erschossen. Bei den Senoussi handelte es sich um eine strenggläubige islamische Sekte, voller Haß gegen Andersgläubige und vor allem gegen europäische Eindringlinge. Sie waren erbost darüber, daß die Hoggar-Tuareg auf Anraten Foucaulds sich ihnen – im Gegensatz zu anderen Tuaregstämmen – während des Ersten Weltkriegs nicht im Kampf gegen die Franzosen angeschlossen hatten. Daß der eigentliche Mörder Foucaulds jedoch kein Senoussi, sondern ein Tuareg war, wenngleich vom Stamme der Tassili-Tuareg, wird gern verschwiegen. Dieser Stamm unterstützte die Senoussi und beteiligte sich auch an dem Angriff auf die Missionsstation des Paters. In dem Durcheinander des Überfalls und bei dem überraschenden Auftauchen von französischen Mehari-sten traf eine verirrte Gewehrkugel aus dem Lauf eines der Tuareg Pater Foucauld tödlich. Foucauld wurde in Tamanrasset beigesetzt, wo man später auch seinen Freund Major Laperrine beerdigte, der bei einem Flug über die Sahara tödlich ver-unglückt war. 1929 wurden dann die sterb-lichen Überreste Foucaulds in die Kirche Saint Joseph bei El Golea, das erste katho-lische Gotteshaus in der Sahara, überführt (vgl. S. 96).

Die Klause des Paters steht immer noch als bleibendes Denkmal hoch oben auf dem Assekrem. Französische Patres leben bis heute in dieser Einsiedelei und setzen das Werk Foucaulds fort. Ein imposante-res Fleckchen Erde und eine größere Nähe zu Gott sind kaum vorstellbar. Auch dem Ungläubigen wird dies bewußt, wenn er einen der faszinierenden Sonnenauf- oder Untergänge auf dem Assekrem erleben darf, ein Naturschauspiel, das für jeden Saharareisenden zu den eindrucksvollsten Erlebnissen zählen dürfte (vgl. S. 137).

Der Islam

Um die Bewohner eines Landes besser ver-stehen zu können, um ihre Einstellung, ihre Gewohnheiten und Gebräuche besser zu begreifen, sollte man wenigstens etwas von ihrer Religion wissen. Staatsreligion Algeriens ist der Islam, die meisten Bewoh-ner des Landes sind Moslems und beken-nen sich zur sunnitischen Lehre. Sie glau-ben an den einzigen Gott Allah und seinen Propheten Mohammed, ihre Kirche ist die Moschee, und statt Kirchenglocken ruft der Muezzin (ersatzweise heute meist eine Tonbandaufnahme über Lautsprecher) vom Turm des Minaretts zum Gebet.

Mohammed, ›Allahs letzter und voll-kommenster Prophet‹, wurde um das Jahr 571 in Mekka geboren. Etwa in seinem vierzigsten Lebensjahr, so wird berichtet, erlebte er eine Vision, in der ihm der Engel Gabriel auftrug, die Lehre Allahs zu ver-künden und zu verbreiten. Der Inhalt die-ses neuen Glaubens wurde ihm in der Folgezeit über eine Dauer von 23 Jahren in vielen weiteren göttlichen Offenbarungen in allen Einzelheiten vermittelt. Die Ver-breitung des Islam durch Mohammed und seine Anhänger, die ›Streitkräfte Allahs‹, geschah dann weniger durch friedvolle Missionsreisen, als vielmehr durch erbit-terte Glaubenskriege und Eroberungs-züge. Bis etwa 100 Jahre nach dem Tode Mohammeds hatten seine Nachfolger große Gebiete von Spanien über den Nahen Osten bis hinein nach Indien er-obert. Heute zählt der Islam mehr als fünf-hundert Millionen Anhänger auf der gan-zen Welt, und seine Verbreitung nimmt (vor allem in Schwarzafrika) stetig zu.

Alle göttlichen Offenbarungen und Ein-gebungen, die Mohammed in seinen Visio-nen erhielt, wurden von seinem Schreiber in arabischer Sprache notiert und später im *Koran,* dem heiligen Buch des Islam, in Form von 114 Abschnitten *(Suren)* gesam-melt. Jeder Moslem (auch wenn in seinem Land eine andere Amtssprache gilt) muß so viel Arabisch beherrschen, daß er seine Gebete in dieser Sprache verrichten kann. (Diese Stellung des Arabischen als uner-setzbare islamische Religionssprache trug wesentlich zu seiner großen Verbreitung und heutigen Weltgeltung bei.) Der Koran ist im Gegensatz zur Bibel kein rein religiö-ses Buch. Neben vielen Glaubensgeboten, Erzählungen aus dem Leben Mohammeds und Lobpreisungen Allahs enthält er detaillierte Vorschriften über alltägliche Dinge, die erlaubt bzw. verboten sind. Der Koran dient also zusätzlich als Gesetzbuch und Leitfaden für praktische Fragen.

Im einzelnen werden dem Gläubigen im Koran folgende fünf Hauptpflichten auf-erlegt:

1. Bekenntnis zum Glauben an Allah als einzigen Gott und an Mohammed als seinen Propheten. Dieses Bekenntnis wird jedem Gebet als Einleitung vorausge-

schickt, und auch der Ruf des Muezzin beginnt damit.

2. Fünf tägliche Gebete zu bestimmten Zeiten und Hauptgebete am Freitag, dem Feiertag der Moslems. Vorgeschrieben sind Waschungen (Gesicht, Hände, Füße) vor dem Gebet, das Niederwerfen während des Gebets und die Gebetsrichtung Mekka.

3. Einhaltung der Fastenvorschriften. Während des Fastenmonats Ramadan soll zwischen Sonnenauf- und Sonnenuntergang nicht gegessen, getrunken und geraucht werden, auch sind in dieser Zeit sexuelle Beziehungen verboten. Erleichterungen oder Befreiungen gelten für Kranke, schwangere Frauen und Reisende.

4. Eine Pilgerfahrt *(Hadj)* zur Kaaba in Mekka, dem größten Heiligtum des Islam.

5. Spenden und Almosen für die Armen.

Daneben gibt es zahlreiche weitere Gebote und Verbote, die sich teilweise aus dem Koran ableiten, teilweise aber auch aus späteren Ergänzungen oder Interpretationen stammen. So sind dem Gläubigen das Glücksspiel und abergläubische Schicksalsbefragungen, Selbstmord sowie der Genuß von Schweinefleisch und Alkohol verboten. Aufrufen zum *Djihad*, zur ›Verteidigung des Glaubens‹ (früher oft gleichbedeutend mit Eroberungszügen, dem ›Heiligen Krieg‹) ist unbedingt Folge zu leisten. Die Polygamie erlaubt dem Moslem bis zu vier Frauen, unter der erschwerenden Voraussetzung allerdings, daß er zur sicheren Versorgung und Gleichstellung der Frauen (und ihrer Kinder) in der Lage und bereit sein muß. Strenge Maßstäbe werden an den sittlichen Lebenswandel gestellt: Dankbarkeit gegenüber Eltern und Verwandten, Güte auch gegenüber Untergebenen, Gastfreundschaft, Achtung vor dem Leben der Mitmenschen, Hilfsbereitschaft und ›Fairness‹ in geschäftlichen Dingen gelten als ethische Normen. Besitz-, Erbrechts- und Scheidungsfragen sind im Koran genauso geregelt wie z. B. die Aufteilung der Beute nach erfolgreichen Kriegen.

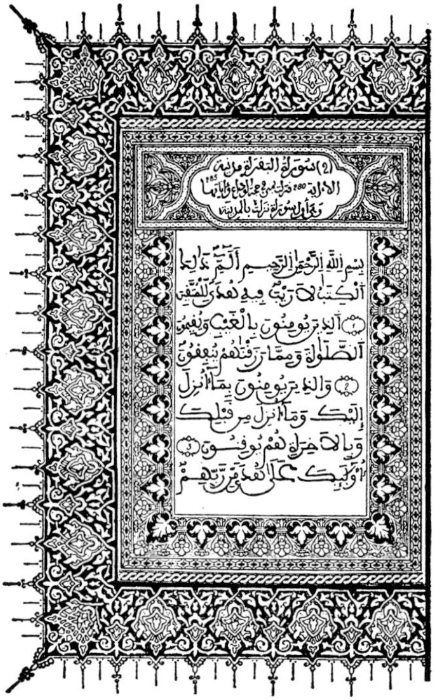

Anfangsseiten des Koran

Viele der rituellen Vorschriften haben nicht nur symbolische Bedeutung, sondern stellen im Grunde genommen recht praktische und nützliche Regeln dar: So dient das fünfmalige tägliche Gebet mit wiederholtem Niederknien, Wiederaufstehen, Verneigen, Berühren des Bodens mit der Stirn usw. nicht nur dem Ruhme Allahs, sondern stellt zugleich eine sportliche Übung und Körperertüchtigung des Betenden dar. Die vorgeschriebenen Waschungen dienen der Hygiene und kommen damit wie auch das Fasten ebenfalls der Gesundheit zugute. Alkoholgenuß in heißen Ländern ist bekanntermaßen dem Wohlbefinden nicht sehr zuträglich, und die Vorschrift des Almosengebens an Bedürftige ersetzt in gewisser Weise nicht vorhandene staatliche Wohlfahrtseinrichtungen oder Pensionskassen.

Die Befolgung der Koranvorschriften durch die Bevölkerung ist – wie auch in anderen Religionen – recht unterschiedlich. Sie wird häufig den örtlichen Gegebenheiten und Umständen angepaßt und im allgemeinen recht tolerant gehandhabt. Wie soll etwa ein Nomade, der selbst kaum ausreichende Nahrung zum Überleben hat, noch große Almosen geben oder gar die Mittel für eine Pilgerfahrt nach Mekka aufbringen? Wie sollen die Wüstenbewohner, die kaum genug Wasser zum Trinken besitzen, die vor jedem Gebet vorgeschriebenen Waschungen verrichten? Das Gebot der Gastfreundschaft gilt allerdings überall, und auch die Einhaltung der Gebetszeiten wird meist sehr korrekt beachtet. Wer Algerier als Führer im Wagen mitnimmt, sollte deshalb damit rechnen, jeweils zu den Gebetszeiten anhalten zu müssen.

Ein besonderes Merkmal des Islam ist das Fehlen von Priestern, Pfarrern, weltlichen Glaubensvertretern. Man kennt lediglich den *Imam,* der in der Moschee als Vorbeter fungiert. Allah ist der »alleinige, einzige Gott seit Ewigkeit, Welterschaffer und Herr aller Weltenbewohner, der keinen Sohn und Helfer besitzt und benötigt«.

Eine speziell in Algerien und auch in seinen Nachbarländern Tunesien und Marokko recht häufige Erscheinung sind die *Marabuts,* weißgetünchte Kuppeldachbauten (vgl. Farbabb. 35), in denen ein in der Region verehrter Heiliger (wie seine Grabstätte ›Marabut‹ genannt) begraben liegt. Der Status von Heiligen ist im Koran eigentlich nicht vorgesehen und wohl aus dem Bedürfnis der Gläubigen entstanden, einen Mittler zwischen sich und Allah zu wissen, der ihnen als Ratgeber, als greifbarer Helfer und Tröster zur Verfügung steht. Als Marabuts gelten meist sehr alte und weise Männer, die zu Lebzeiten um Rat und Schiedsspruch angegangen werden, hohes Ansehen genießen und denen man häufig auch übernatürliche Fähigkeiten zuschreibt. Nach ihrem Tode wird den Heiligen an ehrenvoller Stelle ein kapellenähnliches Grabmal errichtet, in dem zu besonderen Anlässen Gebete verrichtet werden und das zu bestimmten Zeiten Ziel von Pilgerfahrten ist. Aus der Verehrung bestimmter Heiliger (aber auch aus anderen Ursachen wie politischen Machtkämpfen, abweichenden Koraninterpretationen oder der Spezialisierung auf bestimmte Tätigkeiten) gingen in der islamischen Welt, besonders auch im Maghreb, stets zahlreiche Sekten hervor. Prominenteste und bis heute bedeutendste islamische Sekte in Algerien sind die Mozabiten (vgl. S. 93).

Bei den Tuareg ist die islamische Religion noch mit sehr vielen älteren Vorstellungen verbunden. Der Glaube an gute und böse Geister (den allerdings auch der Islam kennt), an den ›Bösen Blick‹, an Glücksbringer und Gegenstände, die Unheil heraufbeschwören oder abwenden, spielt eine große Rolle in ihrem täglichen Leben. Die

Stellung des Schmiedes in der Kastenordnung der Tuareg weist gewisse Ähnlichkeiten mit der des Medizinmannes bei schwarzafrikanischen Stämmen auf. Verzierungen an Hausrat, an Waffen, Schmuck und Kleidung dienen nicht nur als Verschönerungen, sondern haben zusätzlich fast ausnahmslos symbolische Bedeutung und Schutzfunktion (vgl. S. 50).

Der Koran verbietet jeden Götzenkult. Diese Vorschrift wurde später in dem Sinn ausgelegt, daß generell bildliche Darstellungen von Lebewesen in der islamischen Kunst konsequent zu vermeiden seien. Schmuck und Verzierungen von Gebäuden und Gegenständen beschränken sich deshalb auf vielfältige Variationen von abstrakten Ornamenten, Arabesken und geometrischen Mustern, Ausdrucksformen, in denen es die islamische Kunst zu unerreichter Meisterschaft gebracht hat. Auch die Probleme mit dem Fotografieren von Moslems sind hauptsächlich auf die religiöse Vorschrift, nach der Allah alle Götzenbilder und damit alle menschlichen und tierischen Abbildungen verbietet, zurückzuführen.

Unter Berücksichtigung der religiösen Besonderheiten des islamischen Algerien sollte der fremde Besucher während seiner Reise vor allem folgendes beachten:

Vor dem Eintritt in eine Moschee muß man sich vergewissern, ob dies (besonders für Frauen) erlaubt ist. Ein Moscheebesuch sollte nur in ›dezenter‹ Kleidung und mit wenig nackter Haut (keinesfalls in kurzen Hosen) erfolgen. Vor Betreten der Moschee sind die Schuhe auszuziehen; der Tor- und Schuhwächter (und auch ein eventueller Führer) erwartet anschließend ein kleines Trinkgeld. Verschiedentlich wird lediglich das Betreten des Innenhofes erlaubt, aber nicht der Zutritt zum Gebetssaal.

◁ Zu den hervorragendsten Leistungen der islamischen Ornamentalkunst gehört die Kalligraphie

Frauen (mit Ausnahme der Targia in der Gesellschaftsordnung der Tuareg, vgl. S. 51) nehmen in der arabischen Gesellschaft eine untergeordnete Stellung ein. Sie halten sich im Hintergrund; der Gast eines Hauses bekommt die Hausfrau oft überhaupt nicht zu Gesicht. Eine selbstbewußte, emanzipierte Europäerin, womöglich noch ohne Männerbegleitung oder nicht genügend verhüllt, muß auf einheimische Männer sehr befremdend wirken und kann diese zu der Schlußfolgerung verleiten, daß eine von ihrem Mann so großzügig der Öffentlichkeit preisgegebene Dame vielleicht tatsächlich der Allgemeinheit zur Verfügung steht. Zumindest in touristisch abgelegenen Gebieten sollten Frauen deshalb besondere Zurückhaltung üben.

Viel Taktgefühl, Vorsicht und Einfühlungsvermögen sind beim Fotografieren von Personen erforderlich. Zücken Sie nicht gleich die Kamera, wenn Ihnen ein ›lohnendes Motiv‹ gegenübersteht! Nehmen Sie erst einmal mit Augen und Sinnen das Gesehene auf, freunden Sie sich mit den Menschen an, unterhalten Sie sich mit

Arabische Frauen in der Stadt sind traditionell fast völlig verhüllt (Darstellung von 1836)

ihnen und überlegen Sie, wie *Sie* reagieren würden, wenn man Sie wie ein exotisches Ausstellungsstück fotografieren wollte. Verzichten Sie auf Fotos, wenn Sie eine ablehnende Haltung bemerken. Fragen Sie in Zweifelsfällen, ob Sie fotografieren dürfen. Die Unsitte, sich mit Geld die Fotoerlaubnis zu erkaufen, sollte man möglichst nicht unterstützen. Besser angebracht sind kleine, persönliche Geschenke oder das (einzuhaltende!) Versprechen, später einen Abzug der Fotos zuzuschicken.

Die Fastenzeit, den vierwöchigen Ramadan, sollte man als Reisezeit möglichst meiden. Weder öffentliche Bedienstete noch das Personal von Dienstleistungsbetrieben noch die übrige fastende Bevölkerung befinden sich in dieser Zeit der leiblichen Entbehrungen ›in Hochform‹. In keinem Fall sollte tagsüber im Beisein Fastender gegessen, getrunken oder geraucht werden. Die Koranpflicht des Almosengebens darf durchaus auch von fremden Besuchern erfüllt werden. Die Bettler (sehr oft sind es Blinde, die von Kindern geführt werden oder die am Rande belebter Straßen oder Plätze sitzen) müssen häufig allein von diesen milden Gaben leben. Im Gegensatz zu bettelnden Kindern sollte man solche Bettler, von denen man selten direkt angesprochen wird, nicht ignorieren. Mit einer (auch geringen) Geldspende tut man Gutes und steigt auch in der Achtung der einheimischen Bevölkerung.

Felsmalereien und -gravuren

Die algerische Sahara ist ein Gebiet, dessen Reize vorwiegend in der Vielfalt seiner Landschaft zu suchen sind. Es kann im Gegensatz zum nördlichen Landesteil, zu den Nachbarländern Marokko, Tunesien, Libyen oder gar zu Ägypten nicht mit imposanten Baudenkmälern berberischen, römischen oder islamischen Ursprungs aufwarten. Eine Fahrt durch die algerische Sahara bietet deshalb vergleichsweise wenig ›Kunst am Wege‹. Mit einer Ausnahme: die Felsbilder! (Vgl. Farbabb. 38–41). Die Entdeckung dieser einmaligen, Jahrtausende alten Malereien und Gravuren früherer Saharabewohner hat bewirkt, daß heute nicht nur Abenteuerlustige oder an Land und Leuten Interessierte nach Südalgerien fahren, sondern auch kunstbegeisterte Besucher dieses entlegene Ziel für eine Reise ins Auge fassen, um die verschiedenen phantastischen ›Freiluft-Galerien‹ zu besichtigen. Nachstehend soll nur ein grober Überblick gegeben werden über die Erforschung, das Alter und die Bedeutung der einzelnen Malereien und Gravuren sowie über ihre Fundorte.

Bedeutung der Felsbilder

Durch die Entdeckung und Erforschung der Felszeichnungen in der Sahara ist erwiesen, daß in den heute fast unbewohnten, ausgetrockneten und lebensfeindlichen Gebieten vor wenigen tausend Jahren noch völlig andere, bedeutend günstigere klimatische Verhältnisse geherrscht haben müssen (vgl. S. 12). Bewohner verschiedener Abstammung lebten im Laufe der Jahrtausende vorwiegend unter den Felsüberhängen und entlang der Flußtäler, zunächst als Jäger, später als Viehzüchter und Hirten. Es gab genügend Nahrung und Wasser, um Menschen und wilde Tiere zu versorgen, und es gab genügend Vegetation für Haus- und Herdentiere.

An den Motiven der jeweiligen Felsbilder und ihrer Zuordnung zu verschiedenen Epochen läßt sich die rapide Veränderung des Klimas und damit von Landschaft und von Lebensformen ihrer Bewohner ablesen. Dies ist wohl – neben der künstlerischen Qualität der Darstellungen, der Schönheit der Bilder an sich – das eigentlich Faszinierende an den Entdeckungen. Die Vorstellung, daß in den ausgetrockneten Gebirgsregionen einst Wasserläufe flossen, in denen sich Flußpferde und Krokodile tummelten, und daß hier Elefanten, Giraffen und viele andere wilde Tiere lebten, muß jedem als völlig unbegreiflich erscheinen, der heute durch die fast vegetationslosen, heißen und trockenen Landschaften wandert. Gebiete, die stets als ›tote Regionen‹ angesehen wurden, erscheinen plötzlich in anderem Licht, melden sich zu Wort mit Bildern, die uns einen tiefen Einblick in die Frühgeschichte der Sahara vermitteln, die manche althergebrachte Vorstellung über den Haufen werfen und interessante Rückschlüsse auf die einstige Existenz einer vielfältigen Fauna, die Entwicklung verschiedener Kulturformen und die klimatischen Veränderungen zulassen.

Erforschung der Felsbilder

Schon in der Mitte des 19. Jhs. hatten Forschungsreisende von Felszeichnungen in der Sahara berichtet. Auch die großen deutschen Afrikaforscher Heinrich Barth und Gustav Nachtigal erwähnen in ihren Berichten Felsbilder von wilden Tieren, Kriegswagen, Hirten und Herden, aber auch Inschriften und Darstellungen seltsam maskierter Gestalten. Inzwischen hat sich herausgestellt, daß in allen Gebirgen der Sahara Felsbilder zu finden sind.

Als führende Persönlichkeit in der Erforschung der Bilder im Tassili n'Ajjer und im Hoggar gilt der Franzose Henri Lhote. Weitere große Namen in der Entdeckungsgeschichte der Felsbildkunst sind u. a. Frobenius, Ganthier, Reygasse, Perret, Bailloud und Mori. Letzterer, der italienische Wissenschaftler Prof. Fabrizio Mori, hat durch seine gründlichen Forschungen und Untersuchungen auch wesentlich dazu beigetragen, daß heute zumindest über einen Teil der Felsdarstellungen genauere Altersangaben möglich sind. Seither weiß man, daß die ältesten Felsbilder über 10 000 Jahre alt sind und der Großteil der Darstellungen ein höheres Alter aufweist als der Anfang der ägyptischen Hochkultur. Die lange vertretene Hypothese, daß die Impulse zu den Felszeichnungen aus dem alten Ägypten stammen könnten, wurde damit widerlegt.

Das Interesse der Öffentlichkeit an der Felsbildkunst der Sahara verstärkte sich, als Forschungsexpeditionen unter Henri Lhote in den 50er Jahren unseres Jahrhunderts im Tassili n'Ajjer über 10 000 Felsbilder zum Teil erstmals entdeckten, vermaßen, katalogisierten und in der Folgezeit ihre Ergebnisse in verschiedenen Veröffentlichungen einem breiteren Publikum bekannt gemacht wurden.

Alter und Epochen der Felsbildkunst

Eine schwierige Arbeit für Wissenschaftler und Forscher war und ist es, das jeweilige Alter der Felsbilder zu bestimmen. Schriftliche Aufzeichnungen, die Hilfestellung leisten könnten (wie z. B. die Hieroglyphen der alten Ägypter), existieren nicht. Von dem großen Geschichtsschreiber Herodot weiß man lediglich, daß einst (um 500 v. Chr.) pferdebespannte Streitwagen durch die Sahara gezogen sein sollen (vgl. S. 70). Die Forscher sind bei ihrer Arbeit also in erster Linie auf die Interpretation und Analyse der Felsbilder angewiesen. Bilder verschiedener Fundorte werden miteinander verglichen und nach Motiven, Motivkombinationen, nach Technik, Stil und Patina bestimmten Gruppen zugeordnet. Eine gewisse Erleichterung für diese Systematisierung stellt die Tatsache dar, daß sich an verschiedenen Fundstellen mehrere Zeichnungen übereinander fanden, so daß folgerichtig die untersten Motive die jeweils ältesten sein mußten und man zunächst eine gewisse Reihenfolge festlegen konnte. Gelegentlich kam den Forschern auch der Zufall zu Hilfe, wenn z. B. in gleicher Fundschicht mit einem abgesprungenen, bemalten Felsstück Tierknochen, Holzkohlenreste oder Pflanzenpollen gefunden wurden, deren Alter durch wissenschaftliche Analyse (Radiocarbon-Datierung) ziemlich genau feststellbar ist. Auch Stil und Technik der Darstellungen erlauben Rückschlüsse auf die Zeit ihrer Entstehung. So handelt es sich bei den ältesten Felsbildern aus-

Bubalus-Gravur aus Ksar Amar

Felsmalerei aus Jebbaren

schließlich um Gravuren, die vermutlich mit einfachen Steinwerkzeugen tief in den Fels geritzt wurden. Später entstanden dann Malereien, großflächig oder nur die Umrisse darstellend, doch traten zu gewissen Perioden bzw. in bestimmten Gebieten auch später noch Felsgravuren auf.

Die Forschungen über dieses Gebiet sind längst nicht abgeschlossen, zumal man auch heute noch in entlegenen Gegenden neue, bisher unbekannte Felszeichnungen entdeckt und vorgeschichtliche Funde macht. Anhand der bisherigen Erkenntnisse lassen sich die einzelnen Bilder jedoch grob fünf Epochen zuteilen:

Die ältesten Felsbilder stammen aus der **Jäger-** bzw. **Bubalus-Epoche** (ca. 9000–5000 v. Chr.), benannt nach dem Bubalus, einem großen, in seiner Art seit Jahrtausenden ausgestorbenen Büffel mit riesigen Hörnern. Tief eingeritzt in die Felsen findet man Abbildungen seiner Umrisse. Im gleichen Zeitraum entstanden Gravuren von anderen Wildtieren wie Elefanten, Giraffen, Löwen, Flußpferden, Affen, Gazellen, Krokodilen, Straußen usw. Daneben sind häufig die Jäger abgebildet, die mit Pfeil und Bogen, mit Wurfbeil oder Wurfholz den Tieren nachjagten. Felsbilder aus der Bubalus-Epoche finden sich besonders reichlich im Oued Djerat (vgl. Strecke Nr. 2 – Illizi). Neben diesen Tier- und Jagdszenen gibt es auch zahlreiche mythologische Darstellungen oder Abbildungen, die auf Fruchtbarkeitskulte hindeuten und die teilweise von ungenierter Offenheit sind. Wahrscheinlich etwas später kamen zu diesen Gravuren Malereien hinzu, deren besonderes Merkmal die runden Köpfe der menschlichen Figuren sind. Man spricht deshalb von der **Rundkopf-Epoche.** Das Profil dieser Köpfe, die körperlichen Proportionen sowie einige abgebildete Maskenformen legen die Vermutung nahe, daß es sich bei den damaligen Bewohnern um negroide Stämme handelte.

Gravur vom Djebel Mahissar

Die berühmte ›Kuh von Tinterhert‹

Bubalus- und Rundkopf-Epoche gingen um 5000 v. Chr. über in die **Rinder-Epoche.** Die ersten Viehzüchter scheinen aus dem Osten, vielleicht aus dem Gebiet des oberen Nil, eingewandert zu sein. In dieser Epoche entstehen sehr bewegte, lebendige Malereien. Im Gegensatz zu den vorausgegangenen, teilweise recht plump wirkenden Abbildungen finden sich nun detaillierte Malereien von einzelnen Herdentieren; Tiere und Hirten werden in der Bewegung gezeigt, man kann Gesichter, Kleidung, Arbeitsgerät erkennen sowie Frauen und Kinder in Szenen des Alltags. Auch hier tauchen sexuelle Darstellungen und Abbildungen religiös-magischen Inhalts (Tänze, Masken) auf. Noch sind wilde Tiere wie Löwen und Giraffen abgebildet, erstmals kommen aber Haustiere wie Hunde, Ziegen oder Schafe dazu. Auch Gravuren treten in der Rinderzeit wieder auf. Besonders eindrucksvoll wirken z. B. die Rindergravuren an der Piste südlich von Djanet (vgl. Ausflüge von Strecke Nr. 11 – Djanet) und die ›gelockte Kuh‹ von Tinterhert (vgl. Strecke Nr. 2 zwischen Illizi und Fort Gardel). Augen und Nasenlöcher der Rinder sind durch tief eingeschliffene Mulden dargestellt, der Tierleib ist durch flächige bzw. lockenförmige Gravierungen gemustert. Die Rinderperiode läßt sich ungefähr auf den Zeitraum zwischen 5000 und 2500 v. Chr. festlegen. Funde von Reibschalen und Reibsteinen lassen vermuten, daß in gewisser Form auch Getreideanbau betrieben wurde.

In der Folgezeit machten sich die Austrocknung der Landschaft und der Rückgang der Vegetation immer deutlicher bemerkbar. Ursache dafür war neben dem Klimawandel vielleicht auch die Überweidung der Gebiete durch zu große Herden. Um 1500 v. Chr. scheint in der Sahara erstmals das Pferd aufgetaucht zu sein. In der **Epoche des Pferdes** werden Reiter, von Pferden gezogene, zweirädrige Streitwagen und Krieger, die mit Pfeil und Bogen bewaffnet sind, abgebildet. Dies deutet darauf hin, daß in diesem Zeitraum fremde Volksstämme in die Sahara eindrangen. Dabei könnte es sich um die von Herodot erwähnten Garamanten, die wohl mit den

Vorfahren der Berber identisch sind, gehandelt haben. Abbildungen von wilden Tieren fehlen inzwischen völlig. Die Austrocknung der Wüste setzte sich fort. Das Pferd wurde zuletzt nur noch als Reittier benutzt und um den Beginn der Zeitrechnung schließlich vom – dem trockenen Klima besser angepaßten – Kamel abgelöst.

Die jüngsten Malereien stammen aus der **Kamel-Epoche.** Sie sind längst nicht mehr mit so viel Geschick, Ausdauer und Können gefertigt wie die früheren Bilder. Oft findet man nur Kritzeleien, Klecksereien, Strichmännchen und flüchtig gemalte Tiere mit Streichholzbeinen, daneben Tifinagh-Schriften (vgl. S. 47) – Malereien, wie man sie ohne weiteres einem Tuareg-Kind von heute zutrauen könnte. Die Schöpfer dieser spätesten Malereien waren wohl auch die Vorfahren der heutigen Tuareg, die in den ersten Jahrhunderten der Zeitrechnung diese Regionen noch bewohnten, mit zunehmender Trockenheit und Dürre aber nach und nach in fruchtbarere Gegenden auswanderten.

Längst wohnt niemand mehr an den abgelegenen Fundstellen der Felsbilder. Erst neuerdings werden – speziell im Tassili n'Ajjer – die ausgewaschenen Felsüberhänge wieder, wie einst, als Lagerplatz benutzt: von Touristen, die von weit her kommen, um sich diese einmalige künstlerische Hinterlassenschaft aus vergangenen Jahrtausenden anzusehen.

Handwerkszeug der Felszeichner

Für die Felsmalereien wurden hauptsächlich natürliche Erdfarben (Ocker) in verschiedenen Gelb-, Braun- und Rottönen verwendet. Pulver aus zerstoßenem Schiefer ergab blaue oder grünliche Töne, die Holzkohle lieferte schwarze Farbe, und weiße wurde aus Gips gewonnen. Schwieriger ist die Frage zu beantworten, welche Bindemittel man für die Farben verwendete. Bei den winzigen Farbproben, die den Wissenschaftlern zur Verfügung stehen und bei denen häufig das Bindemittel durch Witterungseinflüsse abgebaut oder ausgewaschen wurde, konnte man bisher lediglich Spuren von Eiweiß (Kasein, Leim) feststellen. Aufgetragen wurden die Farben vermutlich mit verschiedenen Hilfsmitteln: mit der Hand, mit Knochen, Pinseln oder Federn. In der Nähe von Felsbildern fanden sich Mahlsteine und Mahlmulden zum Zerreiben der Mineralien und sogar kleine Farbnäpfchen. Die Felsgravuren, die vor allem in der Rinderzeit durch sehr tiefe, sorgfältig ausgehauene Rillen und Mulden auffallen, wurden wohl ausschließlich mit Steinwerkzeugen angefertigt.

Fundstellen der Felsbilder

Die kleine, etwas verschlafene Oase Djanet im hintersten Winkel Algeriens erlangte durch die Entdeckung der Felsbilder im Tassili n'Ajjer plötzlich allgemeine Aufmerksamkeit. Der Ort ist zwar auf dem Landweg noch immer nur über beschwerliche Pisten zu erreichen, doch werden per Flugzeug schon regelmäßig auch größere Touristengruppen in die Oase eingeflogen. Der Großteil der von Djanet aus erreichbaren Fundstellen liegt inmitten der chaotisch wirkenden Felslandschaft des Tassili. Die bedeutendsten Fundstellen können auf ein- bzw. mehrtägigen Ausflügen mit ortsansässigen Führern erreicht werden. Daneben findet man in der Umgebung von Djanet immer wieder einzelne, zum Teil sehr eindrucksvolle Felsbilder, die man auch auf eigene Faust erkunden kann (vgl. Strecke Nr. 11 – Djanet).

Eine weitere Basis für Ausflüge zu Felsbildern bildet die Oase Illizi am Westrand des Tassili-Gebirges (vgl. Strecke Nr. 2), wo im Oued Djerat (manchmal auch Djaret geschrieben) eine Vielzahl von Felsdarstellungen entdeckt wurde. Eine ausgiebige Besichtigung der wichtigsten Bilder ist dort nur auf einem mehrtägigen Ausflug (Kamelritt) mit Führer möglich. Die Entdeckung der Bilder im Oued Djerat verdanken wir dem französischen Offizier

Brenans, der im Jahr 1934 dort mit seiner Begleitmannschaft Rast machte und durch Zufall die ersten Zeichnungen fand. Auf einem Notizblock hielt der begabte Zeichner die Darstellungen (Nashörner, Flußpferde, Krokodile, Giraffen, Elefanten u. a.) fest. Dies war der Auftakt zu einer groß angelegten Forschungsaktion, bei der die Schweizer Ethnologin Tschudi und der französische Forscher Henri Lhote Tausende von Felszeichnungen aufspürten und wissenschaftlich untersuchten. Später folgende Veröffentlichungen verschafften auch dem Laien Einblick in dieses spät entdeckte, riesige Freiluftmuseum.

Noch recht wenig bekannt und vom Tourismus bisher weitgehend ungestört ist das Teffedest-Gebirge nördlich des Hoggar. Rings um die Oase Mertoutek (vgl. Strecke Nr. 12) kann man in ein- oder mehrtägigen Ausflügen mit Führer eine große Anzahl von Felsbildern besichtigen, und auch in den übrigen Teilen des Gebirges, vor allem am Ostrand, finden sich Spuren früherer Besiedlung. Noch schwerer zugänglich ist das Iforas-Gebirge, das man auf der Tanezrouftpiste (vgl. Strecke Nr. 3) auf dem Weg nach Gao (Mali) sowie auf der Strecke Tessalit – Tamanrasset (Strecke Nr. 6) teilweise durchfährt. Auch dort – vor allem in der Nähe der Wasserstellen entlang der alten Karawanenpfade (z. B. beim Brunnen von Timissao, vgl. Strecke Nr. 6) – wurden bereits zahlreiche Funde von Felsbildern gemacht.

Über ganz Südalgerien verteilt liegen in den Gebirgen und an deren Rändern weitere Fundorte, z. B. bei Iherir und zwischen Illizi und Fort Gardel (vgl. Strecke Nr. 2), auf der Hoggarrundfahrt (vgl. Strecke Nr. 7), bei Hirhafok (vgl. Strecke Nr. 11), bei Tazrouk (vgl. Strecke Nr. 8) oder bei Tamanrasset (vgl. Strecke Nr. 1). Sehr eindrucksvolle Felsgravuren kann man auch in der Nähe von Taghit (vgl. Strecke Nr. 22), im Sahara-Atlas und in der Kabylei sehen.

Daß all diese Felsbilder Jahrtausende fast ohne Schaden überstanden haben, ist auf verschiedene Gründe zurückzuführen. Das immer trockener werdende Klima wirkte sich günstig auf die Konservierung aus. Die Malereien sind meist in ausgeschliffenen Höhlungen und Überhängen der Felsen angebracht und so auch vor Sonneneinstrahlung, vor Wind, Sand und eventuellen Niederschlägen besser geschützt. Der entscheidendste Faktor für den guten Erhaltungszustand war aber die Tatsache, daß die Außenwelt bis vor kurzem praktisch nichts von diesen Felsbildern wußte. Den in der jeweiligen Gegend umherziehenden Nomaden mag die Existenz von Felsbildern zwar seit eh und je bekannt gewesen sein, sie würdigten oder ignorierten die Bilder aber, zumindest ließen sie diese unangetastet. Jetzt hat die Außenwelt Kenntnis von den prähistorischen Schätzen, und die Bilder bekommen das zu spüren. Es ist erschreckend, welche Zerstörungen, welche irreparablen Schäden schon jetzt die Dummheit, Gedankenlosigkeit oder Barbarei von Besuchern angerichtet hat. Schwache Konturen werden nachgezogen und ganze bemalte Flächen angefeuchtet, um bessere Fotos zu erzielen. Besonders einfallsreiche Touristen ritzen ihr eigenes Monogramm neben oder gar in die Bilder. Die Regierung Algeriens kann unmöglich jede einzelne Felszeichnung bewachen oder unter Glas stellen lassen, und ins Museum bringen kann man die gewaltigen Felsklötze schon gar nicht. Ein amtlich erlassene Verordnung verbietet inzwischen bei Ausflügen ins Tassili das Fotografieren mit Blitzlicht, Filmen ist generell verboten, und man darf sich nicht wundern, wenn noch strengere Schutzvorschriften erlassen werden. Fest steht, daß den Felsbildern im Vergleich zu ihrem bisherigen Alter nur noch eine kurze Lebensdauer beschieden sein wird, und man sollte sich vielleicht beeilen, wenn man diese unvergleichlichen Zeugnisse früherer Kulturen noch annähernd in der Qualität und Schönheit vorfinden will, in der sie sich zum Zeitpunkt ihrer Entdeckung befanden.

Die Erforschung der Sahara

Wenn heute oft noch recht verschwommene Vorstellungen über die Wüste vorherrschen – für viele gilt die Sahara als riesiges, uninteressantes Sandmeer –, so mag das seinen Grund mit darin haben, daß die Erforschung dieser unzulänglichen Gebiete im Vergleich zu anderen Regionen unserer Erde erst sehr spät begann. Es wird wohl auch noch einige Zeit dauern, bis allgemein bekannt ist, welche Schönheiten, welche landschaftliche Vielfalt die Sahara in Wirklichkeit in sich birgt.

Für die Europäer war das Innere des afrikanischen Kontinents, vor allem die Sahara, zu Beginn des letzten Jahrhunderts noch ein weitgehend unbekanntes Terrain. Es bereitete weniger Schwierigkeiten, vom Meer her einen beliebigen Ort an Afrikas Küsten zu erreichen, als auf dem Landweg ins Innere dieses geheimnisvollen Erdteils vorzustoßen. Von Herodot, dem griechischen Geschichtsschreiber, der um 500 v. Chr. lebte, stammen die ersten bekannten Hinweise auf die Sahara. Er berichtet, daß von Pferden gezogene Streitwagen weit hinein ins afrikanische Innere gefahren seien, ohne selbst allerdings eine Vorstellung davon zu haben, *wie* dieses Innere aussah. Herodot, der selbst nur bis zur ägyptischen Stadt Assuan gereist war, beschreibt ferner das hinter dem fruchtbaren Küstenstreifen Nordafrikas liegende Gebiet als ein Land, das von wilden Tieren wie Riesenschlangen, Löwen, Elefanten, Bären sowie von Menschen mit Hundeschädeln und solchen ohne Köpfe, deren Augen aus der Brust schauten, bewohnt werde. Er fügt allerdings hinzu, daß er für die Richtigkeit dieser Angaben nicht garantiere, sondern nur wiederhole, was ihm von den Nordafrikanern erzählt worden sei. Hinter diesem Gebiet mit wilden Tieren liege dann die Wüste, ein durstiges, trockenes Land, das aber irgendwo weit im Süden zu Ende gehe. Was die Großwildtiere betrifft, so dürften diese zu seiner Zeit, als die Austrocknung des Sahararaumes schon weit fortgeschritten war, bereits großenteils aus den Wüstenregionen verschwunden gewesen sein. Der Bericht von

Erst in den letzten Jahrtausenden verwandelte sich die Sahara von einer fruchtbaren Savanne in eine lebensfeindliche Wüste (Darstellung einer Landschaft bei Agadez/Niger von 1887)

den Hundekopf- oder kopflosen Menschen entsprach natürlich nicht der Realität, trug aber dazu bei, die Mystifizierung der unbekannten Wüstenzonen noch zu erhöhen. Die Römer, die in Tunesien nach den Punischen Kriegen ab dem Jahr 146 v. Chr. das Erbe Karthagos angetreten hatten, erkundeten zwar große Teile Nordafrikas, drangen aber nur sporadisch in das Innere der Sahara vor. Auch von ihnen sind deshalb keine detaillierten Berichte überliefert.

Noch im 18. Jh. wiesen geographische Karten des afrikanischen Kontinents die Sahara als großen, hellen Fleck aus, über dem der Schleier des Geheimnisvollen lag. Dabei gab es seit Urzeiten Wege mitten durch die Wüste, und es gab auch Menschen, die diese Wege kannten und zurückgelegt hatten. Karawanen waren auf verschiedenen Routen zwischen Schwarzafrika und dem Mittelmeerraum unterwegs, um Gold, Elfenbein und vor allem Sklaven aus dem Süden gegen Zucker, Stoffe, Papier, Glaswaren und andere Handelsobjekte aus Nordafrika oder Europa einzutauschen. Andere Händler durchzogen die Wüste, um zu den oft weit abgelegenen Salzlagern zu gelangen. Es gab Karawanenpfade, die in Nord-Süd-Richtung verliefen, und es gab Handelswege, die quer von Ost nach West mitten durch die Sahara führten. Die Führer dieser Karawanen verfügten über detaillierte Wüstenkenntnisse; sie hätten recht ausführlich über geologische Formationen, über Bevölkerung und Besiedlung, über Klima und viele andere wichtige Punkte Auskunft geben können. Tatsächlich liegen aus dem Mittelalter auch mehrere Reiseberichte in arabischer Sprache vor. Ibn Batuta, ein Araber aus Tanger, unternahm, nachdem er zuvor bereits die halbe Welt kennengelernt hatte, in der Mitte des 14. Jhs. auch ausgedehnte Saharareisen, die ihn quer durch die Wüste bis zum Niger führten. Über seine Fahrten verfaßte er später ausführliche Berichte. Im 16. Jh. schrieb Leo Africanus einen dreiteiligen Geschichtsband über Afrika. Auch ihn hatten seine Reisen u. a. bis nach Timbuktu geführt. Doch interessierte sich in Europa lange niemand ernsthaft für diese vermeintlich tote Region des Nachbarkontinents.

Seit Urzeiten durchziehen Karawanen die Sahara bis tief hinein nach Schwarzafrika (Darstellung von 1887)

Dies änderte sich erst etwa zu Beginn des 19. Jhs. Vereinzelt drangen damals Europäer tiefer in die Wüstengebiete vor. Meist waren es Kaufleute aus südeuropäischen Ländern, die versuchten, ihre Handelsbeziehungen von den afrikanischen Küsten weiter ins Land hinein auszudehnen. Das stärkste Motiv für die Erforschung von Neuland war von jeher nicht Wissensdurst, Neugier oder Abenteuerlust, sondern das Interesse an Geschäft und Handel. Daneben erwachte allmählich aber auch der Forscherdrang, und christliche Missionen sahen in Afrika bald ein neues Wirkungsfeld. Für etwa die Hälfte der ersten europäischen Afrikaforscher wurde die Wüste zum Grab. Es ist heute schwer vorstellbar, unter welch ungeheuren Strapazen die damaligen Forschungsreisen stattfanden. Häufigste Todesursache von Forschern und Begleitern waren Krankheiten, die infolge mangelnder ärztlicher Versorgung oft die ganze Mannschaft dahinrafften. Auch Hunger und Durst sowie räuberische Überfälle, vor allem von seiten der Tuaregstämme, hatten zur Folge, daß viele Forscher nie ihr Ziel erreichten.

Eines der Hauptziele früherer Forschungsreisen war das geheimnisumwobene Timbuktu, jene Oasenstadt am Niger in Mali, die als wichtiges Karawanenzentrum im 16. Jh. eine wirtschaftliche und geistige Blütezeit erlebte. Timbuktus Reichtum und Glanz währten jedoch nur kurze Zeit und waren längst verblaßt, als die großen europäischen Afrikaforscher – noch immer dem legendären Ruf der einstigen ›Perle der Wüste‹ folgend – im 19. Jh. erstmals die Stadt erreichten. Der Schotte Laing gehörte zu den ersten. Er traf im Jahr 1826 nach langer Reise von Tripolis über Ghadames und das Touat-Tal in Timbuktu ein, nachdem er unterwegs von Tuareg überfallen und schwer verwundet worden war. Seine Aufzeichnungen über die Stadt gingen allerdings verloren, denn Laing wurde auf der Rückreise von einem seiner eigenen Begleiter ermordet. Nur wenige Jahre später gelang es dann dem Franzosen Caillé, als Araber verkleidet und unter unvorstellbaren Entbehrungen und Strapazen die Wüste vom Senegal aus zu durchqueren. Er erreichte Timbuktu nach einjähriger Reise im Jahr 1828 und war zutiefst enttäuscht von dieser Stadt, in der auch er noch Glanz und Reichtum ver-

Einzug in das sagenumwobene Timbuktu (Darstellung von 1853)

Die bedeutendsten deutschen Saharaforscher waren Heinrich Barth

mutet hatte. Seine Aufzeichnungen wurden nach geglückter, wenngleich qualvoller Rückreise in die Heimat zwar veröffentlicht, doch wurden immer wieder Zweifel laut, ob jene Stadt, die er als so glanzlos und dürftig beschrieben hatte, tatsächlich Timbuktu gewesen sei. Erst durch Heinrich Barth, den wohl bedeutendsten deutschen Saharaforscher, konnten seine Angaben endgültig als richtig bestätigt werden. Barth reiste in den Jahren 1849 bis 1855 durch die Wüste. Er erkundete weite, bisher absolut unbekannte Gebiete, und seine Veröffentlichungen brachten Licht in viele Zonen des dunklen Afrika.

... und Gustav Nachtigal

Große Nachfolger in der Erforschung des Sahararaumes waren der Franzose Duveyrier, dem wir zahlreiche Aufzeichnungen über die Tuareg verdanken, der Deutsche Rohlfs, dann Gustav Nachtigal, der als erster Europäer das im Tschad gelegene unwegsame Tibesti-Gebirge durchwanderte. Berühmt geworden sind vorwiegend jene Forscher, denen es gelang, lebendig wieder in die Heimat zurückzukehren und dort von ihren Entdeckungen zu berichten. Wieviele Namen aber blieben unbekannt oder gerieten in Vergessenheit, weil die Betreffenden ihr Ziel oder auch die Heimat nie erreichten, sondern ihren Forschungsdrang und ihre Abenteuerlust mit dem Leben bezahlen mußten?

Mit der Kolonisierung der nordafrikanischen Länder durch die Franzosen entstand der Plan, eine Eisenbahnlinie quer durch die Wüste bis zum Sahel zu bauen. Unter dem französischen Oberst Flatters startete im Jahr 1880 eine etwa 100 Mann starke Expedition von Ouargla aus nach Süden, um eine geeignete Trasse für die geplante Bahn zu erkunden. Das Unternehmen endete in einer Tragödie. Die Gruppe wurde von kriegerischen Tuareg überfallen, Oberst Flatters und mit ihm ein Großteil seiner Mannschaft kamen um, und nur wenige Überlebende konnten sich retten und total erschöpft die schauerliche Botschaft nach Ouargla bringen. Im Jahr 1898 wurde von Major Lamy ein weiterer Vorstoß in die Sahara unternommen. Diesmal gelang es der Expedition, wenngleich ebenfalls mit großen Verlusten an Menschen und Tieren, bis zum Tschadsee vorzustoßen. Das Projekt einer Eisenbahn durch die Sahara kam dennoch bis zum heutigen Tag nicht zustande.

Ob unter Karawanen oder Forschungsexpeditionen – die Sahara forderte immer wieder zahlreiche Opfer (gebleichtes Kamelgebein)

Saharareisen blieben bis in unser Jahrhundert hinein äußerst riskante und gefährliche Unternehmungen. Neben Krankheiten und den allgemeinen Schwierigkeiten in unwegsamem und lebensfeindlichem Gelände stellten vor allem die räuberischen Überfälle der Tuaregnomaden eine ständige Gefahr für alle Karawanenreisenden dar. Erst durch die militärische Unterwerfung der Tuareg im Jahr 1902 und den endgültigen Friedensvertrag zwischen Frankreich und den rebellischen Stämmen von 1917 wurden die Reisewege durch die Sahara sicherer.

Heute ist die gefürchtete ›Hoggarpiste‹ bereits weitgehend geteert, und es wird nicht mehr lange dauern, bis die Fertigstellung der von Tamanrasset nach Agadez (Niger) führenden Asphaltstraße eine problemlose Durchquerung der Sahara in normalen PKW's ermöglicht.

Die Zeiten kühner Pioniertaten sind vorbei. Heute konzentriert sich die Erforschung der Sahara nicht mehr auf die Erschließung unbekannter Regionen, denn überraschende Entdeckungen auf topographischem Gebiet sind kaum mehr zu erwarten. Die Forschung ist weitgehend spezialisiert und auf verschiedene Wissenschaftsgebiete aufgeteilt. Verstärktes wirtschaftliches Interesse gilt den verschiedenen Bodenschätzen, vor allem dem Erdöl. Im Vordergrund stehen daneben auch Bewässerungsprobleme und die Gefahren im Zusammenhang mit einer weiteren Austrocknung und Ausdehnung der Sahara. Es werden verschiedene Möglichkeiten untersucht, Wüstengebiete landwirtschaftlich nutzbar zu machen. Dies sind aktuelle, in die Zukunft zielende Forschungsarbeiten. Ein weites Forschungsfeld im Hinblick auf die Frühgeschichte der Sahara bieten dagegen die erst in jüngerer Zeit entdeckten Felsbilder und Siedlungsreste früherer Bewohner, die deutlicher als alles zuvor Entdeckte Rückschlüsse auf vergangene klimatische Veränderungen, auf die

Existenz und die Abwanderung früherer Tierarten und Völkergruppen zulassen (vgl. S. 64).

Es gibt heute keine weißen Flecken mehr auf der Landkarte Afrikas, aber es gibt noch genügend Unklarheiten und Unsicherheiten im Wissen um die Entwicklungsgeschichte und die künftigen Möglichkeiten der Sahara. Saharaforschung an Ort und Stelle ist noch immer ein Abenteuer, vor allem aber ein interessantes Betätigungsfeld für Wissenschaftler verschiedenster Fachrichtungen, auf deren Erkenntnisse und Forschungsergebnisse man auch weiterhin mit Spannung warten darf.

Die Sahara birgt noch immer zahllose Geheimnisse (Spurenstrang auf einer Sandpiste)

Streckenbeschreibungen

Allgemeines

Die nachfolgend beschriebenen Strecken wurden ausnahmslos von den Verfassern selbst befahren, die meisten davon mehrfach. Den Beschreibungen liegen detaillierte Aufzeichnungen und Kilometermessungen zugrunde. Mitverwertet bzw. berücksichtigt haben wir auch aktuelle Informationen aus dem Kreis befreundeter Saharafahrer sowie Auskünfte amtlicher Stellen.

Wir haben in mühsamer Kleinarbeit versucht, die einzelnen Strecken möglichst genau, umfassend und übersichtlich zu beschreiben. Jede Strecke ist mit einer Nummer versehen, die sich aus der Übersichtsskizze (vordere Umschlagklappe) ersehen läßt. Ortsbeschreibungen sind durch Kursivschrift, näher beschriebene Ausflugsmöglichkeiten und Alternativrouten durch eine kleinere Schriftgröße abgehoben. Ein separates Hotelverzeichnis finden Sie auf S. 318. In dem jeder Streckenbeschreibung vorangehenden Abschnitt ›Allgemeines‹ ist jeweils angegeben, ob Geländegängigkeit des Fahrzeugs erforderlich ist oder nicht (vgl. dazu auch S. 267).

Trotz aller Sorgfalt wird es passieren, daß einzelne Angaben vielleicht schon bei Drucklegung nicht mehr stimmen. Sehr schnellen Änderungen unterworfen sind z. B. behördliche Bestimmungen über Meldepflichten, Streckensperrungen oder -freigaben, Film- und Fotografierverbote.

Speziell im Grand Sud Algeriens werden in jüngster Zeit gewaltige Anstrengungen unternommen, die Infrastruktur zu verbessern und damit auch den Tourismus zu fördern. Gemäß einem Zwölf-Jahres-Plan sollen bis zum Jahr 2000 120 000 Hotelbetten neu geschaffen werden – ein Großteil davon im Süden des Landes, im Saharagebiet. Auch wenn diese Zahlen sicher etwas hochgegriffen sind, so ist doch in allen Teilen Südalgeriens eine auffallend starke Bautätigkeit zu beobachten. Industriebetriebe werden angesiedelt, neue Wohnviertel entstehen, Pisten werden durch Teerstraßen ersetzt, Tankstellen und Hotels wachsen aus dem Boden, und Behörden, Ämter und Büros ziehen ständig um in günstigere, zumindest woanders gelegene Räume.

Teerstraße durch ein Sanddünengebiet in der algerischen Sahara

Es ist für uns Autoren daher unmöglich, in der kurzen Zeit zwischen den einzelnen Auflagen jeweils sämtliche Orte und Strecken erneut abzufahren und die Aktualität ihrer Beschreibung zu überprüfen. Hierzu bitten wir um Verständnis von seiten unserer Leser und – noch wichtiger – um Ihre Mithilfe. Wir sind dankbar für alle aktuellen Informationen (Straßen- bzw. Pistenzustand, Ortspläne, Streckenbeschreibungen, geänderte Routenverläufe und ergänzende Hinweise). Zuschrif-

ten werden vom Verlag umgehend an uns weitergeleitet (Adresse s. S. 349.)

Einem schnellen Wandel sind – auch in Afrika – die Preise unterworfen. Gelegentliche Preisangaben stellen deshalb lediglich Richtwerte dar, die eine ungefähre Vorstellung vom Preisniveau vermitteln sollen, wobei es u. U. auch vom Verhandlungsgeschick des Kunden abhängt, ob er viel oder wenig für eine Ware oder Dienstleistung bezahlt.

Mit besonderer Vorsicht sind – trotz gründlicher Errechnung – die Kilometerangaben in den Streckenbeschreibungen zu genießen. Selbst Fahrzeuge gleichen Typs, die gemeinsam dieselbe Strecke befahren, kommen zu unterschiedlichen Zahlenergebnissen. Einfluß auf die Kilometermessung haben nämlich die unterschiedlichen Toleranzen der Tachometer, die breite Streckenführung im Gelände (in dem sich jeder seinen individuellen Weg sucht), das Durchdrehen der Räder im sandigen Gelände und der unterschiedliche Abrollumfang der Räder (in Abhängigkeit vom Reifendruck und von der Profiltiefe). Viele der in den Beschreibungen enthaltenen Kilometerangaben sind gemittelte Werte zwischen den Zahlenergebnissen zweier Wagen, die dieselbe Strecke mit geeichten Tachometern befuhren. Angaben über Straßen- und Pistenzustände können ebenfalls nur mit Vorbehalt gemacht werden. Eine als Piste beschriebene Strecke kann mittlerweile geteert sein, andererseits ist es aber auch möglich, daß passable Wegstrecken durch Wettereinflüsse in unpassierbare Pisten verwandelt oder Streckenverläufe erheblich verändert werden.

Und noch etwas: Die nachfolgenden Streckenbeschreibungen enthalten verschiedene Tips und Hinweise, die wir nur mit sehr gemischten Gefühlen und fast mit schlechtem Gewissen veröffentlichen. Es handelt sich z. B. um noch wenig bekannte Fundstellen prähistorischer Zeugnisse, um malerische, abgelegene Siedlungen, um bisher kaum erschlossene, landschaftlich schöne Gebiete – Plätze also, die bisher vom Massentourismus verschont blieben und hauptsächlich deshalb noch besonders reizvoll, unbeschädigt bzw. unverdorben sind. Wenn man an den Vandalismus, die Souvenirsucht und den Mangel an Takt, Anpassungs- und Einfühlungsvermögen mancher Touristen denkt, fragt man sich wirklich, ob es gut ist, Informationen über die letzten ›heilen‹ Orte des Landes preiszugeben. Wenn wir es trotzdem (von einigen Ausnahmen abgesehen) tun, dann mit der dringenden Bitte, alles dazu beizutragen, daß diese Stätten so erhalten bleiben, wie Sie sie vorfinden. Die zahlreichen Felsbilder in Algerien sind meist unbewacht und jedem zugänglich. Betreten oder ›befingern‹ Sie die Zeichnungen und Gravuren nicht und lassen Sie sich nicht dazu verleiten, Ihr Monogramm neben dasjenige früherer Besucher zu ritzen. Schleppen Sie nicht sackweise versteinertes Holz oder Sandrosen von den Fundstellen und lassen Sie andererseits auch keine eigenen Souvenirs in Form von Müll und Unrat zurück. Zeigen Sie in Siedlungen Zurückhaltung, respektieren Sie die Privatsphäre der Bewohner, speziell auch beim Filmen und Fotografieren (vgl. auch S. 331).

Amtliche Vorschriften für die Benutzung von Straßen und Pisten in Algerien

Straßen und Pisten im ›Grand Sud‹ wurden von den algerischen Behörden in verschiedene Kategorien eingeteilt, für die jeweils besondere Vorschriften gelten. Welcher Kategorie die beschriebene Strecke angehört, ergibt sich aus dem Vermerk in der jeweiligen Überschrift. Im einzelnen gelten folgende Vorschriften:

Kategorie A: Risikofreie Strecken (Asphaltstraßen), keine behördliche Bewilligung oder besondere Sicherheitsmaßnahmen erforderlich.

Kategorie B 1: Diese regelmäßig benutzten Pisten sind meist in recht gutem Zustand und dürfen von einzelnen Touristenfahrzeugen sowohl bei Tag als auch bei Nacht befahren werden.

Kategorie B 2: Diese selten benutzten Pisten werden kaum instandgehalten und dürfen nur im Konvoi mit mindestens einem weiteren Fahrzeug befahren werden. Das Fahren bei Nacht ist auf diesen Pisten verboten.

Vor Fahrtantritt auf einer Piste der Kategorie B 2 muß der Fahrer sich nach dem Zustand der Piste erkundigen und eine Bewilligung der örtlichen Behörde *(Wilaya* oder *Daira)* einholen. Hierbei sind Angaben über Fahrzeug, Mitreisende, Tag der Abreise, Zielort, vermutliche Fahrtdauer und Grund der Reise zu machen. Nach einer Sicherheitskontrolle von Fahrzeug und Ausrüstung wird die Fahrerlaubnis erteilt bzw. verweigert. Unterwegs und am Zielort muß man den Kontrollbehörden die Fahrerlaubnis vorlegen.

Kategorie C: Das Befahren der Pisten der Kategorie C ist aufgrund der bestehenden Gefahren grundsätzlich verboten; zur Benutzung ist ein Sondererlaß der zuständigen Wilaya-Dienststelle erforderlich, in dem zusätzlich zu den für Kategorie B geltenden strengen Vorschriften weitere Sicherheitsmaßnahmen festgelegt sind.

Das Verlassen von Straßen und Pisten ist verboten; das Befahren erfolgt auf eigenes Risiko. Es wird keine Garantie für den Pistenzustand übernommen. Eventuelle Kosten für Suchaktionen, Abschleppdienst, Pannenhilfe etc. gehen zu Lasten des Fahrzeughalters.

So lauten die offiziellen Bestimmungen. Diese Vorschriften und Pistenklassifizierungen sind allerdings vielfach nicht mehr zeitgemäß. Seitdem die Verkehrsdichte zugenommen hat und manche Strecken auch geteert wurden (z. B. Hoggar-Route, Strecke Adrar–Reggane), haben sich die Melde- und auch die Konvoivorschriften merklich gelockert. Wagenkontrollen werden im allgemeinen nur noch bei Grenzabfertigungen vorgenommen. Die Verbote des Fahrens bei Nacht und des Entfernens von der Piste dienen lediglich der eigenen Sicherheit, Verstöße werden erfahrungsgemäß weder verfolgt noch geahndet. Wo eine behördliche Meldung unumgänglich ist und wo tatsächlich nur im Konvoi gefahren werden darf bzw. soll, wird in den einzelnen Streckenbeschreibungen jeweils erwähnt. Diese Bestimmungen bzw. Empfehlungen sind dann jedoch unbedingt einzuhalten, um Ärger mit den Behörden bzw. Risiken zu vermeiden.

Achtung: Die algerischen Behörden haben offiziell mitgeteilt, daß sie *keine Suchaktionen nach vermißten Touristen* durchführen. Im Ernstfall – den Allah verhindern möge – sind Sie daher mutterseelenallein und auf Selbsthilfe angewiesen (vgl. Seite 336ff.). Bremsen Sie daher Ihre Abenteuerlust und gehen Sie keine unkalkulierbaren Risiken ein. Bedenken Sie bitte auch, daß eine Häufung von Unglücksfällen die algerischen Behörden dazu bewegen kann, Pisten oder gar ganze Regionen für den Tourismus zu sperren oder Führerzwang vorzuschreiben.

Strecke Nr. 1

Tunis – Kairouan (160 km) – Gafsa (359 km) – Tozeur (452 km) – El Oued (599 km) – Touggourt (694 km) – Ouargla (855 km) – Ghardaia (1044 km) – El Golea (1313 km) – In Salah (1713 km) – **Tamanrasset** (2368 km)

2368 km Teerstraße

Allgemeines

Der erste Teil dieser Strecke wird, obgleich er noch durch Tunesien führt, der Vollständigkeit halber mit in die Beschreibung aufgenommen, da er wohl den am häufigsten benutzten Anreiseweg für jene Saharafahrer darstellen dürfte, die mit der Autofähre aus Richtung Italien kommen. Wer von Frankreich aus nach Algier übersetzt oder wer über Marokko nach Algerien einreist, wird ebenfalls beschilderte Teerstraßen vorfinden, die ihn problemlos in den ›Grand Sud‹ bringen.

Die gesamte Strecke ist geteert und gut beschildert. Mit größeren Straßenschäden und baustellenbedingten Umleitungen ist ab dem Tademait-Plateau zu rechnen, und ganz katastrophal (weggespülte Straßenabschnitte, tiefe Schlaglöcher, weiträumige Umleitungen) wird es südlich von In Salah. Normale PKWs ohne Sandbleche und Schaufel werden hier streckenweise ihre liebe Not haben. Besonders in der Arak-Schlucht richten die gelegentlichen Niederschläge oft großes Unheil an. Während der Fahrt durch die Dünengebiete muß mit Sandverwehungen und starkem Gegenwind gerechnet werden. Teilweise ist das Asphaltband so schmal, daß bei Gegenverkehr bzw. beim Überholen zumindest ein Fahrzeug auf den unbefestigten Randstreifen ausweichen muß.

Detaillierte Auskünfte und Prospektmaterial über Tunesien sind erhältlich bei:

Tunesisches Fremdenverkehrsamt

Am Hauptbahnhof 6,
D-6000 Frankfurt a. M.

Graf-Adolf-Str. 100,
D-4000 Düsseldorf

Landgerichtsstr. 22, A-1010 Wien

Bahnhofstr. 69, CH-8001 Zürich

Auf dem Weg in den ›Grand Sud‹: Wegweiser in Laghouat (Nordalgerien)

Bei der Fahrt durch Tunesien finden sich Tank- und Einkaufsmöglichkeiten in jedem größeren Ort. Gutes Trinkwasser kann an Tankstellen oder an öffentlichen Wasserstellen in den Orten geholt werden.

Hinweis: Diesel ist in Algerien erheblich billiger als in Tunesien, Benzin dagegen teurer. Richten Sie sich beim Tanken danach!

Bei Nachtfahrten in Tunesien sollten die Kfz-Scheinwerfer mit einer transparenten, gelben Folie bedeckt werden (gelbe Scheinwerfer sind Vorschrift in Tunesien).

Die Versorgungsmöglichkeiten auf der Fahrt durch Algerien ergeben sich im einzelnen aus der Streckenbeschreibung. Zu beachten ist, daß bei der Länge einiger Etappen für ausreichende Vorräte an Benzin, Wasser und Verpflegung gesorgt werden muß. Bei der Berechnung der Fahrtdauer sind Fahrzeugtyp, langsames Vorwärtskommen durch Gegenwind, Sandverwehungen, schlechter Straßenzustand, Verzögerungen beim Grenzübergang und bei der Versorgung in den Oasen einzukalkulieren. Für die reine Fahrt (also Besichtigungspausen nicht eingerechnet) von Tunis bis Tamanrasset sollte man etwa sechs bis sieben Tage einplanen. Die Einholung einer Fahrerlaubnis oder die Meldung bei Behörden oder Polizeistellen ist (vom Grenzübertritt abgesehen) nicht erforderlich. Die Route bis Tamanrasset erschließt auf sicheren, im südlichen Teil durch Straßenschäden und Umleitungen allerdings beschwerlichen Abschnitten nahezu alle Landschaftsformen, die die Sahara zu bieten hat. Zunächst wirkt die Strecke durch das tunesische Inland ziemlich eintönig. (Wer Zeit hat, dem sei ein Abstecher in den Süden, z. B. in die Gegend um Douz, Matmata, Medenine, Foum Tatahouine etc. empfohlen.) Wir passieren den großen, überwiegend ausgetrockneten Salzsee Schott el Djerid und durchfahren große Dünengebiete (z. B. Souf-Region um El Oued, Grand Erg Occidental bei El Golea). Unendlich erscheint das topfebene und öde Hochplateau des Tademait mit steilen Felsabbrüchen an den Rändern und phantastischen Tafelbergen. Es geht durch die wilde Arak-Schlucht, und bei Tamanrasset erreicht man schließlich das eindrucksvolle Hoggar-Gebirge. Dazwischen finden wir immer wieder lebhafte und farbenfrohe Oasen wie aus dem Bilderbuch. Lange, einsame und manchmal auch eintönige Etappen sind auf dieser Strecke zu bewältigen, doch muß man, um ein echtes ›Gefühl‹ für die Sahara zu bekommen, diese unendlichen Weiten der Wüste kennengelernt haben. Trotz Teerstraße will die Sahara noch immer erobert sein. ›Sahara an einem Tag‹ gibt es – Allah sei Dank – noch nicht.

Streckenbeschreibung

Nach Verlassen des Hafengeländes **La Goulette** (Tankstelle im Ort Tag und Nacht geöffnet) fährt man auf der breiten Zufahrtsstraße über den Damm nach Tunis. Wer die Fahrt durch die Stadt vermeiden möchte, hat die Möglichkeit, direkt von La Goulette aus mit einer kostenlosen Autofähre (regelmäßiger Pendelverkehr) überzusetzen nach Radès. Hierzu folgt man vom Hafen kommend vor Erreichen der Dammstraße der Beschilderung ›Bac‹ nach links.

Tunis

Die vom Hafen kommende Dammstraße mündet nach 10 km in die Haupt- und Prachtstraße von Tunis, die Avenue Habib Bourguiba. An der dritten Ampel, rechts am Fuße des riesigen, in Form einer umgedrehten Pyramide erbauten Hotels Du Lac, befindet sich das tunesische Fremdenverkehrsbüro (Auskünfte, gutes Prospektmaterial, Sa u. So geschlossen). Das staatliche Kunstgewerbegeschäft (Artisanat) *liegt einige hundert Meter weiter an der Hauptstraße links (So geschlossen). Zu Festpreisen werden dort ausgesprochen schöne und gut gearbeitete kunsthandwerkliche Waren (Teppiche, Keramik, Schmuck etc.) verkauft und auf Wunsch auch verschickt. Bei Zahlung in Devisen wird ein 10%iger Nachlaß gewährt. Geldwechsel im Artisanat möglich.*

Geschäfte, Lokale, Hotels und Banken säumen die Hauptstraße. Der Mittelstreifen ist mit schattenspendenden Bäumen bestanden, unter denen die Blumen- und Zeitungshändler ihre Stände haben. Die Hauptstraße endet vor dem Bab el Bahr, dem Tor zur Altstadt (Medina). *Dahinter beginnen die* Souks, *ein weitverzweigtes Netz von engen, dunklen Ladenstraßen, in denen geschäftiges Treiben herrscht und wo kein Kauf ohne vorheriges Feilschen getätigt werden sollte. Die Medina birgt zahllose bedeutende Bauten aus der großen Vergangenheit der Stadt, allen voran die mächtige Djama ez-Zitouna (Ölbaummoschee). In Tunis unbedingt sehenswert: das Bardo-Museum (Mo geschlossen). Es ist aufgeteilt in vorgeschichtliche, punische, römische, christliche und arabisch-islamische Abteilungen und beherbergt in wunderschön ausgestatteten Räumen u. a. die wohl größte und schönste Sammlung römischer Mosaiken in der Welt.*

Probieren Sie in einer der vielen guten Gaststätten in Tunis (die größeren haben Speisekarten ausgehängt) einige der tunesischen Spezialitäten: Briks (in Fett gebackene, mit Ei, Thunfisch und Kräutern gefüllte Teigtaschen), Kuskus mit Hammelfleisch (das Nationalgericht der Tunesier), Salade Tunisienne (gemischter Salat mit Eiern und Thunfisch), dazu eine Flasche des guten tunesischen Weins und zur Verdauung einen Boukha (etwas rauher Feigenschnaps).

Gleich noch ein paar Tips für die Heimfahrt: Auch in **La Goulette,** *dem Hafenort, gibt es mehrere recht ordentliche Speiselokale. In der dortigen Markthalle kann man vor der Rückreise (auch sonntags) sein restliches tunesisches Geld in Obst umsetzen. Eine inoffizielle Campingmöglichkeit besteht auf der großen Freifläche am Meer, direkt zwischen dem Hafen-Abfertigungsgelände und dem Ort La Goulette. Dort finden sich am Abend vor Abfahrt der Fähre meist mehrere Leidensgenossen mit ihren Fahrzeugen ein.*

Ausflüge nach Karthago, Sidi Bou Said und den Strandorten: Wer Zeit hat, kann von Tunis bzw. La Goulette aus einen kurzen Ausflug zu den (größtenteils allerdings enttäuschenden) punisch-römischen Ruinen von Karthago und dem hoch über dem Meer gelegenen, malerischen (und entsprechend von Touristenmassen heimgesuchten) Dorf Sidi Bou Said machen. Bademöglichkeiten an kleineren Stränden bieten verschiedene Orte zwischen Tunis und Sidi Bou Said (La Goulette, Le Kram, Khereddine, Charthage-Salambo, Carthage-Amilcar), größere Strandzonen finden Sie weiter nordwestlich bei La Marsa, Gammarth und Raouad. Südöstlich von Tunis liegen die Badeorte Ez Zahra, Hammam Lif und Bordj Cedria (zentraler Soldatenfriedhof für die während des Zweiten Weltkrieges in Tunesien gefallenen Deutschen).

Für die Weiterfahrt folgen Sie in Tunis nach Erreichen der Avenue Habib Bourguiba gleich bei der zweiten Ampel der Beschilderung ›Sousse/Kairouan‹ nach links und verlassen die Stadt in südlicher Richtung. Die gut ausgebaute Straße führt vorbei an der Halbinsel Cap Bon, dem Obstgarten Tunesiens. Halten Sie unterwegs (z.B. in Bir Bou Regba) bei den am Straßenrand postierten Obstständen an und decken Sie sich mit Orangen, Mandarinen, Grapefruit, Zitronen etc. ein. So frisch und billig wie hier im Erntegebiet bekommen Sie die Früchte auf der ganzen Reise nie wieder! In wenigen km Entfernung wird **Hammamet** passiert, ein populärer und recht hübscher Badeort. Bei **Enfida**(ville), einst Zentrum des größten französischen Koloniallandgutes in Tunesien, zweigt rechts die beschilderte Straße nach Kairouan ab.

Kairouan

Tankstellen, gute Einkaufsmöglichkeiten, Banken, Post, Hotels, staatliches Artisanat, Fremdenverkehrsbüro, Camping bei Jugendherberge (Maison de Jeunesse beim Stadion).

Diese Stadt lohnt einen Besuch unbedingt. Neben Mekka, Medina und Jerusalem gehört Kairouan zu den vier heiligen Orten des Islam, die alle Ziele großer Pilgerfahrten sind. Im Jahre 671 wurde die Stadt von den Arabern, den ›Streitkräften Allahs‹ gegründet, und in der Folgezeit nahmen die arabischen Feldzüge zur Unterwerfung der Nachbarländer von hier ihren Ausgang. Kairouan stieg zur islamischen Hauptstadt Afrikas auf und entwickelte sich zu einem der bedeutendsten geistigen Zentren des Islam, an dessen Universität neben Koranwissenschaften auch Medizin, Mathematik, Naturwissenschaften und Geographie gelehrt wurden.

Sehenswert die Große Moschee (Djama Sidi Okba, die älteste des Landes) und die reich – vielleicht überreich – verzierte Barbiermoschee (Zaouia des Sidi Sahab). Eintrittskarten für den Besuch der beiden Moscheen müssen Sie vorher beim Fremdenverkehrsbüro kaufen. Am Ortsrand, an der Straße nach Enfidaville, können die ›Bassins der Aghlabiden‹ besichtigt werden. Diese großen, nach einer tunesischen Herrscherdynastie benannten Wasserbecken bilden Teile der früheren Wasserversorgung. Über einen großen Aquädukt wurde das Wasser von den etwa 40 km westlich gelegenen Bergen bis hierher transportiert, dann in diesen Zisternen gesammelt und zu den öffentlichen Brunnen geleitet.

Kairouan wirkt durch seine prachtvollen Bauten, Stadtmauern und Tore, seine lebhafte Atmosphäre in der Innenstadt sehr malerisch und orientalisch. Im Zentrum, an der Hauptstraße, befindet sich das Fremdenverkehrsbüro (mit Toiletten!). Fremdenführer werden sich anbieten, die Ihnen neben anderen Sehenswürdigkeiten auch Teppichknüpfer bei der Arbeit zeigen. Vorsicht bei Zeitknappheit: Sie landen anschließend unausweichlich in einem Teppich-Verkaufsraum, bekommen Tee oder Kaffee vorgesetzt und ein Teppichsortiment vorgelegt. Die handgeknüpften Kairouan-Teppiche sind mit Recht weltberühmt. Man kann sie sich zuverlässig und – aufgrund eines Länderabkommens – zollfrei gegen Anzahlung nach Europa schicken lassen (Restkaufpreis zuzüglich deutscher Mehrwertsteuer sind fällig bei Abholung am Flughafen). Die angeblichen ›Festpreise‹ sollten Sie vor einem eventuellen Kauf allerdings kräftig herunterhandeln.

Von Kairouan aus führt die Straße durch landschaftlich wenig reizvolles Inland gut beschildert nach Gafsa. Immer wieder durchquert sie brückenlose Bach- und Flußbetten. Nach Regen können diese Furten überflutet sein; ihre Tiefe ist dann schwer zu schätzen. Sicherheitshalber sollte man zu Fuß (Gummistiefel!) vorsondieren und die auf Straßenbreite begrenzten Asphaltfurten vorsichtig durchfahren.

Alternativroute über Sbeitla: Wer Zeit für einen kleinen Umweg hat (+ 52 km), dem seien die gut erhaltenen römischen Ruinen bei Sbeitla zur Besichtigung empfohlen. Die Weiterfahrt nach Gafsa erfolgt dann über Kasserine, eine kleine Industriestadt (Zellulose- und Papierherstellung aus Halfagras).

Gafsa

Tankstellen, Banken, Post, Hotels, Restaurants, Souks, Bahnhof, gute Versorgungsmöglichkeit in einem Einkaufszentrum (eine Art Ladenpassage und Markthalle) im Zentrum (Bier- und Weinverkauf).

Gafsa rückte in den Mittelpunkt des öffentlichen Interesses, als Anfang 1980 eine Gruppe tunesischer Revolutionäre (angeblich unterstützt durch den libyschen Staatschef Ghadhafi) die Garnisonsstadt überfiel und ein Blutbad anrichtete, bei dem über 40 Menschen ums Leben kamen.

Sehenswert in Gafsa sind die ›Römischen Bäder‹, tatsächlich Baureste aus der Römerzeit, von Thermalquellen gespeist. Eine besondere Touristenattraktion bieten die Kinder des Ortes, die – natürlich gegen Trinkgeld – von hohen Palmen im Kopfsprung in die Becken springen. Die Palmgärten der Oase werden mit Wasser aus artesischen Brunnen bewässert. Das Artisanat bietet u. a. die typischen Gafsa-Decken an, bunte Wollteppiche mit großem Karomuster, deren einzelne Quadrate mit geometrischen Figuren und Ornamenten, aber auch mit menschlichen und tierischen Abbildungen versehen sind; reiche Auswahl an Keramik.

Schnellste und kürzeste Verbindung zwischen Gafsa und Tozeur (93 km) ist die Teerstraße über die Bergbaustadt (Phosphat) **Metlaoui** (39 km ab Gafsa; Tankstellen, Bank, Hotels; empfehlenswerter Abstecher zur ca. 10 km entfernten Seldja-Schlucht).

Alternativrouten über Tamerza und Chebika: Wer etwas mehr Zeit hat und erste Erfahrungen auf Pisten sammeln will, dem sei eine der beiden folgenden, landschaftlich sehr reizvollen Varianten durch die Berge empfohlen. Diese führen zu den idyllisch inmitten wilder Berglandschaft gelegenen Oasen Tamerza und Chebika und bieten die Möglichkeit zu einem weiteren Abstecher zu der malerischen kleinen Bergoase Mides.

Erste Variante: 3 km westlich von Gafsa führt von der Teerstraße eine beschilderte Piste hinein in die Berge. Nach 33 km Piste folgt ein knapp 40 km langer geteerter Abschnitt über Moulares nach Redeyef (beides Phosphatbergbau-Orte; Tankstelle in Redeyef). Von dort geht es auf einer Piste 23 km weiter bis Tamerza (99 km ab Gafsa; Hotel) und dann südlich über Chebika auf einer 56 km langen Piste nach Hamma du Djerid (Oase mit Thermalquellen). Ab hier folgt man für 10 km der Hauptstraße nach Tozeur (Gesamtstrecke ab Gafsa 165 km).

Zweite Variante: Man folgt ab Gafsa zunächst der Hauptstraße in Richtung Tozeur bis zur Bergbaustadt Metlaoui (40 km). Ab hier fährt man auf der nach Norden in die Berge führenden Teerstraße über Moulares nach Redeyef. Ab Redeyef Fortsetzung wie bei der ersten Variante (Gesamtstrecke ab Gafsa 185 km).

Tozeur

Tankstellen, Banken, Post, Museum, Hotels, Restaurants, gute Einkaufsmöglichkeiten z. B. im ›Magasin Général‹ ortsauswärts Richtung Nefta links (Wein, Bier), Bahnhof (Endstation der Linie von Sfax), Flugplatz, Autoverleihfirmen, Fremdenverkehrsbüro, Jugendherberge, Campingplatz Belvedere.

Sehr malerische, aber stark vom Tourismus ›heimgesuchte‹ Oase. Provinzhauptstadt des Bled el Djerid – des ›Landes der Dattelpalmen‹. Berühmt sind die Deglet Nour-Datteln aus dieser Region, die man hier am Strang, in Holzkistchen oder offen nach Gewicht kaufen kann (sehr gut als Zwischenmahlzeit!). Tozeur hat viele Souvenirgeschäfte an der Hauptstraße, einige Hotels und Gaststätten. In einem kleinen Zoo sind vor allem Wüstentiere (Feneks = Wüstenfüchse, Kamele, Schlangen, Skorpione, Warane u. a.) zu bewundern. Ein Führer erläutert das Verhalten der Tiere anhand von Vorführungen. Vom Aussichtsberg Belvedere im Palmenhain bietet sich ein phantastischer Blick über die Oase bis zum Schott el Djerid, einem riesigen, weitgehend ausgetrockneten Salzsee, dem Karl Mays ›Durch die Wüste‹ hohen Bekanntheitsgrad verlieh. Der ganze Palmenhain am Belvedere ist Privatbesitz, nur der oberste Teil am Fuß des Aussichtsfelsens dient als Campingplatz.

Sehenswert sind auch der Marabut des Sidi Ali Bou Lifa mit einem daneben wachsenden riesigen Brustbeerbaum sowie der ›Paradiesgarten‹, eine Miniaturausgabe eines Botanischen Gartens mit verblüffend vielseitigem Pflanzenwuchs und (vor allem im Frühling) reichlichen Blüten und Blumen. An der ›Bar‹ gibt es Trinkproben von Rosenwasser, Veilchensirup und anderen exotischen Pflanzenessenzen.

Beachten Sie den Fassadenschmuck der Djerid-Häuser: Ziegel, die durch vor- und zurückversetzte Bauweise dekorative Ornamente bilden (zum Fotografieren entsprechenden Licht/Schatteneffekt abpassen).

Alljährlich um die Weihnachtszeit findet in Tozeur das ›Festival des Oasis‹ statt.

Am Rande des Schott el Djerid, den man in Richtung Kebili auf einer Dammstraße ganzjährig ohne Probleme durchfahren kann, und vorbei am Flughafen von Tozeur führt die Straße weiter bis zur Oase Nefta.

Nefta

Letzte tunesische Ortschaft; Banken, letzte Tankstellen, weniger Versorgungsmöglichkeiten als in Tozeur, Hotels, Post, maurisches Bad, Campingmöglichkeit beim Hotel ›Les Nomades‹ oder beim Hotel ›Marhala‹.

Viele schöne Moscheen und Marabuts; religiöses Zentrum der Djerid-Oasen. Hübscher Palmenhain im ›La Corbeille‹ (›Korb‹), wo Dutzende Quellen entspringen (oberhalb: Aussichtspunkt). Das Touristenbüro organisiert Ausflüge in die Umgebung.

Hinter Nefta bewegen wir uns auf die **tunesisch-algerische Grenze** zu (der Grenzübergang ist offiziell Tag und Nacht geöffnet). Studieren Sie vor Erreichen des Grenzpostens nochmals die Aus- und Einreisevorschriften beider Länder (vgl. S. 260ff.), vor allem auch in puncto Devisen (die Ausfuhr tunesischer Dinare ist nur bis 5 DA erlaubt) und Alkohol. Wagenkontrollen sind üblich, aber meist nur flüchtig. Bereiten Sie Ausweispapiere, Angaben für die Devisenerklärung beim algerischen Zoll vor und legen Sie Schreibzeug bereit. Denken Sie auch an das Fotografierverbot, das überall in der Nähe militärischer, polizeilicher oder behördlicher Gebäude und Anlagen besteht. Begegnen Sie den Grenzbeamten freundlich, wenn sie in **Hazoua** (34 km ab Nefta) vor der Schranke der tunesischen Grenze und fünf Kilometer weiter in **Bou Aroua** vor jener der algerischen stehen. Die Abfertigung geht meist recht zügig vonstatten, freitags und an Feiertagen ist jedoch mit ziemlich viel Betrieb zu rechnen. Planen Sie genügend Zeit für den Grenzübertritt ein und lassen Sie sich knapp vor der Grenze möglichst nicht mehr überholen (ein vollbesetzter Wagen, der sich vor Sie schiebt, kann den Grenzaufenthalt erheblich verlängern). Beachten Sie die für Algerien geltende Uhrzeit (vgl. S. 329). Die obligatorischen Kfz-Versicherungsformalitäten und der Pflichtumtausch (vgl. S. 263) sind entweder gleich beim Grenzposten oder in El Oued zu erledigen (Öffnungszeiten beachten, vgl. S. 329).

Von Versandung bedrohte Streckenabschnitte kennzeichnet das Warnschild ›Sable‹

Bei der Weiterfahrt auf algerischem Boden finden wir – ca. 1,5 km nach Passieren des Schildes ›El Oued 70 km‹ – bei einem kleinen, neu angelegten Palmengarten rechts neben der Straße einen Brunnen mit langem, gemauertem Trog (als Badewanne oder Waschzuber geeignet), aus dem warmes (ca. 30 °) Wasser kommt. An eine weitere Wasserstelle mit Trog kommen wir 7 km nach Passieren der nach rechts führenden Abzweigung nach Tebessa. Ca. 200 m links der Straße spendet ein Brunnen ebenfalls ca. 30 ° warmes Wasser. Hier und auf der folgenden Strecke wird das reichlich und in geringer Tiefe vorhandene Grundwasser immer wieder für Gärten und Pflanzungen ausgenutzt. Wir erreichen bald die ersten, recht stattlichen Sanddünen im nördlichen Zipfel des Grand Erg Oriental (vgl. S. 107). Ab hier – und dies gilt für die gesamte Teerstrecke, soweit sie durch Dünengelände führt – muß mit Sandverwehungen gerechnet werden. Der Sand ist oft knochenhart festgebacken, höher als man denkt und kann somit wie eine Sprungschanze wirken. Die enge Straße windet sich hier sehr kurvenreich und unübersichtlich durch das Dünengelände. Deshalb ist größte Vorsicht, vor allem bei Gegenverkehr, geboten. Besonders vom Flugsand gefährdete Stellen sind durch Warnschilder mit der Aufschrift ›Sable‹ gekennzeichnet. Sicher bekommen Sie auch irgendwann einen Sandpflug zu Gesicht, der in mehr oder weniger regelmäßigen Abständen diesen Wanderdünen und Verwehungen mit mäßigem Erfolg zu Leibe rückt.

Charakteristisch für die hiesige Region, den Souf, ist, daß die Dattelpalmen nicht in großen Hainen wachsen, sondern nur in kleinen Gruppen, die am Boden tiefer, künstlich ausgehobener Sandtrichter *(Ghout)* stehen (vgl. S. 41). Auf diese Weise ersparen sich die Oasenbauern zwar die künstliche Bewässerung, da die Wurzeln so bis ans Grundwasser heranreichen; dafür müssen sie aber in nicht endenwollender, mühsamer Arbeit den über den Trichterrand hereingewehten Sand immer wieder mit Eseln hinaustransportieren (vgl. Farbabb. 12). Durch auf den Kämmen der Sandtrichter aufgestellte Palmwedelzäune versuchen sie, das ständige Eindringen von Flugsand zu verhindern oder zumindest zu reduzieren. Oft stehen am Boden der Trichter Schwenkbrunnen *(Khottaras)*, mit

Im Souf wachsen die Palmen auf dem Boden künstlich ausgehobener Sandtrichter

Dörfliche Szene im Souf

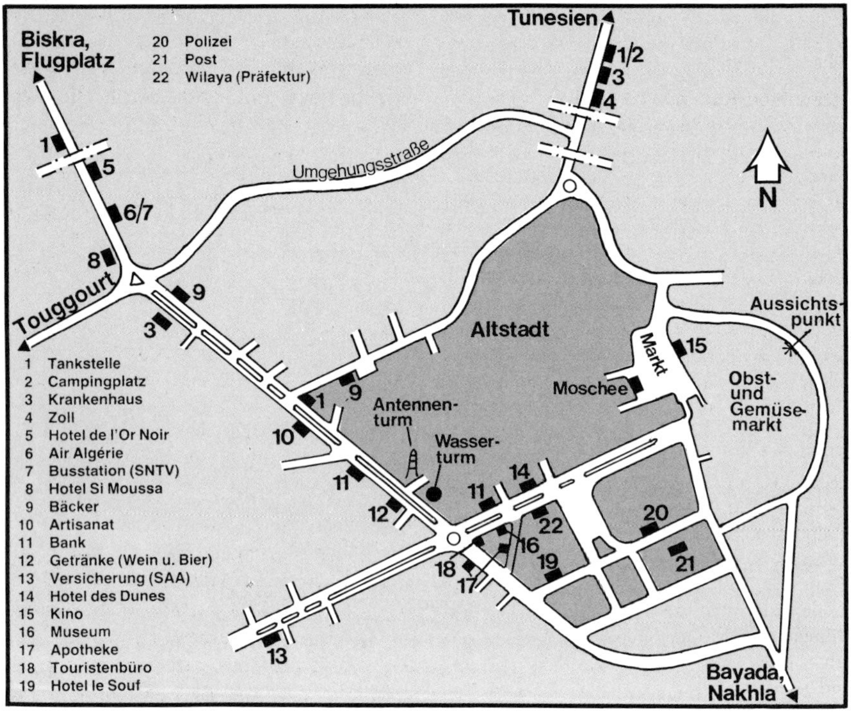

El Oued: Plan des Zentrums

deren Hilfe das notwendige Wasser zum Bewässern der kleinen, am Trichterboden angelegten Gemüsegärten heraufgeholt wird. Die erste algerische Tankstelle finden wir 27 km vor El Oued in **Hassi Khalifa.** 123 km ab Nefta erreichen wir El Oued.

El Oued (El-Wad)

Sitz einer Wilaya (Präfektur); Tankstellen, Banken, Post, Hotels, Restaurants, Markt, Museum, Krankenhaus, Busstation (SNTV), Büro der Air Algérie, Flugplatz, Versicherungsbüro (SAA), Campingplatz, Zollamt.

El Oued ist die Hauptstadt der Region des Souf. Auffallend an den Häusern im Souf und besonders an denen in El Oued ist, daß sie großenteils keine Flachdächer, sondern Kuppeln oder Tonnengewölbe tragen. Daher hat El Oued seinen Beinamen ›Stadt der tausend Kuppeln‹ erhalten. Interessant ist der große Markt (freitags) bei der Moschee Sidi Salem. Jedes Frühjahr (März/April – das genaue Datum wechselt) begeht die Stadt ein großes Fest mit folkloristischen Darbietungen, Kamelrennen, Musik und Tänzen. Das Fremdenverkehrsbüro (›Syndicat d'Initiative‹) organisiert Rundfahrten und Kamelritte in die Souf-Region. Im Museum werden prähistorische Funde, Sandrosen, Pflanzen und Tiere der Region sowie lokales Kunstgewerbe und Gebrauchsgegenstände gezeigt.

Ausflüge in den Souf: Von El Oued verläuft in südöstlicher Richtung eine Straße (W 405) zu den Dörfern Amiche und Bayada (9 km). Dort gabelt sie sich und führt links nochmals etwa 7 km weiter bis zur Ortschaft Nakhla. Die rechte Abzweigung, die den Ort Robbah passiert, endet nach ca. 9 km in El Ogla. Beide Strecken führen durch die Dünen des Souf und vorbei an zahlreichen besonders schönen und tiefen Palmtrichtern. Man sollte einmal auf den Grund solch eines Trichters hinabsteigen, den

Oasenbauern bei ihrer Arbeit zuschauen und auch die Schwenkbrunnen mit Gegengewicht näher inspizieren.

Kleine Souf-Rundfahrt (ca. 65 km): Die folgende Rundfahrt bietet uns alles, was für die Souf-Region typisch ist: Ortschaften mit vielen Kuppelbauten, tiefe Palmtrichter, aus denen das Knarren der Schwenkbrunnen tönt, und viele kleine, hübsche Dünen. Wir verlassen El Oued auf der nach Nordwesten in Richtung Biskra verlaufenden Hauptstraße. Nach 6 km erreichen wir Kouinine, ein kleines Städtchen mit engen, winkligen Gassen, schattenspendenden Torbögen, Häusern mit unzähligen Kuppeldächern und Tonnengewölben. Von den kleinen Hügeln am Ostrand der Oase bietet sich ein schöner Blick über den Ort. Von Kouinine geht es weiter nach Guemar (+ 12 km, Tankstelle), sehenswert wegen seiner zahllosen Kuppelbauten und schönen Moscheen. Dieser Ort rühmt sich, den besten Tabak Nordafrikas anzubauen. Kurz hinter Ghamra verlassen wir die Hauptstraße und folgen einer kleinen Teerstraße nach rechts, die uns durch ein hübsches Dünengebiet vorbei an vielen Palmtrichtern führt, gelegentlich recht versandet sein kann und bei Debila in die von Tunesien kommende Hauptstraße einmündet. Von dort sind es noch ca. 22 km zurück nach El Oued.

Kurz nach Verlassen von El Oued in Richtung Touggourt taucht links der Straße ein Gebäude auf, das an die Märchen aus 1001 Nacht erinnert. Der prachtvolle Palast mit silberglänzenden, metallenen Kuppeln und gepflegten Gärten befindet sich angeblich im Privatbesitz einer reichen algerischen Familie. Die Straße führt nun durch schönes Dünengelände. Gelegentlich spähen die grünen Spitzen der tief in den Trichtern stehenden Palmen über die Dünenkämme. Nach etwa 25 km kann man einen kurzen Abstecher auf sandiger Piste zur 6 km abseits inmitten der Dünen gelegenen kleinen Oase **Oudel Trek** (Oued Turk) mit ihren schönen Palmtrichtern machen.

Gelegentlich tauchen nun am Straßenrand die Stände der Sandrosenverkäufer auf. Bei Sandrosen handelt es sich um Kristalle, die aus siliziumhaltigem (kieselsäurehaltigem) Quarzsand und Gips bei einer gewissen Bodenfeuchtigkeit entstehen. Man findet sie deshalb meist in ausgetrockneten Senken. Sie sind ziemlich empfindlich, brechen und zerkratzen leicht, weshalb man sie erst gegen Ende der Reise ›an Bord‹ nehmen sollte. Legen Sie die Rosen nicht aufeinander, sondern packen Sie sie einzeln in Papier. Die Sandrosenverkäufer (oft Kinder) nehmen statt Geld gern auch gebrauchte Kleidung oder sonstige Tauschobjekte in Zahlung. Der Preis (handeln!) liegt ungefähr bei einem Zehntel dessen, was man hierzulande in einem Mineraliengeschäft bezahlt, teilweise sogar noch niedriger. Sandrosen selbst zu finden macht natürlich noch mehr Spaß. Sie sollten den Händlern allerdings eine Kleinigkeit abkaufen, bevor Sie sich dezent im Hinterland auf die Suche machen.

Hin und wieder bieten Kinder und Jugendliche auch Tiere (Feneks, Echsen o. ä.) zum Kauf an – eine Unsitte, die Sie keinesfalls unterstützen sollten. Kaufen Sie bitte keine Tiere, selbst nicht mit der guten Absicht, diese anschließend in die Freiheit zu entlassen, denn jeder erfolgreiche Verkauf spornt die Kinder an, weitere Tiere einzufangen. Auf diese Weise tragen Sie zur Dezimierung des ohnehin schon kargen Tierbestandes bei. Außerdem ist die Mitnahme von Wüstentieren in unsere mitteleuropäische Klimazone nicht nur strafbar (Artenschutzgesetz), sondern stellt eine reine Tierquälerei dar. Sie hätten ohnehin keine rechte Freude an dem ›süßen‹ Fenek, denn dieses nachtaktive Tier verschläft den ganzen Tag, um dann nachts um so nervöser durch die Wohnung zu traben.

60 km ab El Oued erreichen wir **El Kobna** (Tankstelle). Wenige Kilometer vor Touggourt, rechts der Straße, liegt ein kleines, ungewöhnliches ›Hotel‹, dessen ›Zimmer‹ aus Zeribas (Strohhütten) bestehen. Campingmöglichkeit. In einem großen, als Aufenthalts- und Speiseraum dienenden Beduinenzelt werden abends häufig folkloristische Programme für die Touristen dargeboten.

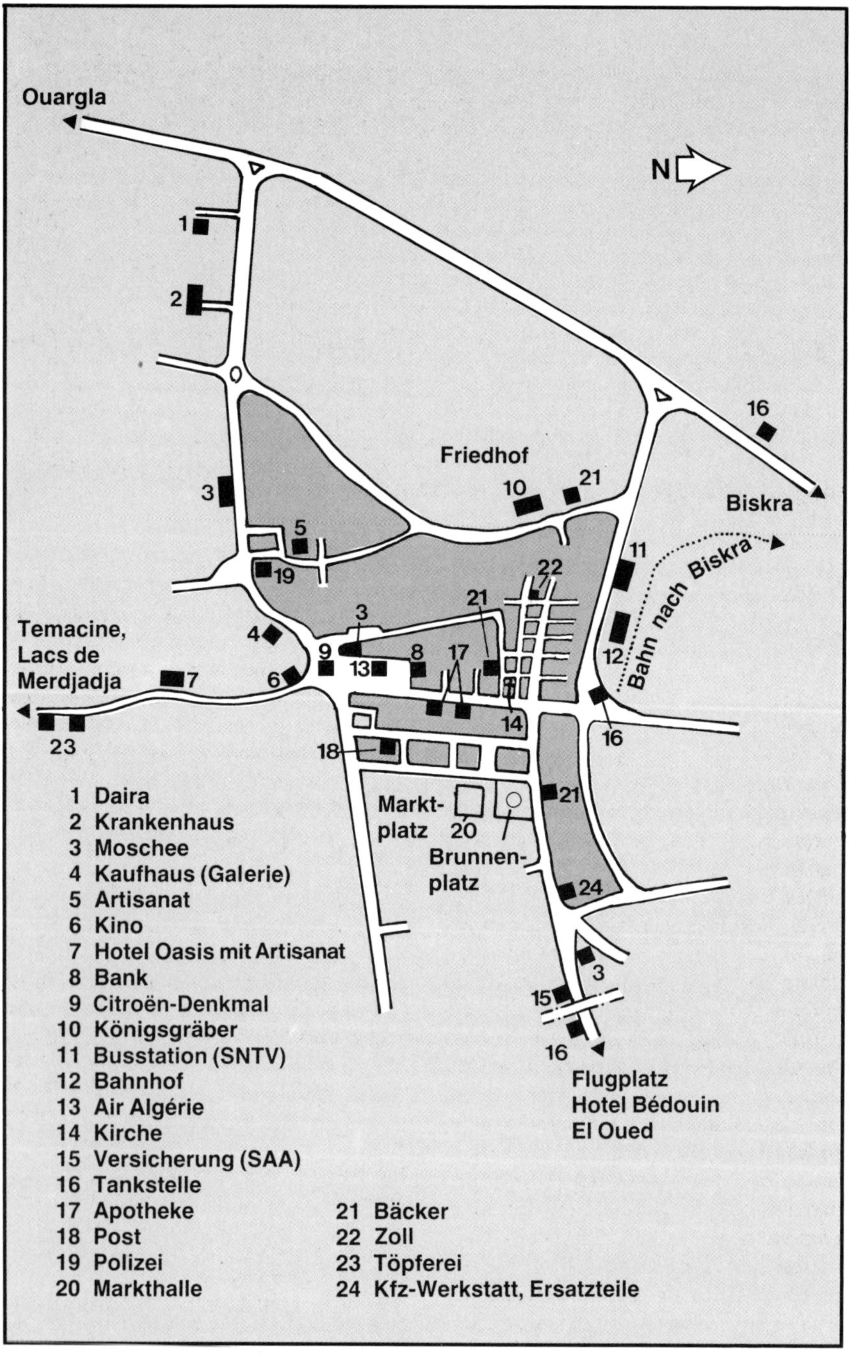

Touggourt: Ortsplan

Blick auf die Oase Temacine

Touggourt

Tankstellen, Banken, Post, Markt, Restaurants, Hotels, Krankenhaus, Daira, Kino, Flugplatz, Büro der Air Algérie, Versicherungsbüro (SAA), Busstation (SNTV), Bahnhof (Endpunkt der Eisenbahnstrecke von Constantine und Biskra). Achtung: Das Wasser, welches hier aus einer warmen Quelle kommt, ist magnesiumhaltig, schmeckt unangenehm und kann zu Verdauungsstörungen führen!

Fremdenführer bieten sich in der Stadt an, um die Königsgräber, den Ksar und die Moschee zu zeigen oder um gebrauchte Kleidung und Ausrüstungsgegenstände abzukaufen (interessant eventuell auf der Rückfahrt!). Die Gräber der ›Touggourt-Könige‹ (Ben Djellab) liegen im Westen der Stadt. Gegen eine kleine Gebühr (nach Ermessen) öffnet ein Führer die Tür zu dem Gewölbe, in dem die schlichten, weißen Grabsteine zu sehen sind. Die Ben Djellab herrschten in Touggourt vom 15. bis zum 19. Jh. und zeigten sich recht aufsässig gegenüber der Obrigkeit, die von Algier und Constantine aus das Land regierte. Erst mit der Besetzung Algeriens durch die Franzosen ging die Macht der Ben Djellab-Dynastie zu Ende.

Jedes Jahr im März oder April wird zur Zeit der Palmenbefruchtung (vgl. S. 25) in Touggourt ein großes Dattelfest gefeiert.

Ein Denkmal in der Ortsmitte erinnert an die erste Saharadurchquerung mit dem Auto, die ›Raid Citroën‹. Am 17. 12. 1922 startete hier ein Konvoi von fünf Kettenfahrzeugen, der nach nur drei Wochen, am 7. 1. 1923, die legendenumwobene Stadt Timbuktu am Niger erreichte.

Ausflug zu den Lacs de Merdjadja: Man folgt dem Sträßchen am Hotel Oasis vorbei nach Süden in Richtung Temacine (s. u.) und biegt 3,4 km nach dem Hotel links auf eine Piste ab hinüber zum Palmenhain, den man nach ca. 700 m erreicht und, einem Bewässerungskanal folgend, durchquert. Nach weiteren 1,3 km (vor einem Steinhaus) biegen wir (an der zweiten Abzweigung) nach rechts ab und stehen knapp 1 km danach an den sehr hübsch in den Dünen gelegenen ›heiligen Seen‹ von Merdjadja.

Ausflug nach Temacine und Tamelhat: Wir verlassen Touggourt auf dem Sträßchen vorbei am Hotel Oasis und erreichen nach ca. 12 km zunächst den Ort Temacine. Nach Tamelhat geht es noch 2 km weiter.

Temacine: Ort auf einem Hügel. Vom Moscheeturm eindrucksvoller Blick über die terrassenartig angelegte Oase, hinein in die Gassen und Innenhöfe, auf den riesigen Palmenhain und den See von Temacine. Jenseits des Sees finden sich zerfallene Reste einer alten Siedlung mit Marabut, ferner in den Hügeln eine Höhle, die einst als Moschee diente. Schöner Blick über den See auf den Ort und die Palmengärten. Etwas anstrengend können die vielen Kinder im Ort sein, die Flechtarbeiten und Trommeln zum Kauf anbieten.

Tamelhat: sehr hübsche, kleine Oase mit zwei Moscheen und geheimnisvoll wirkenden, überdachten Gäßchen. Eine der Moscheen (1281 erbaut, mit schönen, farbigen Stuckarbeiten und bunten Kacheln) enthält das von einer Kuppel überwölbte Grab des Gründers der Stadt, Sidi El Hadj Ali. Besichtigung (Schuhe ausziehen!) gegen kleines Trinkgeld möglich.

Bei der Weiterfahrt nach Ouargla folgen wir der Teerstraße, die unmittelbar vor Tamelhat nach Westen abzweigt, und erreichen nach 3 km wieder die Hauptstraße RN 3.

Hinter Touggourt wird die Landschaft flacher und eintöniger. Bei km 64 kann man die Hauptstraße verlassen und für die Weiterfahrt nach Ghardaia eine Alternativroute benutzen (vgl. Strecke Nr. 23).

Folgt man der Hauptstraße in Richtung Ouargla weiter, passiert man 80 km südlich von Touggourt die Abzweigung nach Hassi Messaoud (vgl. Strecke Nr. 2). 47 km nach dieser Abzweigung sorgt rechts der Straße ein kleines, hübsches Dünengelände für etwas Abwechslung in der ansonsten ›undramatischen‹ Strecke bis Ouargla, das wir 161 km nach Touggourt erreichen. Kurz vor der Stadt passieren wir eine große Sebkha (auf Wasservögel achten!)

Ouargla (Wargla)

Größte Oase der algerischen Sahara. Sitz einer Wilaya (Präfektur); Tankstellen, Banken, Post, Hotels, Restaurants, Markt, gute Einkaufsmöglichkeiten, Krankenhaus, Flugplatz, Büro der Air Algérie, Versicherungsbüro (SAA), Busstation (SNTV), Fremdenverkehrsbüro, Saharamuseum. Großes Kfz-Ersatzteillager der SONACOME an der westlichen Ortsausfahrt Richtung El Golea.

Ouargla ist eine relativ moderne und sehr geschäftige Stadt mit einem großen Industriegebiet am südlichen Ortsrand. Ausgedehnte Palmenhaine umgeben den Ort. Die Franzosen legten hier verschiedene landwirtschaftliche Musterbetriebe an, und sie erreichten auch, daß einst weitverbreitete Krankheiten (Tuberkulose, Lepra, Malaria und vor allem die Augenkrankheit Trachom) in dieser Gegend spürbar eingedämmt wurden. Neben alten Bauten, wie z. B. dem restaurierten Ksar, gibt es viele moderne Häuser, teilweise dem sudanesischen Stil nachempfunden, teilweise aus häßlichem Beton. Überall ist intensive Bautätigkeit zu beobachten. In der Avenue de la République befindet sich ein kleines Saharamuseum (prähistorische Funde, ethnologische und kunstgewerbliche Sammlung). Im Frühjahr (April/Mai) feiert Ouargla ein folkloristisches Fest mit Fantasias, Musik und Tänzen.

Von Ouargla aus starteten Ende des 19. Jhs. mehrere Expeditionen in Richtung Süden, um die Möglichkeit des Baus einer Eisenbahnlinie durch die Sahara zu erforschen. Die Expedition unter dem französischen Major

Das sehenswerte Saharamuseum in Ouargla

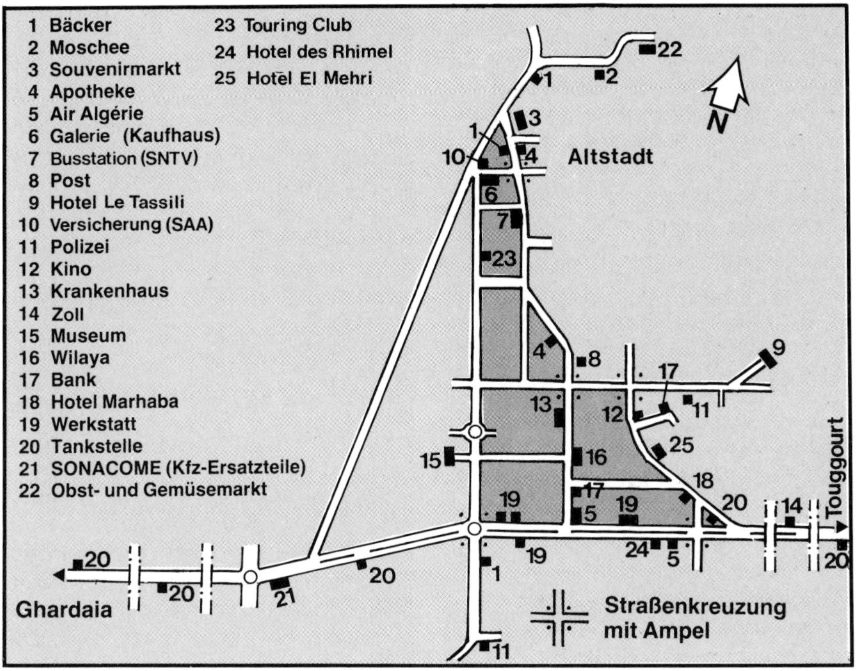

Ouargla: Ortsplan

Flatters 1881 kam bis zum Hoggar-Gebirge, wo sie von den räuberischen Tuareg bis auf wenige Überlebende niedergemetzelt wurde (vgl. S. 73). Die Lamy-Expedition hatte etwas mehr Glück. Sie erreichte – wenn auch mit großen Verlusten an Menschen und Tieren – immerhin im Jahr 1900 den Tschadsee.

Ausflug nach Sedrata: Ca. 14 km südwestlich von Ouargla liegt Sedrata, d. h. die spärlichen Reste dieser bereits im 11. Jh. untergegangenen, dem Erdboden gleichgemachten Stadt. Hier wohnten die Vorfahren der heutigen Bewohner Ghardaias, Mozabiten also, Angehörige einer strenggläubigen Sekte des Islam, die mit ungeheurem Fleiß und Zusammenhalt eine blühende Oasenstadt errichtet hatten, aber auch hier – wie schon von anderen Orten – wegen ihres religiösen ›Fanatismus‹ vertrieben wurden (vgl. S. 93). Um das Jahr 1072 plünderten die Ziriden (algerisch-tunesische Herrscherdynastie) die Stadt Sedrata und zerstörten sie in brutaler Weise, worauf sich die Mozabiten weit in die Wüste zurückzogen und in der unwirtlichen Gegend des Mzab eine neue Heimat fanden. Sie gründeten dort ihre ›Pentapolis‹, eine Städtegemeinschaft, in der sie endlich in Ruhe gelassen wurden und die sich inzwischen längst wieder zu einem bedeutenden Wirtschaftszentrum entwickelt hat.

Wir erreichen das Gelände, indem wir zunächst von Ouargla aus der Teerstraße in Richtung Ghardaia folgen. 1,2 km nach Passieren der letzten Tankstelle (links) zweigt nach links eine mit ›Gara Krima – Site touristique‹ beschilderte, teilweise etwas sandige, aber auch von PKWs befahrbare Piste ab. Dieser folgt man für ca. 3 km bis zu einer Gabelung mit einem Autowrack. Dort wendet man sich nach links. Auf den folgenden Kilometern (die Piste verzweigt sich mehrfach) finden sich verstreut im Gelände verschiedene unscheinbare Mauerreste.

Weiter geht es durch recht eintönige Gegend. Kleine, einsame Straßencafés stehen bei km 83 links der Straße sowie bei km 129 hinter Ouargla an der Abzweigung

Markt in Ouargla (oben) und Ghardaia (unten)

zum 5 km abseits gelegenen Thermalbad **Zelfana.** Dort strömt seit 1948 mit gewaltigem Druck aus tausend Meter Tiefe 40 ° warmes, radioaktives Wasser aus einem artesischen Brunnen. Seither wurden in Zelfana Schwimmbäder, Hotel und Restaurant, eine Tankstelle und eine kleine Siedlung angelegt. 165 km hinter Ouargla erreicht man die von Algier nach Tamanrasset führende Teerstraße (RN 1). Unbedingt zu empfehlen ist der 24 km lange Abstecher in Richtung Norden nach Ghardaia und den anderen Städten dieser Oasengruppe. Auf dieser Strecke passieren wir den Flughafen und ein modernes Industriegelände. Knapp vor Erreichen der Stadt, von der ihr gegenüberliegenden Hügelkuppe, hat man einen wunderschönen Blick auf die gesamte, Mzab genannte Oasengruppe (Parkmöglichkeit in Buchten an der steil und kurvenreich hinabführenden Zufahrtsstraße). Im Vordergrund das blau-weiße Beni Izguen (vgl. Farbabb. 3), die Nachbarstadt Ghardaias.

Ghardaia

Tankstellen, Banken, Post, Hotels, Restaurants, Campingplätze: (a) ›Oued Mzab‹, an der Straße nach Laghouat, am Ortsausgang links; (b) ›Bouleila‹, links an der Hauptzufahrtstraße am Oued zwischen Beni-Izguen und Ghardaia, Jugendherberge, Krankenhaus, Apotheke, Kino, Wilaya, Zollamt, gute Versorgungsmöglichkeiten, großer Markt (vormittags; Haupttage Donnerstag und Freitag), Flugplatz, Büro der Air Algérie, Busstation (SNTV), Versicherungsbüro (SAA). Das Fremdenverkehrsbüro (ONAT) organisiert Ausflüge in die benachbarten Oasen. In einem kleinen Museum können die Nachbildung einer Mozabitenwohnung sowie Teppiche, Hausrat, Schmuck etc. besichtigt werden.

Die Mozabiten, eine strenggläubige Sekte des Islam, haben sich im 11. Jh. hier im Flußbett des Mzab, inmitten der kargen Wüstenlandschaft, niedergelassen, nachdem sie zuvor über Jahrhunderte hinweg immer wieder aus anderen Landesteilen vertrieben wurden (vgl. auch S. 91). Sie gründeten eine Städtegemeinschaft, und durch unermüdlichen Fleiß und ein enges Zusammengehörigkeitsgefühl gelang es ihnen, eine ertragreiche Oasenwirtschaft aufzubauen. In der algerischen Handelswirtschaft nehmen die Mozabiten heute einen sehr hohen Rang ein. Viehzucht dagegen war nie ihre große Stärke, und da die Oasenwirtschaft allein nicht zur Ernährung sämtlicher Bewohner ausreichte, bürgerte es sich ein, daß viele jüngere Männer ihre Heimat verließen, ja auf Weisung verlassen mußten, um anderswo Geld zu verdienen und damit ihre Familie zu ernähren. Mozabiten gelten als gute Händler, als fleißige, clevere Geschäftsleute. Sie sind heute in ganz Algerien und daneben auch in Frankreich zu finden, wo sie zum Teil große Handelsunternehmungen aufgebaut haben. Trotz jahrelangen Aufenthalts in der Fremde hängen die Mozabiten auch heute noch sehr stark an ihrer Heimat, ihrer Glaubensgemeinschaft. Zudem werden aus alter Tradition die Männer verheiratet, bevor sie ihre Stadt verlassen, was eine zusätzliche Bindung herstellt. Trotzdem ist es schwer vorstellbar, wie ein Bewohner Ghardaias, der jahrelang in der Fremde unter modernsten Bedingungen lebte, sich jemals wieder in die hiesige Lebensweise einfügen kann.

Sitten und Gebräuche der Mozabiten unterliegen jahrhundertealten Vorschriften. Selbstverständlich nagen auch hier fortschreitende Technisierung, Industrialisierung, der Einfluß des Fremdenverkehrs und die moderne Zivilisation an den alten Traditionen, doch sind diese Verhaltensnormen offensichtlich so gefestigt, geht die Strenggläubigkeit der Bewohner so tief, daß ihnen der Einfluß des modernen Lebens nicht viel anhaben kann. Noch immer schreiten die Frauen tief verschleiert, scheu und unansprechbar durch die Gassen. Ihr Gesicht ist so stark verhüllt, daß gerade noch eine winzige Öffnung für ein Auge bleibt. Man braucht da nicht auf das Fotografierverbot hingewiesen zu werden; solche Frauen einfach zu knipsen, wäre eine grobe Verfehlung!

Blick auf Ghardaia, das Zentrum des Mzab

Ghardaia ist noch die modernste, fremdenfreundlichste aller Städte des Mzab. Sie kann auch ohne Führer besichtigt werden. Man sollte unbedingt vormittags dort sein, wenn auf dem großen, arkadengesäumten Marktplatz reges Treiben herrscht. Hier haben die Händler ihre Waren auf dem Boden ausgebreitet: Säcke mit Korn und Gewürzen, Hülsenfrüchte, große Berge von Südfrüchten, Kartoffeln, Maniokknollen, gebündelte Karotten, Salatköpfe, dazwischen Schmuck, Eisenwaren und Krimskrams. Unter den Arkaden befinden sich kleine Läden. Die eine Seite des Platzes ist fast ausschließlich den Teppich- und Souvenirhändlern vorbehalten. Gemischtwarenhändler, Tuchhändler, Apotheker – alle sind vertreten.

Gleich hinter dem Markt ziehen sich die Gassen am Hang hoch bis hinauf zur Moschee, die die ganze Stadt überragt. Ein Spaziergang durch Ghardaias Gassen mutet an wie ein Gang durch Theaterkulissen. Terrassenförmig übereinander geschachtelt klettern die Häuser den Hang empor. Torbögen und Treppchen, dunkle Bogengänge verbinden sie. Gleißendes Sonnenlicht wird von den ockerfarbenen oder weiß-bläulich getünchten Mauern reflektiert. Die Gäßchen verlaufen kurvenreich, ohne Plan; mittendrin, am höchsten Punkt, stößt man wie durch Zufall auf die Moschee – ein wunderbares, ungeordnetes Durcheinander. Die Türen der Häuser bleiben dicht verschlossen, die Fenster gehen meist zum Innenhof oder sind winzig und vergittert. Nirgends erhascht man auch nur einen kurzen Blick ins Innere, und nirgendwo sonst fühlt man sich so sehr als Fremder, als Eindringling, wie in diesen Städten des Mzab.

Ausflug nach Beni-Izguen: Um Beni-Izguen, die Nachbarstadt Ghardaias, zu besichtigen, muß man im allgemeinen einen Führer nehmen. Der 1347 gegründete Ort gilt als Heilige Stadt und wird von dicken Mauern umgeben. Nachts müssen alle Fremden die Stadt verlassen, niemand darf darin übernachten. Selbst der Zutritt zu den Palmengärten ist untersagt. Es herrscht strenges Rauch- und Alkoholverbot, man hört keine Radiomusik. Die Erlaubnis zum Fotografieren ist auf ›tote‹ Objekte beschränkt, und ganz streng sind auch die Kleidervorschriften. Mit ›sittenloser‹ Kleidung, z. B. kurzen Hosen, kurzen Röcken, ausgeschnittenen Kleidern, kommt man nicht hinter die Mauern. Vielleicht nehmen Sie das zum Anlaß, sich eines der typischen Kleidungsstücke der Mzab-Männer, den *Saroual*, anzuschaffen: Pluderhosen von enormer Weite, die fast wie Röcke aussehen und erst ganz unten zwei kurze Hosenbeinstummel aufweisen. Das Hinterteil hängt in vielen Falten wie ein großer Stoffsack nach unten – ein sehr geräumiges Kleidungsstück und garantiert nicht sittenlos!

Auch Beni-Izguen hält einen Markt ab. Er ist kleiner als der in Ghardaia, weist aber die Besonderheiten auf, daß er erst abends (im Winter ab ca. 16.00 Uhr, im Sommer ab 17.00 Uhr) stattfindet und daß die Verkäufer mit ihrer Ware herumgehen und sie den am Boden sitzenden Interessenten laut rufend anpreisen – ein ungewohntes und sehr lebendiges Bild.

Ausflug zu den übrigen Mzab-Städten: Jeweils einige Kilometer voneinander entfernt liegen die weiteren Städte des Mzab: **Melika, Bou-Noura, El Ateuf** und die später dazugekommenen Siedlungen **Berriane** und **Guerrara** (vgl. Strecke Nr. 23). Meist beschränkt sich die Besichtigung aus Zeitmangel auf Ghardaia und Beni-Izguen, doch lohnen auch die anderen Städte sowie die Palmenhaine und Gärten, die sich kilometerweit durch das Tal des Mzab ziehen, einen Besuch. 1,7 km vor El Ateuf empfiehlt sich ein Besuch des liebevoll angelegten Zoos ›Chez Hadj Aissa‹ (Löwen, Affen, Lamas, Feneks, Strauße, Pfauen, Raubvögel, Schlangen, Skorpione etc.). Der hübsche Ort **El Ateuf** darf nur mit Führer besichtigt werden. Von besonderem Interesse ist hier die Moschee des Sidi Brahim. Diese inspirierte den Architekten Le Corbusier für den Entwurf seiner Kirche in Ronchamp.

Rundfahrt Ghardaia – Metlili – Seb-Seb – Ghardaia (143,5 km, davon 21,5 km Piste): Wir verlassen Ghardaia auf der nach Süden in Richtung El Golea führenden Straße. Nach 18 km führt eine beschilderte Teerstraße durch steiniges und zunächst recht ödes Gelände zum 22 km entfernten Metlili.

Metlili: Tankstellen, Fremdenverkehrsbüro und Artisanat, Post, Bank, Apotheke, Hospital, Markt, Hotel, Restaurants, kleines Museum, Polizei, Versicherungsbüro (SAA), Büro der Air Algérie. Sehr hübsche, von Bergen umgebene Oase mit schönen Palmengärten und vielen Marabuts; auf einem Hügel die Altstadt, überragt vom Minarett. Alljährlich findet in der letzten Märzwoche ein dreitägiges Kamelfest mit Reiterspielen, Kamelrennen und anderen Attraktionen statt, zu dem sich auch die Nomaden der Umgebung einfinden.

Die Teerstraße windet sich hinter Metlili kurvenreich hinauf auf das Plateau, um kurz vor Seb-Seb ebenso kurvig und steil wieder hinunterzuführen in die Talebene. Entfernung Metlili – Seb-Seb 17 km.

Seb-Seb: Kleine, in einer Talmulde gelegene, weit verstreute Oase. In den teilweise zwischen kleinen Dünen liegenden Gärten werden neben den auch anderswo üblichen Anbauprodukten vorwiegend Erdnüsse angepflanzt (Erntezeit Oktober/November).

Um wieder nach Ghardaia zu gelangen, fahren wir zunächst 11 km auf der nach Metlili führenden Straße zurück. Dort, bei einem etwas abseits stehenden gemauerten Markierungsstein, zweigt nach rechts eine steinige, unmarkierte, aber deutlich erkennbare und gut befahrbare Piste ab. Diese verläuft anfangs über die Hochebene, führt später hinunter und dann am Fuß eines links liegenden Plateauabbruchs entlang. Wir folgen einem Oued, ignorieren knapp 13 km ab Pistenbeginn eine nach rechts abzweigende Piste und erreichen nach insgesamt 21,5 Pistenkilometern die von Ghardaia nach El Golea führende Hauptstraße, auf der wir nach Norden zum 54 km entfernten Ghardaia zurückfahren. (Für die Fahrt in Gegenrichtung: Die Einmündung der Piste in die Hauptstraße ist gekennzeichnet durch eine kleine, verrostete Tafel mit der Beschriftung ›Metlili‹, und zwar 1,9 km nördlich des beschilderten Oueds Seb-Seb).

Von Ghardaia aus geht es wieder zurück bis zur 24 km entfernten Gabelung. Ab da fahren wir in südlicher Richtung auf der RN 1 weiter. 30 km nach dieser Gabelung mündet von rechts die in vorstehender Rundfahrt genannte Piste (von Seb-Seb/Metlili kommend) ein. 18 km weiter liegt links das **Hassi Touiel,** eine 31° warme Quelle, aufgefangen in einem betonierten Schwimmbecken, etwa 600 m abseits in den Gärten (kleine Siedlung, Café/Restaurant, Campingmöglichkeit). 40 km weiter, rechts der Straße, das **Hassi Fahl** (Hassi el Fahel) mit Tankstelle und Restaurant. Die warme Quelle speist ein Becken sowie Bewässerungskanäle, die durch die Palmen- und Obstgärten verlaufen. Auf der Strecke ab Ghardaia muß mit ziemlichem Gegen- oder Seitenwind gerechnet werden, der den Benzinverbrauch und die Fahrtdauer beeinflussen kann. Die Fahrt geht nun lange Zeit an einzelnen, aus der Ebene ragenden Zeugenbergen vorbei. Zwischendurch, z. B. etwa 120 km vor El Golea, passiert man kleinere Dünengebiete.

Etwa 92 km vor El Golea führt eine beschilderte Abzweigung zu dem ca. 800 m links der Hauptstraße gelegenen artesischen Brunnen **Hassi Gouiret Moussa** (Café). Das 30° warme Wasser eignet sich bestens für die ›große Wäsche‹. Schöne, stimmungsvolle Übernachtungsmöglichkeiten bieten die großen Dünen, die 72 km vor El Golea bis nahe an die Straße heranreichen. Später weichen die Sandberge wieder zurück. Sehr hübsche, klassische *Barchane* (Sicheldünen) tauchen ca. 60 km vor El Golea auf. Eine letzte (romantische) Übernachtungsmöglichkeit vor El Golea bietet sich etwa 22 km von der Stadt entfernt an: hinter einer kleinen Paßhöhe liegen links wieder fotogene Dünen, rechts der Straße stehen Zeugenberge. Dann gibt es nicht mehr viel Interessantes zu sehen bis kurz vor El Golea, wo von der Hochebene aus plötzlich die in der Tiefe liegende Oase sichtbar wird. Vorsicht beim Fotografieren: in der Nähe Militärgebäude (Sendeanlagen etc.).

El Golea (›Die Zitadelle‹, El Menia)

Tankstellen, Bank, Post, Hotel, Restaurants, Markt, Bäcker, sonstige Einkaufsmöglichkeiten, Versicherungsbüro (SAA), Daira, Krankenhaus, Busstation (SNTV), Flugplatz, Büro der Air Algérie, Campingplätze, kleines Museum der Pères Blancs, Fremdenverkehrsbüro, das Ausflüge mit Geländewagen anbietet.

El Golea ist eine sehr schöne, saubere Stadt mit viel Grün. Artesische Brunnen liefern ausreichend Wasser für die ausgedehnten Palmenhaine. In den Gärten gedeihen außerdem die verschiedensten Gemüse- und Obstsorten, wie z. B. Zitronen, Mandarinen, Orangen, Feigen und Aprikosen. Einen herrlichen Blick auf die Oase mit ihren etwa 200 000 Dattelpalmen hat man vom Festungshügel El Menia und – noch besser für Fotografen – vom gegenüberliegenden Hügel aus. Das alte Ksar El Menia (›Die Uneinnehmbare‹) aus dem 9. oder 10. Jh. sollte die Bevölkerung vor Überfällen schützen, machte seinem Namen aber keine Ehre, da es von kriegerischen Tuareg eingenommen und zerstört wurde. Achten Sie auf dem Festungshügel und generell an den Hängen rings um El Golea (auch an der Felsbarriere wenige Kilometer südlich der Stadt) auf Versteinerungen. Muscheln, Schnecken und anderes Meeresgetier sind hier in großer Vielzahl in den Kalk- und Sandsteinschichten eingeschlossen, sichtbarer Beweis dafür, daß auch diese etwa 500 m über dem Meeresspiegel gelegene und heutzutage zu den trockensten Gebieten der Erde zählende Region vor Jahrmillionen von einem gewaltigen Ozean bedeckt war (vgl. S. 12). Auch Sandrosen findet man in der Umgebung El Goleas. Kinder können Ihnen die Fundstellen zeigen.

Alljährlich im April (das genaue Datum wechselt) feiert El Golea das ›Fest des Ksar‹ mit folkloristischen Darbietungen.

Ausflug zur Kirche Saint Joseph: Gut 2 km nördlich von El Golea zweigt von der Hauptstraße ein kleines Sträßchen nach El Bachir (beschildert) ab. Nach weiteren 3 km, nach Durchquerung des Palmenhains, steht in einem Sandfeld die Kirche Saint Joseph, das erste christliche Gotteshaus in der Sahara. Daneben befindet sich das Grabmal von Pater Charles de Foucauld, der 1916 im Hoggar ermordet und 1929 hier beigesetzt wurde (vgl. S. 59).

Tanken Sie vor der Weiterfahrt ausreichend! Auf der 400 km langen Strecke bis In Salah gibt es keine weitere Tankmöglichkeit. Nehmen Sie auch genügend Wasser mit. Das In Salah-Wasser ist nicht so empfehlenswert (salzig). Decken Sie sich auf dem Markt von El Golea nochmals

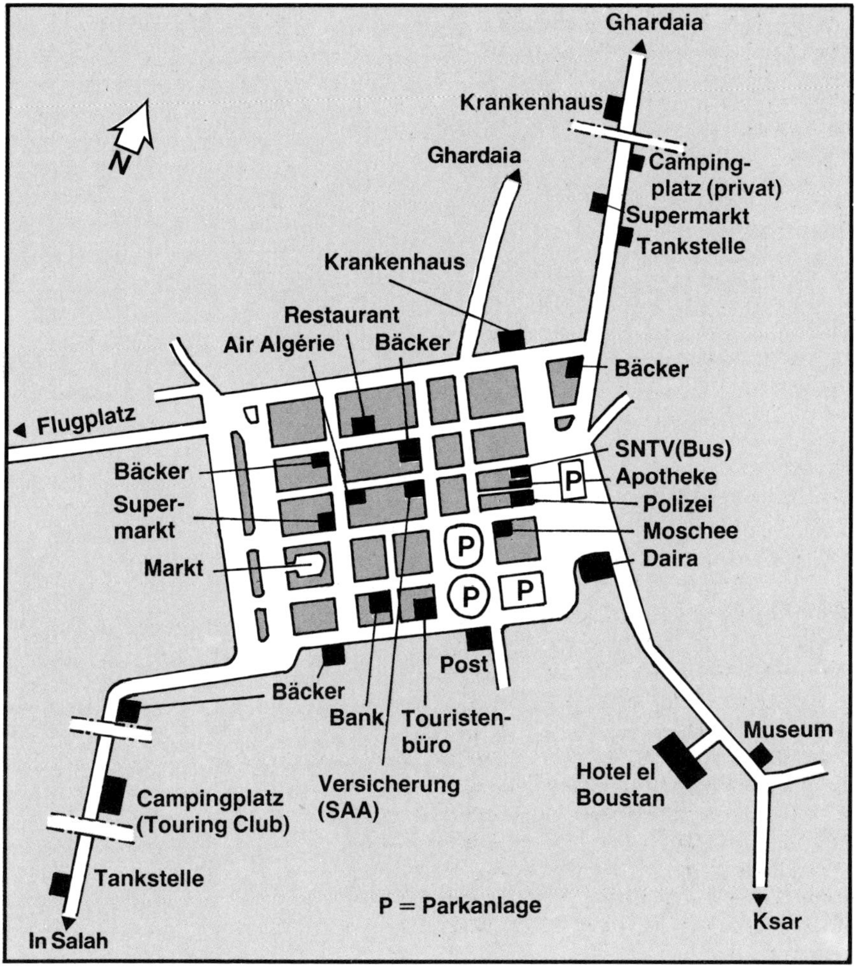

El Golea: Plan des Zentrums

mit frischem Obst und Gemüse ein, und kaufen Sie bei Bedarf schon hier Ansichtskarten. Im Süden wird das Angebot karger und die Preise liegen dort bedeutend höher. Auch Autoreparaturen kosten im Süden weitaus mehr. Sehr verlockend zum Campieren sind die zwar etwas schütteren, aber dennoch sehr romantischen Palmenhaine am Südrand der Stadt (westlich der Teerstraße). Wegen der dazwischen verlaufenden Be- und Entwässerungsgräben und des nahegelegenen Sees von **El Melah** kann jedoch die dortige Moskitoplage unerträglich werden.

Die Strecke führt nun bald eine Zeitlang durch klassische Bilderbuchwüste. Die Dünen, meist ziemlich entfernt von der Straße, rücken etwa 40 km hinter El Golea wieder dichter heran. Dort bieten sich schöne Übernachtungs- und Rastmöglichkeiten. Etwa 45 km hinter El Golea führt eine knapp 3 km lange Piste nach rechts zum Brunnen **Hassi Marroket** (beschildert: ›Eau Potable‹). Reichliches und gutes (kaltes) Wasser. Schöner Lagerplatz inmitten von Büschen und Schilfgras (zeitweise viele Mücken) oder am Fuß der Dünen im Westen. In Verlängerung der Zufahrtspiste erreicht man nach knapp 3 km wieder die Hauptstraße. Bald darauf, bei km 63 (kleines Restaurant), zweigt nach Westen die Teerstraße in Richtung Timimoun ab (vgl. Strecke Nr. 4). Wir aber fahren weiter südlich.

Für insgesamt etwa 100 km ab El Golea führt die Straße durch schönes Dünengelände (dieser feine, rötliche Sand stellt übrigens ein originelles und billiges Saharasouvenir dar).

Nun klettert die Straße hinauf auf die Tademait-Hochebene. Kurz danach, bei km 110, zweigt nach links eine Piste zur alten Wüstenfestung Fort Miribel beim Brunnen Hassi Chebaba (32,5 km) und weiter nach Hassi Bel Guebbour ab (vgl. Strecke Nr. 27). ›Wüste der Wüsten‹ oder ›Garten des Satans‹ nennt man die nun folgende, etwa 200 km lange Strecke über das Plateau. Das Gelände ist völlig eben, absolut vegetationslos und über und über mit groben, von schwarzem Wüstenlack überzogenen Steinen bedeckt. Straßenschäden bzw. -bauarbeiten zwingen gelegentlich zum Verlassen der Straße, was PKWs zum Teil große fahrtechnische Probleme bereiten kann. Als es noch keine Teerstraße durch diese Geröllwüste gab, war diese Etappe gefürchtet. Als gefährlich galt besonders der steile, grandios wirkende Abbruch am Ende des Plateaus, und mancher Fahrer, der bei Nacht über die Hochebene dahinrumpelte und den jähen Abbruch übersah, stürzte in den Abgrund und zerschellte. Heute bringt einen die teilweise stark zerlöcherte Teerstraße sicher übers Plateau und in steiler, kurvenreicher Fahrt wieder hinunter in die 200 m tiefer liegende Ebene. Dort passiert man noch einige Zungen- und Zeugenberge. Bis In Salah sind es noch knapp 100 km. Auf den letzten Kilometern vor der Stadt muß mit starken Sandverwehungen bzw. sogar Umleitungen gerechnet werden.

In Salah

Tankstelle, Reparaturwerkstätten, Bank, Post, Hotels, Restaurants, Campingplätze, Maurisches Bad, Krankenhaus, Versorgungsmöglichkeiten in kleinen Läden und auf dem Markt, Bäcker, Busstation (SNTV), Versicherungsbüro (SAA), Büro der Air Algérie, Verkehrsbüro, Flughafen, Daira. Das Wasser von In Salah (an der Tankstelle erhältlich) schmeckt ein wenig salzig.

Internationaler Treffpunkt für ›Saharatraveller‹ ist das Restaurant du Carrefour, dessen Besitzer Hadji Abderrahmane (ein freundlicher Targi aus Tamanrasset) man wegen seiner relativ guten Küche schätzt. Die Räume im 1. Stock sind gemütlich eingerichtet und hübsch dekoriert, wenngleich ständig im Umbau. Sein Campingplatz ›Zribat‹ liegt rechts der Hauptstraße (Richtung Tamanrasset), 1,3 km von der südlichen Ortsausfahrt entfernt; der zweite Campingplatz befindet sich an der westlichen Ausfahrt (Richtung Aoulef). Wildes Campieren im Palmenhain ist nicht nur unerwünscht, sondern auch nicht empfehlenswert. Das Gelände ist ziemlich verschmutzt, die Mückenplage beträchtlich. Jedes Frühjahr (ca. April) feiert In Salah das ›Féte d'Année‹ mit großem Markt und buntem Rahmenprogramm.

Hadji Abderrahmane, stolzer Besitzer des Restaurant du Carrefour

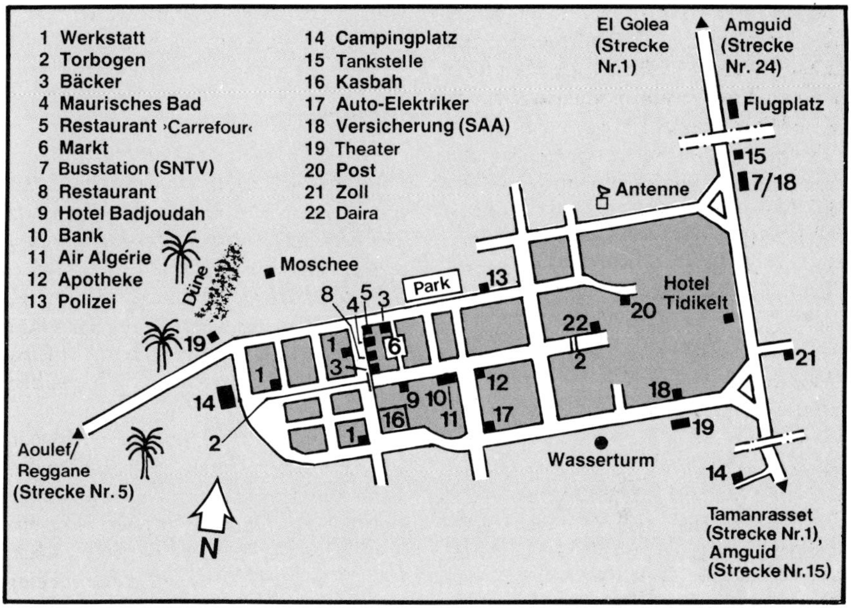

In Salah: Ortsplan

In Salah gilt als die heißeste algerische Saharaoase (Rekordtemperatur 56 °C im Schatten). Außerdem gehört In Salah zu den Orten, die besonders häufig von Sandwinden oder gar Sandstürmen heimgesucht werden (55 Tage pro Jahr; erheblich übertroffen wird es nur noch von Tin Zaouatene im Süden des Landes mit mehr als 100 Sandwindtagen). Diese treten vorwiegend in den Frühjahrsmonaten auf. Da es sich nahezu ausnahmslos um ›Tagwinde‹ handelt, hat der Besucher gute Aussichten, sie mit allen Sinnen bewußt auszukosten. Staub- und sanderfüllte Luft nimmt auch der schönsten Oase ihre Reize. Doch trotz eventueller Hitze und staubiger Luft sollte man sich zu einer Besichtigung In Salahs aufraffen. Da der Wind beständig von Osten her weht und große Sandmassen vor sich hertreibt und gegen die Stadt bläst, besteht für die am Ostrand stehenden Häuser große Versandungsgefahr. Einst hat man die im Osten zugewehten Häuser einfach aufgegeben und sich am Westrand der Oase neu angesiedelt, wodurch der Ort immer weiter nach Westen wanderte. Heute jedoch rückt man den Sandmassen mit Planierraupen und anderen technischen Hilfsmitteln zuleibe, und jetzt ist auch im Osten des alten Ortskerns rege Neubautätigkeit zu beobachten. Hier entsteht ein völlig neues Wohn-, Geschäfts- und Industrieviertel. Empfehlenswert sind kleine Spaziergänge in die alten Ortsteile abseits vom Zentrum, z. B. in das Dorf, das hinter den Dünen bei der Moschee versteckt liegt.

In Salah war früher Kreuzungspunkt sowohl für die Ost-West- wie für die Nord-Süd-Karawanen, ein wichtiger Umschlagsplatz also, vor allem für den Sklavenhandel. Unter den Bewohnern In Salahs fallen unverhältnismäßig viele schwarze Gesichter auf, Haratin, Nachkommen einstiger Sklaven, die früher vor allem für den Bau der in dieser Region, dem Tidikelt, häufig anzutreffenden Foggaras (vgl. S. 36) benötigt wurden. Heute erfolgt die Bewässerung der Palmengärten vorwiegend durch Wasser aus artesischen Brunnen. Durch die Bohrung und Nutzung dieser Brunnen senkte sich der Grundwasserspiegel allmählich, was – abgesehen von ihrem baulichen Verfall – auch zur Folge hatte, daß viele der Foggaras versiegten. An Wasser herrscht jedoch kein Mangel. Bei einem Spaziergang durch die Gärten stößt man immer wieder auf Sammelbecken und kann die Kanäle und kleinen Bewässerungsrinnen verfolgen, die in ausgeklügeltem System bis in die hintersten Winkel der Palmenhaine führen. Weiße Ablagerungen an den Wasserläufen und auch auf der Erdoberfläche zeigen an, daß das Wasser von In Salah einen hohen Salzgehalt aufweist. Dies stellt ein besonderes Problem für die Oasenbauern dar, da neben einer ausreichenden Bewässerung eine sorgfältige Entwässerung nötig ist, um gute Ernten zu erzielen (vgl. S. 40). Das überschüssige Wasser wird deshalb unter Ausnutzung des natürlichen Gefälles in die etwas tiefer gelegene Sebkha am Westrand der Oase geleitet, wo sich aufgrund der hohen Verdunstung das Salz in dicken Krusten absetzt.

Interessant ist der sudanesische Baustil einiger Häuser von In Salah: rote Lehmziegelbauten mit ornamental durchbrochenem, weißgetünchtem Mauerwerk. Senkrecht verlaufende Rillen sollen Regenwasser ableiten, wobei mit Regen allerdings höchstens alle 5–10 Jahre zu rechnen ist. Wegen dieser Bauweise aus rotem Lehm hat In Salah – wie seine Nachbarstädte Adrar und Timimoun – den Beinamen ›Rote Stadt‹ erhalten. ›Sudanesischer‹ Baustil bezieht sich übrigens nicht auf das Nil-Land Sudan südlich von Ägypten; vielmehr bezeichnet man als ›Sudan‹ auch generell die südlich an die Sahara angrenzenden Zonen Schwarzafrikas, in denen diese Bauweise aus luftgetrockneten Lehmziegeln vorherrscht (arabisch: bled es Sudan = ›Land der Schwarzen‹).

Ausflug nach Foggaret ez Zoua mit seinem versteinerten Wald: 46 bzw. ca. 68 km einfache Strecke; bis Foggaret ez Zoua mit PKW befahrbar, für Weiterfahrt zum versteinerten Wald Geländegängigkeit empfehlenswert. Beschreibung der Route vgl. Strecke Nr. 24.

Von In Salah aus fahren wir weiter auf der Teerstraße in Richtung Süden. Ein Beispiel für die schnelle Austrocknung durch die große Hitze in dieser Gegend erlebten wir ein Stück südlich der Stadt. Dort entdeckten wir rechts neben der Straße in einer kleinen Hügelgruppe einen hübschen Salzsee, etwa 20 m durchmessend und von beachtlicher Tiefe. Ein Jahr darauf war er spurlos verschwunden, seither tauchte er auch nicht wieder auf.

Die Strecke In Salah – Tamanrasset ist zwar seit 1978 geteert, war aber schon bald wieder reparaturbedürftig. Während die Teerstraßen im Norden des Landes vergleichsweise geringe Schäden aufweisen, obwohl sie erheblich älter sind, wurde beim Bau des südlichen Abschnitts offensichtlich geschludert. Auf den folgenden ca. 600 km bis Tamanrasset wechseln deshalb frisch reparierte und daher momentan intakte Streckenstücke mit stark beschädigten Abschnitten ab. Selbst artistischen Slalomfahrern gelingt es oft nicht mehr, sämtlichen Schlaglöchern auszuweichen, und häufig empfiehlt es sich, neben der Straße oder gleich auf der alten Piste zu fahren. Zwischendurch gibt es zum Teil lange, wegen Straßenbauarbeiten gesperrte Etappen mit teilweise weiträumigen, oft nur unter Mühen zu bewältigenden Umleitungen auf schlechten, sandigen oder sehr unebenen Pisten, die Normal-PKWs ernsthafte Probleme bereiten (Schaufel und Sandbleche!). Da sich die Lage der diversen Baustellen immer wieder ändert, können keine genauen Angaben über die örtlichen Straßenzustände gemacht werden. Rechnen Sie mit dem Schlimmsten, und freuen Sie sich, wenn es besser als befürchtet kommt.

Die Weiterfahrt in Richtung Tamanrasset auf der Teerstraße wirkt zunächst ziemlich monoton. Knapp 37 km hinter In Salah passieren wir ein kleines Café mit Wasserstelle (links). Ca. 2 km westlich der Teerstraße kann man versteinertes Holz finden. 75 km hinter In Salah zweigt links eine nach Amguid führende Piste ab (vgl. Strecke Nr. 15), und ab etwa km 185 begleiten uns westlich der Straße für einige Kilometer die riesigen, rötlichen Sanddünen des Erg Mehedjibat. Ausgesprochen romantisch wird es aber erst wieder, wenn wir das Mouydir-Gebirge und die Arak-Schlucht erreichen. Kurz vorher, 7 km nach dem Schild ›Arak 10‹, fahren wir zwischen zwei mit rundgeschliffenen Granitblöcken übersäten Hügeln hindurch. Diese liegen direkt am Fuß des mächtigen Djebel Ahellane. Auf dem linken Hügel befinden sich ein altes Gräberfeld sowie einige gravierte Felsbilder. Weitere Gravuren, z.B. Inschriften der Tuareg (Tifinagh, vgl. S. 47) und Tierdarstellungen, sind an dem rechten Hügel zu sehen. Man erkennt neben verschiedenen geometrischen Zeichen Elefanten, Giraffen, Rinder, Antilopen u. a.

Unmittelbar danach gelangen wir zur grandiosen Felsschlucht von **Arak.** Die Straße wird hier von steilen, bis zu 400 m hohen Felswänden gesäumt, und auf dem sandigen Talgrund gedeiht üppige Vegetation. Regenfälle verursachen hin und wieder erhebliche Straßenschäden. Ganze Abschnitte können dabei von den Wassermassen, die sich durch die enge Schlucht wälzen, weggerissen werden. Deshalb ist besonders in diesem Teil mit Schwierigkeiten oder längeren Umleitungen zu rechnen. Entschädigt wird man in jedem Fall durch die Schönheit der Landschaft.

Am Ende der Schlucht befindet sich die Tankstelle von Arak mit Café und Campingplatz.

Abstecher zum Marabut des Sidi Moulay Hassan: Dieses berühmte Grabmal lag früher unmittelbar an der Hoggarpiste. Doch mit der neuen Teerstraße hat sich manches geändert, sogar der Name des Marabut. Jetzt führt ca. 95 km vor In Ecker eine Piste zum ca. 3,5 km entfernten ›Marabut Mulay Lahcene‹ am Fuß des mächtigen Adrar Tesnou (1731 m). Dieser Abstecher ist Pflicht für Saharafahrer, denn nur, wer dreimal das Grabmal des Heiligen umfährt, hat Aussicht, gesund und unfallfrei durch die Wüste zu kommen. Die Kreisspur um das kleine, weiße Gebäude ist stark ausgefahren, denn auch die dicksten algerischen LKWs

Strecken ab/bis In Salah (mit den Nummern der Streckenbeschreibungen)

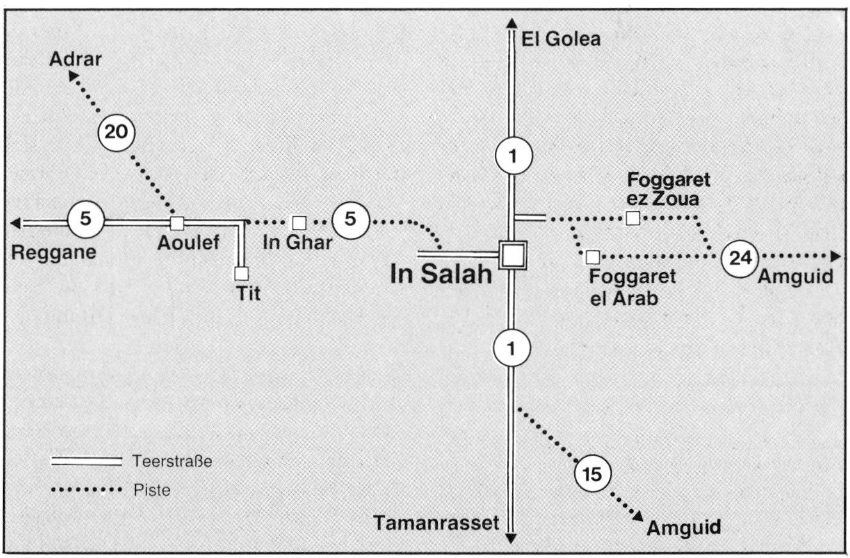

drehen hier ihre obligatorischen Runden. Die Umgebung wirkt sehr hübsch. Große Felssteine, glattgeschliffen in grotesken Formen, liegen herum. Drehen Sie die drei vorgeschriebenen Runden, auch wenn Sie nicht abergläubisch sind. Wer weiß, vielleicht wirkt der Zauber auch, wenn man nicht daran glaubt (!). Zurück zur Hauptstraße fahren wir nicht auf der Strecke, auf der wir gekommen sind, sondern auf einer weiteren, ca. 3,5 km nach Osten zielenden, etwas staubigen Holperpiste.

14 km vor In Ecker stößt von Norden her die von Hassi Bel Guebbour über Amguid führende Piste (Strecken Nr. 14 und 17) auf die Teerstraße. 492 km von In Salah erreichen wir In Ecker.

In Ecker

Tankstelle, Café, Wasser. Es empfiehlt sich, die Wasservorräte eventuell bereits hier aufzufrischen; die Versorgung in Tamanrasset ist oft etwas problematisch. Hier in dieser wilden Berglandschaft fanden in den sechziger Jahren die unterirdischen Atomversuche der Franzosen statt.

Knapp 11 km weiter kommen wir an der **Base Sonarem,** einem Stützpunkt der algerischen Bergbaugesellschaft, vorbei, und ab ca. 25 km hinter In Ecker passieren wir ein sich links der Straße über mehrere Kilometer erstreckendes Militärgelände. Sowohl bei der Base Sonarem als auch hinter dem Militärgelände beginnen Pisten, die nach Mertoutek führen (vgl. Strecke Nr. 18).

127 km vor Tamanrasset ist der Ort **In Amguel** (kleines Café) erreicht. 7 km weiter zeigt ein Wegweiser die Abzweigung nach Djanet über Hirhafok an (Strecke Nr. 9/11). 44 km vor Tamanrasset befindet sich rechts (ca. 100 m abseits der Straße) ein weißer Beton-Markierungsstein mit folgender Aufschrift: Silet 89 km, Tin Zaouatene 403 km, Gao 1135 km, Algier 2017 km, Paris 3655 km, El Golea 1117 km, In Salah 645 km, Agadez 940 km, Tam 45 km. Der Stein ist vermutlich weniger interessant für Reisende nach Paris und Algier als für jene, die die ersten drei Richtungen anpeilen (vgl. Strecke Nr. 6) und die hier zuverlässig den Beginn der über Abalessa und Silet führenden Route nach Tin Zaouatene bzw. Gao (Mali) gefunden haben.

40 km vor Tamanrasset passieren wir die kleine Oase **Tit,** die am 7. 5. 1902 in die algerische Geschichte einging. An diesem ›Tag der Ungläubigen‹, wie ihn die Tuareg nennen, errangen die Franzosen in einem nahen Bergtal ihren entscheidenden militärischen Sieg über die Tuareg. In dem blutigen Gemetzel fanden fast 100 Tuareg den Tod (vgl. S. 45). 34 km vor Tamanrasset zweigt in westlicher Richtung eine Piste ab, die ebenfalls über Abalessa und Silet führt (vgl. Strecke Nr. 6). 10 km vor Tamanrasset kennzeichnet (links) ein Schild den Beginn der Assekrem-Rundfahrt (über Ilamane – vgl. Strecke Nr. 7). Etwa 4 km vor Tamanrasset beginnt eine Piste, die über Akar Akar gleichfalls zum Assekrem bzw. nach Hirhafok führt (vgl. Strecken Nr. 7/10). Wer nicht *in* Tamanrasset übernachten will, findet hier, ein Stückchen pisteneinwärts, zwischen den glattgeschliffenen Steinblöcken gute Lagerbedingungen. Wegen der Flughafennähe sollte man allerdings sichtgeschützt parken, um keinen Verdacht zu erregen.

Tamanrasset
(Tamenghest; Kurzform: Tam; früher: Fort Laperrine)

Sitz einer Wilaya (Präfektur), Tankstellen (Versorgung manchmal problematisch; tanken Sie deshalb gleich bei Ankunft), Reparaturwerkstätten, Restaurants und Cafés, Hotels, relativ gute Einkaufsmöglichkeit in Geschäften und auf Markt, Bäcker, Apotheke, Krankenhaus, Post, Bank, Busstation (SNTV), Büro der Air Algérie, Flughafen, Versicherungsbüro (SAA), Konsulate der

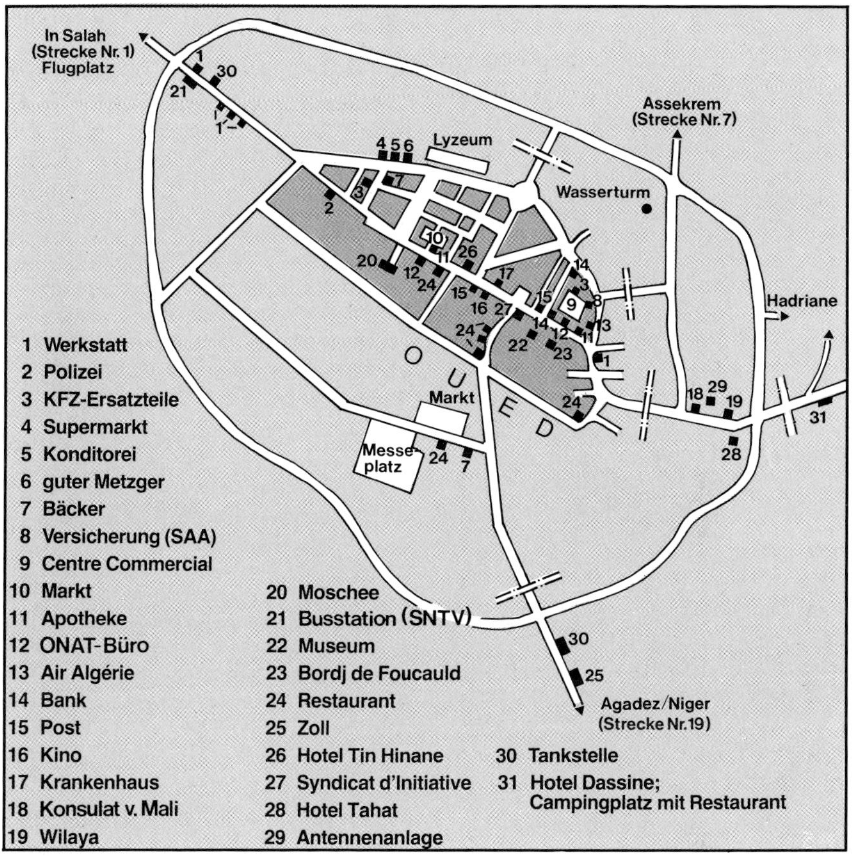

Tamanrasset: Ortsplan

Republiken Mali und Niger. Wasserversorgung häufig problematisch. (Empfehlenswert: Wasser bereits in In Ecker an der Tankstelle bzw. an der Chapuis-Quelle – vgl. Assekrem-Rundfahrt Strecke Nr. 7 – tanken.) Kein Wasser an Tankstellen. Campingplatz mit Restaurant, Wasser und Strohhütten. Wer in ›Tam‹ Brot braucht, sollte sich darum möglichst bald kümmern. Die Bäcker haben ihre Läden meist nur kurzfristig – solange der Vorrat reicht – geöffnet; der Andrang von Käufern ist meist gewaltig und die erforderliche Brotmenge oft nur nach ›heißem Gefecht‹ erhältlich.

Die Bank ist samstags bis mittwochs von 9.00 bis 16.00 Uhr geöffnet.

Meldung in der Wilaya für Reisende nach oder von Djanet. In der Wilaya kann die Verlängerung eines (bei Antragstellung noch nicht abgelaufenen!) Visums beantragt werden; Antragstellung frühestens eine Woche vor Visumablauf. Mehrere Tage Wartezeit hierfür einkalkulieren!

Im ONAT-Büro, im Syndicat d'Initiative und bei privaten Agenturen erhält man Auskünfte und kann Halb- bis Neuntagesfahrten mit Geländewagen und Chauffeur sowie Meharées (Kamelritte) buchen. Preisbeispiele: Geländewagen (Platz für fünf Passagiere) mit Chauffeur für eine Tagesfahrt rund 1200 DA, Dreitagestour inklusive Übernachtung und Verpflegung ca. 1300 DA pro Person (bei fünf Teilnehmern).

Tamanrasset ist die Hauptstadt des Hoggar. Durch seine Höhenlage (etwa 1400 m) herrscht dort im Winter kühles, im Sommer ein angenehm mildes Klima mit Temperaturen, die selten 35 °C überschreiten. Das ›Stadt‹-Leben von Tam spielt sich hauptsächlich auf der breiten, von Tamarisken gesäumten Hauptstraße ab. Zu jeder Tageszeit begegnet man dort zahlreichen Tuareg und fast genau so vielen Uniformierten, die ziellos die Straße auf- und abschlendern.

Tamanrasset hat in den letzten Jahren ein beispielloses Wachstum erfahren und dadurch viel von seinem einstigen Charme verloren. Während zu Foucaulds Zeiten hier nur etwa 20 Strohhütten standen, leben heute in Tam ca. 40 000 Menschen, und das rasche Wachstum geht noch weiter. Die Stadt platzt regelrecht aus allen Nähten.

Im Ort zu besichtigen gibt es das Bordj von Pater Foucauld und ein kleines Saharamuseum, in dem vorwiegend handwerkliche Arbeiten der Tuareg ausgestellt sind (Sättel, Taschen, Teppiche u. ä.). Im Frühjahr (das Datum wechselt) feiert Tam ein großes Hoggarfest mit folkloristischen Darbietungen, im Januar findet eine große afrikanische Messe statt.

Ausflug zum Grab und den Ruinen des Schlosses von Amenokal Moussa ag Amastane: *A) Grab:* Man folgt der Straße vorbei am Campingplatz. Nach ca. 500 m liegt links, etwa 300 m entfernt, das Grab, der braune Marabut. *B) Schloß:* Ca. 200 m vor dem Campingplatz biegt man links ab. Man passiert einen weißen Marabut und findet ca. 400 m weiter die Schloßruinen (vgl. Farbabb. 37) rechts, etwas hinter den Häusern von Hadriane versteckt. Der große Tuaregfürst *(Amenokal)* Moussa ag Amastane (1867–1921) war als Hirte in Armut aufgewachsen. Nachdem er sich bei den *Rezzu,* den räuberischen Feldzügen der Tuareg, besonders ausgezeichnet hatte, wählte man ihn bereits mit 25 Jahren zum Herrscher über die im Hoggar lebenden Tuaregstämme. Moussa war ein Freund des französischen Paters Foucauld und wesentlich am Zustandekommen des Friedensvertrages mit Frankreich (1904) beteiligt (vgl. S. 45). Der Tuaregfürst genoß auch Berühmt-

Das Bordj von Pater Foucauld in Tamanrasset

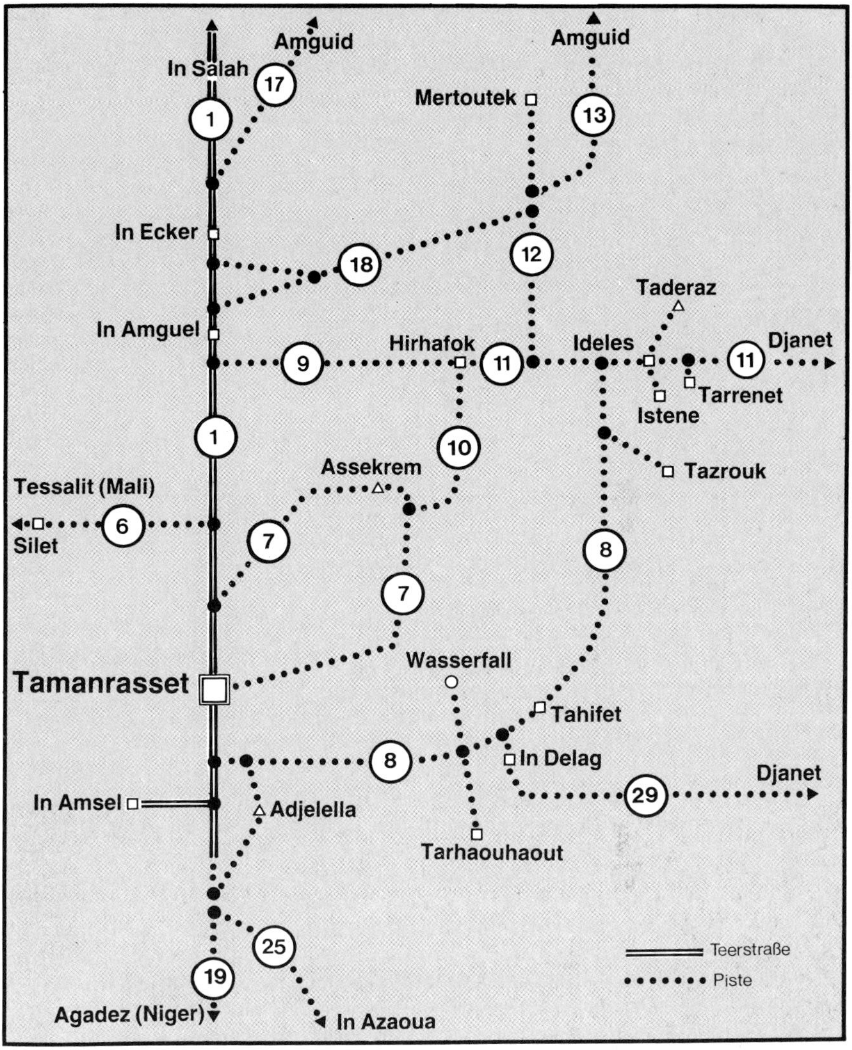

Strecken ab/bis Tamanrasset (mit den Nummern der Streckenbeschreibungen. Detailplan der Assekrem-Rundfahrt vgl. S. 135).

heit als Dichter, ebenso wie seine Kusine Dassine Oult Khemma, die Moussa sehr verehrte und die neben ihm begraben liegt. Dassine galt als die schönste und intelligenteste Frau des Hoggar. Zahlreiche bekannte Tuareg-Gedichte wurden ihr gewidmet.

Ausflug zur Oase Amsel (29 km einfache Strecke): Diese Oase ist recht malerisch gelegen und verfügt über eine Guelta mit vorgelagertem, kleinem Stausee. Als Übernachtungsplatz empfiehlt sich diese Wasserstelle allerdings nur für sehr kinderfreundliche Reisende: Die Guelta liegt nahe am Dorf und ist auch für die vielen Kinder von Amsel – vor allem bei Touristenbesuch – ein beliebter Aufenthaltsort.

Um nach Amsel zu gelangen, fährt man auf der Teerstraße etwa 24 km in Richtung In Guezzam bis zur beschilderten Abzweigung und folgt dieser für ca. 5 km bis zum Ort.

Geländegängige Fahrzeuge können für die Rückfahrt den Spuren in dem schönen, aber stellenweise sehr sandigen Oued in Richtung Nordost folgen. Nach ca. 12 km stößt man dann wieder auf die Teerstraße, die zurück zum 13,5 km entfernten Tamanrasset führt.

Weitere Ausflüge: ›Kleine Hoggarrundfahrt‹ über Assekrem (vgl. Strecke Nr. 7), ›Große Hoggarrundfahrt‹ über Tarhaouhaout, Tahifet und Tazrouk (vgl. Strecke Nr. 8).

Grenzübertritt von bzw. nach Niger oder Mali: Wer nach Niger oder Mali weiterreisen will bzw. aus einem dieser Länder kommt, muß in Tamanrasset zur Zollstelle (zusätzlich zu den Zollformalitäten direkt am Grenzübergang). Einreisende müssen (falls nicht schon an der Grenze geschehen) außerdem den Pflichtumtausch erledigen und die KFZ-Versicherung abschließen. Visa für Mali sind evtl. im malischen Konsulat in Tamanrasset erhältlich.

Strecke Nr. 2

Touggourt – Hassi Messaoud (172 km) – Hassi Bel Guebbour (529 km) – In Amenas (908 km) – El Adeb Larache (1026 km) – Illizi (1155 km) – (Abstecher Iherir) – **Fort Gardel** (1426 km)

1155 km Teerstraße
271 km Piste Kategorie B 1

Allgemeines

Die Strecke ist auf den ersten 1155 km geteert und bis Illizi ohne Schwierigkeiten zu befahren. Die anschließende Pistenstrecke bis Fort Gardel weist wechselnden Charakter auf: ›brutales‹ Wellblech (vgl. S. 289 f.), schnelle Ebenen, holprige Felspisten, einige sandige Passagen. Für diesen Abschnitt sind (ohne Abstecher) ca. drei Fahrtage einzuplanen. Geländegängigkeit des Fahrzeugs ist wünschenswert, aber nicht unbedingt erforderlich. Mit einem technisch einwandfreien, ›hochbeinigen‹ und gut ausgerüsteten Wagen (Schaufeln, Sandbleche, ausreichende Reserven an Treibstoff, Wasser und Proviant) ist diese Strecke durchaus zu bewältigen. Ab In Amenas benötigt man eine Sonderbewilligung für die Fahrt über Illizi nach Djanet.

Der Verkehr zwischen Illizi und Fort Gardel ist äußerst schwach. Obwohl nicht vorgeschrieben, empfiehlt sich Fahren im Geleit unbedingt! Ferner müssen die teilweise langen Etappen ohne Versorgungsmöglichkeit beachtet werden.

Diese ›Strecke der großen Gegensätze‹ führt zunächst durch die hochmodernen Industrie- und Erdölzentren von Hassi Messaoud und In Amenas. Wir passieren Illizi, wo jahrtausendealte Felszeichnungen den Besucher in vorgeschichtliche Zeiten zurückversetzen. An landschaftlichen Reizen verdient vor allem das Gassi Touil Erwähnung, ein breites Dünental zwischen den mächtigen Sandbergen des Grand Erg Oriental, durch das die Straße verläuft. Monoton wirken jene Etappen, die durch die Erdölgebiete führen, imposant dann wieder die mächtigen Dünen des Erg Bourarhet, südlich von In Amenas. Das Plateau Fadnoun hinter Illizi erinnert an eine etwas triste Mondlandschaft; zwischen Illizi und Fort Gardel sind jedoch immer wieder interessante Abstecher möglich. Die Überquerung des Tin-Taradjeli-Passes vermittelt dann einen ersten, wildromantischen Eindruck von den Tassili-Bergen, an deren Ausläufern sich die Piste bis Fort Gardel (und auch weiter bis Djanet) entlangzieht.

Streckenbeschreibung

80 km hinter Touggourt (Ortsbeschreibung vgl. Strecke Nr. 1) zweigt nach Süden die Teerstraße Richtung Hassi Messaoud ab. Die Landschaft wird flach und langweilig. Schon lange vor Erreichen von Hassi Messaoud sieht man die ersten Rauchfahnen am Horizont, später auch die dazugehörigen Erdgasfackeln. Vorsicht beim Fotografieren! Auch solche Industrieanlagen fallen unter das Fotografierverbot. Die Strecke war früher jahrelang für Touristen gesperrt. Bohranlagen unterbrechen die eintönige Landschaft, Rohre und Reste von Förderanlagen und Baracken liegen verstreut im Gelände. Hier befinden sich Algeriens wichtigste Erdölfelder, kontrolliert von der SONATRACH, der staatlichen Erdölgesellschaft. Riesige, überdimensionale Lastwagen dieser Gesellschaft, deren Reifen allein so groß sind wie unsere Autos, begegnen uns auf der Strecke.

Hassi Messaoud

Mehrere Tankstellen, Flughafen mit Büro der Air Algérie, Krankenhaus, Busstation (SNTV). Zur Versorgung mit Lebensmitteln, Wasser etc. muß man ins Quartier Résidentiel, das einzige etwas freundlichere, mit Grünanlagen und einem Schwimmbad aufgelockerte Viertel dieser Stadt, fahren. Dort findet man Läden, Bank, Post, Versicherungsbüro (SAA), einfaches Hotel, Restaurants. Vorsicht beim Fotografieren!

Hassi Messaoud ist eines der wichtigsten algerischen Erdöl- und Erdgaszentren. Seit 1956 strömen hier aus über 3000 m Tiefe die Hauptexportgüter des Landes.

Auf der Weiterfahrt nach Süden passieren wir nach ca. 13 km den Flugplatz von Hassi Messaoud. Bei km 14,5 zweigt nach links eine Teerstraße ab, die über Deb-Deb ebenfalls nach In Amenas führt (vgl. Strecke Nr. 26) und eine interessante Alternative für die hier beschriebene Route darstellt. Etwa 50 km ab Hassi Messaoud tauchen die ersten großen Dünen auf, und im weiteren Verlauf der Strecke durchfahren wir das Gassi Touil, ein bis zu 20 km breites Tal zwischen den Dünenketten des Grand Erg Oriental. Die Dünen hier zählen zu den höchsten Algeriens. Sie bilden grandiose Sandmeere, deren Ausmaß und Faszination man beim bloßen Vorbeifahren nicht mitbekommt, da sie meist einige Kilometer entfernt parallel zur Straße verlaufen. Meist läßt es der Untergrund zu, daß man die Straße verläßt und hinüberfährt. Schon nach wenigen Umrundungen der vordersten Dünenausläufer ist man außer Sicht der Straße und findet nun zwischen den einzelnen hoch aufragenden Sandbergen die malerischsten Lagerstellen. Anhand der eigenen Wagenspuren im Sand findet man auch nach ausgiebiger Kurverei immer wieder zurück auf die Straße. Mehrmals rücken die Dünen und damit schnell erreichbare Lagerplätze näher an die Straße heran (z. B. ca. 275, 105, 30 und 10 km vor Hassi Bel Guebbour). Stellenweise schwere Straßenschäden; Tankstelle etwa 150 km ab Hassi Messaoud.

Hassi Bel Guebbour

Tankstelle, Wasser, Barackensiedlung, Restaurant. Hier zweigen die Routen ab nach Tamanrasset über Amguid und In Ecker (vgl. Strecken Nr. 14/17) und über Fort Miribel nach El Golea (vgl. Strecke Nr. 27). Sollte die Wasserversorgung hier nicht klappen, folgen Sie der Straße in Richtung Bordj Omar Driss/Amguid. Nach ca. 2 km finden Sie rechts in einem Schilfdickicht einen artesischen Brunnen, der warmes, leicht schwefelhaltiges Wasser liefert.

Erdgasfackel bei Hassi Messaoud

Für die Weiterfahrt gibt es nun zwei Möglichkeiten: entweder die Normalroute auf der Hauptstraße oder eine Alternativstrecke (über Bordj Omar Driss und das Djoua-Tal nach Tin Fouye, s. u.).

Normalroute: Die folgende Landschaft entlang der Hauptstraße wirkt wie eine riesige Baustelle, auf der die Planierraupe noch nicht überall aufgeräumt hat. Die Schutthaufen, der aufgekratzte Boden, die krümeligen Hügel sind alles andere als schön. Stellenweise schwere Straßenschäden. Etwa 18 km ab Hassi Bel Guebbour passieren wir eine verdreckte, moskitoverseuchte Wasserstelle (rechts, ein Stück abseits), aus der sauberes, leicht schwefelhaltiges, warmes Wasser strömt. Etwa bei km 60 zweigt links eine Zufahrt ab zum etwa 2 km entfernten Brunnen **Hassi Tabankort,** der ebenfalls warmes, leicht schwefelhaltiges Wasser liefert.

Auf der weiteren Strecke tut sich nicht besonders viel. Man überquert gelegentlich ein Oued, dessen grüne Vegetationsstreifen in dieser sonst recht tristen Gegend dem Auge guttun. Weit links tauchen Tafelberge auf, ein Bohrturm ragt hin und wieder aus dem Gelände, Erdgasfackeln werden sichtbar. Etwa bei km 97 mündet von rechts die über Bordj Omar Driss führende Alternativroute ein.

Alternativroute von Hassi Bel Guebbour über Bordj Omar Driss und das Djoua-Tal nach Tin Fouye: Die Wahl dieser Route, teils auf Teerstraße, teils auf Piste, bedeutet zwar einen Umweg von reichlich 50 km, doch wird man – speziell auf der zweiten Hälfte – durch eindrucksvolle Landschaft entschädigt. Geländegängigkeit des Fahrzeugs ist nicht erforderlich. Wir verlassen Hassi Bel Guebbour auf der nach Süden führenden Teerstraße (Richtung Bordj Omar Driss/Amguid), folgen dieser bis zur Wegkreuzung ›Les 4 chemins‹ bei km 69 (hier zweigt nach Westen die Amguid-Piste ab; vgl. Strecke Nr. 14) und dann weiter geradeaus. Gleich darauf erreichen wir den spektakulären

Abbruch des Tinrhert-Plateaus (faszinierender Ausblick, Fossilien). Steil geht es hinab in die ca. 100 m tiefer gelegene Ebene, und bei km 81 erreichen wir **Bordj Omar Driss** (früher Fort Flatters, auch Zaouia el Kahla), eine weiträumige Oase mit viel militärischem Drumherum und sehr beschränkten Versorgungsmöglichkeiten (Bäcker, Wasser, Post, Café, Übernachtungsmöglichkeit in einfachen Zeribas). Sehenswert ist die jenseits des Ortes inmitten der Dünen gelegene, gut erhaltene ehemalige Franzosenfestung Fort Flatters (zu erreichen auf sehr sandiger Piste 2 km außerhalb des Ortes. Zutritt nur unter Begleitung des offiziellen Wächters gestattet).

Für die Weiterfahrt nach Tin Fouye verlassen wir Bordj Omar Driss (= km 000) auf unserer Zufahrtsroute in Richtung Norden. Nach knapp 2 km verlassen wir diese nach rechts (Ost) und folgen einer anfänglich durch einen Müllplatz verlaufenden Piste. Auf der folgenden Strecke durch das Djoua-Tal begleiten uns linker Hand der schroffe Abbruch des Tinrhert-Plateaus, rechter Hand die Dünen des Erg Issaouane.

Im weiteren Verlauf geht es kilometerweit immer wieder zwischen kurios geformten, freistehenden Erdhügeln hindurch, häufig bewachsen mit Tamarisken, oft von Dünen halb zugeweht – eine eigenartige, faszinierende Kulisse. Nach ca. 26 km wechselt die Landschaft. In flotter Fahrt überqueren wir mehrere weite Schwemmtonebenen, die während und nach Regenfällen u. U. unpassierbar sein können. Die Piste windet sich dann kurvenreich zwischen den freistehenden Zeugenbergen hindurch und steigt durch tiefe Felseinschnitte hinauf auf das Tinrhert-Plateau, das wir bei km 62 erreichen. An der dortigen Gabelung halten wir uns rechts und rumpeln weitere 16 km bis hinüber zur Teerstraße, auf die wir 14 km westlich der Bohrstelle von Tin Fouye stoßen. Wer diese Alternativroute in Gegenrichtung befahren will, findet den Beginn der mit ›Bordj Omar Driss/Fort Flatters 78 km‹ beschilderten Piste 2 km westlich des Straßenschildes ›Ohanet 150 km/Ouargla 540 km.‹

Die Teerstraße verläuft nun nach Osten und passiert bei km 111 die Bohrstelle von Tin Fouye. Die Landschaft erscheint nahezu völlig eben; dabei verläuft sie über viele Kilometer in unmittelbarer Nähe parallel zum eindrucksvollen, tiefen Abbruch des Tinrhert-Plateaus. Von der Straße aus kann man den Abbruch nur erahnen. Fahren Sie deshalb unbedingt irgendwo, wo die Entfernung zum Abbruch nicht zu groß ist (z. B. ca. 70 oder 61 km vor Ohanet), einfach quer durchs Gelände nach Süden. Nach wenigen Minuten schon bietet sich ein eindrucksvoller, weiter Blick über die Djoua-Senke hinaus zu den Dünen des Erg Issaouane. Wir fanden mehrere Stellen, an denen man mühelos hinunterklettern konnte, wobei uns die interessanten, mehrfarbigen und wabenartig gemusterten Gesteinsschichten und die Vielfalt der herumliegenden Steine auffielen. Ein Raubvogelnest, greifbar nahe in einer Felsnische, verdeutlichte, daß dorthin wohl nur selten Besucher kommen.

Man erreicht schließlich ca. 257 km ab Hassi Bel Guebbour die beschilderte Abzweigung zur links drüben liegenden **Base Ohanet,** erkennbar an einigen Bäumen und großen Tanks (Tankstelle im Bau; sonst keine Versorgungsmöglichkeit).

Weiter geht es durch monotones Gelände. Etwa 51 km nach Ohanet mündet von Norden her die von Hassi Messaoud über Deb-Deb führende Teerstraße ein (vgl. Strecke Nr. 26). Wir biegen ab nach Süden und erreichen 8 km danach die ›Saut du Mouflon‹, den ›Mufflonsprung‹ (grandioser Ausblick). Hier muß die Straße in steilem Gefälle den Plateauabbruch des Tinrhert überwinden. Vorsicht beim Fotografieren oberhalb des Abbruchs in Sichtweite der Funkanlagen!

In Amenas

Tankstelle, Post, Reparaturwerkstatt, Krankenhaus, Flugplatz mit Büro der Air Algérie, sehr beschränkte Einkaufsmöglichkeiten, Wasser.

Meldung bei der Daira (in ›Zone Résidentiel‹, abseits der Hauptstraße gelegen; bei Tankstelle nach Osten fahren) für die schriftliche Genehmigung zur Weiterfahrt erforderlich; man bekommt sonst in Djanet, even-

tuell sogar schon in Illizi, Ärger. In Amenas, ein wichtiges Erdölzentrum, erinnert in der Art seiner Anlage an Hassi Messaoud, ist allerdings bedeutend kleiner. Viel unübersichtliches Industriegelände mit spärlicher Markierung, verschiedene, separat liegende Ortsteile.

Gleich nach Verlassen von In Amenas geht es durch ein kleines Dünengelände mit hübschen Rastmöglichkeiten etwas abseits der Straße. **Achtung:** Zwischen In Amenas und El Adeb Larache ist wegen der Nähe der Bohrfelder und einer damit verbundenen eventuellen Spionage- oder gar Sabotagegefahr nach offizieller, polizeilicher Auskunft das nächtliche Campieren untersagt. Vorbei an verschiedenen Bohrstationen erreicht man nach ca. 60 km die mächtigen, bis zu 200 m hohen Sandberge des Erg Bourarhet, die gleich neben der Straße aufsteigen. Schließlich führt die Straße noch ein Stückchen direkt durch den westlichsten Ergausläufer (den man auch auf einer Piste umfahren kann, z. B. zwecks Suche eines Lagerplatzes). 118 km ab In Amenas erreichen wir El Adeb Larache.

El Adeb Larache

Einige Verwaltungsbauten und Bohrtürme im Camp abseits der Straße. Keine Versorgungsmöglichkeit außer eventuell Wasser im Camp.

Ca. 63 km ab El Adeb Larache erreichen wir das Oued Issaouane. Hübsche, kleine Dünen und endlich wieder grüne Büsche tun dem Auge wohl. Knapp 6 km weiter zweigt nach Osten eine Piste ab, ebenso wie an einem großen, gemauerten Markierungsstein bei km 73. Diese hier beginnende Route zum Fort Tarat an der libyschen Grenze bzw. nach Serdeles und Ghat in Libyen darf von Touristen z. Z. nicht befahren werden. Das vom Markierungsstein aus im Osten (ca. 2 km Entfernung) sichtbare Fort Issenndjel ist vom Militär besetzt und deshalb ebenfalls nicht zugänglich.

Etwa 121 km ab El Adeb Larache führt nach rechts die Zufahrt zum Flugplatz von Illizi. Wir fahren nochmals durch ein kleines Dünengelände hindurch und erreichen schließlich bei km 129 den aufstrebenden Ort Illizi.

Illizi (früher: Fort de Polignac)

Sitz einer Wilaya (Präfektur), Tankstelle (letzte Tankmöglichkeit vor Djanet). Wasser, Restaurants, kein Hotel (Unterkunftsmöglichkeit in der Agentur Mezrirene), Artisanat, Apotheke, Krankenhaus; beschränkte Einkaufsmöglichkeiten, Bäcker, Post, Büro der Air Algérie, Zollstation, Polizeistation (mit Kontrollen von Paß, Fahrzeug, Devisen und Fahrgenehmigung aus In Amenas bzw. Djanet muß gerechnet werden).

Illizi, ein ehemaliger Stützpunkt der französischen Meharisten (Wüstenpolizei), war bislang ein kleines, unbedeutendes Städtchen. Doch seitdem ihm die Ehre zuteil wurde, eine Wilaya zu beherbergen, entwickelt sich Illizi rasant zu einem wichtigen Verwaltungszentrum (mit allen positiven und negativen Begleiterscheinungen). Berühmt und für Touristen von großem Interesse ist Illizi wegen seiner Felsbilder (vgl. S. 68/69), die allerdings nicht auf eigene Faust, d. h. ohne Führer und mit eigenem Wagen, besucht werden dürfen. Das Fremdenverkehrsbüro ›Mezrirene‹ organisiert Meharées (Kamelritte) dorthin sowie verschiedene Geländewagentouren in die weitere Umgebung.

Ausflug zu den Felsbildern im Oued Djerat: Für diese interessante und schöne Tour (Führerzwang) müssen bis zu neun Tage eingeplant werden, da sich Tausende von Felsbildern über viele Kilometer in dem 15 km von Illizi beginnenden Oued hinziehen. Neben den zum Teil außergewöhnlich schönen und großflächigen Darstellungen (in einer Felsnische sind z. B. auf

›Wellblech‹-Piste bei Illizi. Als ›Wellblech‹ bezeichnet man regelmäßige, wellenförmige Querrinnen im harten Untergrund, die das Pistenfahren zu einer wahren Tortur machen können.

einer Fläche von ca. 100 qm Giraffen abgebildet, von denen die größte 8 m mißt!) werden auch die Schönheit und Eigenart dieses abgelegenen Felstals mit Palmenhainen und Gueltas den Kamelritt zu einem unvergeßlichen Erlebnis machen. Tageskosten einer Meharée ohne Verpflegung (Stand 1987): Führer DA 170, Kameltreiber DA 150, Kamel DA 160. Unabhängig von der Teilnehmerzahl ist ein Führer vorgeschrieben sowie für jeweils drei Teilnehmer ein Kameltreiber. Preisbeispiel: Für sechs Teilnehmer errechnen sich pro Tag Kosten von DA 1910 (ein Führer, zwei Kameltreiber, neun Kamele). Für Verpflegung (auf Wunsch) werden zusätzlich DA 150 pro Person und Tag berechnet.

Andere organisierte Ausflüge: Für Ausflüge mit Zielen nach eigenem Wunsch können im Verkehrsbüro Geländewagen (Platz für vier Passagiere) mit Chauffeur zu einem Tagessatz von DA 1300 gemietet werden. Außerdem sind verschiedene Rundfahrten (bis zu 15 Tage), teilweise kombiniert mit Kamelritten, zu interessanten und ausgefallenen Zielen im Angebot. Es empfiehlt sich, schriftlich im voraus zu buchen bei: Agence Touristique ›Mezrirene‹, Illizi, Wilaya d'Illizi, Algérie (Tel. 73 16 19).

Piste Illizi-Djanet über Tarat: Die Piste, die von Illizi zunächst nach Osten und dann südlich über Fort Tarat nach Djanet führt, ist für Touristen verboten. Da sie zu nahe an der libyschen Grenze verläuft, gilt sie als militärisches Sperrgebiet!

Füllen Sie vor Verlassen Illizis nochmals Ihre Treibstofftanks randvoll. Die nächste Tankmöglichkeit bietet sich erst wieder in Djanet (410 km) oder (unsicher) in Ideles (606 km).

Ab Illizi wird es ernst, denn die weitere Strecke bis Djanet muß auf z. T. schauerlicher Piste bewältigt werden.

Wir verlassen Illizi in südlicher Richtung (Schild ›Djanet 412 km‹). Die ersten paar hundert Meter sind gelegentlich versandet. Reichlich 2 km außerhalb zweigt die ›Gräberpiste‹ ab, die vorbei am Brunnen Ain el Hadjadj hinüber nach Amguid führt (vgl. Strecke Nr. 28). Nun folgt eine Wellblechpiste. Die kurvenreiche Strecke führt im weiteren Verlauf über das Plateau Fadnoun. Hügel hinter Hügel aus schwarzem, grobem Geröll, einige ausgewaschene Gräben, wenige Sandstellen, fast keine Vegetation – eine wahre Mondlandschaft. Orientierungsschwierigkeiten gibt es hier nicht, nicht einmal die Möglichkeit, durch Abseitsfahren das entnervende Wellblech zu vermeiden. Gazellen kann man in dieser Steinwüste entdecken, eine Art Murmeltiere (sehr scheu), Kaninchen und recht korpulente Eidechsen. Etwa 130 km nach dem Verlassen von Illizi stehen wir vor einem eindrucksvollen Felsabbruch, den wir auf einer steilen Abfahrt überwinden müssen.

Abstecher zum Oued Tadjeradjeri: Gleich nach Erreichen der Ebene (ca. km 137) zweigt rechts eine Piste ab. Wenn wir dieser einige Kilometer folgen, so kommen wir ganz nahe an das Oued heran, z. B. nach ca. 7,5 und 10 km. Dort lohnt es sich, den Wagen zu verlassen und die wenigen hundert Meter südlich über die steinübersäte Ebene bis zum gewaltigen, cañonartigen Abbruch des Oued Tadjeradjeri zu gehen. Mit einiger Vorsicht kann man hier zum vegetationsreichen Talgrund hinabsteigen.

Gleich darauf erreichen wir eine Gruppe markanter Felstürme zu beiden Seiten der Piste, daneben grüne Büsche – für diese Gegend ein sehr romantisches Lagerplätzchen. Nach ca. 172 km zweigt rechts eine sehr selten befahrene Piste ab, die nach etwa 110 km auf die von Fort Gardel nach Amguid führende Piste stößt (vgl. Strecke Nr. 16). Etwa bei km 194, wo die Piste ein Trockenflußbett durchquert, liegt links, einige Meter abseits der Piste in einem tiefen Felseinschnitt versteckt, eine wunderschöne Guelta, umsäumt von Oleanderbüschen. Verläßt man hier die Piste und folgt zu Fuß dem Flußbett nach rechts, so findet man in den Felsen ebenfalls sehr schöne, ausgewaschene Becken, die von gelegentlich hier tätigen Wasserkräften zeugen. Wer jedoch zur obigen Guelta hinabsteigen will, fahre auf der Piste ca. 1 km zurück und steige von dort aus ins Tal, an dessen Ende das romantische Wasserbecken liegt.

Abstecher nach Iherir: Etwa 211 km ab Illizi zweigt linkerhand eine Piste nach Iherir ab (25 km). Diese gehörte einst mit zu dem Schwierigsten, was die algerische Sahara zu bieten hatte, da sie durch tiefe, ausgewaschene Gräben und über brutale Geröllfelder mit z. T. mörderischem Gefälle führte, besonders auf den letzten Kilometern. 1986 hat man die Piste jedoch sehr gut präpariert, so daß sie derzeit auch von nicht geländegängigen Fahrzeugen befahren werden kann. Allerdings kann sich der Pistenzustand, bedingt durch gelegentliche Regenfälle, schnell ändern. Gewissermaßen über Nacht können tiefe Gräben gerissen, ja ganze Pistenabschnitte weggespült werden.

Ein Besuch der versteckten und wunderschön gelegenen Oase Iherir (keine Versorgungsmöglichkeit außer Wasser) lohnt sich besonders wegen der malerischen Gueltakette, die sich hinter dem Dorf kilometerweit zwischen Felsschluchten hindurchzieht, und wegen der am Talende entdeckten Felsmalereien. Das Dorfoberhaupt ist recht geschäftstüchtig. Wer in oder in Sichtweite der Oase übernachtet, muß u. U. für die Übernachtung bezahlen (ca. DA 5 pro Person). Eine Wanderung zu den Gueltas (aber auch einen Spaziergang durch den Ort) läßt er im allgemeinen nur gegen Bezahlung und mit Führer zu. Fotografieren ist möglich, Filmen verboten. Vielleicht handelt es sich dabei nicht um feste, sondern nur um willkürliche Bestimmungen. Vielleicht empfiehlt es sich auch, eine eventuell mitgeführte Filmkamera bei den Verhandlungen unerwähnt zu lassen und sie dann erst während der Gueltawanderung auszupacken. Die Führer selbst sind freundlich, sprechen aber kaum Französisch.

Für die Wanderung muß man einen vollen Tag einplanen (Fußmarsch von gut 25 km). Eine abgekürzte Tour ist zwar möglich, doch versäumt man dann die hübschen Felsmalereien, die in der hintersten Ecke des Tales oben in den Felsen zu sehen sind. Der Weg dorthin wirkt landschaftlich faszinierend. Auf griffigem, festem Felsboden folgt man einem fast ununterbrochenen Wasserlauf, der sich immer wieder zu Becken erweitert, in kleinen Wasserfällen über die Felsschwellen fließt, sich dann wieder einen Weg durch dichtes Schilf bahnt und zwischendurch auch unter den Felsen verschwindet. Oleanderbüsche, Schilfdickicht und Palmen umgeben dieses ungewohnt üppige Wasserparadies.

Nach etwa fünf Stunden – wobei die Führer ein sehr gemächliches Tempo vorlegen – kommt am Talende ein kleines Dorf in Sicht, dessen schilfgedeckte Hütten an Schwarzafrika erinnern. Dahinter folgt noch eine kleine Kletterei hoch zu den sehr eindrucksvollen und gut erhaltenen Felsmalereien: Giraffen, Hirtenszenen, aber auch Pferde mit Wagen und Kamele, also Malereien aus verschiedenen Epochen. Durch dichtes Schilfgewächs und einen Palmengarten erreicht man auf dem Rückweg wieder das kleine Dorf. Freundliche, zurückhaltende Bewohner. Bei unserem Besuch wurden wir zum Tee eingeladen und bekamen sogar einen Topf mit einer Art Brotpudding vorgesetzt.

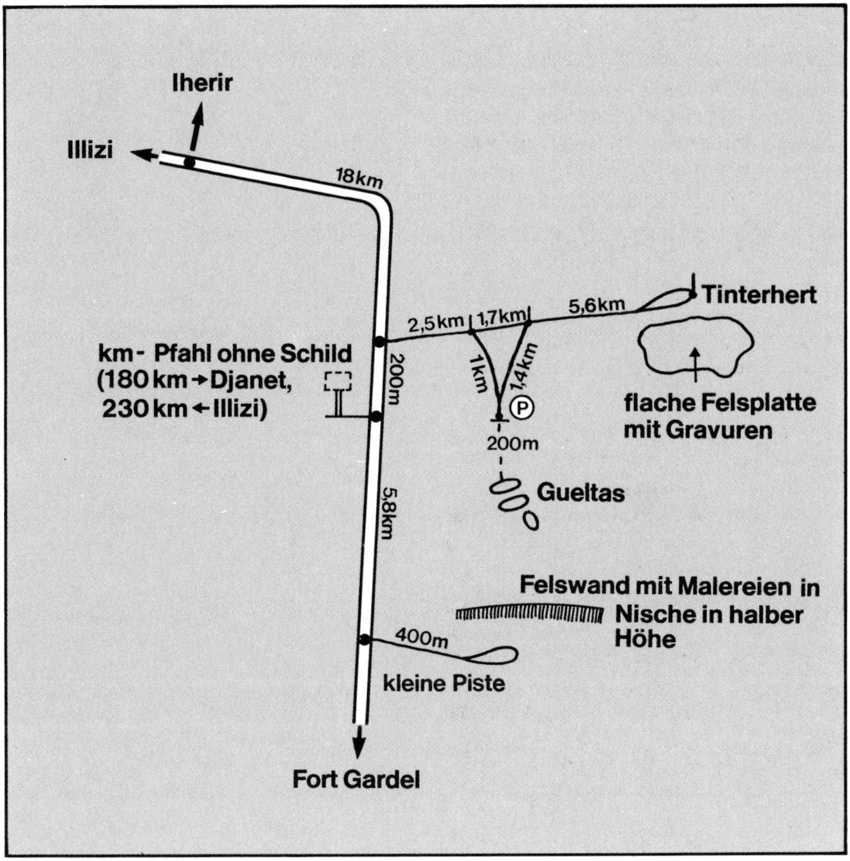

Zwischen Illizi und Fort Gardel: Abstecher nach Tinterhert

Folgt man weiter der Hauptpiste nach Djanet, so biegt ca. 18 km nach der Iherir-Abzweigung (bzw. 200 m vor einem Markierungspfahl, an dem das Schild ›180 km bis Djanet, 230 km bis Illizi‹ hängen sollte, aber nicht mehr hängt) eine kleine Piste nach links ab.

Abstecher nach Tinterhert: (dieser Ausflug ist offiziell nur noch mit Bewilligung und Führer erlaubt, die man in Fort Gardel bzw. in Djanet erhält.) Nach 2,5 km gabelt sich die von der Hauptroute abzweigende Piste. Die rechten Spuren führen 1 km weiter zu mehreren übereinanderliegenden Gueltas (vgl. Farbabb. 27), die linken enden nach weiteren 7,3 km vor einem felsigen Gelände. Wir befinden uns in Tinterhert. Nur wenige Meter von der Stelle

Eine der berühmten Felsgravuren von Tinterhert, die zweifellos zu den schönsten in der Sahara zählen und deshalb einen Besuch unbedingt lohnen

entfernt, an der die Spuren in einem Bogen wieder zurückführen, finden wir rechts auf einer schrägen Felsplatte phantastische Felsgravuren. Sie zählen zu den schönsten der Sahara und sind besonders gut im flachen Abendlicht zu erkennen (und zu fotografieren). Die tief eingeritzten Motive zeigen Giraffen, Antilopen, Strauße, menschliche Figuren und vor allem die berühmte große ›Kuh von Tinterhert‹ mit ihrem lockigen Fell und einer Länge von etwa fünf Metern (vgl. Abb. S. 67). Leider haben gedankenlose und unvernünftige Besucher an diesen Gravuren schon einigen Schaden angerichtet!

Die Hauptpiste führt nun hinein in eine phantastische Felslandschaft. Wie Burgen oder Festungsruinen thronen massive Gesteinsaufbauten auf den Kuppen großer Geröllhügel. Sogar Zinnen und Türme vermeint man in den Silhouetten dieser Bergschlösser zu erkennen. Andere Felsen ragen wie mahnende Finger in den Himmel – eine wilde Gegend, in der neben Hasen sicher noch allerlei andere wilde Tiere aufzuspüren sind.

6 km nach der erwähnten Abstechergabelung zweigt links eine kleine Piste ab, die nach etwa 400 m zum Fuß einer Felswand mit einer langgezogenen Felsnische wenige Meter über dem Boden führt. In diesen Überhängen finden sich ein paar undeutliche Felsmalereien aus der Rinderepoche (vgl. S. 67).

Etwa 240 km ab Illizi erreicht die Piste den 1200 m hoch gelegenen Tin-Taradjeli-Paß. Auch hier wieder geheimnisvoll wirkende und bizarr geformte Felsen, die in vielen Schichten hintereinander liegen. Der Reiz dieser phantastischen Berglandschaft des Tassili n'Ajjer läßt die Monotonie des hinter uns liegenden Fadnoun-Plateaus bald vergessen; ideale Rast- und Übernachtungsplätze.

Bevor die Piste in steilen Windungen ca. 200 m hinunter in die sandige und staubige Talebene führt, genießen wir nochmals einen überwältigenden Ausblick. Bei km 271 schließlich erreichen wir die Hütten von Fort Gardel (vgl. Strecke Nr. 11).

Strecke Nr. 3 (Tanezrouft-Piste)

Adrar – Reggane (150 km) – Bordj Moktar (789 km) – Tessalit/Mali (942 km) – **Gao**/Mali (1439 km)

150 km Teerstraße
1289 km Piste Kategorie B 2

Allgemeines

Die Tanezrouft-Piste – für Saharafreunde ein geradezu magischer Name – hat einen Teil ihres einstigen Schreckens verloren. Zumindest auf algerischer Seite ist der ›Nervenkitzel‹ ziemlich dahin, seit der Streckenverlauf bis Bordj Moktar alle 5 km durch hohe, von Solarzellen gekrönte Lichtmasten gekennzeichnet wird. Da diese Masten bei normalen Sichtverhältnissen weithin zu sehen sind, gestaltet sich die Routenfindung ziemlich problemlos. Bei widrigen Sichtverhältnissen ist dagegen nach wie vor höchste Konzentration erforderlich, denn in der weiten, strukturlosen Tanezrouft-Ebene fächern sich die Spuren oft weit aus, wodurch man u. U. unbemerkt seitlich abdriftet. Um dies zu vermeiden, halte man sich konsequent an die Hauptpiste, die meist an mäßiger Wellblechbildung zu erkennen ist.

Die lange Tanezrouft-Strecke muß nach wie vor sehr ernst genommen werden; man sollte sie – vom geteerten Teilstück zwischen Adrar und Reggane abgesehen – im Geleit befahren, selbst wenn keine entsprechende Vorschrift mehr besteht.

Bis etwa 375 km hinter Reggane kann die Piste ziemlich flott befahren werden, da es bretteben über die unendlich erscheinende Tanezrouft-Ebene geht. Dann wechseln sandige, felsige und z. T. ziemlich wellige Abschnitte einander ab. Dennoch ist die Piste auch für nicht geländegängige Fahrzeuge mit entsprechender Vorsicht und guter Ausrüstung (Sandbleche, Schaufeln) befahrbar. Vorsicht jedoch während des Sommers (Juni bis September): Der südliche Teil der Strecke (in Mali) kann in der Regenzeit schwierig, zeitweise sogar unpassierbar werden!

Gesamtfahrzeit: 5–7 Tage (je nach Fahrzeugtyp).

Nach wie vor problematisch ist die Treibstoffversorgung. Inzwischen gibt es zwar eine Tankstelle in Bordj Moktar, wodurch sich die längste Strecke ohne Tankmöglichkeit von ursprünglich ca. 1300 km auf die Hälfte reduziert hat. Doch verlassen sollte man sich auf diese Tankstelle besser nicht: Zeitweise ist überhaupt kein Treibstoff vorhanden oder dieser wird nur in begrenzter Menge abgegeben, z. B. nur eine Haupttank- und keine Kanisterfüllung, nur für maximal 50 Dinar pro Person (= die erlaubte Ein- bzw. Ausfuhrsumme). Auf die dubiose Treibstoffquelle in Tessalit ist auch kein Verlaß. Deshalb sollte sicherheitshalber spätestens in Reggane genügend für die gesamte Strecke bis Gao getankt werden. Zwar ist auch in Gao die Treibstoffversorgung oft problematisch, doch läßt sich's dort zumindest angenehmer warten als irgendwo unterwegs auf der Strecke.

Wasser kann man eventuell in Bordj Moktar und in Tessalit nachfüllen. Auf Versorgung bei dem kleinen Café oder aus dem Wasserreservoir ca. 200 bzw. 400 km hinter Reggane sollte man sich keinesfalls verlassen.

Wichtig: Alle über die Tanezrouft-Piste nach Mali Reisenden müssen sich in *Adrar* beim *Zoll* abmelden. Die Zollabfertigung in der Grenzstation von Bordj Moktar allein ist nicht ausreichend!

Zur *Einreise nach Mali* sind ein gültiger Reisepaß mit Einreisevisum und ein internationaler Impfnachweis für Gelbfieber erforderlich. Ein Kfz-Carnet ist offiziell noch immer vorgeschrieben; in der Praxis reicht aber erfahrungsgemäß ein ›Laissez-Passer‹ aus, das an der Grenze ausgestellt wird. Kfz-Haftpflichtversicherung ist obligatorisch. Meldepflichten vgl. Streckenbeschreibung; zum Fotografieren ist keine Genehmigung mehr erforderlich.

Die Tanezrouft-Piste (Tanezrouft = ›Land des Durstes‹) stellt heute die günstigste

Auf der Tanezrouft-Piste

und schnellste Verbindung zwischen Algerien und Mali dar. (Seit Fertigstellung der Teerstraße In Salah – Tamanrasset hat allerdings auch die Strecke Tamanrasset – Tessalit an Bedeutung gewonnen; vgl. Strecke Nr. 6.) Die früher von Algerien nach Mali führenden Karawanenpfade folgten einer viel weiter östlich gelegenen Trasse, die über die Wasserstellen von Ouallene, In Ziza, Timissao (vgl. Strecke Nr. 6), In Azaoua und Tirek führte und dann langsam in südwestlicher Richtung über Timiaouine und durch die Ausläufer des Iforas-Gebirges nach Tessalit bzw. Kidal abbog. Es wird berichtet, daß sich Anfang des 19. Jhs. eine aus ca. 2000 Mann und 1800 Kamelen bestehende Salzkarawane auf dieser Strecke verirrte; die Leichen wurden lange Zeit später, durch die Sonneneinstrahlung völlig mumifiziert, gefunden.

Streckenbeschreibung

Adrar

Sitz einer Wilaya (Präfektur); Tankstellen, Banken, Post, Markt, Bäcker, Hotels, Restaurants, Krankenhaus, Busstation (SNTV), Büro der Air Algérie, Versicherungsbüro (SAA), Flugplatz. Letzte sichere Versorgungsmöglichkeit. ***Reisende von oder nach Mali müssen sich beim Zoll*** *(südlicher Ortsausgang) zwecks Paß-, Fahrzeug- und Devisenkontrolle* ***melden.***

Adrar wirkt recht großstädtisch, bietet relativ gute Versorgungsmöglichkeiten (besonders Gemüse), ist touristisch jedoch uninteressant. Auch Adrar zählt (wie In Salah und Timimoun) zu den ›Roten Städten‹, eine Bezeichnung, die auf den roten Lehm zurückzuführen ist, aus dem viele der Häuser im sudanesischen Stil (vgl. S. 100) gebaut sind. Zwar entdeckt man auch hier einige recht hübsche Fassaden und Mauerverzierungen, doch kann Adrar nicht mit den anderen beiden Städten, vor allem nicht mit Timimoun, konkurrieren.

Im April jeden Jahres wird das ›Fest der Tomate‹ mit folkloristischen Darbietungen gefeiert. Tomaten findet man ab ca. Mitte Februar auf dem Markt.

Adrar ist die Hauptstadt der Touat-Oasen, die sich nach Süden hin bis Reggane entlang dem Oued Messaoud erstrecken. Be-

Sudanesischer Baustil in Adrar

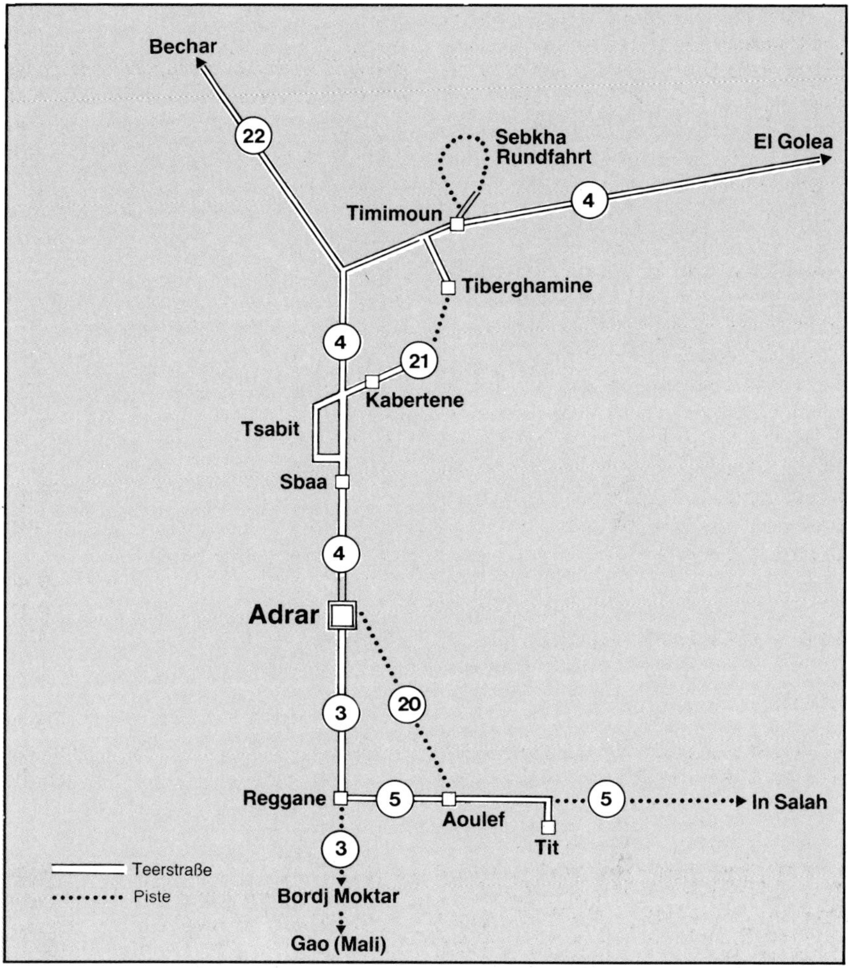

Strecken ab/bis Adrar (mit den Nummern der Streckenbeschreibungen)

vor die Asphaltstraße zwischen Adrar und Reggane fertiggestellt wurde, führte eine Piste ziemlich nahe an den kleinen Oasenorten vorbei. Jetzt, von der Teerstraße aus, führen jeweils beschilderte Abzweigungen nach rechts zu den meist etwas versteckt gelegenen Dörfern und Palmenhainen. Einigen Kindern dieser Dörfer hat die Teerstraße zu einem neuen Zeitvertreib verholfen: Sie zielen mit Steinen auf vorüberfahrende Autos. Auf der Strecke zwischen Adrar und Reggane gibt es zwei Tankstellen.

Touat-Tal

Im Mittelalter war das Touat-Tal eine der reichsten Gegenden der Sahara. Noch im 15. Jh. soll es mehr als 150 Dörfer entlang dem fruchtbaren Palmental gegeben haben. Die großen Karawanen zogen auf ihrem Weg von Nord nach Süd und umgekehrt durch dieses Tal, dessen Bewohner dadurch mit vom Karawanenhandel profitierten. Die nach Süden wandernden Karawanen stärkten sich hier ein letztes Mal vor der langen Durst-

strecke; die vom Süden kommenden Händler konnten sich im Touat-Tal erstmals von den langen Strapazen des Marsches erholen.

Die Maulwurfshügel, die in dieser Landschaft immer wieder auffallen, sind die Luft- und Einstiegsschächte von Foggaras, unterirdische Systeme von Bewässerungskanälen (vgl. S. 36).

Interessant an den Touat-Oasen ist die Bauweise ihrer Dörfer. Viele davon sind im Stil der marokkanischen Kasbahs errichtet: Die Häuser bestehen aus Lehm und schließen unmittelbar aneinander an. Überdachte, dunkle Gänge verbinden die einzelnen Häuser oder Wohnungen, rechts und links gehen Türen (mit Hausnummern!) ab, und das Ganze wird nochmals von einer dicken Stadtmauer umgeben. Wer dieses Labyrinth durchwandern will, sollte sich u. U. einen Führer nehmen. Die Gänge verlaufen in Windungen, nur selten fällt von oben Licht in die ›Straßen‹. Hin und wieder kommt man auf einen freien Platz, der aber auch von Mauern umgeben ist und von dem aus neue Gänge in andere Richtungen abgehen. In kaum einem Dorf fehlt der schneeweiße Marabut, das Grabmal eines in der Region verehrten Heiligen, das als eine Art Moschee-Ersatz dient (vgl. S. 61). Zum Talboden hin dehnen sich dann die Palmenhaine aus.

In einem dieser Dörfer lud man uns einst zum Essen ein. Es war interessant, auch einmal das Innere eines solchen Hauses sehen zu dürfen. Wir saßen in der ›Wohnstube‹, einem großen, niedrigen Raum, auf dem Teppich. Möbel irgendwelcher Art waren nicht vorhanden, nur einige Mauervorsprünge und Nischen, auf denen diverser Hausrat lag. Eine moderne Campinggaslampe ersetzte das elektrische Licht. In der Küche hörten wir die Hausfrau hantieren – allerdings bekamen wir weder Küche noch die Frau zu Gesicht. In einer Ecke bereitete der Hausherr auf einem kleinen Gaskocher den Tee, und er holte auch aus der Küche das Essen ab: Kuskus auf einer großen Gemeinschaftsplatte, eine extra Platte mit gemischtem Salat und einen Topf mit Wasser, der reihum ging. Wen es interessiert: die Toilette befand sich oben auf dem Flachdach im Freien. Ein kleines, kniehohes Mäuerchen diente zur Einfassung einer etwa 1 m² großen Fläche. Im Boden befand sich ein Spalt, dessen Ränder durch zwei parallel laufende, eingemauerte Palmstämme etwas stabilisiert wurden. Durch den Spalt blickte man nicht etwa in eine Grube, sondern in das darunterliegende Stockwerk, wo ein Esel stand, der gespannt nach oben schaute. Auf den Nachbardächern waren Frauen mit dem Auslegen der Wäsche und sonstigen Hausarbeiten beschäftigt. Alle sahen neugierig herüber und beobachteten, wie der Gast aus Europa bei minimalstem Sichtschutz sein Problem meisterte.

Nach 150 km Teerstraße (ab Adrar) erreicht man den Ort Reggane.

Reggane

Tankstelle an Ortseinfahrt von Adrar kommend, Wasser, Restaurants, Bäcker, begrenzte Versorgungsmöglichkeit; Krankenhaus, Post, Bank, Apotheke, Maurisches Bad (mit Zimmervermittlung), Campingplatz, Versicherungsbüro (SAA) in Planung, Busstation (SNTV).

Reggane, einst vorwiegend militärische Barackensiedlung, wird z. Z. mit enormem Aufwand zu einer kleinen Stadt ausgebaut.

Für die Ausreise nach Mali:

1. Meldung bei ›Protection Civil‹ zur technischen Fahrzeugkontrolle (Zustand, Ausrüstung).
2. Meldung bei der Polizei, für die Ausstellung der Fahrgenehmigung.

Die folgenden Kilometerangaben beziehen sich jeweils auf den Ausgangspunkt Reggane, das wir in südlicher Richtung verlassen. Bei einem Straßenknick nach SSW zweigt die mit einem blauen Steinmonument markierte Tanezrouft-Piste nach Süden/Bordj Moktar ab. Der erste

Streckenabschnitt von ca. 11 km, der früher wegen seiner weichen Sandfelder sehr gefürchtet war, wurde inzwischen präpariert und ist momentan ohne größere Probleme befahrbar. In dieser Gegend, westlich der Piste (Sperrgebiet), unterhielten die Franzosen einst ein Militärlager und eine Basis für Raketen- und Atomversuche. 1960 explodierte hier in der Luft die erste französische Atombombe. Bis Mitte 1961 folgten vier weitere Detonationen, bis die Franzosen ihre Versuche schließlich in Höhlen im nördlichen Hoggar-Gebirge (bei In Ecker) verlagerten.

Die Landschaft ist flach, der Untergrund – von einigen Weichsandstellen abgesehen – ziemlich fester Sandboden mit Kieselbelag (*Reg*-Wüste), auf dem man zügig vorankommt, da auch kaum mit Bodenwellen gerechnet werden muß. Die Hauptspuren machen etwa bei km 96 einen unerwarteten Knick nach Südosten, biegen aber bald darauf wieder in die gewohnte Richtung ab. Bei km 202 passieren wir ein kleines Café/Restaurant (Wasserversorgung unsicher), und einen Kilometer weiter kommt man an einer Art Flugzeuglandebahn mit Markierungszeichen vorbei.

Bei km 255 ist der **Poste Weygand,** ein verlassener Stützpunkt der Franzosen, erreicht. Hier zweigt eine kaum befahrene Piste nach Osten zur 70 km entfernten ehemaligen französischen Militärstation Ouallene ab. Von dort, der einzigen Quelle in der Tanezrouft-Ebene, bezog der bereits 1960 aufgegebene Stützpunkt Weygand sein Wasser.

Auf schneller Piste geht es weiter, bis in der bisher topfebenen Gegend beidseitig der Piste bei ca. km 380 Dünen auftauchen, die für einige Kilometer eine willkommene Lager- oder Übernachtungskulisse bieten. Vorsicht, einige Weichsandstellen! Bei km 388 markiert eine hohe Metalltafel den Wendekreis des Krebses (23° 27' nördlicher Breite). Angebundene Champagnerflaschen mit Grußbotschaften, Aufkleber, makabre Mobiles aus Tierknochen zeugen vom Einfallsreichtum passierender Saharafahrer. 3 km weiter steht links der Piste ein Wasserreservoir (Versorgung unzuverlässig). Die Dünen geraten langsam außer Sicht, die Strecke wird wieder flach und langweilig. Bei km 518 wird Bidon V erreicht, dessen hohe Antennentürme schon lange vorher zu sehen sind.

Bidon V

Trostloses Gelände mit ein paar Barackenresten, den Antennentürmen, viel weichem Sand, einer Menge Rast-Müll und ohne Wasser. Bei Bidon V (früher: Poste Maurice Cortier) handelt es sich um einen ehemaligen Versorgungsstützpunkt der Franzosen. 1923 startete eine Expedition von vier Mann und acht Kamelen unter Hauptmann Cortier, um die günstigste Direktroute zwischen Algerien und Mali zu erkunden. Erst zehn Jahre später wurde die (heutige Tanezrouft-) Route dann erneut, und zwar erstmals mit dem Kraftfahrzeug (Renault), von Oberleutnant Estienne befahren. Auf der Rückfahrt von Mali markierte dieser im Abstand von jeweils 50 km die Piste mit leeren Benzinfässern (Bidons). Bidon V war das fünfte Faß von Tessalit aus gerechnet. Dieser Standort erwies sich als günstig für die Errichtung eines provisorischen Camps und eines Versorgungsdepots für Treibstoff und Wasser. Nachdem sich später auch Erkundungsflüge an die Streckenführung der Tanezrouft-Piste hielten, entstanden neben dem Camp ein kleiner Landeplatz und ein 30 m hoher Gittermast, dessen Lichter als Navigationshilfe aus über 100 km Entfernung erkennbar waren.

Die folgende Strecke ist über große Etappen recht flott befahrbar, weist aber immer wieder Weichsandstellen, Sandverwehungen oder Bodenwellen auf. Kurz vor Bordj Moktar werden wir um den Flugplatz herumgeleitet. Bei km 639 erreichen wir schließlich Bordj Moktar.

Bordj Moktar (früher: Bordj Perez)

Algerische Zoll- und Grenzstation ohne Versorgungsmöglichkeiten außer Wasser und eventuell Treibstoff (nicht immer sicher; gelegentlich rationiert) in der Tankstelle. Flugplatz, Polizei- und Zollkontrolle (Paß, Devisen, Fahrzeug, Fahrgenehmigung, eventuell Versicherungsschein).

Achtung: Obwohl bis zur Grenze von Mali alle 10 km Steinpyramiden den Pistenverlauf markieren, achte man darauf, daß man nicht unbemerkt zu weit östlich geleitet wird, sonst besteht die Gefahr, auf nach Silet bzw. Timiaouine führende Spuren zu geraten!

Ab ca. km 27 nach Verlassen von Bordj Moktar gibt es endlich wieder etwas Vegetation in Form von Gras und Büschen. ›Wellblech‹ wechselt ab mit sandigen Strecken.

Bei km 672 passieren wir die durch eine Markierungstafel gekennzeichnete **Grenze nach Mali.** Wir durchfahren busch- und baumbestandene Wadis. Langsam tauchen an der Strecke auch erste Nomaden (meist Tuareg) auf, die um Wasser und sonstige Dinge bitten. Fast jeder, der aus der eintönigen Wüste kommt, hält bei den ersten dieser Nomaden an und verteilt großzügig Geschenke. Nach der dritten oder gar vierten Nomadengruppe verliert man dann die Lust (oder die Vorräte gehen zur Neige), was zur Folge hat, daß die ›vordersten‹ Nomaden jeweils reich beschenkt davonziehen, während man an den weiter hinten plazierten vorüberbraust. Halten *Sie,* um dies zu vermeiden, bitte erst weiter hinten!

Bei km 733 zweigt nach links eine Piste ab zum 116 km entfernten Timiaouine (vgl. Strecke Nr. 6). Ein Markierungsstein, den wir bei km 763 passieren, zeigt an, daß es noch 25 km bis Tessalit sein sollen. 11 km weiter, bei km 774, biegt dann nach links eine weitere, jedoch nur für Geländewagen befahrbare Piste über Timiaouine nach Tamanrasset ab (vgl. Strecke Nr. 6). Bei km 776 zwingt eine Tafel zum westlichen Umfahren eines Militärgeländes. Man erreicht bei km 788 wieder die Hauptpiste und ist kurz darauf, bei km 792, in Tessalit.

Tessalit (Mali)

Gleich am Ortseingang der Zollposten (u. a. Ausstellung eines ›Laissez Passer‹). Hier kann man eventuell auch Wasser bekommen. Das stattliche Gebäude auf dem Hügel gegenüber birgt die Polizeistation. Beide Abfertigungsstellen sind für Touristen täglich geöffnet. Abschluß der obligatorischen Kfz-Versicherung (eventuell gleich für ganz Westafrika, d. h. alle CFA-Länder; Preisvorteil!) hier oder spätestens in Gao.

Im ›Hotel‹ schräg gegenüber gibt es mit Glück Bier und Treibstoff (extrem teuer). Sonst keine Versorgungsmöglichkeit. Ca. 4 km Richtung Süden: ›Josef's Garage‹ (eventuell Treibstoff).

Hübsch gelegene Oase mit Palmengärten. Erster Eindruck von Schwarzafrika.

Die Piste führt nun recht abwechslungsreich durch die Randgebiete des Adrar des Iforas (Iforas-Gebirge). Auf sandiger oder aber holperiger Wellblechpiste geht es durch bergiges Gelände, sandige und vegetationsreiche Oueds (die z. T. auf Brücken überquert werden und deren Ränder hübsche Übernachtungsplätze bieten) und schwarze Geröllfelder. Auffallend vor allem ca. 24 km hinter Tessalit bizarre silbrigschwarze Steinformationen, die wie senkrecht in den Boden gerammte Schieferplatten wirken. Bei km 892 erreicht man Aguelhok.

Aguelhok (Mali)

Kleine Tuaregsiedlung ohne Versorgungsmöglichkeit (außer vielleicht Wasser). Paß- und Fahrzeugkontrolle durch das Militär, Campingverbot im Umkreis von 1 km.

1 km weiter zweigt nach links eine Piste nach Kidal ab. Kurz darauf passiert man den kleinen Flugplatz von Aguelhok. Bei km 918 geht eine weitere Piste nach Kidal ab. Das Gebiet um Kidal wurde zum Sperrgebiet für Touristen erklärt (weil sich dort das Gefängnis für die politischen Gefangenen Malis befindet).

Etwa bei km 929 gabelt sich die Piste. Während die rechte, feste Strecke von allen Fahrzeugen befahrbar ist, führt die linke am Fuße der Bergkette Imakaraden entlang durch ein sehr sandiges, äußerst staubiges, dicht bewachsenes und romantisches Oued (diese Variante sei allen Geländewagenfahrern empfohlen). Bei km 945 treffen beide Spuren wieder aufeinander.

Bei km 990 beginnt eine etwa 8 km lange, äußerst sandige Zone, die ohne größere Probleme wohl nur von Geländefahrzeugen bewältigt werden kann. Besitzer von Fahrzeugen ohne Allradantrieb sollten dieses Stück unbedingt weiträumig im Westen umfahren, wenn sie nicht viel Zeit mit Schaufeln und Schieben verbringen wollen.

Bei km 1038, kurz nach Überqueren des Oued Eracher-Sediden auf einer Brücke, kann man von der Hauptpiste nach links im spitzen Winkel abzweigen und dem Oued Tachanak nach Süden folgen, bis man nach ca. 21 km im Oued Edjerir-Nord auf die große, von Kidal nach Anefis führende Piste stößt und dieser nach Westen folgt. (Wer auf der Hauptpiste geblieben ist, erreicht die Kidal-Piste an einem Wegweiser bei km 1062. Dort biegt man nach rechts ab und folgt dem vegetationsreichen Oued Edjerir-Nord.) Bei km 1079 erreicht man Anefis (Die hier üblichen Kontrollen durch z. T. etwas habgierige Beamte kann man durch nördliches Umfahren des Ortes vermeiden).

Anefis (auch: In Daran; Mali)

Kleines Tuaregdorf ohne Versorgungsmöglichkeit. Polizeikontrolle.

Gleich nach Verlassen des Ortes folgen auf ca. 10 km tiefe Fahrrinnen im Weichsand. Allmählich nimmt die Landschaft nun Sahelcharakter an. Bei km 1119 liegt rechts der Piste Tabankort.

Tabankort (Mali)

Kleine Tuaregsiedlung ohne Versorgungsmöglichkeit. Souvenirangebote durch Einheimische, Brunnen.

Für die Weiterfahrt nach Gao gibt es zwei Möglichkeiten:

Die kürzere Strecke (ca. 210 km) führt etwa in direkter Linie durch eine meist flache und etwas monotone Savannenlandschaft nach Gao. Der Streckenverlauf dieser Piste, die nur während der Trockenzeit befahren werden kann, ändert sich von Jahr zu Jahr, da sie nach der Regenzeit jedesmal wieder neu ›eingefahren‹ werden muß. Deshalb kann die Streckenlänge variieren. Die Spuren verzweigen sich häufig, führen aber meist (nicht immer!) wieder zusammen. Da die Strecke nicht markiert ist, sollte man stets darauf achten, den Hauptspuren zu folgen und die Hauptrichtung beizubehalten.

Eine längere (ca. 250 km), sich häufig verzweigende ›Ganzjahrespiste‹ führt weiter westlich über **Agamor** durch zunächst stellenweise sehr sandiges Gelände nach **Bourem** (ca. 150 km), einem recht netten Ort direkt am Niger. Von dort geht es auf meist welliger Piste durch hübsche, vegetationsreiche Landschaft am Niger entlang nach Gao (ca. 95 km).

Gao (Mali)

Tankstelle (Versorgung unsicher), Versorgungsmöglichkeiten, Bank, Post, Flugplatz, Hotels, Campingplätze, Markt, algerisches Konsulat. Freies Campen im Umkreis von 10 km um die Stadt verboten. Polizeimeldung (Paßfoto erforderlich), Abschluß einer Kfz-Versicherung, falls nicht schon in Tessalit erledigt.

Strecke Nr. 4

El Golea – Timimoun (360 km) – **Adrar** (569 km) 569 km Teerstraße

Allgemeines

Bei der gesamten Strecke handelt es sich im allgemeinen um eine gut befahrbare Teerstraße; mit Sandverwehungen in den Dünenregionen muß jedoch gerechnet werden. Landschaftliche Höhepunkte bilden die Dünen des Grand Erg Occidental zu Beginn der Fahrt und die Oase Timimoun, von der aus interessante Ausflüge in die schöne Umgebung möglich sind. Ein großer Teil der Strecke führt aber auch durch recht langweilige, ›undramatische‹ Landschaft.

Streckenbeschreibung

Die Straße von El Golea (Ortsbeschreibung vgl. Strecke Nr. 1) nach Süden führt ein Stück durch die ›klassische‹ Bilderbuchwüste des Grand Erg Occidental. Die riesigen Dünen, zunächst meist ziemlich entfernt von der Straße, rücken ca. 40 km hinter El Golea dichter heran. Es bieten sich schöne Übernachtungs- und Rastplätze. Ca. 46 km hinter El Golea führt vor einer Paßhöhe rechts eine Piste zum etwa 3 km entfernten Brunnen **Hassi Marroket** (gutes Wasser, schöner Lagerplatz, gelegentlich viele Mücken). Ca. 3 km weiter zweigt nochmals eine Zufahrt zu diesem Brunnen von der Teerstraße ab. Bei km 63 gabelt sich die Straße (kleines Restaurant). Nach Süden führt sie weiter in Richtung In Salah (vgl. Strecke Nr. 1). Wir folgen der Beschilderung ›Timimoun‹ nach Westen.

Die schöne Dünenlandschaft wird jetzt von einer eintönigen, meist flachen Steinwüste abgelöst. Hin und wieder ein paar Tafelberge. Etwa bei km 210 kann man auf einer etwas mühsam zu befahrenden Piste einen Abstecher zum ca. 15 km entfernten, halbverfallenen ehemaligen französischen **Fort Mac Mahon** (El Homr) machen. Nach weiteren 20 km passieren wir die kleine Siedlung **M'Guiden** (keine Versorgungsmöglichkeit). Die einzigen landschaftlich etwas reizvolleren Stellen, die sich auch als Rastplatz eignen, finden sich 82 km vor Timimoun (schöner Dünenzug rechts der Straße) und eventuell noch 40 km vor dem Ort (kleinere Dünen) in den letzten südlichen Ausläufern des Grand Erg Occidental.

Timimoun

Tankstelle, Bank, Post, Daira, Hotels, Restaurants, verschiedene Läden, Bäcker, Markt, Krankenhaus, Apotheke, Flugplatz, Busstation (SNTV), Versicherungsbüro (SAA), Büro der Air Algérie, Campingplatz beim Hotel Gourara in der Palmerie; weitere Campingmöglichkeit beim Hotel Ighzer, Artisanat (Sa. geschlossen) mit interessanten handwerklichen Erzeugnissen. Das Touristenbüro (ONAT) organisiert Halb- und Ganztagestouren mit Geländewagen in die Sebkha und drei- bis zehntägige Biwaktouren auf Kamelen oder mit Geländewagen zu den Oasen im Grand Erg. Die meisten Büros und Versorgungseinrichtungen sind um den großen Hauptplatz im Ortszentrum gruppiert.

Schöne, ›wilde‹ Übernachtungsmöglichkeiten bieten sich in den kleinen Palmengruppen jenseits der Sebkha (steile Abfahrt auf Piste beim Hotel Gourara) oder direkt bei den Dünen des Großen Erg.

In Timimoun findet jedes Jahr im Januar das Fest des Gourara statt (Sportwettkämpfe, z. B. Hockey und Fußball, Kamelrennen, Gewehrtänze, Sprechgesänge, zu denen getanzt wird, und andere folkloristische Darbietungen).

Timimoun ist die Hauptstadt der Region Gourara. Besonders beeindruckend ist vor

Marabut in Timimoun

allem die sudanesische Lehmarchitektur der Bauten. Der Farbe dieses Lehms verdankt Timimoun (wie übrigens auch In Salah und Adrar) den Beinamen ›Rote Stadt‹. Timimoun ist zweifellos die schönste unter diesen dreien. Kunstvoll durchbrochenes und weißgetünchtes Lehmmauerwerk, Torbögen, spitze Dachtürmchen und Stabilisierungsbalken, deren Enden wie Stacheln aus dem Mauerwerk ragen, kennzeichnen den sudanesischen Baustil. Auch wer nicht im Hotel ›l'Oasis Rouge‹ absteigt, sollte dessen Inneres besichtigen: herrliche Mauerskulpturen, in den Verputz gemeißelte Verzierungen in vielfältigen, geometrischen und ornamentalen Mustern. Der für Witterungsschäden sehr anfällige Lehmbau muß für Reparaturarbeiten gelegentlich vorübergehend geschlossen werden. Sehenswert ist auch – ebenfalls am Hauptplatz – das große Tor ›Porte du Sudan‹, die Nachbildung eines sudanesischen Grabmales.

Spazieren Sie durch die engen, zum Teil überdachten Gäßchen des alten Ksar, das übrigens sehr stark an die Kasbahs des nahegelegenen Marokko erinnert. Die Palmenhaine, die allmählich zur Sebkha hin abfallen und sich am Rand der Sebkha kilometerweit hinziehen, gehören zu den schönsten Gärten der Sahararegion. Sie sind sinnvoll angelegt und sorgfältig gepflegt. Sehr gut lassen sich hier auch die Bewässerungsmethoden, Anlagen von Gräben und Kanälen, von Sammelbecken und Verteilerrechen studieren. Das Wasser stammt z. T. aus Foggaras, auf deren lange Reihen von Erdaufschüttungen man in der Umgebung Timimouns immer wieder stößt (vgl. S. 36).

Ausflug zu den Gourara-Oasen und zur Sebkha de Timimoun (58 km): Diese Route berührt einige der interessantesten Oasen des Gourara. Diese fruchtbare Region, in der Datteln, Getreide und Gemüse wachsen, wird im Norden von den Sandmassen des Grand Erg Occidental, im Süden vom unendlichen Tademait-Plateau und im Westen von der Sebkha de Timimoun (Salzsee) begrenzt. Während der Fahrt bieten sich herrliche Ausblicke auf die rötlichen Steilabfälle am Rande der Sebkha, die gleichfarbenen Ruinen der Ksour, das satte Grün der Palmen und – als leuchtende Tupfer in der Landschaft – die weißgetünchten Marabuts. Für diese Rundfahrt sollte mindestens ein halber, möglichst jedoch ein ganzer Tag eingeplant werden. Geländegängigkeit ist nicht unbedingt erforderlich, zumindest in der hier beschriebenen Fahrtrichtung; doch sollte das Fahrzeug für Wüstenfahrten geeignet und entsprechend ausgerüstet sein, da einige Passagen viel Bodenfreiheit erfordern und verschiedene sandige Abschnitte zu überwinden sind. Vom Befahren mit normalen PKWs ist dringend abzuraten.

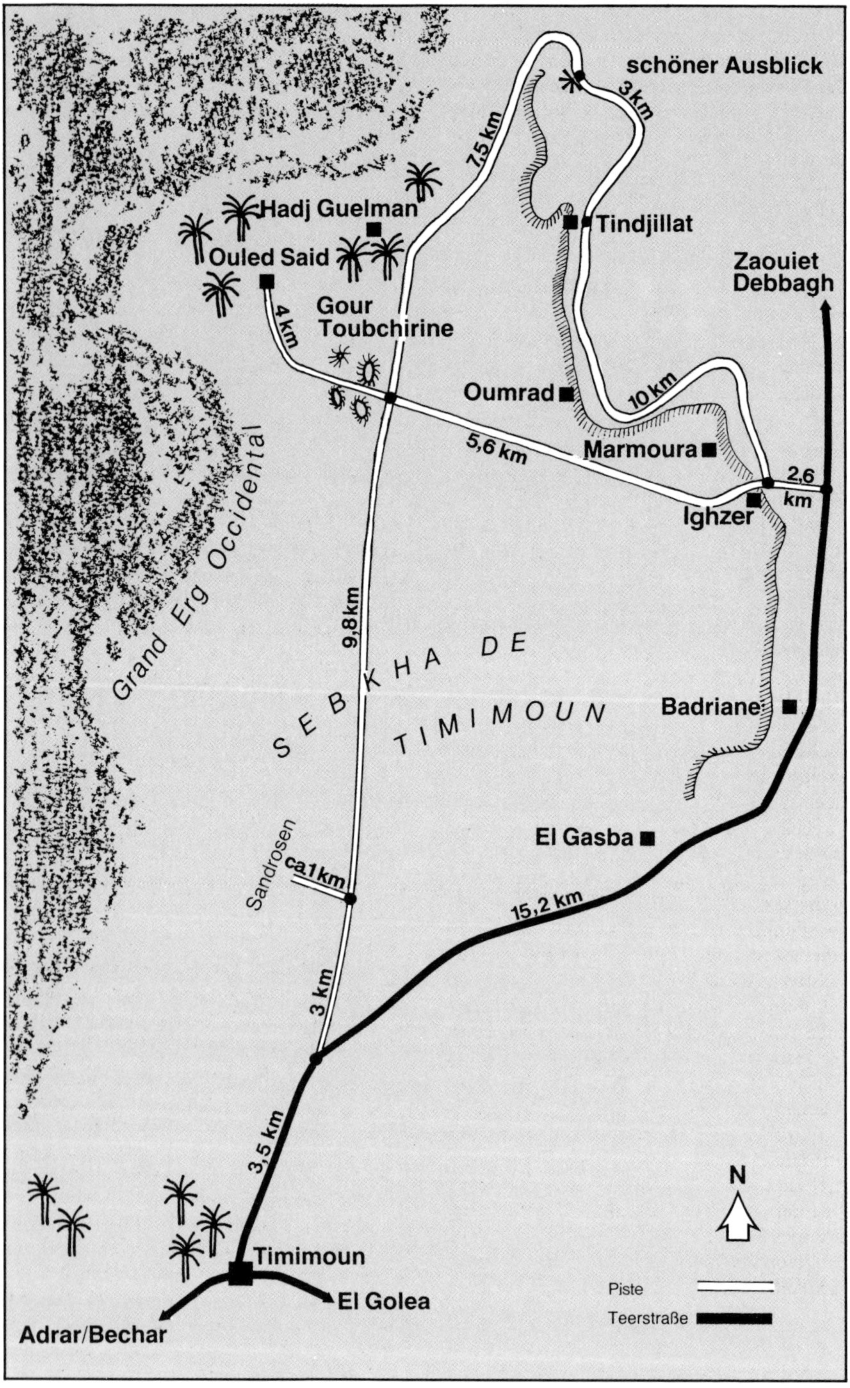
schöner Ausblick
3 km
7,5 km
Hadj Guelman
Tindjillat
Zaouiet Debbagh
Ouled Said
Gour Toubchirine
4 km
Oumrad
10 km
5,6 km
Marmoura
2,6 km
Ighzer
Grand Erg Occidental
9,8 km
SEBKHA DE TIMIMOUN
Badriane
El Gasba
Sandrosen
ca.1 km
15,2 km
3 km
3,5 km
N
Timimoun
El Golea
Adrar/Bechar
Piste
Teerstraße

Für die Rundfahrt verlassen wir Timimoun auf der durch den Ort nach Norden führenden, geteerten Hauptstraße, lassen also die Hotels Oasis Rouge und Ighzer rechts liegen. Wir ignorieren die Pistenabzweigung bei km 3,5 (Wegweiser ›Route Touristique‹ nach links) und folgen weiterhin der Straße. Meist etwas abseits liegen verschiedene kleine Orte und einige zum Teil schon recht zerfallene Ksour. Diese Ksour sind Wohn- und Speicheranlagen aus einer Zeit, in der sich die Bevölkerung noch vor plündernden Nomaden schützen mußte. Auch diese Bauten erinnern wieder stark an die Architektur der Berber in Südmarokko. Auffällig außerdem immer wieder die sich über die Ebene ziehenden langen Hügelketten der Foggaras.

Bei km 18,7 verlassen wir die Teerstraße. (Diese führt durch eine nicht sonderlich faszinierende Gegend weiter zur Oasengruppe von **Zaoiet Debbagh,** 74 km ab Timimoun. Der Hauptort [Tankstelle, sonst keine Versorgungsmöglichkeit] ist umgeben von vielen kleinen, mit Palmen ›gesprenkelten‹ Dünen. Hohe Lehmziegelmauern umgeben die Gärten und verwehren neugierige Einblicke. Hier besorgen nicht mehr Foggaras die Bewässerung, sondern fast jeder Garten hat seinen eigenen Brunnen.) Wir biegen also nach links ab und folgen zunächst für 2,6 km einer breiten Piste (beschildert ›Ouled Said/Ighzer‹). Dann müssen wir uns entscheiden, ob wir die Rundtour abkürzen wollen, indem wir weiterhin der breiten Piste folgen, vorbei am Dorf Ighzer, hinunter in die Sebkha-Ebene und hinüber zu den Palmengärten von Ouled Said oder Hadj Guelman. Wir vermeiden so die schwierigsten Abschnitte am nördlichsten Punkt der großen Rundfahrt, verpassen andererseits jedoch die mit Abstand schönste Teilstrecke dieser Tour.

Auf jeden Fall lohnt es sich, dem Ort Ighzer einen Besuch abzustatten. Die stufenförmig an den Hang gebauten Lehmhäuser liegen etwas versteckt am Abhang. Eine große Höhle (Taschenlampe mitnehmen) diente den Bewohnern früher als Zufluchtsort bei feindlichen Überfällen. Heute wird sie nur noch wegen ihrer angenehmen Kühle aufgesucht. Überragt wird der Ort von einer alten Kasbah, in der sich noch heute die Speicher für die reichlichen Dattelvorräte der Oasenbewohner befinden (vgl. Farbabb. 5).

◁ Rundfahrt um die Sebkha de Timimoun

Zur Fortsetzung der großen Rundfahrt verlassen wir nach 2,6 km (21,3 km ab Timimoun) die breite Piste, und zwar unmittelbar bevor sie sich in die Tiefe senkt, und fahren rechts die Hügel hinauf. Unsere Piste führt nun holprig und kurvenreich am steilen Felsabbruch entlang. Bei Verzweigungen halte man sich allgemein links, d. h. man folge der nahe am Abbruch verlaufenden Piste, denn nur hier bieten sich immer wieder die großartigen Ausblicke, für welche diese Rundfahrt so berühmt ist. Bei klarer Sicht sieht man bis hinüber zu dem Sandmeer des Grand Erg Occidental. Als grüne Inseln gedeihen auf dem Talgrund mehr oder weniger dichte Palmenbestände, dazwischen liegen kleine Dörfer und mächtige, zerfallene Ksour, deren rotes Mauerwerk sich fotogen vom Grün der Gärten abhebt.

Steigen Sie auch einmal hinab und besuchen Sie wenigstens eines dieser Dörfer. Marmoura z. B. ist leicht zu Fuß zu erreichen. Streifen Sie durch die fruchtbaren und gepflegten Gärten am Hang. Im Schatten der Palmen wird neben Getreide, Gemüse und Salat vereinzelt auch Tabak angebaut. Das aus den traditionellen Foggaras kommende Wasser rauscht in einem ausgeklügelten System kleiner Kanäle durch die Gärten. Die Vögel singen – ein kleines Paradies, überragt von dem alten Ksar, das mit den Felsen verwachsen zu sein scheint.

Bei km 31,3 erreichen wir die mächtigen Festungsruinen und das Dorf von Tindjillat. Sollte kurz zuvor die Piste von einer Düne verschüttet und somit unpassierbar sein, fahre man ein Stück zurück und folge einem etwas weiter östlich verlaufenden Weg über die steinige Hochebene. Bei km 34,3, unmittelbar vor der Talfahrt zum Grund der fast 100 m tiefer liegenden Sebkha, können wir (von der Anhöhe ca. 150 m links abseits) letztmals den herrlichen Blick hinunter auf die Sebkha genießen. Wegen des starken Gefälles und der tief ausgefahrenen, sandigen Spuren stellt die folgende Abfahrt den schwierigsten Teil der ganzen Rundfahrt dar; in Gegenrichtung dürfte ein geländegängiges Fahrzeug unerläßlich sein. Auf dem Seegrund geht es dann wieder relativ problemlos weiter in Hauptrichtung Süden. Die Piste führt am Rand der Palmengärten von Hadj Guelman vorbei auf die aus der weiten Salzpfanne aufragenden Tafelberge ›Gour Toubchirine‹ zu. Dort, bei km 41,8 (kleines Wartehäuschen), stoßen wir auf die breite, von Ighzer kommende Piste (abgekürzte Rundfahrt, s. o.).

Von hier aus können wir einen kurzen **Abstecher** zur etwa 4 km entfernten kleinen Oase von Ouled Said machen. Um Ouled Said herum gruppieren sich mehrere Ksour. Bei einem Gang durch die schattigen Palmenhaine kann man die Bewohner bei der Arbeit in den Gärten beobachten und den Frieden und die Ruhe dieses abgeschiedenen Fleckchens genießen.

Zur Fortsetzung der Rundfahrt fahren wir vom Wartehäuschen aus weiter nach Süden. Etwa bei km 51,6 führen Spuren von der Hauptroute gut 1 km weit nach rechts hinab zum Grund der Sebkha. Hier bietet sich die Möglichkeit, typische Souvenirs aus der Sahara für die Daheimgebliebenen zu sammeln: Sandrosen (vgl. S. 87). Dieses ausgetrocknete Salzseebett gehört zu den ergiebigsten Fundstellen für Sandrosen in der algerischen Sahara, wurde jedoch in jüngster Zeit ziemlich geplündert. Die Timimoun-Rosen sind im Vergleich zu jenen aus der Touggourt-Gegend rötlicher und ›großblättriger‹. In der Senke trifft man u. U. auf Einheimische, die Sandrosen zum Kauf oder Tausch anbieten. Kaufen Sie ihnen einige ab, bevor Sie sich eventuell selbst im weiten Gelände auf die Suche machen.

Knapp 3 km weiter hat sich der Kreis unserer Rundfahrt geschlossen: Wir stoßen wieder auf die beim Verlassen von Timimoun benutzte Straße und erreichen auf ihr bei km 58 das Ortszentrum.

Etwa 11 km nach Verlassen von Timimoun zweigt links die über Tiberghamine, Oufrane und Kabertene nach Adrar führende Route ab (vgl. Strecke Nr. 21). Blicken Sie auf den folgenden Kilometern gelegentlich zurück. Vor allem im Abendlicht bietet sich hier ein faszinierender Anblick. Bei der Weiterfahrt ist hin und wieder mit Sandverwehungen zu rechnen. Ca. 54 km von Timimoun entfernt befinden sich neben der Straße mehrere kleine Palmengruppen, die sich als Rastplätze eignen. Aber Vorsicht: Der Untergrund ist stellenweise sehr sandig. Bei km 62 passieren wir die neuen Gebäude des Dorfes **Charouine;** den alten Ortsteil sieht man etwas entfernt der Straße am Rande der Palmenhaine liegen. Auch kurz danach bieten sich schöne Rastplätze abseits der Straße inmitten von Palmen. Weitere romantische Rast- oder Übernachtungsmöglichkeiten finden Sie in einer schönen Dünengruppe 91 km von Timimoun entfernt in den letzten Ausläufern des Erg Er Raoui, direkt bei der Abzweigung Bechar–Adrar. Nach rechts führt die Teerstraße über Kerzaz nach Bechar (vgl. Strecke Nr. 22). Wir folgen der Beschilderung ›Adrar‹ nach links. Ca. 90 km vor Adrar passieren wir nochmals ein kleines Dünengebiet. An einer Straßenkreuzung 62 km vor Adrar mündet von links die von Timimoun über Tiberghamine und Kabertene führende Gourara-Route ein (vgl. Strecke Nr. 21). Die nach rechts abzweigende Straße erlaubt einen empfehlenswerten, kleinen Umweg von nur ca. 9 km, der durch einige der sehenswerten Dörfer der Oasengruppe von **Tsabit** führt (vgl. Strecke Nr. 21). Abgesehen von den beiden Dörfern **Sbaa** und **El Guerara** mit ihren alten Ksour und hübschen Palmengärten (ca. 40 km vor Adrar) bietet die verbleibende Strecke keine Höhepunkte. Sie ist ziemlich langweilig und vermittelt ein bißchen ›Baustellen-Atmosphäre‹. 209 km nach Verlassen von Timimoun erreichen wir **Adrar** (Ortsbeschreibung vgl. Strecke Nr. 3).

Strecke Nr. 5 (Durchquerung der Tidikelt-Ebene)

In Salah – In Ghar (65 km) – Aoulef el Arab (202 km) – **Reggane** (304 km)
Ca. 200 km Teerstraße
Rest Piste Kategorie B 1

Allgemeines

Die Fahrt über die recht monotone Tidikelt-Ebene bietet außer einigen Fundstellen für versteinertes Holz keine Höhepunkte. Große Wälder müssen vor Jahrmillionen diese weite Fläche bedeckt haben. Auch stoßen wir immer wieder auf die für diese Region so typischen traditionellen Foggaras: alte Bewässerungssysteme, erkennbar an ihren maulwurfhügelähnlichen Erdaufschüttungen, die sich in langen Ketten durchs Gelände ziehen (vgl. S. 36).

Die Asphaltierung des Abschnittes zwischen In Salah und In Ghar ist geplant, zwischen In Ghar und Tit wird momentan gearbeitet, und der Rest bis Reggane ist durchgehend geteert. Die Orientierung auf dem Pistenabschnitt bereitet meist keine Probleme; bis In Ghar verläuft die Piste immer in Sichtweite einer Stromleitung. Da die Verkehrsdichte in den letzten Jahren spürbar zugenommen hat, ist das Fahren im Geleit nicht mehr erforderlich. Von einigen sandigen Passagen abgesehen, gibt es selbst für nicht geländegängige Fahrzeuge (mit Sandblechen und Schaufel!) keine größeren fahrtechnischen Probleme. Wellblechstrecken können oft auf (z. T. ziemlich sandigen) Parallelspuren umfahren werden. Treibstoff- und Wasserversorgung in In Salah, Aoulef el Arab und Reggane. Fahrzeit ca. 1 Tag.

Streckenbeschreibung

Wir verlassen In Salah (Ortsbeschreibung vgl. Strecke Nr. 1) auf der mit ›Aoulef‹ beschilderten Teerstraße in südwestlicher Richtung und biegen nach 3,5 km an der beschilderten Abzweigung nach rechts auf die Piste ab. Wenig später passieren wir die nördlichen Ausläufer der Oase El Barka und folgen der breit gefächerten Piste nach Westen, immer in Sichtweite der nach In Ghar führenden Stromleitung. Bei km 25 erreichen wir die südlichsten Ausläufer einer von Norden kommenden Hügelkette. Hier zweigt die alte, über die nördliche Tidikelt-Ebene nach Aoulef führende Piste nach rechts von der unsrigen ab. Es bietet sich dort die Möglichkeit, einen Abstecher zu machen.

Abstecher zu versteinertem Holz: Wir verlassen die Hauptroute auf der zunächst nach NW führenden Piste, passieren nach 7,5 km einen ausgetrockneten Brunnen und gelangen 13,5 km weiter zu dicken, versteinerten Baumstämmen (links der Piste). Auch auf den nächsten ca. 5 km stoßen wir (ein wenig abseits der Piste) immer wieder auf äußerst ergiebige Fundstellen. Folgt man der Piste weiter nach Westen, so kommt man (28 km nach Verlassen der Hauptpiste) an eine beschilderte Abzweigung zur ca. 15 km entfernten Oase In Ghar. (Die in Hauptrichtung West weiterführende, stellenweise etwas sandige Piste passiert nach weiteren 8 km den Brunnen von Hassi Terega, erklimmt ein Plateau und führt durch monotones, aber meist flott befahrbares Gelände ebenfalls nach Aoulef; ca. 168 km ab In Salah.)

Wir folgen weiter der Piste entlang der Stromleitung und erreichen etwa bei km 54 ein Gebiet mit vielen Foggaras. Bald tauchen die Gärten und Häuser von In Ghar auf. Bei km 64 macht die Piste einen scharfen, rechtwinkligen Knick und führt nun in nördlicher Richtung direkt auf den Ort zu. **In Ghar** mit seinen uniformen Wohnhäusern und übertrieben vielen Peitschenlampen ist ohne touristische Reize und bietet auch keine Versorgungsmöglichkeiten.

Für die Weiterfahrt nach Aoulef verlassen wir die Ortszufahrt 500 m nach dem oben erwähnten Pistenknick und folgen einer Wellblechpiste nach links. Etwa 1 km weiter lassen wir die letzten Oasengärten hinter uns. Bei km 67 kreuzt eine breite Piste. Kurz danach passieren wir mehrere Fundstellen versteinerten Holzes. Weitere Fundstellen befinden sich in dem zur Rechten liegenden Hügelgelände. Weiter geht es in Hauptrichtung 260° über eine weite Ebene, immer parallel zu und in respektvoller Entfernung von einem Plateauabbruch im Norden. Die Hauptpiste ist meist an starkem Wellblech erkennbar. Bei Umfahrungen muß mit Weichsandstellen gerechnet werden. Wir passieren mehrere artesische Brunnen, welche z. T. neu angelegte Pflanzungen speisen. Mit dem Ausbau dieser Strecke zur Teerstraße wurde bereits begonnen. Mit baustellenbedingten und u. U. etwas mühsam zu befahrenden Umleitungen ist daher zu rechnen. Doch bald haben wir Asphalt unter den Rädern und kommen flott voran. Bei km 110 zweigt nach links die Zufahrt zur 6 km entfernten Oase **Tit** ab. Auch dieser Ort bietet nichts von touristischem Interesse. Die kastenförmigen Häuser sind umgeben von hohen, ›selbstgemachten‹ Dünen (vgl. S. 223). Wir fahren daher auf der Hauptstraße weiter geradeaus in Richtung Aoulef. Achten Sie wieder auf versteinertes Holz zu beiden Seiten der Straße. Durch die Straßenbauarbeiten wurden z. T. enorme Brocken an die Oberfläche gebracht. Bald durchziehen wieder lange Foggaras das Gelände. Bei km 199 schließlich zweigt nach rechts die Zufahrt zum knapp 3 km entfernten Aoulef el Arab ab.

Aoulef el Arab

Tankstelle, Wasser, relativ gute Versorgungsmöglichkeit auf dem Markt und im Supermarkt, Bäcker, Post, Versicherungsbüro (SAA), Busstation (SNTV), Krankenhaus, Apotheke, Bank, Zollstation, Restaurants. Aoulef ist ein aufstrebender Ort mit reger Bautätigkeit. Im alten Ortsteil finden wir noch viele Gebäude aus rotem Lehm im sudanesischen Baustil. Doch auch die Neubauten sind diesem Stil nachempfunden und fügen sich recht harmonisch ins Ortsbild. Lohnend ist ein Spaziergang durch die umliegenden Palmenhaine mit ihren üppigen Gemüsegärten. Besonders gut gedeihen in dieser Gegend die Tomaten. Bereits im Februar hängen faustgroße Früchte an den Stöcken.

Ausflüge ab Aoulef zu diversen Marabuts und dem Festungshügel von Timoktene; vgl. Strecke Nr. 20 (Direktverbindung von Aoulef nach Adrar).

Wir fahren von Aoulef aus knapp 3 km zurück zur Hauptstraße und folgen dieser nach rechts in Richtung Reggane. Glücklicherweise kommt man in dieser eintönigen Gegend recht flott voran. 102 km ab Aoulef erreichen wir schließlich **Reggane** (Ortsbeschreibung vgl. Strecke Nr. 3).

Strecke Nr. 6

Tessalit (Mali) – Timiaouine (132 km) – Silet (585 km) – Abalessa (625 km) – **Tamanrasset** (707 km)

34 km Teerstraße
673 km Piste Kategorie C

Allgemeines

Diese Verbindung zwischen der Tanezrouft- und der Hoggar-Route stellt eine interessante Variante dar für Reisende, die aus Niger oder Mali kommen und nicht – oder nicht ein zweites Mal – die öde Tanezrouft-Piste bis Reggane befahren wollen. Aber Vorsicht: Diese Strecke wird nur sehr selten – fast nur von Versorgungs-LKWs für die Militärlager in Timiaouine und Silet – befahren. Der Ausbau zur Teerstraße ist geplant.

Der Pistenverlauf ist nicht immer eindeutig und stimmt auch nicht immer mit den in verschiedenen Karten eingezeichneten Routen überein. Die Piste ist nur abschnittweise markiert. Sie weist gelegentlich etwas sandige Stellen auf, bietet aber keine größeren fahrtechnischen Schwierigkeiten mit Ausnahme eines ca. 7 km langen, sehr holprigen und steilen Teilstücks zwischen Tessalit und Timiaouine. Da dieses Teilstück nicht umfahren und nur von geländegängigen Fahrzeugen bewältigt werden kann, scheidet dieser Streckenabschnitt für nicht geländegängige Fahrzeuge aus.

Alternativroute: Für nicht geländegängige Fahrzeuge besteht die Möglichkeit, eine weiter nördlich (59 km ab Tessalit bzw. 94 km südlich von Bordj Moktar) von der Tanezrouft-Piste abzweigende Strecke nach Timiaouine zu benutzen. *Achtung:* Verwechseln Sie den Anfang dieser Piste nicht mit den ca. 200 m südlich davon abgehenden breiten Spuren! Diese enden später im Nichts. Die (ab der Abzweigung) 116 km lange Strecke ist nicht markiert, doch macht die Orientierung keine Schwierigkeiten, solange man sich an die Hauptspuren hält. Einsandungsgefahr kurz vor Timiaouine auf einem ca. 200 m langen Sandfeld. Auch diese Variante ist sehr einsam und sollte nur im Geleit befahren werden.

Treibstoff-, Wasser- und Proviantvorräte sollten so reichlich bemessen sein, daß sie bis Tamanrasset ausreichen. Wasser kann man notfalls in den Oasen erhalten. Tankstellen existieren in Timiaouine und Silet, doch ist die Treibstoffversorgung dort noch etwas unsicher; man sollte sich also nicht darauf verlassen. Für die Strecke sind mindestens vier Tage anzusetzen. Im Vergleich zur Tanezrouft-Piste (Tessalit – Reggane; Strecke Nr. 3) ist diese Route ca. 90 km kürzer, von der Orientierung her aber erheblich schwieriger.

Landschaftlich bietet diese Strecke bedeutend mehr Reize als die Tanezrouft-Piste. Bis Timiaouine führt sie durch die Ausläufer des Iforas-Gebirges, durch abwechslungsreiche, unberührte Berglandschaften. Zwar werden im weiteren Verlauf auch weite Ebenen durchquert, doch sorgen zumindest Oueds, gelegentliche Vegetationsstreifen oder Berge und Dünen am Horizont für etwas Abwechslung im Landschaftsbild. Schon ca. 200 km vor Tamanrasset erreicht man die Ausläufer der Hoggar-Berge, und das letzte Teilstück führt durch die recht wilde und schöne Bergkulisse des Hoggar.

Streckenbeschreibung

Wir verlassen Tessalit (Ortsbeschreibung vgl. Strecke Nr. 3) in nördlicher Richtung auf der Tanezrouft-Piste, machen – wie ausgeschildert – einen Bogen westlich um das Militärgelände und erreichen bei km 18 die Abzweigung nach Timiaouine (verrottetes Markierungsschild ohne Beschriftung rechts der Tanezrouft-Piste). Steinmarkierungen kennzeichnen den Anfang der Piste nach Tamanrasset. (Achten Sie bei Fahrt in Gegenrichtung darauf, daß Sie auf den letzten Kilometern vor Erreichen der Tanezrouft-Piste nicht versehentlich auf Spuren geraten, die zu weit südlich direkt ins Militärgelände führen. Ärger ist dann vorprogrammiert.) Durch dunkle Geröllhalden des Iforas-Gebirges und sandige Oueds erreicht man etwa bei km 49 einen sehr holprigen Bergpaß. Für ungefähr 7 km folgt nun eine schwierige, steile Strecke mit Felsbrocken und tiefen Gräben (große Bodenfreiheit und Geländegängigkeit erforderlich). Danach verläuft die Piste über eine sandige, recht flott befahrbare Ebene. Ein runder, glatter Bergrücken kommt in Sicht, den wir später südlich umfahren (schöne Lagerplätze am Fuße dieses Berges zwischen den Felsen). Bei km 79 führt eine mit Steinen markierte Piste in Richtung Osten. Wir folgen jedoch den Hauptspuren nach links (Nordost) und fahren gleich darauf am Fuße eines einzelnen Berges vorbei. Bald darauf führt die Strecke auf ca. 20 km durch interessante Felsformationen. (Wer Zeit und Interesse hat: in dieser Gegend soll es Felsmalereien bzw. Gravuren geben.) Bei ca. km 104 passieren wir die letzten Felsgruppen; die Piste geht in eine gelbe Kieselwüste über (auf Gazellen achten!). Flotte Fahrt für ca. 20 km, dann wird es wieder felsiger. Bei km 126 verzweigen sich die Spuren. Wir halten uns rechts. Auch bei km 129 wieder eine Gabelung. Wir fahren links und erreichen von Süden kommend bei km 132 den inmitten von Felsen gelegenen Ort Timiaouine.

Timiaouine

Tankstelle (Versorgung unsicher; Zahlung auch in franz. Francs möglich). Großes Militärgelände. Paßkontrolle durch den algerischen Militärposten (Einreiseformalitäten und Abschluß einer Kfz-Versicherung, Devisenerklärung etc. erst in Tamanrasset). Trinkwasser im Abfertigungsgebäude erhältlich. Felsgravuren in der Umgebung (Führer).

Pisten ab Timiaouine: Von Timiaouine führt eine Piste direkt nach Bordj Moktar. Eine weitere Piste führt von hier über Tin Zaouatene nach In Guezzam. Es existiert auch eine Direktpiste zwischen Timiaouine und Aguelhok (Mali), die für Touristen jedoch nicht in Frage kommt, da der Mali-Zollposten Tessalit nicht umgangen werden darf.

Die Piste nach Silet/Tamanrasset führt in östlicher Richtung aus dem Ort. Der Anfang liegt bei der Kaserne und ist mit weißen Markierungssteinen gekennzeichnet. Eine meist gute, schnelle Sandpiste führt zunächst am Fuße des Adrar Imodat entlang und zieht sich dann durch die letzten Ausläufer der Iforas-Berge. In der Ferne tauchen bald die Umrisse größerer Berge auf. Wir durchqueren eine gelbe Kieselwüste bei km 154. Es geht vorbei an dunklen Geröllbergen, die Landschaft wird langweiliger. Gras- und buschbestandene Wadis begleiten die Piste, die jetzt hin und wieder Wellblechstruktur aufweist. Etwa 100 km hinter Timiaouine (km-Stand ab Tessalit ca. 235) wird die Gegend endgültig flach und fade. Die Piste ist über längere Strecken mit ca. 40 bis 50 km/h befahrbar.

Bei ca. km 292 passieren wir den rechts der Piste liegenden markanten Berg Pic Oul mit seinem felsigen Gipfel. Sand- und Kieselwüste wechseln sich ab. Bei ca. km 312 tauchen rechts in der Ferne Dünen auf. Es geht weiter durch eine weite, sandige Ebene. Ein baumbestandenes, sandiges Oued wird rechts umfahren, dann steuern wir auf eine am Horizont auftauchende geschlossene Bergkette zu. Ab ca. km 357 verläuft die Piste links von und parallel zu den dunklen Bergen und erreicht bei km 395 ein an der Piste stehendes Steinhaus. Dort bietet sich eine Möglichkeit für einen Abstecher.

Abstecher zum Brunnen von Timissao (ca. 20 km einfache Strecke): Wilde Fels-/Dünenlandschaft und relativ üppige Baum- und Buschvegetation. Man fährt ab dem Steinhaus zunächst ca. 3 km südlich an den Resten eines Flugplatzes vorbei und schwenkt dann nach SSO (ca. 160°). Als Orientierungspunkt dient zunächst ein Zwillingsberg mit burgähnlichem Felsaufbau, an dessen Fuß die Spuren vorbeiziehen. Kurz darauf biegen wir nach SO ab und folgen dem Tal bis zum Fuß eines Felsens mit großem Steinmann (›Rejem‹ in IGN-Karte 1:200 000; ca. 18 km ab Steinhaus. Hier eventuell Wagen stehen lassen, da folgende Strecke sehr sandig). Wir folgen nun dem sich verengenden Tal nach Süden, überqueren dabei eine flache Düne und erreichen den Brunnen von Timissao. Wasser in ca. 6 m Tiefe. Dieser Brunnen war einst ein wichtiger Karawanenstützpunkt bei Saharadurchquerungen. In der Umgebung Felsbilder, z. B. 300 m südlich, Ostseite (Malereien: Menschen, Pferde und andere Tiere, Reiter mit Wagen, Schriften); 500 m südlich, Westseite (Gravuren: großes Rind, Strauße, Schriften); ca. 1 km südlich des Brunnens auf dem Plateau (mehrere Tumuli sowie halbmondförmige Steinsetzungen).

Für die Weiterfahrt vom Steinhaus nach Silet gibt es zwei Möglichkeiten:

a) Durch das Oued Amded (ca. 185 km): Diese Hauptverbindung ist teilweise mit Eisenstangen und Fässern markiert und somit im allgemeinen gut zu erkennen und flott zu befahren. Nach ca. 150 km fahren wir zwischen den Tioueine-Bergen hindurch. Wir verlassen das Oued Amded und fahren in Richtung OSO nach Silet. (Wer diese Strecke in umgekehrter Richtung befahren will, verlasse Silet in Richtung WNW, auf die markante Dreier-Berggruppe des Tioueine zu.)

b) Durch die Oueds Tamanrasset und Adjelmam (ca. 190 km): Diese Route wird nur noch äußerst selten befahren. Da es keine Markierungen und im späteren Verlauf kaum Spuren gibt, sind detailliertes

Kartenmaterial, Kompaß, gutes Orientierungsvermögen und klare Sicht unerläßlich. Zunächst folgen wir auf flott befahrbarem Untergrund und auf vorerst eindeutiger Piste dem Oued Tamanrasset (ca. 47 km ab Steinhaus rechts in den Sanddünen Rastmöglichkeit). Allmählich werden die Spuren immer dünner, und nach einigen Weichsandstellen ist etwa bei km 75 erhöhte Aufmerksamkeit geboten, denn hier müssen wir das Oued Tamanrasset verlassen, um dem Oued Adjelmam etwa in Richtung ONO zu folgen. Als grober Orientierungspunkt dienen die zwei Doppelberge des Adrar Isket in der Ferne, auf die wir zufahren. (Folgt man versehentlich weiter dem Oued Tamanrasset nach OSO, so müßte man nach ca. 50 km auf die von Tin Zaouatene nach Silet führende Piste stoßen.) Die Landschaft wird nun gebirgiger, die westlichsten Ausläufer der Hoggar-Berge sind erreicht. Vereinzelte Weichsandstellen. Bei ca. km 140 fahren wir zwischen den Bergen des Adrar Isket hindurch. Bei km 181 stößt von links eine Piste zu der unsrigen. Gabelung bei km 184: Wir halten uns rechts und erreichen bei km 190 Silet (453 km ab Timiaouine).

Silet

Gendarmerie am Ortsausgang Richtung Tamanrasset, Paßkontrolle; Tankstelle (Versorgung unsicher), keine sonstigen Versorgungsmöglichkeiten.

Ca. 3 km nach Verlassen des Ortes gabelt sich die Piste. Die rechte Piste führt unter Umgehung von Abalessa nach Iglene. Wir folgen den linken Spuren in Richtung Abalessa. Schöne Berglandschaft und schauerliche Piste: sehr staubig und holprig, unterm Sand versteckte Steine. 40 km ab Silet erreichen wir dann Abalessa.

Abalessa

Keine Versorgungsmöglichkeit außer einem kleinen Lädchen mit Gemischtwaren, einigen Konserven, manchmal sogar Eiern.

Ausflug zum Grabhügel der Tuaregkönigin Tin Hinane: Der Hügel mit den Resten des Forts, in dem das Grab der sagenhaften Ahnfrau der Tuareg im Jahr 1925 entdeckt wurde, liegt außerhalb der Oase am Rande des Oued Abalessa. Eine kleine Piste führt in die Nähe des Grabhügels; sie zweigt ca. 3 km östlich von

Bizarre Felsformationen in dem Gebiet zwischen Abalessa und Tamanrasset

Abalessa von der nach Iglene führenden Piste nach Süden ab (direkte Zufahrt durch das sandige Oued Abalessa ist ebenfalls möglich.) Die Grabkammer mit Grabplatten kann noch besichtigt werden. Die Gebeine nebst Grabbeigaben (Schmuck, Glas, Münzen) sind im Bardo-Museum in Algier untergebracht.

Wir verlassen Abalessa in Richtung **Iglene,** einem kleinen Dorf, das wir nach 6 km erreichen. Von dort aus gibt es zwei Möglichkeiten zur Weiterfahrt: die Hauptpiste, die 4 km nördlich von Tit auf die Teerstraße stößt, und die etwas kürzere, direkt östlich verlaufende Piste, die vor Outoul die Teerstraße erreicht. Diese landschaftlich sehr schöne Strecke weist einige Weichsandstellen auf, besonders auf den ersten ca. 6 km durch das Oued Abalessa. 48 km ab Abalessa stoßen wir auf die von In Salah nach Tamanrasset führende Teerstraße und erreichen nach weiteren 34 km (707 ab Tessalit) Tamanrasset.

Strecke Nr. 7 (Assekrem- oder Hoggar-Rundfahrt)

Tamanrasset – Iharen – Akar-Akar – **Assekrem** (82 km);
Assekrem – Ilamane – **Tamanrasset** (95 km)

10 km Teerstraße
167 km Piste
Kategorie B 2

Allgemeines

Diese ›traditionelle‹ Rundfahrt wird entgegen dem Uhrzeigersinn beschrieben. Sie kann in dieser Richtung – allerdings nur bis zur Paßhöhe des Assekrem! – auch von nicht geländegängigen Fahrzeugen gemeistert werden. Dieses erste Teilstück befindet sich – vom Wellblech abgesehen – in relativ gutem Zustand; lediglich die letzten paar Kilometer vor der Paßhöhe sind etwas mühsam, da sehr steil und kurvenreich. Allerdings kann sich der Pistenzustand, bedingt durch gelegentliche Regenfälle, schnell ändern. Mit tiefen Auswaschungen und weggespülten Pistenabschnitten muß man in Gebirgsregionen immer rechnen! Wer die Strecke ohne Geländewagen befahren möchte, erkundige sich sicherheitshalber vor der Abfahrt in Tamanrasset nach dem Pistenzustand.

Die Weiterfahrt vom Assekrem über Ilamane zurück nach ›Tam‹ erfordert Geländegängigkeit, da starke Gefälle (in Gegenrichtung folglich extreme Steigungen) auftreten und Durchquerungen tiefer Gräben viel Bodenfreiheit erfordern. Zwar wurde auch dieser Streckenabschnitt bereits von VW-Bussen bewältigt, doch bedeutet dies eine nahezu unzumutbare Schinderei für das Fahrzeug. Unter dem Wellblech haben jedoch alle Fahrzeuge zu leiden, da man in dem bergigen Gelände nirgends abseits der Piste fahren kann. Für eine komplette Rundfahrt sollten drei bis vier Tage eingeplant werden (Übernachtung auf dem Assekrem).

Es gibt unterwegs viel zu sehen, zahlreiche lohnende Abstecher sind möglich, und der Höhepunkt der Rundfahrt, nämlich ein Sonnenunter- oder -aufgang vom Assekrem-Gipfel aus, kann nur bei gleichzeitiger Übernachtung auf dem Paß erlebt werden.

Wer kein oder kein geeignetes Fahrzeug besitzt, kann im Fremdenverkehrsbüro von Tamanrasset einen Geländewagen mit Chauffeur mieten (vgl. Ortsbeschreibung Tamanrasset, Strecke Nr. 1).

Basaltsäulen bei Ilamane

Der Name ›Hoggar‹ (auch: Ahaggar) bezieht sich auf eine riesige, ca. 300 000 km² große Region, die nicht nur das bekannte Gebirge, sondern auch weite Sand- und Steinebenen und z. B. auch das Teffedest-Gebirge im Norden mit einschließt. Das bei Touristen besonders beliebte Gebiet um den Assekrem, welches üblicherweise als ›Hoggar‹ bezeichnet wird, heißt eigentlich **›Atakor‹** (arab.: **Koudia**). Doch da sich der Name ›Hoggar‹ für diese zentrale Felsregion nun einmal eingebürgert hat, wollen auch wir diese Bezeichnung verwenden.

Der Hoggar ist das höchste Gebirge der algerischen Sahara. Seine größte Erhebung bildet der Berg Tahat mit knapp 3000 m. Die markantesten Bergformationen des Massivs entstanden vor Jahrmillionen durch Vulkantätigkeit. Die bizarren Kegel und klotzigen Festungen, die heute das Landschaftsbild prägen, sind vielfach die Lavafüllungen alter Vulkane, die Witterungseinflüssen gegenüber mehr Widerstandskraft besaßen als das sie umgebende Gestein, das durch Erosion nach und nach abbröckelte und heute am Fuße des Lavakerns große Geröllfelder bildet. Auch die Basaltsäulen (z. B. bei km 23 und 24,5 auf der Fahrt vom Assekrem nach Ilamane) stellen Zeugnisse früherer Vulkantätigkeit dar: zu vieleckigen Säulen erstarrtes Lavagestein, aneinandergereiht zu gewaltigen Massiven. Schwarze Lavabrocken übersäen die Hochebenen; die Vegetation ist äußerst karg. Zum Teil sind auch die Gueltas, die Wasserbecken dieser Felswüste, Produkte früherer Vulkanausbrüche. Ausströmende Lava floß in die Täler, erstarrte und blockierte den natürlichen Wasserabfluß. So wurden Becken geschaffen, in denen sich nach Regenfällen oder aus Quellen gespeist ein Wasservorrat über längere Zeit hält.

Zwischen vulkanischem Gestein finden sich harte, graue Granitfelsen in recht vielfältigen Formen. Während bei der Assekrem-Rundfahrt, die durch das Zentrum des Hoggar verläuft, die vulkanische Gebirgskulisse vorherrscht, führen die durch die Ausläufer des Gebirges verlaufenden Pisten (z.B. die Strecke Nr. 8 über Tazrouk und Tahifet oder die Strecke Nr. 6 nach Abalessa) überwiegend durch Granitge-

Granitfelsen im Hoggar

stein – runde Steine, hingeworfen in die Landschaft, als hätten Riesen hier mit Murmeln gespielt. Tatsächlich beschäftigen sich zahlreiche Sagen und Legenden mit der Entstehung der Hoggar-Berge. Phantasiebegabte Tuareg-Dichter verwandelten die Gebirgsblöcke in versteinerte Riesen, um die sich allerlei Geschichten von schönen Frauen und Kämpfen mit Rivalen ranken.

Das Klima im Hoggar-Gebirge ist rauh. Selbst im Sommer herrschen erträgliche Temperaturen. Im Winter treten Nachtfröste auf; hin und wieder kommt es auf den höheren Gipfeln sogar zu geringen Schneefällen.

Streckenbeschreibung

Wir verlassen Tamanrasset (Ortsbeschreibung und Plan vgl. Strecke Nr. 1) in Richtung auf den markanten Berg **Iharen** (Ihaghene, nach einem französischen Major auch ›Pic Laperrine‹ genannt, vgl. Farbabb. 20). Dieser bildet einen der typischen Basaltdome, die dem Hoggar-Gebirge seinen unverwechselbaren Charakter verleihen (am Fuße des Berges gibt es hübsche Lagerplätze). Deutlich sind die orgelpfeifenförmigen Basaltsäulen zu sehen, zu denen die Lava erstarrt ist.

Nach knapp 6 km zweigt rechts eine kleine Piste zur **Chapuis-Quelle** ab. Das Gelände in der Nähe der Quelle bietet viele romantische Rastplätze. Traurig, daß unvernünftige Camper in dieser Gegend viel Müll zurückgelassen haben.

Abstecher zur Chapuis-Quelle (8 km einfache Strecke): Diese Quelle wurde benannt nach Louis Chapuis, der in den zwanziger Jahren Pionierarbeit bei der Erschließung neuer Routen durch die Sahara leistete. Die eingefaßte Quelle befindet sich innerhalb eines kleinen Gebäudes. Das Wasser aus dieser Mineralquelle fließt zwar etwas spärlich, doch sollte man trotzdem seine Vorräte an dem Hahn neben dem Hauseingang auffrischen, auch wenn dafür inzwischen manchmal ein gewisser Obulus verlangt wird. Die Wasserversorgung in Tamanrasset ist bekanntlich oft etwas problematisch. Hohe Schilfgräser wachsen im Garten, und man hat einen herrlichen Ausblick auf die Berge.

Übernachtungsmöglichkeit in der Auberge de la Source (15 DA pro Person), Campingmöglichkeit. Für zahlende Übernachtungsgäste ist das Wasser kostenlos.

Unsere Piste führt nun östlich am Fuß des eindrucksvollen Iharen vorbei. Kurz danach (km 12,3) erreichen wir an einem

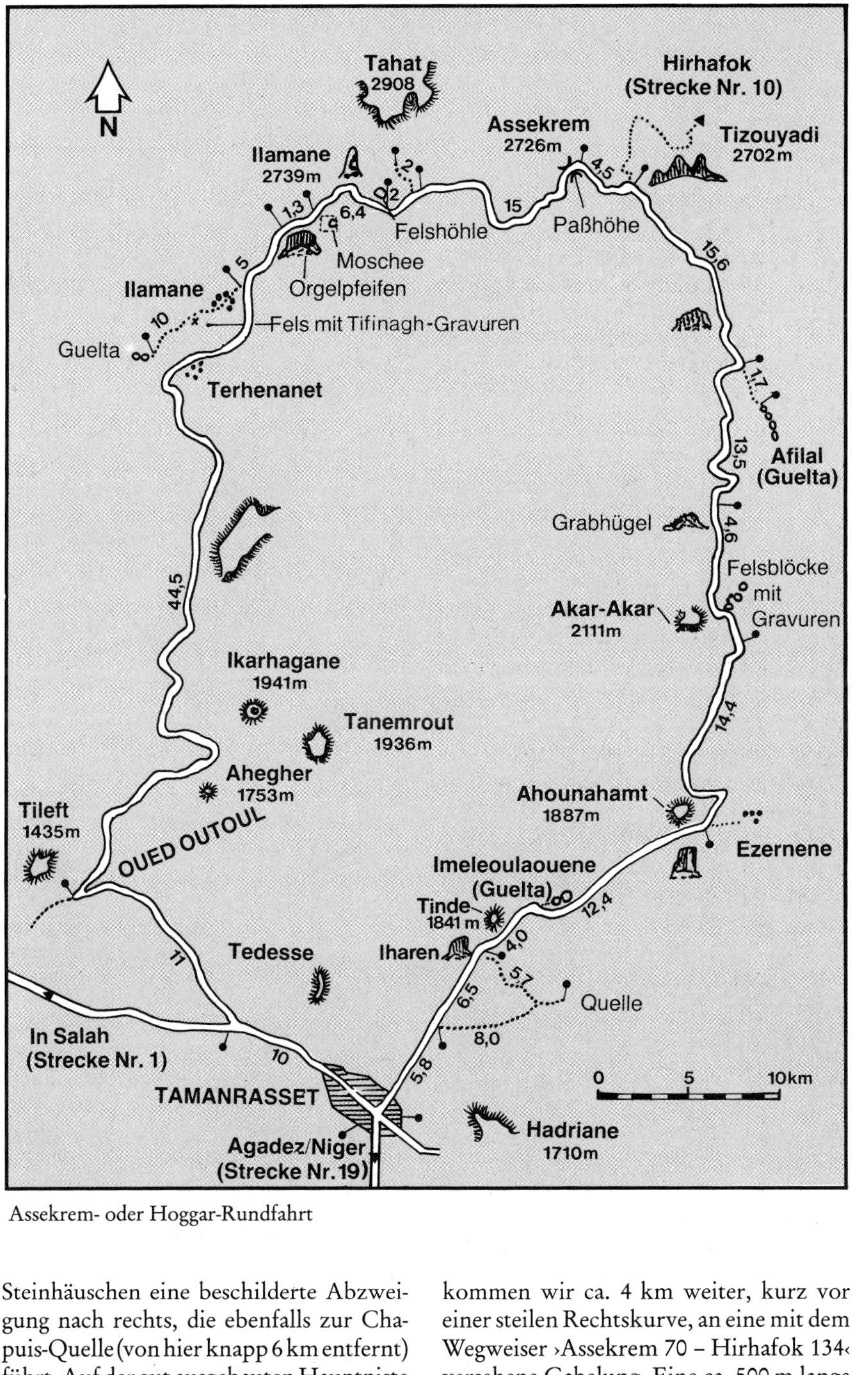

Assekrem- oder Hoggar-Rundfahrt

Steinhäuschen eine beschilderte Abzweigung nach rechts, die ebenfalls zur Chapuis-Quelle (von hier knapp 6 km entfernt) führt. Auf der gut ausgebauten Hauptpiste kommen wir ca. 4 km weiter, kurz vor einer steilen Rechtskurve, an eine mit dem Wegweiser ›Assekrem 70 – Hirhafok 134‹ versehene Gabelung. Eine ca. 500 m lange

Piste führt von hier nach links zu einigen Gueltas (s. u.). Etwa 1500 m nach der Weiterfahrt durchquert man eine Senke. Folgt man dem Tal zu Fuß ca. 400 m nach links, stößt man von oben her ebenfalls auf die Gueltas.

Abstecher zu den Gueltas von Imeleoulaouene (die Aussprache dieses Namens bleibt jedem selbst überlassen): Mehrere Gueltabecken liegen hier übereinander in den Felsen, gesäumt von Büschen und Bäumen. Je nach gefallener Regenmenge und entsprechendem Wasserstand fließt das Wasser in Kaskaden von den oberen in die unteren Becken. Diese Gueltas haben leider sehr unter dem Vandalismus einiger Besucher gelitten.

Die Piste windet sich nun recht kurvenreich durch die Berge und bietet herrliche Ausblicke. Wir fahren auf das mächtige Massiv des **Ahounahamt** zu, an dessen Fuß (12,4 km ab der Gueltaabzweigung) eine Piste nach rechts zur etwa 4 km entfernten, kleinen Tuaregsiedlung **Ezernene** führt. (Folgt man dieser Piste, so durchquert man nach ca. 800 m mehrere Hügelzüge, in denen sich Felsgravuren von Tieren und Menschen finden.) Dann geht es über ein steiniges, ödes Hochplateau zum 2111 m hohen **Akar-Akar.** Eine Legende besagt, daß dieser gewaltige, wie eine Festung wirkende Berg einst das Schloß des Riesen Akar war. Er und sein Volk sollen angeblich auch auf anderen Berggipfeln des Hoggar die riesigen Granitfelsen aufgetürmt haben. Am Fuße des Akar-Akar, auf der Sohle des Oueds, das wir bei km 43 erreichen, liegen rechts etwas abseits der Piste aufgehäufte Granitblöcke, an denen Felsgravuren (Strauße, Rinder, menschliche Figuren) zu finden sind. Vorsicht: Schlangen zwischen den Steinen! Im Oued alter Steinkreis aus vier konzentrischen Steinreihen. 4,6 km weiter befindet sich links der Piste ein Grabhügel. Nun geht es über einige Hochebenen, und man erreicht bei km 61 nach sehr steilem Gefälle (ca. 15%) eine Abzweigung nach rechts.

Felsgravuren am Fuß des Akar-Akar

Bei den Gueltas von Afilal

Abstecher zu den Gueltas von Afilal (knapp 2 km einfache Strecke; vgl. Farbabb. 21 u. 22; z. Z. vom Militär besetzt). Die Ufer dieser malerisch zwischen den Felsen gelegenen und sich kilometerweit hinziehenden Wasserbecken sind von Oleanderbüschen und Schilfgras gesäumt. Eidechsen huschen umher, im Wasser schwimmen Fische und Frösche. Im Winter dürfte ein Bad (selbst ein Vollbad) in diesen Gueltas – abgesehen vielleicht von der relativ niedrigen Wassertemperatur – ungefährlich sein. Bilharziose-Erreger kommen nur in wärmeren Gewässern vor.

Ca. 2,5 km nach dieser Abzweigung baut sich linker Hand ein Berg aus Basaltsäulen und deren Trümmern auf. Bei km 77 geht nach rechts die Piste in Richtung Hirhafok, Ideles, Djanet ab (Strecke Nr. 10 bzw. 11). Wir fahren geradeaus weiter und kommen am Fuße der eindrucksvollen **Foucauld-Spitze** (›La Souinan‹) vorbei. Nun ist nur noch die letzte, extrem steile und kurvenreiche Etappe bis zur Paßhöhe des Assekrem zu bezwingen (bis zu 20% Steigung!). Bei km 82 ist die Paßhöhe erreicht.

Assekrem (2585 m)

Schutzhütte mit Restaurant und Übernachtungsmöglichkeit; Camping auf Parkplatz; kein Wasser. Recht ›luftige‹ Toilettenhäuschen am Rande des Parkplatzes. In einer kleinen meteorologischen Beobachtungsstation am Gipfel werden die klimatischen Daten der Hoggar-Berge (Temperatur, Niederschläge etc.) registriert. Die zum Gipfel führende Straße ist für den privaten Autoverkehr gesperrt. Wenn – wie erzählt wird – auf dem Gipfel eine militärische Radarstation entstehen soll, wäre dieser wohl grandioseste Punkt der algerischen Sahara für immer verdorben und nicht mehr zugänglich.

Die überwältigenden Sonnenauf- oder -untergänge sollten Sie vom Berggipfel (2726 m) aus erleben (vgl. Farbabb. 32 u. 33). Der Aufstieg dorthin und zur Klause des Pater Foucauld (vgl. S. 58) dauert auf einem steilen Weg eine knappe halbe Stunde. Patres des von Foucauld gegründeten Mönchsordens der ›Kleinen Brüder‹ leben hier oben und lesen jeden Morgen in der Kapelle auf dem

Gipfel die Messe. Wenn Sie etwas von Ihren Vorräten an Lebensmitteln oder Medikamenten entbehren können – die Patres freuen sich darüber. In einem Nebenraum der Kapelle sind Bücher und Handschriften zu besichtigen. Vor der Kapelle ein Orientierungsstein mit Hinweisen auf die verschiedenen Berggipfel.

Bei großem Touristenandrang (was vorkommt!), unter Umständen aber auch sonst, empfiehlt es sich, das Schauspiel der auf- oder untergehenden Sonne vom gegenüberliegenden Berg aus zu erleben. Der Aufstieg ist kürzer und der Blick mindestens genauso schön. Kühle Temperaturen herrschen vor allem in den Wintermonaten. Wir erlebten auf der Paßhöhe Nachttemperaturen bis zu 10° unter Null, und ganz oben bläst dazu noch ein frischer Wind. Sogar Schneefall wird hin und wieder gemeldet. Also warm anziehen!

Fährt man vom Assekrem über Ilamane nach Tamanrasset zurück, geht es zunächst von der Paßhöhe steil und kurvenreich abwärts. (Eine Übernachtungsmöglichkeit in dem sonst recht steilen Gelände bietet sich einen reichlichen Kilometer unterhalb der Paßhöhe rechts neben der Piste bei einem kleinen Steinhaus.) Bei km 15 zweigt nach rechts eine sehr schlechte, nur von Geländewagen befahrbare Piste ab, die ca. 2 km weit in die Berge hineinführt und dann in einer Schlaufe endet (dort sehr schöner Aussichts- und Lagerplatz mit Blick auf den 2739 m hohen Berg Ilamane).

2 km weiter kommt man an einer großen Felsgrotte (rechts) vorbei, in der recht verblichene Felsmalereien zu sehen sind und in deren Umkreis wir Springmäuse, kleine Murmeltiere und sogar einen Fenek beobachten konnten. Wir passieren auf schlechter, steiler Piste bei km 20 den zuckerhutförmigen **Berg Ilamane.** Eindrucksvolle Landschaft mit prächtigen Ausblicken auf der Weiterfahrt! Bei km 23 liegt links der Piste eine alte Kultstätte. Aus natürlichen Basaltsäulen wurde hier eine kleine Moschee mit einer niedrigen Basalt-Umfriedung errichtet. Bei km 24,5 kommen wir zum Fundort dieser Basaltsäulen. Linker Hand türmt sich eine Wand auf, die aus Tausenden von Basaltsäulen besteht. Diese ›Orgelpfeifen‹ lassen sich von der Seite her sehr gut erklettern. Von oben hat man einen schönen Blick auf die wilde Landschaft. Wir folgen der Piste für weitere 5 km und erreichen dort die Abzweigung, die nach rechts zum Dorfe Ilamane (1 km) führt.

Kleine Moschee vor der Kulisse des Ilamane-Berges

Ilamane

Kleine Ansiedlung einiger Tuaregfamilien, keine Versorgungsmöglichkeit. Die Bewohner leben in Lehm- oder Schilfhütten und Zelten. Die kleinen, aus Steinen und Lehmmörtel gemauerten Türmchen sind Speicher für Getreide und sonstige Vorräte. In kleinen Gärten werden Gemüse, Salat etc. angepflanzt; dort befindet sich auch der Brunnen.

Ausflug zu Felszeichnungen und Gueltas im Oued Ilamane: Es empfiehlt sich, bei diesem Ausflug ein Kind des Dorfes als Führer mitzunehmen. Auf der Verlängerung der Zufahrtspiste kann man – nur mit geländegängigem Fahrzeug möglich! – weiter hinein ins Oued Ilamane fahren. Ca. 3 km hinter dem Ort finden sich an einer Felswand, mehrere Meter über dem Boden, alte Tifinagh-Schriften. Folgt man auf sehr sandigem, weichem Untergrund und zwischen Oleanderbüschen, Stein und Geröll hindurch dem Tal noch weiter, so erreicht man nach insgesamt 9 km das Ende des befahrbaren Felstales. Noch ca. 10 Minuten Fußmarsch, dann sind die Gueltabecken erreicht. In einer Felsschlucht liegen viele glattgeschliffene, wassergefüllte Felsbecken, die durch ausgewaschene Rinnen miteinander verbunden sind. Die Umrahmung der romantischen Wasserstelle bilden frische, grüne Gräser, Wasserpflanzen und blühende Büsche.

Auf der Weiterfahrt lohnt sich hin und wieder ein Blick zurück auf den eindrucksvollen Berg Ilamane. Die Piste passiert die linker Hand etwas abseits gelegene Siedlung **Terhenanet,** deren Bewohner mit großem Eifer Schmuck, Leder- und Flechtarbeiten zum Kauf anbieten. Dann rücken die Berge wieder etwas weiter auseinander, die Szenerie wirkt weniger ›dramatisch‹. Der Tanemrout-Berg mit seinen 1936 m bildet nochmals einen recht imposanten, von Erosion zernagten Gebirgsbrocken, dann wird die Landschaft flacher.

Bei ca. km 74 führt die Piste durch das Oued Outoul, an einigen Strohhütten, Steinbauten und einem zwischen den Gebäuden liegenden Swimmingpool vorbei. (Vorsicht: Wer in Gegenrichtung von der Tamanrasset-Teerstraße aus in Richtung Assekrem fährt, muß sich unmittelbar nach Passieren des Oueds an einer Weggabelung rechts halten, da die nach links führenden Spuren wieder auf die Teerstraße münden.) Nach weiteren 11 km stößt die Piste bei km 85 auf die Teerstraße, auf der es noch 10 km bis Tamanrasset sind.

Tuareg-Kinder in Ilamane

Strecke Nr. 8

Ideles – (Abstecher Tazrouk) – Tahifet (121 km) – (Abstecher Tarhaouhaout/Fort Motylinski) – **Tamanrasset** (207 km)

200 km Piste Kategorie B 2
7 km Teerstraße

Allgemeines

Es handelt sich hierbei um eine großenteils recht gut präparierte, breite Piste, für die Geländegängigkeit von Nutzen ist, zumindest beim Fahren in der Gegenrichtung. Mit größeren Schäden an der Piste durch gelegentliche Regenfälle ist immer zu rechnen. Da diese Strecke relativ selten benutzt wird, sollte man sie nach Möglichkeit nicht allein befahren. Einige Weichsandstellen bei Durchquerungen von Oueds; ansonsten viel und brutalstes Wellblech, dem man nur selten entfliehen kann. Der Abstecher nach Tarhaouhaout führt durch ein sehr sandiges Oued und kann daher nur von Geländefahrzeugen bewältigt werden. Von der Orientierung her bietet die Route keine Schwierigkeiten. Sie führt gut erkennbar durch die Ausläufer der Hoggar-Berge.

Neben recht eindrucksvoller Landschaft bietet diese Strecke eine Vielzahl interessanter Felsformen, vor allem riesige, glattgeschliffene Felskugeln, die teilweise zu Bergen aufeinandergetürmt sind oder scheinbar wacklig aufeinander balancieren. Die durch vulkanische Aktivität entstandenen Berge des zentralen Hoggar erkennt man nur von ferne. Im Vergleich zur Assekrem-Rundfahrt führt diese Tour durch ›lieblichere‹, nicht so wilde und bizarre, aber deshalb kaum minder eindrucksvolle Bergkulissen. In diese ›gemäßigte‹ Hoggarlandschaft passen auch die Oasen Tazrouk und Tahifet, die wegen ihrer malerischen Lage, ihrer schönen Gärten mit Obstkulturen und des sie umgebenden üppigen Grüns einen Abstecher und ausführlichen Besuch unbedingt wert sind. Für die Strecke sollten – einschließlich Abstecher – 2½ bis 3 Tage eingeplant

Glattgeschliffene Felskugel am Rande des Hoggar

werden. Da sich die Piste oft kurvenreich, sandig, steinig oder wellig durch die Berge schlängelt, ist kein sehr schnelles Fahren möglich; zudem verlocken die Landschaft und die Ausblicke immer wieder zu einem Halt. Versorgungsmöglichkeiten – mit Ausnahme vielleicht von Wasser und etwas Obst oder Gemüse – gibt es unterwegs nicht. Die Treibstoffversorgung in Ideles und Tazrouk ist nicht zuverlässig.

Streckenbeschreibung

Der Streckenbeginn (= km 000), d. h. die beschilderte Abzweigung für die Piste über Tahifet nach Tamanrasset, liegt ca. 4 km außerhalb von Ideles (Ortsbeschreibung vgl. Strecke Nr. 11) an der in Richtung Hirhafok verlaufenden Piste.

Die gut ausgebaute Piste schraubt sich zunächst – teilweise vorbei an runden Felskugeln – immer höher hinein in die Berge. Bei klarem Wetter lohnt sich ein Blick zurück in Richtung Norden auf die Berge des Teffedest. Bei km 25 zweigen in einem kleinen Oued Spuren nach rechts zu einer ca. 200 m entfernten Guelta ab (schöner Rastplatz). Die Piste führt dann am Fuß des 2300 m hohen I-n-Toukfissine vorbei und erreicht dort an einem trigonometrischen Vermessungspunkt (Kerkour) bei ca. km 40 mit 2012 m ihren höchsten Punkt. Dann werden die Hügel flacher. Bei km 46 erreichen wir eine beschilderte Gabelung. Die nach links führende Piste bietet die Möglichkeit für einen Abstecher nach Tazrouk.

Abstecher zur Bergoase Tazrouk (27 km einfache Strecke): Die Piste zur Oase Tazrouk führt großenteils über eine steinige Hochfläche. Stellenweise Wellblech. Schon einige Kilometer vor dem Ziel ist das Grün der Baumwipfel zu sehen. Hier dominiert nicht die Dattelpalme, und auch sonst weist der Ort nicht die typische Oasenvegetation auf, denn dafür ist das Klima bei einer Höhenlage von 1822 m zu rauh und zu kühl. Aber schlanke Pappeln, riesige Feigenbäume, Pfirsich- und Aprikosenbäume sowie Mandelbäumchen entdecken wir in den Gärten. Auch Gemüse (Karotten, Zwiebeln, Erbsen, Salat u. a.) und Korn gedeihen recht gut. Gutes Wasser fließt aus einem Pumpbrunnen, sonst keine Versorgungsmöglichkeit. Tankstelle (Benzin, Diesel; Versorgung unsicher).

Wenn man – vorbei an üppigen Gärten – zu Fuß das breite Oued durchquert, erreicht man auf der anderen Seite den alten Ortsteil. Die aus rötlichen Lehmziegeln erbauten Häuser erinnern mit ihren durchbrochenen Verzierungen ein wenig an die sudanesische Bauweise. Viele Männer des Dorfes arbeiten während der kühleren Jahreszeit in und um Tamanrasset und verbringen nur den Sommer zusammen mit ihren Familien in dem angenehmen Klima ihrer Bergoase.

Von Tazrouk aus kann man auf derselben Piste wieder die 27 km zurück bis zur Gabelung bei km 46 der Hauptroute fahren.

Es besteht allerdings auch die Möglichkeit, von Tazrouk auf einer anderen Route zurück zur Hauptpiste zu kommen. Hierbei handelt es sich jedoch um keine markierte oder präparierte Piste. Da die Strecke sehr sandig ist, kann sie nur mit geländegängigen Fahrzeugen befahren werden.

Von Tazrouk aus fahren wir zunächst wieder 5 km zurück auf der normalen Piste und folgen dann den dort nach links abzweigenden Spuren. Wir passieren bald die Hütten von Taberbert und einigen anderen kleinen Ansiedlungen; dann verläuft die Strecke in einem schönen, aber sehr sandigen Oued. 11 km von der Abzweigung findet man rechter Hand am Fuße eines kegelförmigen Hügels einfache Felsbilder: Strauße, den Kopf einer Kuh, Tifinagh-Schriften. 3 km weiter liegt linker Hand am Fuße des Berges Touhoquine ein Felsblock, auf dem kleinere Zeichnungen (Kamele und Schriften) zu sehen sind. Der Untergrund wird immer sandiger. Nach 19 km (ab der Abzweigung) stoßen wir wieder auf die Direktpiste von Ideles nach Tahifet, und zwar etwa 3 km südlich der ›offiziellen‹ Gabelung nach Tazrouk bei km 46.

Die Bergoase Tazrouk ▷

Farblegenden

1 Teezeremonie im Nomadenzelt
2 Schwenkbrunnen im Saoura-Tal
3 Beni-Izguen, die heilige Stadt der Mozabiten
4 Djanet, die ›Perle der Oasen‹
5 Die Oase Ighzer über der Sebkha von Timimoun
6 Schulkinder in Ideles sind begeistert von Seifenblasen
7 Im Palmengarten einer Oase
8 Wasserverteilerrechen in Tiberghamine
9 Alter Oasenbauer im Saoura-Tal
10 Die Bewässerung der Gärten bedeutet harte Arbeit
11 Nach der Dattelernte
12 Im Souf muß ein ständiger Kampf gegen den eindringenden Sand geführt werden
13 Dünenlandschaft am Rand der Tanezrouft-Piste
14 Tuareg-Nomaden
15 Kamelkarawane im Hoggar
16 Tuareg-Familie vor ihrer Zeriba
17 Kamelmutter mit Fohlen
18 Tuareg-Karawanentreiber im Hoggar
19 In einem Oued graben Nomaden nach Wasser zum Tränken ihrer Herde
20 Auf dem Weg zum Assekrem; rechts der markante Iharen-Berg
21 und 22 An der Guelta von Afilal blüht der Oleander
23 Sebkha bei Timimoun
24 Ausläufer des Hoggar-Gebirges bei Abalessa
25 ›Bilderbuchwüste‹ bei Le Ksar
26 Blick auf die Mouydir-Berge
27 Guelta in der Nähe von Tinterhert
28 Bizarre Steinmonumente
29 Vom Sand bedrohte Palmengärten bei Aoulef
30 und 31 Ansichten des Garet El Djenoun, des ›Geisterberges‹ im Teffedest
32 Sonnenaufgang auf dem Assekrem
33 Blick vom Gipfel des Assekrem
34 Lagerplatz im Schutz der Dünen
35 Marabut des Moulay Heiba bei Aoulef
36 Brunnenhäuschen in der Gourara-Region
37 Ruinen des Schlosses von Amenokal Moussa ag Amastane bei Tamanrasset
38 und 39 Felsgravuren bei Taghit
40 Frau mit Maske – Felszeichnung im Tassili
41 Felsgravuren bei Taghit
42 Rutenginster in den Dünen bei El Golea

3

4

5

6

7

8

9

10

2

11

14

15

16

8

17

21

22

23

24

25

26

27

28

29

30

3

35

36

37

38

39

40

41

Ab der Tazrouk-Gabelung (km 46) folgen wir der Piste weiter in Richtung Tahifet. Etwa bei km 49 müssen wir darauf achten, daß wir nicht unbeabsichtigt nach links auf die oben beschriebene Alternativroute (durch das Oued) nach Tazrouk geraten. Deshalb hier rechts halten! Immer wieder geht es an zum Teil riesigen Felskugeln, ›Elefantenbuckeln‹ vorbei, zwischendurch über Hochflächen und durch Geröll-Landschaften. Bei km 60 zweigt eine Piste ca. 50 m weit nach rechts zu einer kleinen Felsgruppe ab. Dort kann man zahlreiche Felsgravuren mäßiger Qualität entdecken. Hin und wieder werden Oueds durchquert, bei denen jedoch kaum Einsandungsgefahr besteht. Dann zieht sich die Piste steiler und kurvenreich über den Paß Azrou (1848 m). Am Horizont tauchen größere Bergmassive auf. Von der Paßhöhe geht es in eindrucksvoller Fahrt hinunter ins sandige Tal, und bei km 117 erreichen wir schließlich die langgezogene Oase Tahifet.

Tahifet

Keine Versorgungsmöglichkeiten. Etwas verstreut angelegtes Dorf mit Zeribas *(Strohhütten) und einigen Lehmbauten (z. B. Schulgebäude). Auch hier werden Obstbäume angepflanzt, und es wachsen die Schilfpflanzen, aus denen man die Zeribas baut.*

Die Piste verläuft, weiterhin gut erkennbar, abwechselnd durch sandige Wadis und über steinige Hügel. Man entdeckt vereinzelte Zeribas, die jedoch unbewohnt zu sein scheinen. 23 km hinter Tahifet (km 140) zweigt links eine sehr einsame Piste über In Delag (In Dâladj) und den Brunnen Tiririne nach Djanet ab (vgl. Strecke Nr. 29). Bei km 155 erreichen wir die beschilderte Abzweigung nach Tarhaouhaout (Taghhaouhaout) und zum Fort Motylinski.

Abstecher zum Fort Motylinski (10 km einfache Strecke): Die Gegend um das Fort Motylinski gilt als militärisches Sperrgebiet, da im Fort ein Militärcamp eingerichtet wurde. Vor Befahren der Piste deshalb Erkundigungen einziehen!

Die anfänglich recht gute Piste verläuft später in einem sehr weichen und sandigen Oued. Ohne Geländewagen Gefahr des Einsandens! Nach ca. 10 km erreichen wir die Ruinen des Forts Motylinski. Die Festung wurde im Jahr 1910 unter dem französischen Major Laperrine errichtet und diente den Franzosen als erstes Verwaltungszentrum des Hoggar. Noch gut erkennbar sind die Abgrenzungen der einstigen Gärten und Felder, die heute völlig mit Sand überdeckt sind. Die Anlage des Forts wirkt – trotz des baulichen Verfalls – recht eindrucksvoll. Der große Gebäudekomplex ist aus Lehmziegeln errichtet; Zinnen rahmen die Außenmauern. Viele der unter Verwendung von Palmstämmen und Schilf gefertigten Decken sind bereits eingestürzt, andere hängen bedrohlich durch. Es wäre eine dankbare Aufgabe für das Militär, die Anlage wieder ›in Schuß‹ zu bringen.

Für die Rückfahrt zur Hauptpiste kann man statt der Zufahrt dem extrem sandigen Oued etwas weiter westlich folgen, durch welches man ebenfalls nach ca. 10 km wieder auf die Hauptpiste nach Tamanrasset stößt, und zwar 1,2 km westlich der oben erwähnten beschilderten Abzweigung nach Tarhaouhaout.

1,2 km weiter durchquert die Piste das Oued Tarhaouhaout. An dieser Stelle stoßen die durch das Oued vom Fort Motylinski kommenden Spuren von links auf die Piste. An derselben Stelle, jedoch dem Oued nach rechts folgend, bietet sich die Möglichkeit zu einem weiteren Abstecher.

Abstecher zu Gueltas und zum Wasserfall Temekerest (6 km einfache Strecke): Die Spuren führen durch das sehr sandige Oued Tarhaouhaout in Richtung Nordnordwest. Nach ca. 6 km, am Ende des befahrbaren Tales, erreicht man eine Felsbarriere, in der sich zahlreiche kleine, übereinander gelegene Gueltabecken befinden. Das Wasser fließt oberhalb der Felsen durch ein malerisches Schilfdickicht und dann in Kaskaden von Becken zu Becken bis zum Talgrund, wo es im Sandboden versickert. Ein Besuch dieses Wasserfalls empfiehlt sich vor allem in den Morgenstunden, wenn die Sonne in die Schlucht scheint, und wirkt natürlich kurz nach Regenfällen besonders eindrucksvoll.

Nach Durchquerung des Oued führt die Piste am Fuß des linker Hand gelegenen Gara Ta Arenked (1523 m) vorbei. Wir fahren zwischen ›krümeligen‹ Schuttbergen und dann zwischen hohen, aus aufeinandergetürmten Felsbrocken bestehenden Bergen hindurch. Bevor die Piste nördlich am mächtigen Tafelberg Debnat (1937 m) vorbeizieht, erinnert ihr Verlauf stark an eine Achterbahn: steiles und kurviges Auf und Ab! Die nach wie vor unangenehme Wellblechpiste (sie kann jetzt gelegentlich auf stark sandigen Nebenstrecken umgangen werden) folgt nun einem busch- und baumbestandenen Oued. Linker Hand sieht man den markanten Tafelberg des Adjelella (1682 m). 37 km hinter der beschilderten Abzweigung nach Tarhaouhaout erreicht man eine kleine Tuaregsiedlung mit Wasserbohrstelle für die Wasserversorgung von Tamanrasset. (**Achtung:** Wer in entgegengesetzter Richtung fährt, sollte nach Passieren der Tuaregsiedlung, etwa bei km 35, darauf achten, daß er auf der Hauptpiste bleibt und nicht den nach rechts – südöstlich – führenden Spuren folgt, die südlich an Tarhaouhaout vorbei und vermutlich weiter nach In Ebeggi führen.) Möglichkeit für einen Abstecher.

Abstecher zum Adjelella (1682 m) und den Felsschriften Ahjera Noughenis: Von der oben erwähnten Tuaregsiedlung aus führt eine Piste südlich über steinige Bergpässe und durch buschbewachsene Oueds auf den Tafelberg Adjelella zu. Nach knapp 12 km zweigt nach rechts (Westen) eine Piste ab, die etwa in Höhe des Ortes Amsel auf die Hauptroute Tamanrasset – In Guezzam stößt. Wir fahren weiter auf den Adjelella zu. Etwa auf Höhe dieses Berges, bei km 13, wird die Piste spürbar schwieriger und ist im weiteren Verlauf nur noch für Geländefahrzeuge befahrbar. Nach weiteren ca. 11 km erreicht man eine kleine Tuaregsiedlung. Ca. 200 m vorher zweigen dünne Spuren nach rechts ab, die über einen Bergsattel hinein in ein extrem sandiges Oued führen. Man folgt diesen Spuren durch das Oued in Richtung Südsüdwest und erreicht 13,5 km hinter der zuletzt erwähnten Siedlung am Ouedrand einen freistehenden, großen Felsklotz (Ahjera Nougenis). Dieser ca. 4 m hohe Felsen ist über und über mit alten Tifinagh-Schriften bedeckt. Die Spuren durch das schöne, vegetationsreiche, nach wie vor sehr sandige Oued stoßen nach weiteren ca. 20 km Fahrt auf die von Tamanrasset nach In Guezzam führende Hauptroute (vgl. Strecke Nr. 19).

Die Piste knickt auf Höhe der Tuaregsiedlung nach Norden ab und erreicht nach ca. 4 km die Teerstraße, auf der es nur noch etwa 7 km bis Tamanrasset sind.

Strecke Nr. 9

Hirhafok – In Amguel/Tamanrasset (74 bzw. 187 km)	
	67 km Piste Kategorie B 2
	7 bzw. 120 km Teerstraße

Allgemeines

Die Strecke ist durch Stangenmarkierungen gekennzeichnet, die einst im Abstand von 5 km aufgestellt waren, jetzt aber häufig umgeworfen sind oder ganz fehlen. Die Piste hat größtenteils Wellblechstruktur. Geländegängigkeit des Fahrzeugs ist nicht unbedingt erforderlich. Diese Strecke bildet die schnellste und problemloseste Verbindung zwischen Hirhafok und Tamanrasset. Alle anderen Alternativen führen über Pisten durchs Hoggar-Gebirge bzw. seine Ausläufer (vgl. Strecken Nr. 7, 8 und 10).

Streckenbeschreibung

Wir verlassen Hirhafok (Ortsbeschreibung vgl. Strecke Nr. 10) in Richtung Westen und passieren auf den folgenden Kilometern verschiedene zu Hirhafok gehörende Ortsteile. Nach knapp 5 km, in dem Ortsteil In Haradjene, bietet sich die Möglichkeit für einen kurzen, interessanten Abstecher.

Abstecher zu Felsgravuren: Wir folgen einer kleinen Piste rechts hinüber, fahren zwischen den Zeribas hindurch und parken ca. 600 m weiter am hinteren Ende des Dorfes. Von dort folgen wir zu Fuß – eventuell mit einem einheimischen Kind als Führer – dem Tal mit seinen gepflegten Gärten und steigen dabei über einige Bewässerungsgräben hinweg. Nach etwa zehn Minuten Fußmarsch klettern wir hinauf zum Gipfel des linker Hand ansteigenden großen Geröllberges. Dort finden wir auf verschiedenen, wild durcheinanderliegenden Steinblöcken und Felsplatten u. a. Gravuren von Straußen, Giraffen, Kamelen und (wahrscheinlich magischen) Symbolen.

Die Piste führt nun durch z. T. hügeliges Gelände und ist – von einigen Oueddurchquerungen und vom Wellblech abgesehen – relativ gut befahrbar. Landschaftlich bietet dieses Pistenstück keine Höhepunkte außer eventuell einigen hübschen, baum- und buschbewachsenen Trockentälern. Das Teffedest-Gebirge im Norden und das Hoggar im Süden sind jeweils weit entfernt. Ca. 27 km westlich von Hirhafok liegt rechts neben der Piste am Fuß schöner Basaltsäulen und umgeben von Bäumen und Büschen die reizvolle Guelta von Timesdelessine.

Die Piste stößt nach etwa 67 km auf die von In Salah nach Tamanrasset führende Teerstraße (vgl. Strecke Nr. 1). Von der Einmündung an sind es noch ca. 7 km bis In Amguel (nach rechts) oder 120 km bis Tamanrasset (nach links).

Felsgravur bei In Haradjene westlich von Hirhafok

Strecke Nr. 10

Assekrem – Hirhafok	72 km Piste Kategorie B 2

Allgemeines

Diese Gebirgspiste mit einem Höhenunterschied von ca. 1000 m war mit ihren brutalen Gräben und Auswaschungen von jeher der Schrecken der Saharafahrer. Nach einem großzügigen Ausbau in den Jahren 1984/85 war sie vorübergehend wieder von praktisch allen Fahrzeugen problemlos zu bewältigen, wenngleich vorauszusehen war, daß sich bald wieder eine Wellblechoberfläche bilden und Regenfälle der Bergstrecke stark zusetzen würden. Neben enormen Gefällen bzw. Steigungen sind es vor allem tiefe, ausgewaschene Gräben und große Geröllbrocken, die Schwierigkeiten bereiten und gefahrlos nur von allradgetriebenen Fahrzeugen mit großer Bodenfreiheit und im Kriechgang bewältigt werden können. Hin und wieder müssen weggespülte Pistenabschnitte umfahren werden. Erkundigen Sie sich unbedingt vor dem Befahren nach dem aktuellen Zustand. Der Streckenverlauf ist immer eindeutig zu erkennen. Für diese zumindest im oberen Abschnitt

Felstal und Guelta von Issakkarassene

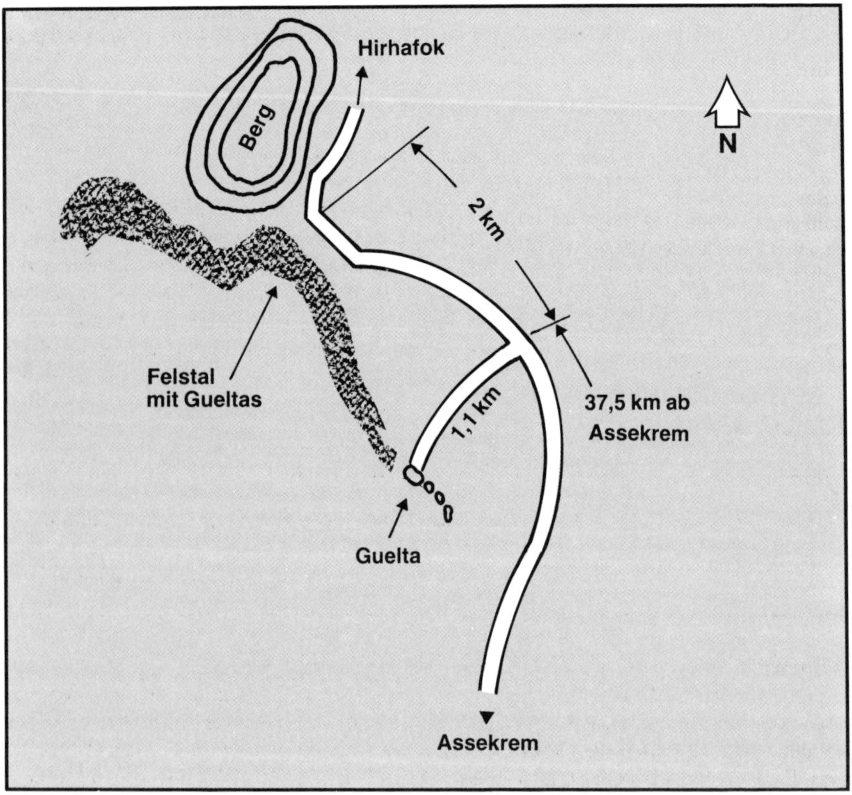

faszinierende Strecke ist mit einer reinen Fahrzeit von 3–4 Stunden zu rechnen.

Streckenbeschreibung

Wir fahren von der Paßhöhe Assekrem talwärts in Richtung Akar-Akar/Tamanrasset (sehr steile Wegstrecke). Nach reichlich 4 km zweigt links bei den Schildern ›Assekrem 6 – Tam 76‹ die Piste in Richtung Hirhafok ab. Die steile, kurvenreiche Strecke führt unmittelbar am Fuße des mächtigen Massivs des Tizouyadj vorbei. Schöner Blick zurück auf die steil aufragenden Gipfel des Atakor. Weiter geht es am Fuße eines gewaltigen Bergklotzes vorbei auf die aus einzelnen Türmchen zusammengesetzte Felsgruppe des Imadouzene zu. Bei km 18,5 ist eine Paßhöhe erreicht; danach fährt man wieder in Serpentinen steil bergab. Schwarz-braunes Geröll überzieht die Hügel. Bei km 37,5 lohnt ein kurzer Abstecher.

Abstecher zur Guelta Issakkarassene: Eine Piste führt nach links zum größten Becken der Gueltakette (1 km einfache Strecke). Etwa 2 km weiter auf der Hauptpiste führt diese dann ganz nahe an das linker Hand liegende Felstal Issakkarassene heran, in dem sich über mehrere Kilometer viele kleine Gueltabecken befinden. Eine Wanderung durch dieses Tal entlang der Wasserbecken – man geht meist auf glatten, griffigen Felsplatten – ist sehr lohnend. Herrliche Badebecken, in denen kleine Fische schwimmen, reihen sich aneinander, gesäumt von Sträuchern und Schilfgras. Interessant auch die Felsformen dieses Tales, z. B. gewundene Basaltsäulen, tief ausgewaschene Höhlen. Herrliche Rastplätze! (Je nach den Witterungsverhältnissen – z. B. im Hochsommer – können die Becken allerdings nahezu ausgetrocknet sein.)

Weiter geht es durch weite Geröllflächen. Bei km 47,5, kurz vor einem hohen Hügel mit Steinmarkierungen, führen nach links dünne Spuren zur malerischen Guelta von Edjif Mellene, einer Gueltakette, die sich weit durch das Tal hinzieht und an der neben Oleanderbüschen sogar ein paar Palmen gedeihen (äußerst ungewöhnlich in dieser Höhenlage). Über steinige Hochflächen, unterbrochen von Ansammlungen größerer Granitfelsen, gelangen wir bei km 63 zu einer sehr steilen ca. 800 m langen Abfahrt hinunter in die Ebene, wo wir bei km 72 die kleine Oase Hirhafok erreichen.

Hirhafok

Keine Versorgungsmöglichkeiten außer eventuell Gemüse aus den Gärten und Wasser aus einem tiefen Brunnen. Souvenirangebote durch Einheimische. Hier spürt man deutlich den negativen Einfluß des Tourismus: Es wird gebettelt, die Preise sind weit überhöht.

Strecke Nr. 11

Hirhafok – Ideles (31 km) – Serenout (225 km) – Fort Gardel (366 km) – **Djanet** (505 km)

505 km Piste Kategorie B 2

Allgemeines

Da es sich hier um eine sehr lange Strecke handelt, bei der zwischen Tamanrasset und Djanet kaum Versorgungsmöglichkeiten bestehen, ist das Fahren im Geleit ratsam, allerdings nicht unbedingt Voraussetzung, da die Piste sowohl von einheimischen LKWs wie auch von Touristen zumindest in den Wintermonaten relativ häufig befahren wird. Geländegängigkeit des Fahrzeugs ist von Nutzen, aber nicht unbedingt nötig. Für einen gut ausgerüsteten VW-Bus z.B. bereitet die Strecke keine unüberwindlichen Schwierigkeiten. Allerdings führt vor allem die letzte Etappe vor Djanet über eine sehr unangenehme Wellblechpiste. Wer diese vermeiden will, muß auf den teilweise weichen Sandgrund neben der Piste ausweichen, wo sich aber selbst Geländewagen manchmal schwer tun. Schaufeln und Sandbleche sind deshalb unerläßlich.

Gutes, detailliertes Kartenmaterial empfiehlt sich. Steinhaufen und Metallstangen markieren die Strecke zwar (letztere geben sogar hin und wieder die km-Entfernungen an), während oder nach Sandstürmen können Spuren und Markierungen jedoch schwer erkennbar werden. Um Orientierungsschwierigkeiten zu vermeiden, sollte man sich stets an die Hauptspuren halten bzw. diese – bei Abweichen von der Piste – immer im Auge behalten. Die nachfolgenden km-Angaben können nur Anhaltspunkte geben, da sich je nach Fahrweise beträchtliche Abweichungen ergeben können (vgl. S. 77). Für die Strecke müssen drei bis vier Tage eingeplant werden.

Die Strecke gehört zu den landschaftlich schönsten ›Langstrecken‹ in der algerischen Sahara, da die Szenerie nie absolut flach ist. Die Piste führt anfangs durch die Ausläufer des Hoggar-Gebirges, später werden steinige Ebenen und sandige Oueds durchquert, und fast immer liegen Berge in Sichtweite. Besonders reizvoll wird dann die Fahrt ab Fort Gardel, wo die Piste zwischen dem zerklüfteten Südrand des Tassili n'Ajjer, einem grandiosen Hochplateau, und den Dünen des Erg d'Admer hindurchführt.

Für das Befahren der Strecke ist eine **amtliche Bewilligung** erforderlich, die man in der Wilaya von Tamanrasset bzw. (bei umgekehrter Fahrtrichtung) bei der Daira in Djanet einholen muß. Am jeweiligen Zielort ist diese Bewilligung wieder abzugeben. Treibstoff erhält man in Djanet häufig nur gegen Vorlage der dortigen Abmeldebescheinigung.

Das Grab von Agag Alemine bei Hirhafok

Streckenbeschreibung

Wir verlassen Hirhafok (Ortsbeschreibung vgl. Strecke Nr. 10) in Richtung Ideles–Djanet. Nach 4,3 km findet man an den ersten großen Felsbrocken links, direkt neben der Hauptpiste (wegen des Wellblechs verzweigen sich die Spuren häufig), schöne Gravuren von Rindern und Giraffen. Gehen Sie um die Blöcke herum; die schönsten Gravuren sehen Sie auf der hinteren Seite. Achten Sie ab hier darauf, daß Sie nicht von der Hauptpiste nach links abkommen. (Die ganz links verlaufenden Spuren münden nach etwa 8,5 km in die nach Mertoutek führende Piste [Strecke Nr. 12]). Bei km 9,3 liegen ca. 50 m abseits der Hauptpiste (rechts) mehrere Gräber. Bestattet ist hier u. a. Agag Alemine, der im 11. Jh. die Lehre des Islam in der Hoggar-Region einführte. Bei km 12,3 zweigt in nördlicher Richtung die Piste nach Mertoutek ab (vgl. Strecke Nr. 12). Das kleine Dorf **Tifokraouine** passieren wir nach ca. 24 km (links der Piste), und kurz danach, bei km 26,4, sehen wir etwa 100 m rechts der Piste den Krater Gararet liegen, dessen Inneres ca. 500 m im Durchmesser mißt. Die Piste zu den Oasen Tazrouk und Tahifet und weiter nach Tamanrasset zweigt bei km 27 nach rechts ab (Strecke Nr. 8). Bei km 31 befinden wir uns auf Höhe des Ortes Ideles (Zufahrt nach links ca. 1,5 km).

Ideles

Tankstelle (Versorgung unsicher), sonst keine Versorgungsmöglichkeiten außer Wasser (Quellwasser aus einer Leitung beim Palmengarten), vielleicht Gemüse, das die Bewohner frisch aus ihren Gärten verkaufen (Zwiebeln, Salat, Rüben, die wie Rettiche aussehen, Möhren), je nach Jahreszeit auch Obst (Pfirsiche und Aprikosen z. B. werden im Juni geerntet).

Ideles ist eine sehr fruchtbare und hübsch am Fuße des Berges Taderaz (1776 m) gelegene Oase, deren Häuser größtenteils aus

Tuareg-Schmied in Ideles

rötlichem Lehm bestehen (vgl. Farbabb. 6). Auffallend die riesigen Feigenbäume. Auch Feigenkakteen (Opuntien) und Getreide sieht man in den Gärten. In Ideles besteht die Möglichkeit, Schmuck, vor allem typischen Tuaregschmuck, direkt beim Schmied zu kaufen. Man läßt sich am besten von den Kindern zur Werkstatt führen. Dort kann man den Männern bei der Arbeit zusehen und das eine oder andere Stück kaufen oder einhandeln (silberne Anhänger, Armreifen, Ringe etc.).

Ausflug zum Berg Taderaz (1776 m) und Oued Ideles (ca. 5,7 km einfache Strecke): Wir verlassen Ideles in Richtung der Djanet-Piste und biegen gleich hinter den letzten Häusern (vor dem Fußballplatz) auf eine nach links führende Piste. Nach knapp 3 km gabelt sich diese. Wir halten uns rechts und fahren direkt auf das Bergmassiv des Taderaz zu. Die Piste endet nach ca. 5,7 km am Fuße des Berges und oberhalb des cañonartig eingeschnittenen Oued Ideles. Man kann über grobe Felsbrocken hinabsteigen auf den Grund und dort durch Oleanderbüsche und Schilfgras dem Lauf eines kleinen Baches folgen. Wenn man sich beim Abstieg etwas links hält, gelangt man zu einer kleinen, in früheren Zeiten wohl bewohnten Höhle (Rußspuren an der Decke). Die steil aufragenden Wände der Schlucht bestehen teilweise aus grotesk gewundenen Basaltsäulen.

Ausflug nach Istene (ca. 8,5 km einfache Strecke): Wir verlassen den Ort Ideles, passieren den linker Hand gelegenen Fußballplatz, überqueren nach 1,5 km die nach Djanet führende Hauptpiste und folgen den weiterführenden Spuren. Ca. 5 km von Ideles entfernt gabelt sich die Piste. Die nach rechts führenden Spuren enden nach einigen Kilometern bei der kleinen Siedlung Tezeit. Wir fahren links und folgen den Spuren weiter über schwarze Geröll- und Lavafelder. Nach reichlich 2 km gabelt sich die Piste erneut. Folgt man den Spuren nach rechts, erreicht man nach knapp 2 km die kleine Zeribasiedlung Istene. Auf den nach links führenden Spuren gelangt man nach ca. 1 km zum Oued Istene, von wo aus man zu Fuß in Richtung Nordnordost nach ungefähr 15 Minuten den Felsabbruch zur Guelta Istene erreicht.

Die Hauptpiste von Ideles nach Djanet führt nach Verlassen des Ortes Ideles zunächst noch durch die Ausläufer des Hoggar-Gebirges. 8,7 km nach der Ortsabzweigung Ideles bietet sich die Möglichkeit für einen Abstecher.

Abstecher zum Flußtal von Tarrenet (2 km einfache Strecke): Unmittelbar hinter einem Berg und vor einer geröllübersäten Ebene führen dünne Spuren nach rechts in südlicher Richtung. Sie stoßen nach ca. 2 km auf das Flußtal Tarrenet, in dem – je nach Niederschlägen – ein mehr oder weniger breiter Bach dahinfließt und wo man schöne Spaziergänge entlang des Wasserlaufs mit seinen Becken und kleinen Wasserfällen machen kann.

Es geht weiter über verschiedene Bergpässe; dunkles Geröll bedeckt weite Flächen, über die sich streckenweise eine sehr unangenehme Wellblechpiste zieht. Einige breite Oueds werden durchquert.

Alternativroute: Ungefähr bei km 95 (etwa 3 km nach Passieren der Markierungsstange ›F. G. 250 km‹) zweigt links eine ausgefahrene Piste ab, die nach ca. 127 km – etwa 6 km vor Serenout – wieder in die im folgenden beschriebene Hauptpiste einmündet. Diese nördliche Variante ist nicht markiert, allerdings gut erkennbar, und weist im Gegensatz zu unserer Piste weniger Wellblech auf. Sie kann, von einigen sandigen Passagen abgesehen, gut befahren werden, wirkt landschaftlich aber weniger reizvoll.

Wir passieren etwa bei km 110 den rechter Hand isoliert aufragenden Tafelberg Inouhaouene (1235 m) und nähern uns langsam dem mächtigen Massiv des Tellertheba (2420 m), der für die Weiterfahrt als guter Orientierungspunkt dient. Beim Passieren dieses Berges (etwa ab km 135) ist Vorsicht geboten: Das Gelände ist dort sehr sandig und am besten durch nördliches Umfahren zu bewältigen. Bald danach führt die Piste durch das schöne, ca. 15 km lange vegetations- und holzreiche Oued Ti-n-Hidene. Ca. 6 km vor Serenout mündet von links die oben beschriebene Alternativroute ein. (**Achtung:** Wer in Gegenrichtung fährt und nicht auf diese Alternativroute geraten will, muß sich hier links (Richtung SW) halten. Benutzer der Alternativroute fahren dagegen geradeaus weiter und achten im weiteren Verlauf darauf, daß sie nicht Spuren folgen, die zu lange in Hauptrichtung NW führen – immer weiter hinein in die Amadror-Ebene.)

Bei km 225 ist **Serenout** erreicht, ein durch Touristenunrat verdrecktes, verlassenes französisches Fort. Etwas abseits der Gebäude befindet sich ein Brunnen. Das Wasser ist natronhaltig und so trübe und schmutzig, daß ein Bad kaum zu empfehlen ist.

Alternativroute: Für Geländefahrzeuge im Geleit und ausschließlich für erfahrene Saharareisende, die mit Karte und Kompaß umgehen können, besteht die Möglichkeit, ab Serenout südlich der Hauptpiste nach Djanet weiterzufahren. Die Spuren beginnen auf Höhe des Forts, verlaufen zunächst in Richtung OSO, später in Hauptrichtung Ost, folgen dem Oued Tafassasset vorbei am Gebirgszug Amamoukene Oua Settefene. Nun geht es dem Erg d'Admer im Osten entgegen (ca. 75°; guter Orientierungs-

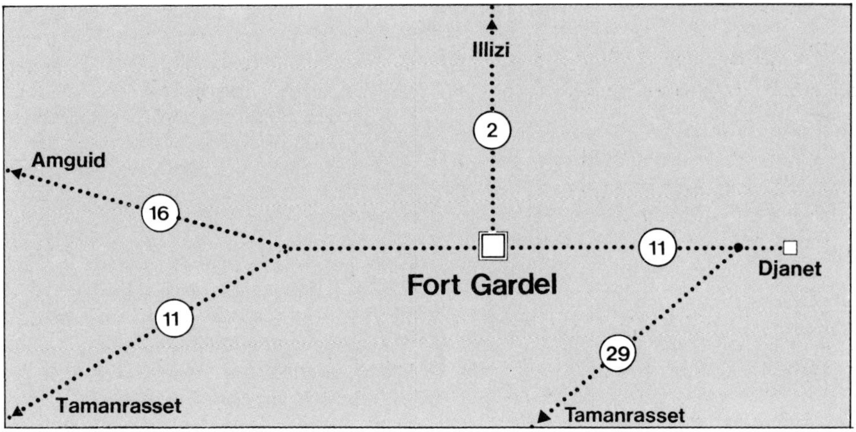

Strecken ab/bis Fort Gardel (mit den Nummern der Streckenbeschreibungen)

punkt: der Felskegel von Tahort, der aus den Dünen ragt). Der Erg wird rechter Hand des Felskegels überquert (vgl. auch Strecke Nr. 29), wofür ein geländegängiges Fahrzeug absolute Voraussetzung ist. Ca. 24 km vor Djanet stoßen unsere Spuren wieder auf die Hauptpiste.

Hinter Serenout führt die Hauptpiste in Richtung Nordost zunächst über eine steinige, flott befahrbare Kieselebene. Zwischendurch sind einige Weichsandstellen zu überwinden. Die Piste ist stellenweise schwer erkennbar, behält aber bis km 274 die Hauptrichtung Nordost bei. Immer gut auf Hauptspuren achten! Bei km 266 erreicht man das Oued Tafassasset, und bei km 274 stoßen wir an einem von einer Blechpyramide gekrönten, zerfallenen Markierungsstein auf eine große Piste, die linker Hand nach Amguid (vgl. Strecke Nr. 16) führt. (**Vorsicht bei der Fahrt in Gegenrichtung:** Wer sich vor dieser Abzweigung zu weit rechts abseits der Hauptpiste hält, wird u. U. den Markierungsstein verpassen und somit versehentlich auf die Amguid-Strecke geraten. Deshalb sollten Sie unbedingt, wenigstens auf den letzten Kilometern vor der Gabelung, der Hauptpiste folgen, damit Sie den Stein als zuverlässigen Orientierungspunkt nicht übersehen. An dieser Stelle knickt die Tamanrasset-Piste scharf nach SSW ab.) Wir biegen nach rechts in Richtung Djanet ein. Auf der Weiterfahrt besteht häufig keine Möglichkeit, die sehr unangenehme starke Wellblechpiste zu vermeiden. Zur Abwechslung müssen ab und zu einige weiche Sandfelder durchquert werden. Als ständig sichtbares Ziel haben wir den mächtigen Berg Tazat (2061 m) vor uns, den wir bei ca. km 310 in unmittelbarer Nähe passieren. Langsam kommen nun die Ausläufer des Tassili in Sicht. (Genaugenommen nennt sich das Gebirge bei Djanet ›Tassili n'Ajjer‹, denn das Wort ›Tassili‹ allein bedeutet lediglich ›Hochplateau‹ und findet deshalb auch in anderen Regionen der Sahara Verwendung.) Man ignoriert die verschiedenen nach rechts abzweigenden Spuren und folgt der markierten Hauptpiste, die auf den letzten 17 km nahezu in nördlicher Richtung verläuft. Bei km 366 erreicht man Fort Gardel.

Fort Gardel (auch: Zaouatallaz)

Tankstelle im Bau, Zoll, Wasser aus großem Brunnen in Ortsmitte, Café/Restaurant; sonst keine Versorgungsmöglichkeit. Übernachtungsmöglichkeit in Zeribas.

Meldung/Kontrolle bei der Polizei: *Noch vor wenigen Jahren fand man hier außer einem Brunnen nur einige Hütten.*

Inzwischen sind viele neue Gebäude entstanden, und es gibt sogar eine Art Fremdenverkehrsbüro, an das Sie sich bei Ausflügen in die interessante Umgebung (z. B. Felsbilder) wenden müssen. Der unter Landschaftsschutz stehende Tassili-Nationalpark darf offiziell nur in Begleitung eines vom Fremdenverkehrsbüro vermittelten Führers besucht werden (Preise vorher aushandeln!). Ab hier muß auch einen Führer nehmen, wer die Felsgravuren von Tinterhert (vgl. Strecke Nr. 2) besuchen will.

Bei Fort Gardel mündet von Norden her die von Illizi kommende Piste (vgl. Strecke Nr. 2) ein. In südlicher Richtung gehen hier Spuren ab, die die Direktstrecke Serenout – Djanet (vgl. S. 176) kreuzen und, dem Oued Tafassasset folgend, weiter nach Süden führen.

Wir verlassen Fort Gardel auf der Hauptpiste etwa in östlicher Richtung. Auf der folgenden Route, wohl der schönsten Wüstenstrecke in ganz Algerien, wird die Landschaft immer grandioser. Von Norden her rücken die bizarren schwarzen und roten Felsen des Tassili n'Ajjer immer näher an die Piste, und bald breitet sich im Süden das riesige Dünenmeer des Erg d'Admer aus. Abgesehen von einigen sandigen Oueds, die man durchfahren muß, weist die Piste nahezu auf der ganzen Strecke bis Djanet die Struktur eines quer zur Fahrtrichtung gepflügten Ackers auf. Man hat meist nur die Wahl zwischen dem nervenaufreibenden Wellblech auf der Piste oder sehr weichem Sand mit der Gefahr häufigen Einsandens daneben. Für nicht geländegängige Fahrzeuge empfiehlt es sich, auf oder wenigstens nahe der Piste zu bleiben, da außerhalb im Sand selbst kräftige Geländewagen teilweise hart kämpfen müssen, um nicht steckenzubleiben.

Von den vielen, teilweise reich bewachsenen Oueds, die man durchquert, verdient das breite, flache Oued Assassou, knapp 90 km von Fort Gardel entfernt, besonderes Interesse. Es ist mit dürren Grasbüschen und am Taleingang mit auffallend vielen Koloquinten (Bitterkürbissen) bewachsen und führt nach Nordosten hinein in das schön Assassou-Tal.

Ausflug in das Assassou-Tal (8 km einfache Strecke): Mit geländegängigen Fahrzeugen kann man in das einsame Assassou-Tal hineinfahren. Es handelt sich dabei allerdings um eine ziemlich wilde Slalomfahrt zwischen gras- und buschbewachsenen kleinen Dünen hindurch auf weichem Untergrund. Häufige Gefahr des Einsandens! Nach 8 km schweißtreibender ›Kurverei‹ gelangt man zu einer romantisch wirkenden Felsgruppe. Durch Erosion sind hier Felstürme und Höhlen entstanden. In den Überhängen der umliegenden Felsen finden sich einfache Felsmalereien, Kamele, Männchen, manchmal auch nur undefinierbare Kritzeleien. Große, farbenfrohe Eidechsen huschen umher, und in der Nähe kann man mehrere Steinkreise (ca. 5 m im Durchmesser), vermutlich alte Grabstätten, entdecken.

Etwa 24 km vor Djanet, bei den ersten Vorbergen, stoßen von rechts die Spuren der über den Erg d'Admer führenden Route von Tamanrasset über Tiririne (vgl. Strecke Nr. 29) bzw. der oben erwähnte Alternativroute von Serenout auf unsere Piste. Ca. 19 km vor Djanet führt die Strecke eng zwischen den Bergen hindurch. Hier bieten sich seitlich in den Felstälern schöne Übernachtungs- und Lagermöglichkeiten. Aber auch hier wieder Vorsicht walten lassen: sehr weicher Sand!

Dann führt die Piste steil hinunter ins Tal. Wir passieren ein großes Militärgelände (Fotoverbot!) und stoßen knapp 5 km vor Djanet auf die breite, geteerte Verbindungsstraße zum Flughafen. Auf dieser ›schweben‹ wir nach Norden (links) und erreichen bei km 505 Djanet.

Djanet (früher: Fort Charlet)

Tankstelle, Bank (nur Bargeld), Zollstation, Post, Zeriba-Hotel mit Campingmöglichkeit, Reparaturwerkstätte, Bäcker, Markt, beschränkte Lebensmittel-Versorgung, Krankenhaus. Büro der Air Algérie, Versicherungsbüro (SAA), Fremdenverkehrsbüro (ONAT) sowie private Tourenvermittler. Flugplatz.

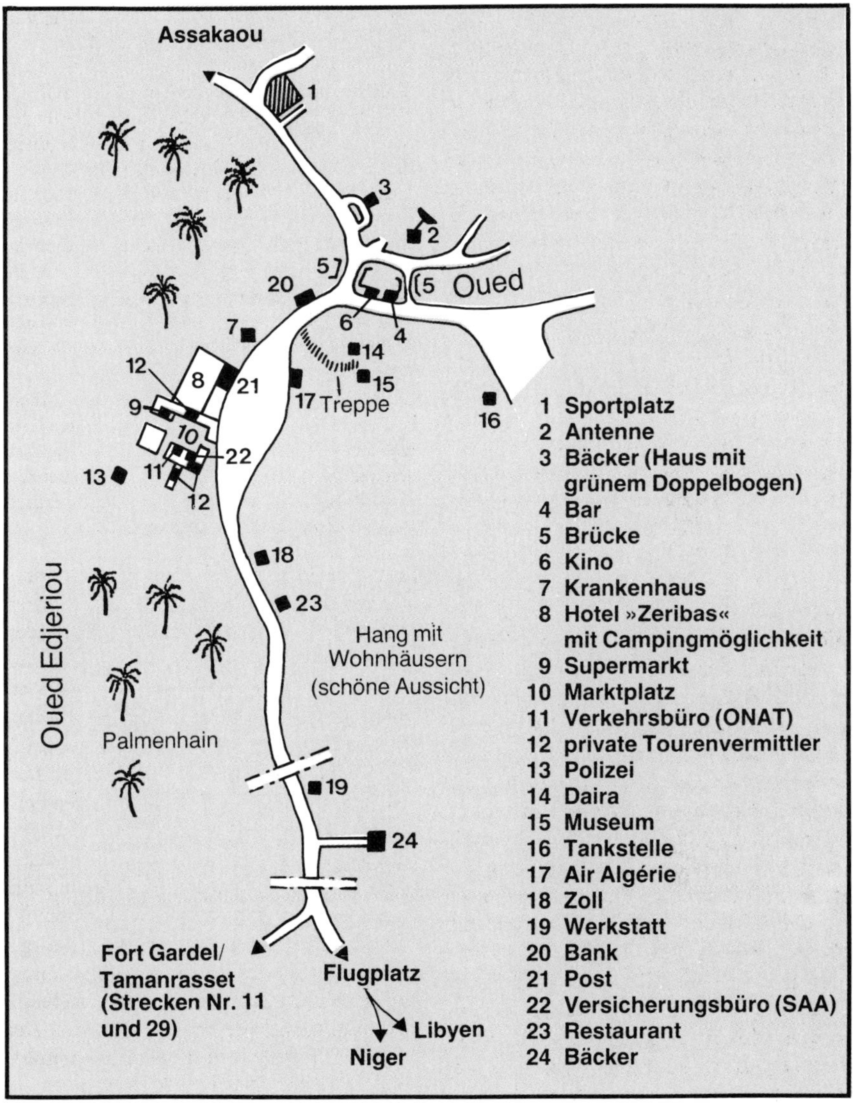

Djanet: Ortsplan

Meldepflicht beim Zoll (Paß- und Devisenkontrolle), bei der Polizei und in der Daira (Kontrolle bzw. Ausstellung der Fahrtgenehmigung) für alle (auch für nicht grenzüberschreitende!) Touristen; Zollabfertigung für Reisende von und nach Niger *oder* Libyen *(diese Grenzübergänge sind häufig geschlossen).*

Das Übernachten im Palmenhain ist nicht gestattet. Wenige Kilometer außerhalb von Djanet (in allen Richtungen) gibt es aber ruhige und hübsche Übernachtungsmöglichkeiten zwischen den Felsen. Offiziell wird von den Lokalbehörden Hotelübernachtung vorgeschrieben. Auch versuchen die Behörden, Ausflüge mit dem eigenen Fahrzeug in die unter Landschaftsschutz stehende Umgebung Djanets dadurch zu unterbinden, daß Treibstoff im allgemeinen erst am Tag der Abreise und häufig nur gegen Vorlage der Abmeldebestätigung der Daira ausgegeben wird. Djanet sollte deshalb möglichst noch mit Treibstoffreserven erreicht werden, um durch diese Vorschriften nicht in der Bewegungsfreiheit eingeengt zu werden.

Djanet, das aus den drei Ortsteilen El Mihane, Adjahil und Azelouaz besteht, wird auch ›Perle der Oasen‹ genannt (vgl. Farbabb. 4). Egal aus welcher Richtung man kommt, ob von Norden her über Illizi, von Süden aus Richtung Bilma (Niger), von Westen aus Richtung Tamanrasset oder von Osten aus Richtung Ghat (Libyen), immer hat man einen langen, beschwerlichen Weg hinter sich. Beim Auftauchen der ersten Palmen, beim Anblick der malerisch an den Hang geklebten Häuser freut sich jeder Reisende darüber, wieder unter Menschen zu sein, dazu noch in so faszinierender Umgebung. Das romantische Flair Djanets verblaßt allerdings zusehends, zumindest aus touristischer Sicht. Überall wird gebaut, der Ort mehr und mehr modernisiert. Der Ankommende passiert als erstes das triste, stacheldrahtumzäunte Kasernengelände. Er rumpelt nicht mehr wie früher auf einem staubigen Hauptweg ins Dorf, sondern kann auf einem breiten, von hohen Bogenlampen gesäumten Asphaltband seit Tagen wieder einmal seine höheren Gänge betätigen. Die Asphaltstraße reicht weit hinaus in Richtung Oued In Debirene zum neuen Großflughafen. Baustellen, Bagger, Planierraupen mögen manche Erleichterung für die Oasenbewohner bringen – dem Touristen war das ›alte Djanet‹ lieber. Man sollte sich trotzdem unbedingt die Zeit für einen ausgedehnten Spaziergang durch die Oase nehmen. Es lohnt sich, zwischen den am Hang klebenden Häusern auf schmalen Pfaden die Höhe zu erklimmen. Man bekommt dabei etwas Einblick in die Wohnweise der Einheimischen, erhascht hin und wieder einen Blick in eines der Häuser oder in die Höfe und genießt immer wieder die Aussicht über die Dächer bzw. Dachterrassen hinunter auf das grüne Band der Palmengärten, das sich durchs Tal zieht. Die alten Häuser wurden fast ausschließlich an den Hang gebaut und breiten sich in labyrinthischer Unordnung bis hoch über die Talsohle aus.

Angenehmen Schatten bieten die Wege im Palmenhain. Die Gärten dort sind eingezäunt, doch kann man durch die Schilfzäune hindurch erkennen, was dahinter wächst: Karotten, Rüben, Salat, Tomaten, wogende Kornfelder und sogar Obstbäume und blühende Sträucher. Darüber erheben sich Tausende von Palmwipfeln.

1911 bauten die Franzosen im heutigen Djanet ihr Fort Charlet als Verteidigungsstützpunkt gegen die Senoussi, eine fanatische islamische Sekte aus Libyen, die sich mit Waffengewalt und teilweise mit Unterstützung von Tuareg-Stämmen gegen ausländische Eindringlinge erhob. Die Franzosen wollten ein Vordringen der Senoussi zum Hoggar-Gebirge verhindern, konnten aber Attacken auf Tamanrasset dennoch nicht unterbinden (bei einem Senoussi-Angriff auf ›Tam‹ kam 1916 Pater Foucauld ums Leben; vgl. S. 58).

Mit Djanet hatten sich die Franzosen einen zwar extrem abgelegenen, aber auch sehr malerischen und fruchtbaren Winkel ausgesucht. Der Talgrund wird von mehreren Quellen bewässert, die den Anbau von Dattelpalmen und die Anlage von Gärten ermöglichen. Das unmittelbar hinter Djanet aufragende Tassili-Gebirge bot – neben einer reizvollen Kulisse – ausreichende Rückendeckung. Berühmt und interessant für den Tourismus wurde Djanet allerdings erst in den 50er Jahren, als eine Expedition unter Henry Lhote in der Umgebung Tausende von Felszeichnungen entdeckte (vgl. S. 65). Später folgende Veröffentlichungen weckten auch in Europa Interesse für das hier gelegene riesige ›Freilichtmuseum‹. Erste Neugierige kamen nach Djanet, um die von den früheren Bewohnern hinterlassenen Spuren aus prähistorischen Zeiten zu besichtigen. Djanet wurde so ein touristischer Anziehungspunkt. Seine Lage – weitab von Teerstraßen – hat es bisher verhindert, daß die Oase von Touri-

sten ›überschwemmt‹ wurde. Der neue Flughafen und der Straßenausbau können daran jedoch einiges ändern. Im Frühjahr (das genaue Datum wechselt) findet ein großes Folklorefest statt.

Organisierte Ausflüge ab Djanet

Das Hochplateau des Tassili n'Ajjer wurde von der algerischen Regierung unter Landschaftsschutz gestellt mit der Folge, daß Bergtouren wie auch Fahrten mit dem Wagen ohne offiziellen Führer heute verboten sind. Unabhängig davon, wie man zu diesem Verbot stehen mag, scheint es ohnehin nicht ratsam, das Plateau ohne einheimischen Führer zu besteigen und auf die Suche nach den Felsmalereien zu gehen. Zwar läßt sich der Aufstieg anhand der schmalen Trampelpfade vielleicht noch ohne fremde Hilfe finden, doch dürfte es selbst mit ausführlichstem Kartenmaterial so gut wie unmöglich sein, sich auf der Hochebene und vor allem in den Felstälern, dem chaotischen Durcheinander von Haupt- und Seitentälern, Felswänden, Felstürmen, Felsplatten und -blöcken zurechtzufinden. Auf dem harten Untergrund sind keine Fußspuren, keinerlei Wege zu erkennen. Abgesehen davon könnte man die Felszeichnungen ohne genaueste Kenntnis des Terrains ohnehin unmöglich aufspüren, da sie oft kilometerweit auseinanderliegen und meist noch unter überhängenden Felsen verborgen sind.

Sehr hart trifft viele Besucher jedoch das Verbot des Filmens auf dem Plateau (bezügl. Sondergenehmigung vgl. Kapitel ›Tips für Filmer‹, S. 331 ff.). Welcher Sinn hinter dieser Vorschrift steckt, wird nicht ganz ersichtlich. Vorstellbar ist höchstens (allerdings müßte dann konsequenterweise auch das Fotografieren verboten sein), daß die Regierung auf diese Weise die Gefahr vermindern will, daß Besucher die Felsbilder zur Verbesserung der filmischen Ergebnisse mit Steinen oder Farben ›nachziehen‹ oder zur Verdeutlichung der Kontraste bzw. Intensivierung der Farben befeuchten. Was Jahrtausende allen Witterungseinflüssen standhielt, wird auf diese Weise durch Dummheit oder vielleicht nur Gedankenlosigkeit Einzelner binnen kurzem zerstört.

Für das Fotografieren muß (im Museum) eine Sondererlaubnis beantragt werden; hierzu sind die Vorlage des Tourenbuchungsbelegs und (gelegentlich) die Zahlung einer Gebühr erforderlich. Fotografieren mit Blitzlicht ist generell verboten. **Achtung:** Der steile Aufstieg aufs Plateau und auch der Abstieg erfordern eine gewisse Kondition und Trittsicherheit (festes Schuhwerk!). Ungeübte tun sich u. U. schwer.

Im einzelnen werden vom Fremdenverkehrsamt Djanet (ONAT) bzw. den privaten Agenturen Tim Beur und Agence Admer u. a. folgende Ausflüge angeboten (Preise und Programme weichen voneinander ab; ein Vergleich lohnt sich!):

1- oder 3-Tages-Ausflüge nach Jabbaren: mit Geländewagen bis zum Akba Aroun (30 km pro Strecke), steiler, beschwerlicher Aufstieg auf das ca. 600 m höher gelegene Plateau. Wanderung durch bizarre Felslandschaften zu den verschiedenen Felsbildern. Preise vgl. umseitige Tabelle.

3- bis 5-Tages-Ausflüge nach Tamrit/Sefar/Tin-Tazarift: Bei allen diesen Touren wird zunächst Tamrit besucht, ab der 4-Tages-Tour außerdem Sefar und bei der 5-Tages-Tour dazu Tin-Tazarift. ›Unterkunft‹ gibt es nur in Tamrit. Dort stehen Zelte mit Matratzen und Wolldecken zur Verfügung (Schlafsäcke müssen in jedem Fall mitgebracht werden). Die Nächte in Sefar und Tin-Tazarift verbringen die Teilnehmer im Freien unter schützenden Felsüberhängen. Die Mahlzeiten bestehen aus Frühstück (Kaffee oder Tee, Brot und Marmelade), einem Picknick-Mittagessen und einer warmen Abendmahlzeit, wobei angesichts der beschränkten Versorgungsmöglichkeiten in Djanet und des mühsamen Transports hinauf aufs Plateau mit extrem bescheidenen Mahlzeiten zu rechnen ist.

Die Ausflüge über Tamrit zu den Felsbildern sind wie folgt organisiert: Am ersten Tag bringt ein Landrover die Touristen zu dem 15 km entfernten Tafilalet am Fuße des Plateaus. Dort wird das schwere Gepäck (Schlafsäcke, Wasserkanister etc.) auf Esel verladen. Achtung! Sie kommen erst zur Mittagszeit in Tamrit wieder an ihr Gepäck heran, da die Eseltreiber mit den Tieren einen anderen Aufstieg wählen. Behalten Sie deshalb Fotoapparat, Getränkeflasche und andere wichtige Dinge bei sich! Der Aufstieg auf das 500 m höher gelegene Plateau (und bei der Rückkehr der entsprechende Abstieg) stellt die beschwerlichste Etappe dar. Es bedarf einiger Kletterei über verschiedene Felsstufen, und der Tourenveranstalter bittet Damen deshalb, in langen Hosen zu erscheinen. Schon unterwegs und erst recht auf der Plateauhöhe bieten sich herrliche Ausblicke in die Fels-

Preisbeispiele für Ausflüge ab Djanet pro Person in DA (Stand 1987)
A.) Tassili/Tamrit-Tour mit (in Klammern ohne) Unterkunft und Verpflegung 4–8 Teilnehmer: 3 Tage 1056 (672); 4 Tage 1405 (871); 5 Tage 1752 (1100) B.) Jabbaren-Tour mit (in Klammern ohne) Unterkunft und Verpflegung 4–8 Teilnehmer: 1 Tag 280 (180); 3 Tage 1223 (809) Bezüglich der (in Relation zur Leistung) unverhältnismäßig hoch erscheinenden Zuschläge für Verpflegung muß die schlechte Versorgungslage Djanets berücksichtigt werden.

schluchten und hinaus in die weiten Ebenen bis hin zu den Dünen des Erg d'Admer. Die Führer (Tuareg) machen häufig Rast und legen generell ein recht gemächliches Tempo vor. Auf dem Hochplateau geht es dann längere Zeit ziemlich eben dahin. Bizarre Felsformationen werden durchwandert. Am eindrucksvollsten aber wirkt Tamrit, das man am späten Vormittag erreicht, ein grandioses Chaos von phantastischen Felstürmen, Pfeilern, von der Erosion grotesk geformten Steinmonumenten. Die Mittagsrast beträgt jeweils ca. 3–4 Stunden. Unmittelbar am Rastplatz Tamrit beginnt das Tal der Zypressen, das am Ende in einen grandiosen Cañon abfällt und das bei den späteren Ausflügen auch durchwandert wird. Tausendjährige Bäume, die sonst vorwiegend im Mittelmeerklima gedeihen, konnten hier überleben.

An den folgenden Tagen marschiert man in gemächlichem Tempo und gemütlichen Etappen durch die prächtige Bergwelt des Tassili zu den verschiedenen Fundorten der Felsbilder (vgl. S. 68). Übernachtet wird dann (bei der 4- und 5-Tages-Tour) im Freien an bestimmten Lagerplätzen in der Nähe der Felsbilder. Am vorletzten Tag kommt man wieder zur Übernachtung nach Tamrit zurück.

Allgemeine Tips: Empfehlenswert für alle Touren ist die Mitnahme eines kleinen Rucksacks, der die wichtigsten Dinge für unterwegs aufnehmen kann, so daß man die Hände frei hat zum Fotografieren und Klettern. Wasservorrat für die Dauer der Wanderung sollte in einem kleinen Kanister mitgeführt werden, wobei damit zu rechnen ist, daß auch die Tuareg sich aus Ihren auf die Esel gebundenen Kanistern bedienen und diese dann mit Wasser aus den unterwegs anzutreffenden Gueltas wieder auffüllen (Desinfektionsmittel einpacken). Eine Getränkeflasche (eventuell auch Getränkepulver) gehört mit ins Gepäck, ferner Schlafsack, Waschzeug, eine Taschenlampe, warme Kleidung (die Temperaturen können nachts im Winter unter den Gefrierpunkt sinken!) und Sonnenschutz. Tragen Sie *feste* Wanderschuhe oder leichte Bergstiefel. Wer nicht ›mit Verpflegung‹ gebucht hat, muß auch entsprechende Lebensmittelvorräte einpacken. Für das Kochen von Mahlzeiten und Wasser empfiehlt sich u. U. die Mitnahme eines kleinen Esbitkochers; Holz ist auf dem Plateau Mangelware.

Weitere organisierte Ausflüge: Für weitere Ausflüge in die Umgebung (auch nach eigener Zielwahl) können Geländefahrzeuge mit Chauffeur gemietet werden. Im Angebot befinden sich auch diverse Rundfahrten (bis zu 13 Tagen), mehrtägige Trekking-Touren in abgelegene Regionen des Tassili N'Ajjer sowie Meharées (Kamelritte). Die Preise für letztere – je nach Teilnehmerzahl und Dauer – schwanken etwa zwischen DA 140 und 200 pro Tag und Person (ohne Verpflegung und Unterkunft). Ein Geländefahrzeug (Platz für 4 Personen) mit Chauffeur kostet pro Tag ca. 1200 DA.

Preise für Ausflüge richten sich generell nach der Teilnehmerzahl, d. h. es wird billiger, je mehr Personen mitmachen. Vor der Buchung sollte man deshalb eventuell auf die Suche nach Gleichgesinnten gehen. Für Gruppen von 10 und mehr Personen wird ein Nachlaß gewährt; es gibt keine Ermäßigung für Kinder. Die Touren sollten nach Möglichkeit im voraus gebucht werden, denn man kann nicht damit rechnen, daß stets unmittelbar nach Ankunft in Djanet genügend Führer, Esel und Eselstreiber für die gewünschte Tour zur Verfügung stehen. Die Bezahlung hat in bar (Dinar) zu erfolgen. Schriftliche Vorausbuchung an: Agence ONAT, Place du Marché, Djanet, Algerie (Tel. 73 50 24; Telex 4 20 14) oder Tim Beur, B. P. 27 (Telex 4 20 24) oder Agence Admer, B. P. 19 (Tel. 73 52 78).

Ausflüge auf eigene Faust ab Djanet

Von Djanet aus gibt es – neben den beschriebenen organisierten Touren – zahlreiche weitere Ausflugsmöglichkeiten, da die Umgebung der Oase – egal in welcher Richtung – überall reizvoll und sehr abwechslungsreich ist. Zu beachten ist jedoch, daß Ausflüge in den unter Landschaftsschutz stehenden Tassili-Nationalpark im eigenen Fahrzeug und ohne Führer nach offizieller Auskunft der Daira verboten sind!

Ausflug nach Assakaou: Ziel dieses Ausflugs ist eigentlich die ca. 43 km entfernte Guelta von Bey-Bey, in deren Umgebung Felsgravuren und Felsmalereien zu finden sind. Eine Piste führt ca. 40 km weit in diese Gebirgsregion hinein, doch kann diese nur etwa bis zur Hälfte ohne größere Probleme befahren werden (nach letzten, unbestätigten Informationen soll diese Piste inzwischen ausgebaut sein). Nach ungefähr 22 km ist ein Weiterkommen nur noch für geländegängige Fahrzeuge möglich, da der Weg durch steinige Gräben, über geröllübersäte, steile Pässe und zwischen großen Felsbrocken hindurchführt. Bei ca. km 29 gibt es auch für geländegängige Fahrzeuge derzeit kein Durchkommen mehr, so daß die Guelta und die Felsbilder ab dort nur in einem anstrengenden Tagesmarsch von (hin und zurück) ca. 25–30 km erreicht werden können. Auch ohne einen Besuch der Guelta lohnt es sich jedoch, wenigstens die ersten ca. 20 km dieser Strecke zu befahren. Die Piste führt durch landschaftlich recht interessantes Gebiet. Faszinierend wirken vor allem immer wieder die eigenartigen Erosionsformen der Felsen: pilzförmige Brocken, Gesteinsmassen, die mit ihren Höhlen, Löchern, Ausbuchtungen und Überhängen an riesige Schweizer Käse erinnern, große ›Elefantenbuckel‹. An den vegetationsreicheren Stellen kann man auf Nomaden stoßen.

Man erreicht die Piste nach Assakaou, indem man Djanet in Richtung Nordnordwest verläßt, d. h. den Marktplatz und das Hotel links liegen läßt, kurz danach links über die Brücke fährt und (am Sportplatz vorbei) dem Oued Edjeriou folgt. Nach Passieren der letzten Gebäude des Ortsteils Azelouaz wird in Fahrtrichtung voraus ein Bergeinschnitt erkennbar, auf den man zufährt und den man bei ca. km 7 erreicht. Die Piste folgt weiterhin dem nun sehr engen Oued Edjeriou. Bei km 10, an einer Gabelung, halten wir uns rechts. Die Strecke führt über eine weite, sandige Ebene und zieht dann hinein in die erwähnten eigenartigen Felsgruppen.

Die mysteriöse Felsrinne zwischen Djanet und Assakaou: oft als alte Kultstätte gedeutet, nach Aussagen der Einheimischen nichts anderes als eine Art Rutschbahn für die Kinder

An einer schrägen Felsplatte (rechts der Piste) fällt eine etwa 15 cm breite, flach geschliffene, helle Rinne auf, die geradlinig über ca. 15 Meter vom oberen Rand der Platte bis hinunter zum Boden verläuft. (Eine ähnliche Rinne findet sich auch auf einem Felsen links an der Straße zwischen Djanet und dem Flughafen; s. u.) Wissenschaftliche Publikationen stellen die Hypothese auf, daß es sich hierbei eventuell um eine ›Blutrinne‹ handelt, die von früheren Kulthandlungen zeugt. Ein Tuareg-Nomade, den wir als Anhalter mitnahmen, lachte, als wir ihn um seine Deutung baten. Er hieß uns anhalten und führte uns vor, wozu diese Rinnen angeblich dienten bzw. dienen: Er suchte sich eine Steinplatte

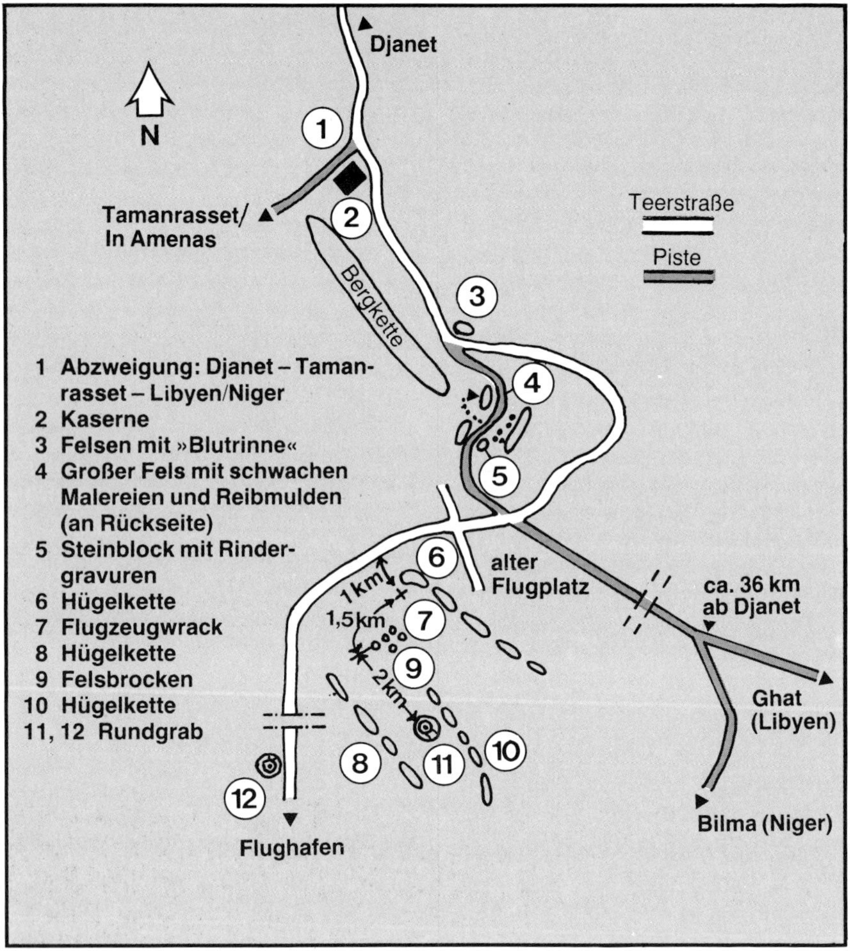

Djanet: Umgebungsplan (die Nummern beziehen sich auf die folgende Beschreibung)

vom Format eines Skateboards, stellte sich am oberen Rand der Rinne mit beiden Füßen darauf und schlitterte fröhlich johlend in der Hocke nach unten. Dies sei ein beliebter und weit verbreiteter Vergnügungssport der Oasen- und Nomadenkinder, erklärte er uns. Blutrinne? Von so etwas hatte er nie gehört!

Im weiteren Verlauf der Piste gehen die großen Felsen mehr und mehr in Geröllhalden über. Der Weg wird steiler, steiniger, schwieriger. Immer mehr Gräben und Bachbetten sind zu überqueren, die Piste wird auch immer schmaler und im Geröll immer schlechter erkennbar. Auch sehr mutige Fahrer sollten daran denken, daß man zum Umkehren irgendwo wenden muß. Wo Vorwärtskommen kaum mehr möglich ist, wird Rückwärtsfahren zur Qual.

Ausflug zu den Felsbildern in der Nähe des alten Flugplatzes und zu vorislamischen Rundgräbern (Geländegängigkeit des Fahrzeugs ist nicht erforderlich. Die folgenden Zahlenangaben in Klammern beziehen sich auf die Nummern im Umgebungsplan): Wir verlassen Djanet auf der zum Flughafen (im Oued In Debirene) führenden Teerstraße nach Süden. Nach 9 km (4,7 km nach der Abzweigung [1] in

Richtung Fort Gardel/In Amenas bzw. Tamanrasset) liegt links der Straße ein großer Felsblock (3) mit einer langen ›Blutrinne‹ (vgl. Ausführungen auf S. 183). An der dortigen Linkskurve verlassen wir die Teerstraße auf einer Piste nach rechts. Wir passieren ein kleines, von einem Flüßchen gespeistes Biotop und finden nach zwei Pistenkilometern, kurz vor Eintritt in die weite ehemalige Flugplatzebene, rechts der Piste an der Rückseite des vorletzten großen Felsens (4) schwache Malereien von Giraffen sowie Reibmulden im Fels. Kurz danach liegen direkt an der Piste links, am Fuße eines Geröllhanges, große Felsblöcke. Auf dem letzten, größeren Block (5) sind herrliche Gravuren zu entdecken. Sie fallen vor allem ins Auge, wenn man aus der entgegengesetzten Richtung kommt. Es handelt sich um Abbildungen von fast lebensgroßen Rindern, deren Umrisse tief in den Stein gegraben sind (vgl. untenstehendes Foto). Augenhöhlen und Nasenlöcher wurden durch tiefe Mulden gekennzeichnet; durch Glattpolieren bestimmter Stellen hat der Tierkörper ein ›Fellmuster‹ erhalten.

Für die Weiterfahrt zu den Rundgräbern folgen wir der Piste weiter bis zur breiten Flughafenstraße, in die wir nach rechts einbiegen. Ca. 1,2 km nach einer Straßenkreuzung verlassen wir die Straße nach links und fahren querfeldein hinter den ersten Hügel (6) einer langgezogenen Hügelkette. Nach etwa einem Kilometer finden wir am Fuße dieser Hügelkette das Wrack eines Flugzeugs (7), das hier bereits vor vielen Jahren abgestürzt und längst ausgeschlachtet ist. Offensichtlich hat es etwas zu früh zur Landung angesetzt (vgl. Foto S. 186). Wir fahren noch ca. 1,5 km weiter in Richtung WSW auf eine weitere Hügelkette (8) zu. (Wem die folgende Strecke zu sandig ist, lasse diesen Abstecher aus und folge der Teerstraße bis zum Grab Nr. 12.) Vor Erreichen dieser Kette biegen wir links ein, lassen zur Linken einige kleinere Felsbrocken (9) liegen und fahren dann zwischen den Hügelketten (8 und 10) 2 km weit in das Tal hinein. Dort stoßen wir in der Ebene (man erkennt die Stätte erst kurz vor Erreichen) auf ein großes, vorislamisches Rundgrab (11). Das Zentrum des Grabes (vgl. Foto auf S. 186) bildet ein großer Steinhaufen, der von zwei konzentrischen Steinkreisen umrahmt wird, deren äußerer einen Durchmesser von ca. 25 m aufweist. Vom Zentrum aus laufen ferner zwei parallele Steinreihen durch die Kreise nach außen. Eine solche, in dieser Größe und Vollkommenheit sehr selten vorkommende Grabanlage nennt man ihrer Form wegen auch

Rindergravuren beim alten Flugplatz von Djanet

Beim alten Flugplatz von Djanet: inzwischen ausgeschlachtetes Wrack eines Flugzeugs, das zu früh zur Landung ansetzte

Vorislamische Grabanlage bei Djanet, wegen ihrer charakteristischen Form ›Schlüssellochgrab‹ genannt

›Schlüssellochgrab‹. Ein ähnlich gut erhaltenes Rundgrab (12) können wir auch direkt rechts neben der Teerstraße finden, und zwar reichlich 10 km nach der oben erwähnten Straßenkreuzung (Fahrtrichtung Flughafen).

Von Djanet nach Libyen und Niger

Ausreise von Djanet nach Libyen (Ghat): Bitte erkundigen Sie sich rechtzeitig vor Reiseantritt und auch unterwegs noch bei entgegenkommenden Reisenden, ob der Grenzübergang von Algerien nach Libyen für Touristen offen ist. Sperren und Freigaben unterliegen oft einem schnellen Wechsel. Die landschaftlich sehr reizvolle, ca. 230 km lange Strecke nach Ghat fällt unter die Kategorie C (amtliche Bewilligung der Daira in Djanet und das Fahren im Konvoi sind vorgeschrieben). Geländegängigkeit des Fahrzeugs ist in dieser Fahrtrichtung (sandiges Gefälle) nicht unbedingt erforderlich, doch sollten nur erfahrene Wüstenfahrer sich an diese einsame Strecke wagen. Gutes Kartenmaterial, Treibstoff-, Wasser- und Verpflegungsreserven sind nötig. Die Strecke weist einige sehr sandige sowie auch längere steinig-holprige Felspassagen auf (große Bodenfreiheit erforderlich). Bei ca. km 190 erreicht man die algerische Militärstation von Tin Alkoum (keine Versorgungsmöglichkeit), etwa 15 km weiter das libysche Zollgebäude. Treibstoff und beschränkte Versorgungsmöglichkeiten gibt es dann erst wieder in der Oase Ghat, wo man sich beim Polizeiposten und der Zollstelle melden muß.

Ausreise von Djanet nach Niger (Bilma): Für das Befahren des algerischen Streckenabschnitts sind eine amtliche Bewilligung sowie die Bildung eines Konvois aus mindestens zwei geländegängigen Fahrzeugen erforderlich. Diese Fahrgenehmigung hat nur Gültigkeit für algerisches Gebiet. Nach amtlicher Auskunft aus Niamey ist das **Befahren** der weiterführenden Strecke auf Nigergebiet **verboten!** Zuwiderhandlungen verursachen nicht nur großen Ärger in Bilma und Agadez, sondern führen zum Landesverweis. Einzige offizielle Grenzübergangsstelle zwischen Algerien und Niger ist Assamaka an der Strecke Tamanrasset – Agadez (vgl. Strecke Nr. 19).

Strecke Nr. 12

Hirhafok – Mertoutek (Teffedest-Gebirge)

92 km Piste Kategorie C

Allgemeines

Obwohl diese Piste die einzige Zufahrt zur Oase Mertoutek darstellt und weder Orientierungsschwierigkeiten noch Probleme vom Gelände her aufwirft (es gibt lediglich einige Wellblechetappen und sehr staubige Durchfahrten), wird sie nur selten befahren. Landschaftlich ist die Strecke größtenteils sehr reizvoll; sie führt vorbei an Vulkanen, durch interessante Felsformationen und durch baumbestandene Wadis hinein ins Teffedest-Gebirge. Die Fahrtzeit beträgt etwa 3–4 Stunden.

Das Teffedest-Gebirge, diese im Norden des Hoggar gelegene, nur ca. 30 km breite und 130 km lange Granit-Gebirgskette, ist vom Tourismus bisher noch relativ verschont geblieben. Es gibt hier auch keinerlei Durchgangsverkehr, da die Piste in dem Felstal von Mertoutek endet. Ein lohnendes Ziel dürfte das Teffedest für Bergsteiger sein: Der Garet el Djenoun (2330 m) im Norden des Massivs bietet mit seinen steilen Wänden, der guten Felsqualität und schönen Ausblicken geradezu ideale Kletterbedingungen. Im Jahr 1935 wurde er erstmals von zwei Franzosen bestiegen (Literatur für Bergsteiger: M. Fantin: ›Uomini e montagne del Sahara‹, Tamari, Bologna 1970). Auch der 10 km nördlich von Mertoutek gelegene Gipfel In Acoulmou, mit 2336 m der höchste Berg des Gebirges, dürfte für Alpinisten anziehend sein. Der Grund, weshalb das Teffedest im Vergleich zum Hoggar kaum von Touristen besucht wird, liegt hauptsächlich darin, daß es umständlicher zu erreichen ist und daß es an einer geeigneten Versorgungsbasis fehlt. Da in Mertoutek so gut wie keine Versorgungsmöglichkeiten bestehen, müssen alle Unternehmungen von Tamanrasset aus gestartet werden. Die schnellste und einfachste Anfahrt erfolgt zunächst über die Teerstraße Richtung In Salah (also nicht über den Assekrem) und dann auf Strecke Nr. 9 (In Amguel–Hirhafok).

Während in früheren Zeiten die Täler des Teffedest ausreichenden Weidegrund für nomadisierende Tuareg boten, haben sich die Nomaden wegen der verstärkten Austrocknung in den letzten Jahrzehnten allmählich aus der Gebirgsregion zurückgezogen (Ausnahme: Oued Dehine). Es mangelt vor allem an Wasser. Das deutlichste Zeichen, daß so gut wie keine Menschen mehr in den Tälern und am Rande des Gebirges leben, geben die enormen Holzmengen (abgestorbene Bäume), die überall ungenutzt im Sand liegen und die jedem Nomaden aus dichter besiedelten (und dadurch extrem holzknappen) Gebieten die Augen übergehen lassen würden. Die Oase Mertoutek bildet heute die einzige Siedlung im Teffedest.

Das Teffedest-Gebirge ist von seinem geologischen Aufbau her grundverschieden vom Hoggar. Während das Hoggar durch imposante Lavakegel, freigelegte Vulkankerne und riesige Basaltdome beeindruckt, sind es beim Teffedest mehr massivere Felsgruppen, glatte, aber von Erosion in bizarre Formen verwandelte Granitklötze, schluchtartige Vertiefungen, Plateaus und absolut unberührte, fast urweltlich anmutende Seitentäler, die sich vom Gebirgsrand aus in diese Felsmassen einschneiden.

Im Teffedest wurden zahlreiche Felsbilder entdeckt. Vor allem in der Umgebung

Zerborstener Felsklotz im Teffedest-Gebirge, ein weiteres Beispiel für die gewaltigen in der Wüste wirkenden Erosionskräfte

Erloschener Vulkan an der Strecke Hirhafok–Mertoutek

von Mertoutek kann man mit einem Führer die verschiedenen Fundstellen aufsuchen. Die Bewohner von Mertoutek bieten steinzeitliche Funde (Steinbeile, Pfeilspitzen) an, die aus der Umgebung stammen. Felsmalereien wurden auch an anderen Stellen des Teffedest entdeckt, so daß es sich lohnt, bei Vorstößen in die Seitentäler - vor allem in der Nähe früherer Wasserstellen - die Augen offenzuhalten.

Streckenbeschreibung

12,3 km östlich von Hirhafok (Ortsbeschreibung vgl. Strecke Nr. 10) zweigt von der Hauptstrecke nach Djanet (vgl. S. 175) nach Norden die Piste in Richtung Mertoutek ab. Der Pistenbeginn (km 00) ist anfangs mit Steinen entlang der Strecke markiert. Zunächst geht es nun über eine gut befahrbare, feste Ebene. Nach ca. 15 km durchfährt man ein breites Oued, dann führt die Piste zwischen ausgedehnten Lavafeldern hindurch und vorbei an erloschenen Vulkanen, wobei einige sehr staubige Abschnitte zu bewältigen sind. Wahre Meere mehlfeinen Staubes müssen ab ca. km 30 durchquert werden. Vorsicht: Häufig verbergen sich Steine in den Spuren! Zwischen Schutt- und Geröllhügeln tauchen immer wieder alte Vulkane auf. Wer einmal über den Rand eines Vulkans blicken möchte, dem sei ein Abstecher empfohlen.

Abstecher zum Krater (ohne Namen): Man biegt unmittelbar nach der Durchquerung eines kleinen Oueds bei ca. km 34 rechts ab und hält querfeldein in Richtung Nordost auf einen dunklen, tafelförmigen Vulkan zu, dessen Fuß man nach ca. 2,5 km erreicht. Nach kurzem Aufstieg steht man auf dem Kraterrand. Man kann hinunterklettern in das lavaübersäte Kraterinnere und über schwarze, erstarrte Lavamassen den Vulkan auf seiner zum Tal hin offenen, zerborstenen Seite wieder verlassen.

Im weiteren Verlauf geht es zwischen glattgeschliffenen Granitfelsen hindurch. Bei km 41 zweigt nach links eine Piste (Richtung In Ecker) ab, die wir ignorieren. Zur Verdeutlichung der nun folgenden diversen Pistenverzweigungen soll umseitige Skizze dienen.

Blick vom Kraterrand auf ein Tal mit ausgetrockneten Wasserläufen

Nachdem wir uns wieder auf der einzigen Zufahrtspiste in Richtung Mertoutek befinden, durchfahren wir eine sehr schöne Gebirgslandschaft und einige hübsche Oueds (ideal zum Holzsammeln fürs abendliche Lagerfeuer). Hohe, zackige Felsen tauchen auf. Etwa bei km 64,5 zweigt eine kleine Piste nach rechts ab (Beginn der Ostumfahrung des Teffedest; vgl. Strecke Nr. 13). Wir folgen jedoch der Hauptroute, die nun recht kurvenreich durch eine eindrucksvolle Gebirgslandschaft verläuft. (Bei km 75,5 führen Spuren nach Norden hinein ins Oued Dehine, für dessen Durchfahrung ein geländegängiges Fahrzeug unerläßlich ist.) Nach einer letzten Biegung überfahren wir etwa bei km 79 einen Bergsattel und sehen vor uns den Ort Mertoutek.

Pistenverzweigungen vor Mertoutek

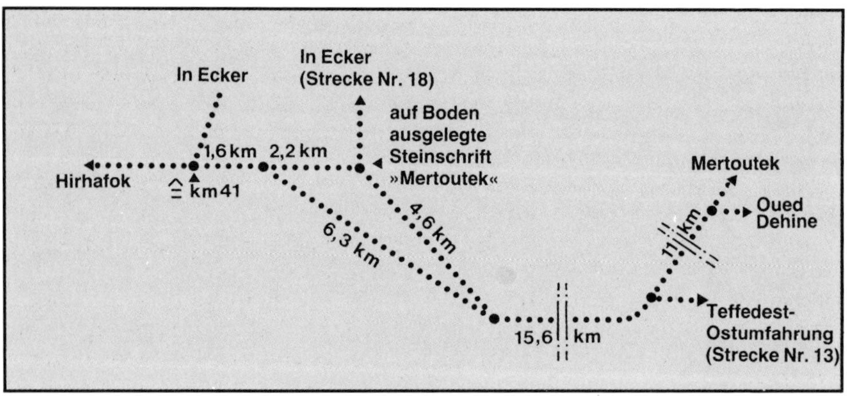

Ausflüge zu den Felsbildern: Mit Führer können ein- oder mehrtägige Ausflüge zu den Felsbildern in der Umgebung Mertouteks unternommen werden. Die meisten Felsbilder (Malereien und Gravuren) stammen aus der Rinderepoche (vgl. S. 67). Leider sind sie weniger gut erhalten als die von Djanet oder Illizi. Z. T. liegen sie sehr weit verstreut, so daß nur wenige Stationen pro Tag erreichbar sind. Die Landschaft dagegen ist großartig. Benutzer von Allradfahrzeugen (!) sollten darauf bestehen, mit ihrem Wagen die 14 km bis zur Guelta Ahor durch das sehr sandige Oued Mertoutek zu fahren, da sonst viel Zeit für den beschwerlichen Hin- und Rückweg durchs Oued verloren geht. Nehmen Sie ausreichende Getränkevorräte mit. Das Wasser aus den Gueltas unterwegs wirkt nicht gerade verlockend.

Mertoutek

Kleine, hübsch gelegene Oase in 1450 m Höhe mit Hütten aus Stroh (Zeribas), *nur wenige Stein- und Lehmbauten. Gutes Wasser aus Brunnen (mit Motorpumpe); die alten Foggaras sind nicht mehr in Betrieb. Keine sonstigen Versorgungsmöglichkeiten, Unterkunft in Zeribas. Die Bewohner bieten steinzeitliche Werkzeuge (Funde aus der Umgebung) an. Mertoutek ist die einzige Siedlung im Teffedest-Gebirge. Schulpflichtige Kinder wird man außerhalb der vier Monate dauernden Ferienzeit nicht im Ort antreffen; sie besuchen die Internatsschule von Ideles. Die Bewohner der Oase leben vorwiegend vom Ertrag ihrer Ziegenherden. In kleinen Gärtchen pflanzen sie etwas Gemüse an, es wachsen Feigen- und Pfirsichbäume, und hinter dem Ort kann man auf der Talsohle – je nach Jahreszeit – wogende Getreidefelder entdecken. Man sieht auffallend viele Esel; sie sind als Transport- und Lasttiere für dieses gebirgige Gelände besser geeignet als Kamele.*

Strecke Nr. 13

Mertoutek – Amguid (291 km)
(entlang dem Ostrand des Teffedest-Gebirges)

79 km Piste
212 km querfeldein
Kategorie C

Allgemeines

Auf dieser Strecke, auf der noch vor wenigen Jahren lediglich vereinzelte Fahrzeugspuren zu entdecken waren, hat sich inzwischen eine richtige Piste – teilweise sogar mit ›Wellblech‹ – gebildet, die jedoch (z. B. nach Regenfällen oder Sandstürmen) teilweise schwer oder gar nicht mehr erkennbar sein kann. Solche Fahrten abseits offizieller Pisten durch einsames, nicht markiertes Gelände sind offiziell nicht erlaubt und bergen große Risiken, die sorgfältig abgewogen werden müssen. Die Strecke ist unbedingt im Geleit zu befahren und kommt nur für gut ausgerüstete Fahrzeuge und versierte Wüstenfahrer in Betracht, die in der Lage sind, sich anhand von Karte und Kompaß zu orientieren. Geländegängigkeit des Fahrzeugs ist nicht unbedingt erforderlich (mit Ausnahme der Alternativroute ›Westumfahrung des Aheggar-Massivs‹ – s. u.), detailliertes Kartenmaterial, Kompaß, Feldstecher und ein genauer Kilometerzähler stellen jedoch selbstverständliche Voraussetzungen dar. Den vorhandenen Spuren sollte stets nur unter gleichzeitiger Abstimmung mit Karte und Kompaß gefolgt werden, um nicht unbemerkt in falsche Richtungen geleitet zu werden (z.B. zu den verlassenen Salinen von Tissemt [Amadror] im Osten des Teffedest). Außer je einer Wasserstelle in Mertoutek und Amguid (beide von zweifelhafter Qualität) gibt es keinerlei Versorgungsmöglichkeiten bis Hassi Bel Guebbour bzw. In Salah. Die Strecke wird nur selten befahren; mangels Wasserstellen trifft man unterwegs auch kaum auf Nomaden, so daß im Fall einer Panne nicht mit fremder Hilfe zu rechnen ist. Bei unseren Fahrten mit Geländefahrzeugen gab es – von der Geländebeschaffenheit her – keine größeren Probleme. Nach Regenfällen muß jedoch u. U. mit erheblichen Schwierigkeiten gerechnet werden. Das Wasser fließt auf den glatten Granitflächen schnell in die Täler ab, gräbt sich dort in den sandigen Untergrund ein, zerfurcht das Gelände mit tiefen Rinnen und verwischt womöglich sämtliche Spuren. Regenfälle kommen gelegentlich im Sommer, weniger im Herbst und Winter und fast kaum im Frühjahr vor. Dafür treten Sandwinde oder gar Sandstürme in den Ebenen am Gebirgsrand recht häufig auf. Selbst Schneefälle wurden schon gemeldet!

Die angegebenen Kilometerzahlen sind mit Vorsicht zu genießen. Größere Abweichungen in der Fahrstrecke sind möglich, weil praktisch das ganze, mehrere Kilometer breite Oued Igharghar als Fahrspur zur Verfügung steht und sich jeder die – je nach Bodenbeschaffenheit – vermeintlich günstigste Durchfahrt aussuchen kann. Für die Fahrt sollten zwei bis drei Tage eingeplant werden. Die Route ist landschaftlich insofern recht interessant, als man im Westen fast bis zum Erreichen der Amguid-Piste von den wilden und mächtigen Granitbergen des Teffedest begleitet wird. Den Ostrand des breiten Oueds, weit rechts drüben, begrenzen zunächst die Bergketten Tourha und Edjereh und dann die Dünen des Erg Telachchimt. Es bieten sich immer wieder interessante Abstecher hinein in die Seitentäler des Teffedest, eine sehr unberührte Landschaft mit abwechslungsreichen Felsformationen und, wenn man hin und wieder eine Kletterpartie unternimmt, schönen Ausblicken über das Gebirgsmassiv und die wilde Umgebung. Besonders lohnend ist die Gegend um den Garet El Djenoun (s. u.).

Streckenbeschreibung

Fährt man von der Oase Mertoutek (Ortsbeschreibung vgl. Strecke Nr. 12) aus auf der einzigen Zufahrtspiste Richtung Hirhafok 14,5 km zurück, so zweigt dort nach links (durch Steinhaufen und einen kleinen Wegweiser markiert) eine schmale Piste ab (km 00). Notfalls kann man sich diese Stelle von einem Bewohner der Oase zeigen lassen. Die Spuren führen zunächst auf einen großen, dunklen Berg zu und dann an seinem Fuß entlang. Nach knapp 3 km biegen sie nach Nordost ab und nähern sich der Bergkette Iniadj. Parallel zum Fuß dieser Kette geht es in einem streckenweise etwas sandigen Oued etwa nördlich (10°) bis zum Oued Dehine (km 21). (Bei Fahrt in Gegenrichtung achten Sie darauf, daß Sie die Ausfahrt aus dem Oued Dehine unmittelbar nach Passieren des nördlichen Endes der langgezogenen Bergkette Iniadj nicht verpassen. Dort müssen Sie in Richtung 190° abbiegen. Andernfalls werden Sie im weiteren Verlauf des Oueds Dehine bald in ein Gelände kommen, welches selbst für Geländefahrzeuge nur mit Mühe zu bewältigen ist.) Im Oued biegen wir bald darauf in Richtung Ostnordost ab und folgen diesem auf sehr sandigem Grund, bis wir etwa bei km 33 das große, von Süd nach Nord verlaufende Oued Igharghar erreichen. (Wer die Sandfahrt durch das Oued Dehine scheut, hat etwa bei km 23 die Möglichkeit, dieses auf einer kleinen Piste nach links zu verlassen und ab hier auf festem, sandigen Untergrund zunächst zwischen Hügelketten hindurch nach Norden zu fahren und nach etwa 25 km allmählich nach rechts hinüber zum Oued Igharghar zu ziehen.) Zahllose abgestorbene Büsche und Bäume, Holz in Hülle und Fülle gibt es hier. Die meiste Zeit führt die Strecke nun in Hauptrichtung 350° durch dieses Oued. Orientierungshilfen bieten dabei zum einen die Berge des Teffedest, die stets westlich der Route verlaufen, zum andern der Vegetationsstreifen, der in der Oued-Mitte verläuft. Der Untergrund des Oued besteht meist aus recht festem Sand mit gelegentlich harten Querrippen; streckenweise wird auch sehr harter, felsiger Grund befahren.

Alternativroute (Westumfahrung des Aheggar-Massivs): Diese landschaftlich sehr schöne Fahrt durch den tiefen Einschnitt zwischen den Massiven des Teffedest und des Aheggar stellt eine lohnende Variante für erfahrene Saharafahrer möglichst mit geländegängigen Fahrzeugen und gutem Orientierungsvermögen dar. Es hat sich inzwischen zwar eine kleine, unmarkierte Piste gebildet, doch da diese kaum befahren wird und durchs Gebirge führt, ist auf ihr ständiges bzw. durchgehendes Vorhandensein kein Verlaß. Sandstürme oder Niederschläge können den Spurenverlauf jederzeit auslöschen und die Suche nach passierbaren Durchgängen erschweren. Aber es ist gut zu wissen: man kommt durch!

Etwa bei km 51, also noch ein gutes Stück vor Erreichen des Aheggar-Massivs, verläßt man die Hauptroute und schwenkt nach links in Richtung WNW, auf die südlichsten Ausläufer des Aheggar zu. Die Zufahrt hinüber zu diesen Hügeln ist zunächst sehr uneben und wellig. Später, im dahinterliegenden Tal, wird der Untergrund wieder besser befahrbar, doch sind gelegentlich tiefe, von Regenfällen ausgewaschene Gräben zu überqueren. Das stellenweise dicht mit Tamarisken, Akazien, Büschen und Gräsern bewachsene Tal verengt sich mehrmals, und gelegentlich sieht es so aus, als gäbe es kein Durchkommen. Doch nach etwas Sucherei wird man immer eine Passage finden. Vorbei an hoch aufragenden Felswänden geht es weiter nach NNW. Hin und wieder huschen Gazellen erschreckt durchs Gelände. Viel zu kurz dauert diese wunderschöne Fahrt, denn bald lassen wir das Aheggar-Massiv wieder hinter uns zurück. Das Tal weitet sich, und ca. 40 km ab seinem Beginn geht es nochmals in mühsamer Fahrt durch ein bewachsenes Oued. Doch dann wird das Gelände ebener und besser befahrbar. Vor uns ragt das mächtige Massiv des Garet El Djenoun mit seinem rechteckigen Gipfelblock auf. Wenn wir nun in Hauptrichtung Nord weiterfahren, werden wir etwa 65–70 km ab Talbeginn, ungefähr auf Höhe des Garet El Djenoun, wieder auf die Hauptroute entlang dem Oued Igharghar stoßen.

Abstecher zum Pflanzengürtel im Oued Igharghar: Irgendwann sollte man zu dem Vegetationsstreifen in der Mitte des Oued hinüberfahren. Zahlreiche Akazien und Tamarisken wachsen dort auf teilweise hohen Erdhügeln. Viele Pflanzen sind bereits abgestorben; ihre Stämme zerfallen, wenn man dagegen stößt. Andere wurden durch den Wind zu grotesken Formen verbogen, ihre Wurzeln krallen sich in den Erdhügeln fest. Man entdeckt kleine, gelbblühende Büsche und Spuren von Tieren, die in diesem Grünstreifen offenbar noch ausreichende Nahrung finden. Gazellen lassen sich relativ häufig beobachten, es gibt Füchse und Schakale. Wir fanden Hörner von Mufflons, bekamen diese Tiere allerdings nicht zu Gesicht. In der Gegend um den Garet El Djenoun soll außerdem noch der *Lycaon pictus* (eine Hyänenart) zu finden sein, und 1960 wurde im Teffedest noch ein Gepard gesehen.

Bei ca. km 70 erreicht man den Fuß des mächtigen Aheggar-Massivs, das mit einer Höhe von fast 2300 m stattliche 1400 m über die Ebene hinausragt. Wir lassen diese Berge westlich liegen und behalten Hauptrichtung 350° bei. Etwa bei km 102 biegen die Spuren nach NW ab und behalten diese Richtung – von einigen kleinen Schlenkern abgesehen – auf den folgenden ca. 26 km bei. Wir nähern uns dabei immer mehr dem Garet El Djenoun, dem mit 2330 m zweithöchsten Berg des Teffedest. Die Tuareg fürchten diesen Berg als ›Geisterberg‹ (*Djenoun* = Geister) und meiden seine Nähe. Abstecher (für nicht Abergläubische) sind jetzt besonders lohnend. In den Seitentälern finden sich interessante, grotesk geformte Felsengebilde. Wer Glück hat, kann in diesem Teil des Gebirges auch Felsgravuren entdecken.

Bei ca. km 128 biegen wir genau nach Norden ab. Wir halten uns westlich des Oued, um den dortigen unebenen Untergrund zu vermeiden. Ungefähr ab hier biegen mehrmals Spuren nach links ab. Folgen Sie diesen nicht, es sei denn, Sie möchten hinein ins Oued Arialet am Fuß des Garet El Djenoun – Ausgangspunkt für Bergbesteigung – oder Sie beabsichtigen, das Teffedest-Gebirge nördlich zu umfahren, um hinüber zur Piste In Ecker–Amguid (vgl. Alternativrouten a) oder b) bei Strecke Nr. 17) zu gelangen.

Ca. 12 km weiter passieren wir eine relativ enge Durchfahrt zwischen dunklen Geröllhalden. Das Oued weitet sich zu einer Sand/Kieselebene mit spärlichem Bewuchs, im Osten und Westen begrenzt von Bergketten. Fester Untergrund, flotte Fahrt! 5 km weiter sehen wir rechts vor uns an einem sandverwehten, breit in der Ebene sitzenden und oben abgeflachten Geröllberg eine ringförmige Steinanordnung mit einem Steinhaufen in der Mitte. Was man aus der Ferne ohne weiteres für ein vorislamisches Rundgrab halten könnte, entpuppt sich beim Näherkommen als – vermutlich – von der Natur zufällig so angeordnete Steine. Als Orientierungspunkt ist dieser Berg mit seinem ›Rundgrab‹ (vielleicht ist es doch eines?) auf jeden Fall recht brauchbar. Wir passieren den Hügel links und wechseln die Richtung nun auf ca. 335 °. Keine Vegetation mehr. Weit in der Ferne (Nordnordwest) taucht das markante Bergmassiv des Edjeleh (1359 m) auf – ein guter Orientierungspunkt, den man später östlich passiert. Auch linker Hand begleiten uns noch eine Zeitlang Hügelketten, die sich dann aber mehr und mehr in vereinzelte Felsgruppen auflösen. Weit rechts drüben sieht man vor einer Bergkette bald die Dünen des Erg Telachchimt. Hier bietet sich nun die Möglichkeit für einen Abstecher.

Abstecher zum Erg und Brunnen Telachchimt: Ungefähr auf Höhe des nördlichsten Ausläufers des Erg Telachchimt fährt man in Richtung Ostnordost querfeldein, zunächst zwischen dem Erg und dem kleinen Dünengebiet nordwestlich davon hindurch (nach ca. 9 km). Dann geht es genau auf die südliche Spitze des dahinter liegenden, langgezogenen Bergmassivs Terzekkouline zu, welche man nach weiteren ca. 10 km erreicht. Dort folgt man etwa 1 km dem sehr sandigen Oued Telachchimt und stößt an der Ouedverengung zwischen dem Terzekkouline und der rechts gelegenen Hügelkette auf den eingefaßten, 1970 errichteten Brunnen von Telachchimt (ca. 5 m tief, gutes Wasser). Die Gueltas in den umliegenden Felsen sind anscheinend immer ausgetrocknet. Um die Wasserstelle herum kann man gelegentlich Nomaden antreffen, die hier ihre Tiere tränken.

Folgen wir weiterhin der Hauptroute in 335 °-Richtung, so erreichen wir auf flott befahrbarem Reg-Untergrund bei ca. km 212 die von In Ecker nach Norden führende und mit Steinhaufen markierte Piste (vgl. Strecke Nr. 17), der wir bis Amguid (km 276 bzw. ab Mertoutek km 291) folgen.

Strecke Nr. 14

Amguid – Hassi Bel Guebbour (362 km)
293 km Piste Kategorie B 2; 69 km Teerstraße

Allgemeines

Obwohl diese Strecke relativ häufig von Versorgungs-LKWs benutzt wird, sollte sie nur von erfahrenen Saharareisenden im Geleit befahren werden. Unterwegs gibt es keinerlei Versorgungsmöglichkeiten. Wer diese Strecke in umgekehrter Richtung in Angriff nimmt, muß in Hassi Bel Guebbour für ausreichende Treibstoffreserven sorgen; die nächsten Tankstellen befinden sich erst in In Ecker (+ 300 km), In Salah (+ 450 km), Illizi (+ 550 km) oder in Djanet (+ 650 km).

Von einigen Weichsandstellen abgesehen, bietet diese Piste keine größeren fahrtechnischen Schwierigkeiten, Geländegängigkeit des Fahrzeugs ist also nicht unbedingt erforderlich. Die Orientierung kann, zumindest bei schlechten Sichtverhältnissen, trotz gelegentlicher Markierung durch Eisenstangen und alte Fässer nicht ganz einfach sein. Landschaftlich wirkt die Strecke anfangs noch recht reizvoll; es folgen dann jedoch lange, sehr eintönige Etappen. Fahrtdauer: ca. 1½ bis 2 Tage.

Streckenbeschreibung

Nach der Polizeikontrolle verlassen wir den Ort Amguid (Ortsbeschreibung und Plan vgl. Strecke Nr. 16) in nördlicher Richtung und fahren entlang dem Oued Igharghar (Irharhar) zunächst durch eine recht schöne Gegend mit hohen Felsen im Osten und dem Erg Amguid im Westen. Nach ca. 8 km zweigt nach rechts die sogenannte ›Gräberpiste‹ vorbei am Brunnen Ain el Hadjadj nach Illizi ab (vgl. Strecke Nr. 28). Etwa bei km 14 schiebt sich eine Düne über die Piste, die wir an der Bergseite umfahren. Für eine Dünenüberquerung ist Geländegängigkeit des Fahrzeugs unerläßlich. Die Piste wird jetzt wellig und unangenehm zu befahren. Etwa bei km 32 mündet von links jene Piste ein, die den Erg Amguid auf dessen Westseite umgeht. Kurz darauf passieren wir einige von Stacheldraht umgebene, verlassene Häuser. Die Piste biegt nach Nordosten ab, und wir fahren bei km 40 durch den landschaftlich schönen Engpaß des Adrar Telremt. Das Oued Igharghar ist hier üppig mit Bäumen und Büschen bewachsen. Gelegentlich halten sich hier Nomaden auf. Allmählich wird die Vegetation kümmerlicher, und ab einer Gabelung bei km 44 gibt es zwei Möglichkeiten für die Weiterfahrt:

a) Linke Abzweigung (neue Piste): Diese neue Piste verläuft auf den folgenden knapp 200 km links, immer in etwa parallel zur alten Piste, meist in nur wenigen Kilometern Abstand. Sie ist allgemein gut zu befahren, jedoch mahnen Bodenwellen immer wieder zur Vorsicht. Die Piste ist nur gelegentlich markiert. Sie fächert stellenweise sehr weit aus, kann aber aufgrund der vielen Spuren kaum verfehlt werden. Etwa 42 km ab der Gabelung mündet von Westen her eine sehr selten befahrene, von In Salah über Foggaret ez Zoua führende Piste ein (vgl. Strecke Nr. 24). Etwa 45 km vor ›Les 4 chemins‹ vereinigt sich unsere ›neue‹ Piste wieder mit der ›alten‹ (je nach Spurenwahl auch schon früher).

b) Rechte Abzweigung (alte Piste): Diese Piste wird wegen der z. T. sehr ausgeprägten Wellblechbildung nur noch selten befahren. Sie folgt zunächst für ca. 70 km dem Oued Igharghar in nordöstlicher Richtung. Die Strecke wird zunehmend monotoner. Starke Bodenwellen zwingen zu niedriger Fahrgeschwindigkeit. Eisen-

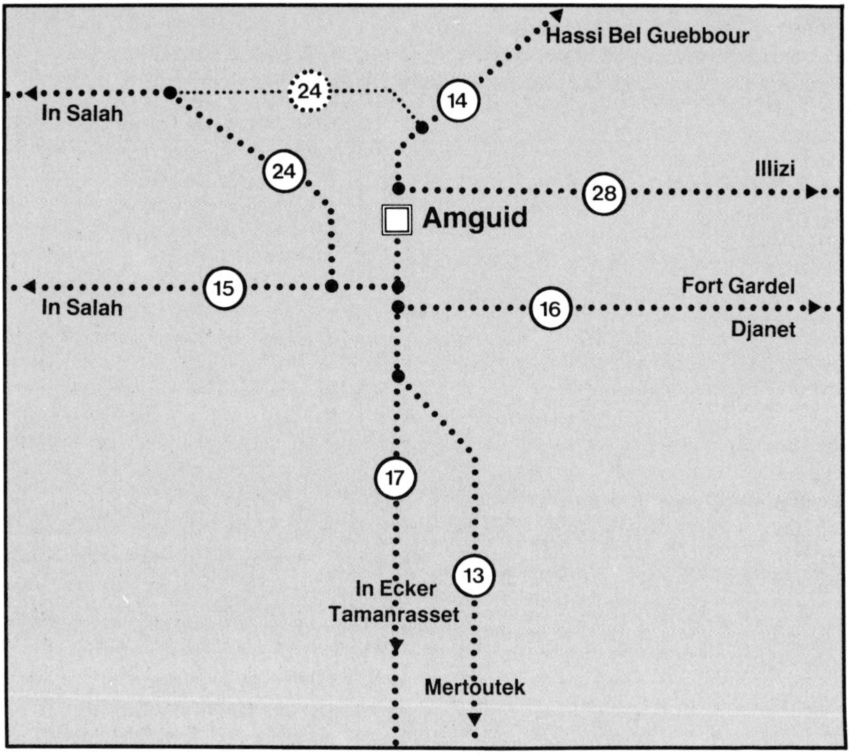

Strecken ab/bis Amguid (mit den Nummern der Streckenbeschreibungen)

stangen erleichtern die Orientierung, speziell wenn man, um das Wellblech zu vermeiden, abseits der Piste fährt. Bei km 121 biegt unsere Route nach Osten ab und führt zwischen zwei Bergen hindurch. 12 km weiter knickt sie in einem Hügelgelände wieder nach Nordosten und führt über weite Ebenen. Etwa bei km 248 mündet von links die neue Piste (Variante a) in die unsrige ein.

Auf den folgenden ca. 45 km bis ›Les 4 chemins‹ wird man *auf* der Piste wegen des starken Wellblechs sehr durchgeschüttelt. Verständlich, daß deshalb die Spuren z. T. weit von ihr abzweigen. Die Piste biegt nach Osten ab und führt durch eine holprige und staubige Kalk- und Schotterebene. Etwa bei km 293 erreichen wir die Wegkreuzung ›Les 4 chemins‹. Hier bietet sich die Möglichkeit für einen lohnenden Abstecher zum 12 km entfernten Bordj Omar Driss (Abzweigung nach rechts; vgl. Strecke Nr. 2).

Zur Weiterfahrt nach Hassi Bel Guebbour zweigt man an der Kreuzung links ab (die geradeaus weitergehenden Spuren führen zur Teerstraße hinüber in Richtung Ohanet). Nach langer Pistenfahrt haben wir nun wieder Asphalt unter den Rädern. Die Straße erklimmt sogleich ein Plateau, an dessen Abbruch wir Fossilien finden können. Ca. 2 km vor Hassi Bel Guebbour liegt links in einem Schilfdickicht ein artesischer Brunnen, der warmes, leicht schwefelhaltiges Wasser liefert. 362 km nach Abfahrt von Amguid erreichen wir schließlich Hassi Bel Guebbour (Ortsbeschreibung vgl. Strecke Nr. 2).

Strecke Nr. 15

Amguid – Ain Tidjoubar (240 km) – **In Salah** (401 km)
75 km Teerstraße
326 km Piste Kategorie B 2

Allgemeines

Diese Strecke ist sehr einsam, kaum befahren und unterwegs ohne Versorgungsmöglichkeiten. Sie sollte deshalb nur von geübten Saharafahrern erwogen und nur im Geleit in Angriff genommen werden. Die Piste ist weitestgehend gut markiert und erkennbar, dennoch empfehlen sich detailliertes Kartenmaterial sowie ein Feldstecher, um auf schlechter markierten Etappen nach Spuren und Wegmarkierungen Ausschau halten zu können. (Bei den auf den Hügeln sichtbaren Steinhaufen handelt es sich nicht immer um Streckenmarkierungen, sondern häufig um abseits der Piste gelegene Gräber.) Der größte Teil der Strecke kann – von einigen kurzen sandigen Abschnitten abgesehen – gut befahren werden. Schwierigkeiten kann jedoch die Überwindung eines Bergrückens etwa auf halbem Wege bereiten, für die ein geländegängiges Fahrzeug von Nutzen ist. Nach Regenfällen können Teile der Strecke stark verschlammt und u. U. sogar unpassierbar sein. Für die Fahrt sollte man 2–3 Tage einplanen.

Die auf den Karten häufig noch als ›verbotene Piste‹ eingezeichnete Strecke zwischen Amguid und In Salah bietet für geologisch Interessierte viel Abwechslung und interessante Naturphänomene. Das Zusammenspiel von Wind, Sonne und Sand, vielfältige Erosionsformen, immer wieder veränderte Bodengestalt, verschiedenste Sand- und Gesteinsarten sind auf dieser Strecke besonders deutlich zu beobachten und entschädigen etwas für die sehr spärliche Vegetation. Wir sehen Luftspiegelungen (eine Fata Morgana läßt sich übrigens mit langer Brennweite sehr gut fotografieren und noch besser filmen!), riesige Windhosen, Sandspiralen, die sich über die freien Sandflächen schrauben. Kieselwüsten werden durchfahren, in denen – wie absichtlich sortiert – entweder ausschließlich z. B. gelbe Kiesel oder – an anderer Stelle – bunte Steinchen mosaikartig auf dem Boden ausgelegt sind. Große Steinbrocken hat die Erosion oft so zernagt und verwittert, daß man sie mit bloßer Hand zerkrümeln kann. Schieferähnliches Gestein zerreibt der Wind zu winzig kleinen Plättchen, die sich kilometerweit entfernt als silbergrauer Belag auf gelben Sandflächen wiederfinden. Interessant ist auch die Kombination von leuchtend gelbem Sand mit düsterem, fast schwarzem Fels und Geröll. Diese ›Mondlandschaften‹ wirken stellenweise fast unheimlich. Sie sind faszinierend, solange man mit dem Fahrzeug problemlos durch sie hindurchmanövrieren kann. Wer allerdings mit einer ernsthaften Panne in solch einer Gegend steckenbleibt, empfindet vermutlich weniger Faszination als kaltes Grausen.

Streckenbeschreibung

Nach der Polizeikontrolle verlassen wir den Ort Amguid (Ortsbeschreibung und Plan vgl. Strecke Nr. 16) auf der in Richtung Süden (In Ecker) führenden Piste, passieren nach knapp 5 km die Kasernen und erreichen bei km 8 ein großes Schild mit der Aufschrift ›Attention Gendarmerie Nationale – Contrôle Obligatoire tous Vehicules‹. An dieser Stelle zweigt eine mit Steinen markierte Piste in etwa südwestlicher Richtung ab und stößt bald darauf auf die südlichste Spitze des Erg

Amguid (km 18). Dort ignorieren wir die nach rechts an den Dünen entlangführende Piste (vgl. Strecke Nr. 24 über Foggaret ez Zoua nach In Salah) und die diversen nach beiden Seiten abzweigenden Spuren und halten konsequent in Westnordwest-Richtung auf die südliche Spitze des langgezogenen Tafelberges El Moungar et Tir ou Tourhourine zu. Etwa bei km 24 überqueren wir eine von Süden nach Norden verlaufende Piste. (Diese umgeht den Erg Amguid westlich und stößt ca. 32 km nördlich von Amguid auf die nach Hassi Bel Guebbour führende Piste – vgl. Strecke Nr. 14 – bzw. trifft ca. 20 km südlich des Bergmassivs Edjeleh auf die Piste In Ecker – Amguid – vgl. Strecke Nr. 17.)

Über eine flott befahrbare Reg-Ebene erreichen wir dann bei km 38,5 den südlichen Abbruch des angesteuerten Tafelbergs. Die weiterhin mit Steinen gut markierte Piste führt bei km 53 durch den Bergeinschnitt Tin et Terait in ein Tal, in dem auf steinigem und unebenem Untergrund einige tiefe, ausgewaschene Gräben zu durchqueren sind. Das Tal verengt sich zu einem Cañon. Danach windet sich die Piste steil und kurvenreich hinauf auf eine Paßhöhe (km 77). Weiter Blick über eine faszinierende Mondlandschaft! Etwa bei km 85 durchqueren wir das Oued et Tiris und folgen ihm parallel für ca. 6 km. In diesem Streckenabschnitt hat sich der Abrieb grauer Felsen auf dem Sand abgelagert, was die Sandoberfläche silbern glänzen läßt. Im weiteren Verlauf geht es über Geröllhügel und vorbei an dunklen Trümmerbergen. Man läßt schließlich die Berge hinter sich und fährt über weite Hammada-Flächen hinein in die Ebene, in der die Dünen des Erg Kranguet el Hadid auftauchen. Ab km 117 schlängeln wir uns durch einige sandige Oueds und erreichen bei km 130 die nördlichen Ausläufer des oben erwähnten Erg.

Nach etwas monotoner Fahrt über eine weite Reg-Ebene stoßen wir bei km 153 auf das Oued Habadra und folgen seinem Verlauf. Bei km 195 gabelt sich die Piste bei einer großen, gemauerten Steinmarkierung. Wir folgen der Hauptpiste nach rechts. (Die geradeaus führenden dünnen Spuren bilden den Beginn einer Umgehungspiste, die den vor uns liegenden Bergrücken südlich umfährt. Von dieser Variante muß jedoch abgeraten werden, da nach ca. 17 km – an der Südspitze des Bergrückens – ein extrem sandiges Dünengelände zu durchqueren ist, das selbst Geländefahrzeuge vor größte Probleme stellt!) 800 m nach der großen Steinmarkierung führen dünne Spuren nach links, die wir ignorieren, da sie sich später in einer mit gelben Kieseln übersäten Ebene verlieren. Wir folgen vielmehr der mit Steinen markierten Hauptpiste, die sich nach weiteren 200 m erneut gabelt. Wir fahren links, der Steinmarkierung nach, über eine weite Reg-Ebene. Die Piste knickt dann nach Westen ab und erreicht nach steiniger Auffahrt bei km 212 eine Paßhöhe (450 m). Nach steiler Talfahrt, bei der ein Höhenunterschied von 130 m überwunden wird, erreicht man die Ebene Daiet el Kahla. Diese Ebene kann sich nach Regenfällen u. U. in ein unpassierbares Schlammfeld verwandeln. Auf den nächsten Kilometern ist die Strecke nur spärlich markiert und führt über dunkle Hammada-Flächen. Bei km 226 stößt die bereits erwähnte Umgehungspiste (vgl. km 195) von links wieder auf unsere Hauptpiste. Nun geht es z. T. sehr sandig (schwierig für nicht geländegängige Fahrzeuge in Gegenrichtung) in Richtung Nordnordwest am Fuß einer versandeten Hügelkette entlang, und bei km 240 erreichen wir den Brunnen **Ain Tidjoubar** (links der Piste). Knapp vorher knickt die Piste scharf nach Südwesten ab und folgt dann dem Verlauf des Oued el Botha. Die Landschaft wird immer reizloser. Es folgen noch einige sandige Passagen sowie Wellblechstrecken.

Bei km 277 erreicht man die alte Hoggar-Piste, schon von weitem erkennbar an verschiedenen Wegweisern. Man folgt der harten Wellblechpiste nach rechts und trifft 2 km weiter auf den km-Pfosten ›In Salah 135 km‹. Bei km 303,5 liegt rechts **Hassi el Krenig,** früher ein gemauerter Brunnen, jetzt ein ausgebaggerter Wassertümpel. Bei km 326 wird die von Tamanrasset nach In Salah führende Teerstraße erreicht, und zwar 5 km südlich der km-Tafel ›In Salah 70/Arak 200‹. (Für diejenigen, die die Strecke in umgekehrter Richtung befahren, ist dies ein wichtiger Anhaltspunkt, um den Pistenbeginn zu finden. Man verläßt also von In Salah kommend die Teerstraße 5 km nach Passieren der erwähnten Tafel, und zwar dort, wo die Straße eine leichte Rechtskurve macht und in eine Ebene hinabführt. Unmittelbar hinter dieser Kurve zweigt links – leicht zu übersehen – die alte Hoggar-Piste ab.) Knapp 37 km vor In Salah passieren wir ein kleines Café mit Wasserstelle (rechts). Hier (ca. 2 km westlich der Straße) findet man versteinertes Holz. Bei km 401 erreichen wir schließlich die Oase In Salah (vgl. Strecke Nr. 1).

Strecke Nr. 16

Amguid – Fort Gardel	469 km Piste Kategorie B 2

Allgemeines

Diese Strecke sollte nur von erfahrenen ›Saharapiloten‹ und nur im Geleit in Angriff genommen werden. Abgesehen von gelegentlichen LKWs, welche die Oase Djanet versorgen, trifft man auf dieser Strecke nur geringen Verkehr an. Der in den Karten angegebene Routenverlauf entspricht nicht mehr den Tatsachen. Die jetzt meistbenutzte Strecke ist – wenn auch nur selten markiert – recht gut an neueren Fahrspuren erkennbar, doch immer wieder verzweigt sie sich oder kreuzt die alte Piste, was manchmal etwas verwirren mag. Deshalb ist es wichtig, den Verlauf ständig auf einer detaillierten Karte zu verfolgen, um nicht unbemerkt in eine falsche Richtung geleitet zu werden. Wenngleich die Strecke keine spektakulären landschaftlichen Höhepunkte bietet, so ist sie doch nie langweilig. Auf den ersten ca. 150 km geht es durch z. T. schöne Berglandschaften, und ein Erlebnis eigener Art bietet die daran anschließende Querung der weiten Amadror-Ebene. Da die Strecke keine größeren fahrtechnischen Probleme bietet, kann sie auch von gut ausgerüsteten nicht geländegängigen Fahrzeugen in Angriff genommen werden. Abgesehen von einigen ziemlich brutalen Wellblechabschnitten, denen man auf Parallelpisten oft entgehen kann, ist die Strecke auf langen Abschnitten flott befahrbar. Man beachte aber die Bedingungen für die weiterführenden Strecken.

Weder in Amguid noch in Fort Gardel bestehen Versorgungsmöglichkeiten (außer Wasser), so daß bezüglich Treibstoff und Proviant für die volle Entfernung bis zur nächsten Versorgungsoase geplant werden muß. Fahrtzeit: ca. 2½–3 Tage.

Streckenbeschreibung

Amguid

Kleine Oase aus Strohhütten und einigen neuen Steinbauten, keine Versorgungsmöglichkeiten (außer Wasser, das entweder beim Brunnenhaus im Dorf, vom Militär in der 5 km entfernten Kaserne oder bei der Quelle Ain Kerma erhältlich ist). Meldepflicht für Durchreisende bei der Polizei im Ort (Paß-, Fahrzeug-, Devisenkontrolle); (vgl. Umgebungsplan).

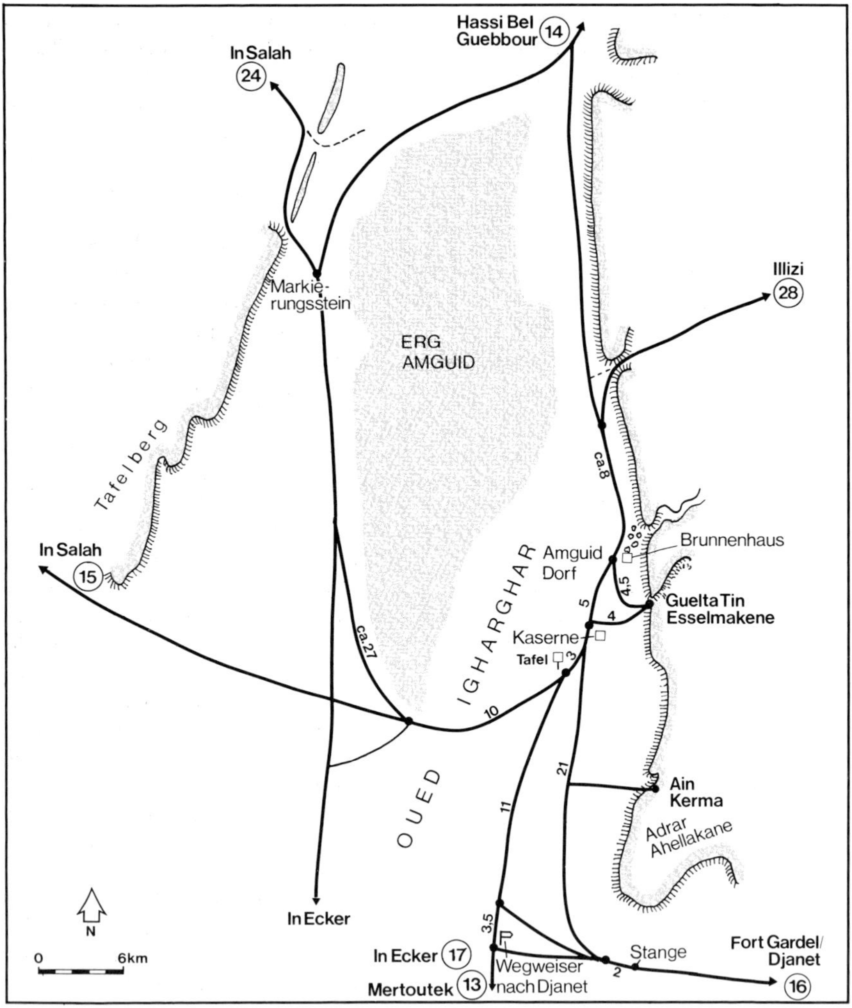

Amguid: Umgebungsplan (mit Nummern der Streckenbeschreibungen und Entfernungen in km)

Ausflug zur Guelta Tin Esselmakene: Sowohl vom Ort Amguid (Brunnengebäude) als auch von der Kaserne (5 km südlich) aus führen mehrere Pisten zu den in einem deutlich sichtbaren Felseinschnitt gelegenen Becken, einer recht malerischen Wasserstelle am Eingang eines von steilen Felswänden gebildeten Cañons, dem man zu Fuß noch kilometerweit folgen kann. Einst ein idealer Lagerplatz, der jedoch durch Touristenunrat und die Benutzung durch das Militär allmählich verkommt.

Ausflug zum Brunnen Ain Kerma ou Arrehart: Es ist nicht ganz einfach, in dem Pistengewirr um die Kaserne von Amguid den richtigen Weg zu finden. Am einfachsten erscheint es, wenn Sie zunächst von der Kaserne aus ca. 9 km nach Süden fahren und dort in eine auf die Berge zuführende Piste abbiegen. Die durch Wassertanks und -pumpen leider stark beeinträchtigte Wasserstelle von Ain Kerma liegt direkt unterhalb eines markanten Felssporns und ist somit nicht zu verfehlen.

Nach Erledigung der Polizeikontrolle verlassen wir das Dorf Amguid auf der nach In Ecker führenden Piste, passieren nach 5 km die Kaserne und fahren zunächst weiter in Hauptrichtung Süden, und zwar entweder auf der Hauptpiste bis km 19 oder 22,5, wo wir nach links auf einen Bergsattel zu abbiegen, oder aber auf einer Piste, die sich ab der Kaserne etwas weiter östlich hält und sich bei km 26 mit der erstgenannten Variante vereinigt. Nun wenden sich die Spuren zunehmend in Richtung Osten und führen weiter leicht bergauf. Bei km 28 und nochmals 2 km weiter passieren wir Markierungsstangen. Spätestens jetzt wissen wir eindeutig, daß wir uns auf dem richtigen Weg befinden.

Auf furchtbarem Wellblech (Ausweichen auf Parallelpisten gelegentlich möglich) fahren wir nun durch eine abwechslungsreiche Gebirgslandschaft. Linker Hand begleitet uns zunächst die hohe, felsige Bergkette des Adrar Ahellakane, und auch rechts drüben zeichnen sich markante Bergzüge gegen den Horizont ab. Viele der Berge und Hügel erscheinen durch angewehten Gesteinsabrieb wie verschneit oder mit einer silbrigen Schicht belegt. Bei km 54 und 76 durchqueren wir jeweils eine Hügelkette, und im weiteren Verlauf (km 78, 101, 125) kommen wir an Ruinen alter Gebäude und Festungen vorbei, die noch an die Kolonialherrschaft der Franzosen erinnern. Nach der letzten Festung wird die Landschaft wieder eindrucksvoller: Links Dünen und vor uns die markanten Felskegel Gara Aoularh und Gara Tindi, zwischen denen wir später hindurchfahren. Bei km 149 erreichen wir schließlich nochmals eine große, alte Festungsanlage.

Achten Sie beim Verlassen der Festung darauf, nicht auf die alte Piste in Richtung SO zu geraten, sondern die Piste zu benutzen, die unmittelbar hinter dem Fort nach SW abbiegt und 6 km weiter ein hübsches, vegetationsreiches Oued erreicht. Wir folgen diesem Oued für reichlich 35 km in Hauptrichtung SO. Etwa bei km 191 fahren wir hinauf auf die weite Ebene von Amadror. Jetzt wird das Fahren zum Genuß: Topfeben geht es dahin, zunächst auf Kurs 150° auf einen in der Ferne sichtbaren Berg zu, den wir bei km 215 passieren. Wir folgen für weitere knapp 90 km in flottem Tempo dem breiten Spurenband über die Ebene, bis es, etwa bei km 304, kurz vor einem schon seit langem sichtbaren Kegelberg, für eine Weile wieder etwas holprig wird. Unsere Route ist inzwischen fast in östliche Richtung abgeschwenkt. Wir erreichen das Oued Tafassasset und stoßen bei km 377 auf eine auf einem zerfallenen Markierungsstein stehende Blechpyramide mit der Aufschrift ›FG 85, Tam →, Amguid →‹. Sie kennzeichnet die Einmündung in die von Tamanrasset nach Djanet führende Piste, der wir nach links bis Fort Gardel (km 469) folgen (Strecken- und Ortsbeschreibung vgl. Strecke Nr. 11).

Strecke Nr. 17

In Ecker – Amguid (283 km)

14 km Teerstraße
269 km Piste
Kategorie B 2

Allgemeines

Obwohl diese Strecke inzwischen relativ häufig von Versorgungs-LKWs (für Tamanrasset) benutzt wird, sollte sie nur im Geleit befahren werden. Treibstoff gibt es nur in In Ecker, sonst bieten sich auf der Strecke einschließlich Amguid keiner-

Die malerische Guelta Tin Esselmakene ▷

lei Versorgungsmöglichkeiten. Wasser bekommt man in In Ecker (bei der Tankstelle) und Amguid (aus einem Brunnen im Dorf bzw. vom Militär). Vom Gelände her bietet die Strecke mit Ausnahme einiger Weichsandfelder (Sandbleche, Schaufel!) keine großen Schwierigkeiten. Geländegängigkeit des Fahrzeugs ist nicht unbedingt erforderlich (man beachte jedoch die von Amguid aus weiterführenden Streckenbeschreibungen). Die Piste ist generell recht gut markiert durch Steinhaufen bzw. Eisenstangen (teilweise mit km-Angaben); ihr Verlauf ist gut erkennbar. Meist führt sie durch ebenes Gelände, doch ist die Strecke landschaftlich trotzdem nicht uninteressant, da sie fast ständig von Gebirgsketten oder einzelnen Bergen begleitet wird. Fahrtdauer etwa 1½ bis 2 Tage.

Streckenbeschreibung

Wir verlassen In Ecker (Ortsbeschreibung vgl. Strecke Nr. 1) auf der Teerstraße nach Norden in Richtung In Salah. Nach 14 km, bei einem großen Markierungsstein, zweigt rechts die markierte Piste nach Amguid ab. Sie führt während der ersten 20 km noch durch recht uninteressantes Gelände. Dann jedoch tauchen immer wieder Berge auf, und vor allem im Westen wird die Piste von eindrucksvollen Bergketten gesäumt. Im weiteren Verlauf nähern wir uns immer mehr dem im Osten gelegenen Teffedest-Gebirge. Das starke Wellblech der Hauptpiste kann häufig auf parallel laufenden Spuren umgangen werden, doch sollte man die Hauptpiste nie ganz aus den Augen verlieren. Einige Weichsandstellen sind zu durchfahren. Bei ca. km 71 kennzeichnen zwei große Schilder in englischer und arabischer Sprache das Ende des einstigen militärischen Versuchsgeländes der Franzosen, wo in den sechziger Jahren auch mehrere unterirdische Atombombenversuche stattfanden.

Die Berggruppe Tidikmar (1462 m) ist schon von weitem an ihren markanten Felskegeln erkennbar (links der Piste). Kurz vor Erreichen dieser Berge muß man wieder einige Weichsandfelder durchqueren. Etwa auf gleicher Höhe wie das Tidikmar (Hier soll es Felsbilder geben. Wir haben sie nicht gefunden. Wer weiß mehr darüber?) liegt östlich der Garet El Djenoun (2330 m), erkennbar an seinem markanten, abgeflachten Gipfel (vgl. Farbabb. 30 u. 31). Wer die Bergwelt des Teffedest näher kennenlernen möchte, dem ist auch die Ostumgehung des Gebirges zu empfehlen (Strecke Nr. 13).

Alternativroute: Es besteht die Möglichkeit, durch die nördlichen Ausläufer des Teffedest von der In-Ecker/Amguid-Piste hinüberzufahren zur erwähnten Ostumgehung (Strecke Nr. 13). Da es sich hierbei jedoch um keine Piste, sondern eine Querfeldeinstrecke ohne jede Markierung und meist auch ohne Spuren handelt, die so gut wie nie befahren wird und die sicheren Umgang mit Karte und Kompaß erfordert, sollte sie nur von ganz versierten Wüstenfahrern, nur im Geleit und auch nur mit geländegängigen Fahrzeugen in Erwägung gezogen werden! Man verläßt die Hauptpiste etwa beim km-Pfahl ›Tam 290 km‹ (Gesamt-km ab In Ecker 117,5) und hält im Winkel von 70° auf die nördlichste größere Erhebung (mit Doppelgipfel) der Teffedest-Kette zu. Nach ca. 25 km erreicht man das Oued Ens Iguelmamene. Für die Weiterfahrt gibt es zwei Möglichkeiten:

a) Wer das Fahren durch tiefen Sand nicht scheut, der folge direkt dem vegetationsreichen Oued nach links in wilder Slalomfahrt zwischen den Büschen hindurch. Die Mühe wird durch wunderschöne Ausblicke hinein in die Seitentäler des steil aufragenden Garet El Djenoun belohnt. (Wer ganz dicht an diesen heranfahren will, der folge einer kleinen Piste hinein in das wilde Seitental Oued Arialet. Dicht am Fuß des ›Geisterberges‹ endet die Piste. Dort befindet sich auch der Ausgangspunkt für die Besteigung des 2330 m hohen Gipfels.) Folgt man dem Oued Ens Iguelmamene weiter nach Osten, so erreicht man ca. 20 km nach der Einfahrt die von Süd nach Nord dem Oued Igharghar folgenden Spuren der Ostumgehung des Teffedest-Gebirges (vgl. Strecke Nr. 13).

b) Wer die Fahrt durch das sandige Oued Ens Iguelmamene meiden möchte, der folge diesem außerhalb auf festem Grund, immer parallel zu dessen linkem Rand, zunächst in nordöstlicher,

Felskugel in einem Seitental des Garet el Djenoun

später in östlicher Richtung. Dies erfordert in dem hügeligen Gelände teilweise etwas mühsames Suchen nach geeigneten Passagen. Von der Orientierung her gibt es jedoch keine Schwierigkeiten, da man rechter Hand immer den Garet El Djenoun als Orientierungspunkt hat. Schließlich, ca. 50 km nach Verlassen der In Ecker/Amguid-Piste, stößt man auf die von Süd nach Nord dem Oued Igharghar folgenden Spuren der Ostumgehung des Teffedest-Gebirges (vgl. Strecke Nr. 13). Folgt man diesen Spuren ca. 10 km nach Süden, so kann man dort von Osten her hinein in verschiedene schöne Seitentäler des Garet El Djenoun vorstoßen. Neben einer eindrucksvollen Felskulisse kann man dort auch Felsbilder entdecken.

Gut 20 km nördlich der Tidikmar-Gruppe, in der Nähe des Berges Tazoune (1057 m), befindet sich ein Stück abseits der Piste eine Tuaregsiedlung mit Gärten und einem Brunnen, der gutes Wasser liefert.

Im weiteren Verlauf der Hauptpiste werden noch einige isoliert stehende Berge passiert. Wir folgen über lange Strecken dem Oued Taghmert-n-Akh. In der Ferne taucht dann das mächtige Massiv des Edjeleh (1359 m, Schlüssellochgräber am Nord-Ost-Hang) auf, ein guter Orientierungspunkt, den man später östlich passiert (Möglichkeit für eine Alternativroute, s. u.). Danach stößt die Piste auf das Oued Igharghar (durch welches die Ostumgehung des Teffedest-Gebirges – Strecke Nr. 13 – führt). Schon aus weiter Ferne sind die Felsen des Adrar Ahellakane (rechts) und bald darauf auch die Dünen des Erg Amguid (links) erkennbar. Die Piste wird im weiteren Verlauf etwas sandiger.

Bei km 257 ab In Ecker passieren wir die Markierungsstange mit Aufschrift ›Tam 430‹. 2,5 km weiter stoßen wir auf den Wegweiser ›Djanet‹. Mehrmals münden ab jetzt rechts von Fort Gardel/Djanet kommende Spuren ein (vgl. Strecke Nr. 16). Auf den letzten Kilometern verläuft die Piste zwischen den Dünen des Erg Amguid und den steil aufragenden Felsen des Adrar Ahellakane.

Bei Gesamtkilometer 278 ab In Ecker erreichen wir die Kasernen von Amguid und bei km 283 schließlich das Dorf Amguid (vgl. Strecke Nr. 16).

Alternativroute: Wer das Wellblech der Hauptpiste sowie den Ort Amguid meiden möchte, hat die Möglichkeit, auf einer ein paar km weiter westlich verlaufenden, im allgemeinen gut erkennbaren, aber nur selten von LKWs benutzten Piste zu fahren. Diese zweigt bereits ca. 20 km südlich des Edjeleh-Massivs von der Hauptpiste im spitzen Winkel nach links ab und verläuft parallel zu dieser nach Norden. Man passiert dabei zunächst den Edjeleh westlich und erreicht knapp 70 km weiter den Erg Amguid. Die Piste führt am westlichen Rand des Erg entlang und biegt anschließend nach Nordosten ab, um ca. 32 km nördlich von Amguid wieder in die von Amguid nach Hassi Bel Guebbour führende Hauptpiste (Strecke Nr. 14) zu münden. Diese Alternativroute bietet keine besonderen fahrtechnischen Schwierigkeiten.

Strecke Nr. 18

Mertoutek – In Amguel/In Ecker (117 bzw. 105 km)
104 bzw. 94 km Piste Kategorie C
13 bzw. 11 km Teerstraße

Allgemeines

Diese sehr einsame Strecke sollte möglichst mit einem Begleitfahrzeug befahren werden. Von der Orientierung und der Geländebeschaffenheit her bietet sie allerdings keine nennenswerten Schwierigkeiten. Geländegängigkeit des Fahrzeugs ist nicht erforderlich. Landschaftlich wirkt diese Route recht reizvoll, da sie ständig durch interessante Gebirgslandschaften führt. Die Pistenbeschaffenheit wechselt zwischen nervenaufreibendem Wellblech, festen Sandflächen und einigen Weichsandfeldern.

Streckenbeschreibung

Wir verlassen die Oase Mertoutek (Ortsbeschreibung vgl. Strecke Nr. 12) auf der einzigen Zufahrtspiste in Richtung Hirhafok. An einer Gabelung nach reichlich 30 km biegen wir von der Hauptpiste nach rechts ab. An der nächsten Gabelung, bei km 35 (gekennzeichnet durch die mit Steinen am Boden ausgelegte Schrift ›Mertoutek‹) halten wir uns erneut rechts und folgen der nach Westen führenden Piste (vgl. auch Pistenplan auf S. 190).

Die folgende Piste nach In Amguel/In Ecker ist immer wieder durch Steinhaufen markiert und führt zunächst an den südlichen Ausläufern des Teffedest-Gebirges entlang. In Richtung Süden sind bereits die Umrisse des Hoggar erkennbar. Ab km 47 (von Mertoutek) folgt die Piste für ca. 2,5 km einem sandigen, buschbestandenen Oued, bei km 57 teilt sie sich vor einem Trümmerberg. Beide Spuren stoßen jedoch bald darauf wieder zusammen und führen für die nächsten ca. 6 km durch ein Oued. Immer wieder sind interessante Gesteinsformen zu entdecken: durch Erosion glattgeschliffene, ausgehöhlte, durchlöcherte und zernagte Felsen. Bei km 66 erreichen wir eine Pistengabelung. Für die Weiterfahrt gibt es nun folgende Möglichkeiten:

a) Links abbiegen nach In Amguel: Die Piste folgt erneut einem Oued und nimmt immer stärkeren Wellblechcharakter an. Langsam bleiben die Berge zurück. Man passiert sandverwehte Geröllhalden. Nochmals teilt sich die Piste bei km 83,5, beide Spuren führen aber nach ca. 4 km wieder zusammen. Auf der letzten Etappe wird das Wellblech immer unangenehmer. Schrott- und Müllablagerungen künden die Nähe eines Militärlagers an.

Vorsicht: Rechtzeitig vor Erreichen des eingezäunten Kasernengeländes (ca. bei km 100) schwenke man von der Hauptpiste auf Spuren ab, die nach rechts hinüberziehen und so das Militärgelände umgehen. Die Hauptspur selbst mündet unmittelbar in die Kasernenanlage hinein, deren Betreten und Befahren Fremden untersagt ist und deshalb Schwierigkeiten bringen kann. Auch gilt hier das übliche Fotografierverbot für militärische Objekte.

Man erreicht dann nach etwa 4 km die von In Salah nach Tamanrasset führende Teerstraße (vgl. Strecke Nr. 1), auf der es noch ca. 13 km bis In Amguel (Richtung Süden) sind.

b) Rechts abbiegen nach In Ecker: Auf oft sandiger, aber dennoch gut befahrbarer Piste geht es weiter in Hauptrichtung West. Nach Passieren des rechter Hand aufragenden Bergmassivs des I-n-Teferkit sieht man im Westen den mächtigen Felsklotz des Taourirt Ta-n-Afella, an dessen Fuß In Ecker liegt. Wir fahren nördlich an einigen isoliert in der Ebene verstreuten Bergkuppen vorbei und folgen weiter den Hauptspuren nach Westen. Bei km 93 überqueren wir bei einer kleinen Tuaregsiedlung die alte Hoggarpiste. Kurz darauf fahren wir durch das Gelände der Base Sonarem hinüber zur Teerstraße, der wir nach rechts folgen. Bei km 105 erreichen wir In Ecker (Ortsbeschreibung vgl. Strecke Nr. 1).

Strecke Nr. 19

Tamanrasset – In Guezzam (395 km) – Arlit/Niger (628 km) – **Agadez**/Niger (866 km)

z. T. Teerstraße
z. T. Pistenstrecke Kategorie B 2

Allgemeines

Die Teerstraße von Tamanrasset in Richtung Niger ist im Bau. Die in ›Tam‹ beginnende Trassierung nach Süden macht leider nur sehr langsame Fortschritte. Der Abschnitt von Arlit nach Agadez ist durchgehend asphaltiert.

Von den geteerten Abschnitten abgesehen, sollte diese lange Strecke nur im Geleit befahren werden, auch wenn eine entsprechende offizielle Vorschrift nicht besteht. Versorgungsmöglichkeiten unterwegs: etwas Lebensmittel in Arlit, Wasser in In Guezzam, Assamaka und Arlit, Treibstoff (unsicher) in In Guezzam und Arlit.

Im Verlauf der Pistenstrecke wechseln guter Reg-Untergrund, Wellblech und zum Teil sehr weiche Sandfelder einander ab. Trotz gelegentlicher Schwierigkeiten bei den sandigen Passagen kann die Strecke auch von nicht geländegängigen Fahrzeugen mit entsprechender Vorsicht und guter Ausrüstung (Sandbleche, Schaufeln) be-

Felskulisse zwischen Tamanrasset und In Guezzam

fahren werden, wenn auch mit einigen Anstrengungen. Um wiederholtes Luftablassen aus den Reifen und Wiederaufpumpen kommt man dabei allerdings kaum herum. Normale PKWs haben – wegen zu geringer Bodenfreiheit – auf dieser Strecke jedoch oft ihre liebe Not.

Die Pistenstrecke ist durch Steinhaufen oder Eisenstangen markiert, die gelegentlich sogar Kilometerangaben tragen. Etappenweise fehlen jedoch jegliche Markierungen, viele Eisenstangen sind umgestürzt, so daß es sich empfiehlt, sich nicht zu weit von den Hauptspuren zu entfernen bzw. diese stets im Auge zu behalten. Gutes Kartenmaterial und ein Feldstecher sollten nicht fehlen. Die Piste gabelt sich häufig, doch führen die Spuren meistens nach einigen Kilometern wieder zusammen. Dennoch sollte man immer wieder die Fahrtrichtung mit der Karte vergleichen, um nicht unbemerkt doch falschen Spuren zu folgen.

Für die Strecke Tamanrasset – Arlit (628 km) sind – je nach Fortschritt des Straßenbaues – ca. 2½–3 Tage einzuplanen.

Streckenbeschreibung

Vor Abfahrt in Tamanrasset (Ortsbeschreibung und Plan vgl. Strecke Nr. 1) müssen die Ausreiseformalitäten beim Zoll erledigt werden.

Wir verlassen Tamanrasset in südlicher Richtung auf der Teerstraße. Nach ca. 7 km zweigt nach links eine Piste in Richtung Tahifet/Tazrouk ab (vgl. Strecke Nr. 8). Bei km 24 führt rechts eine Abzweigung zur Oase Amsel (vgl. Ausflüge von Tamanrasset – Strecke Nr. 1). Wir bleiben so lange wie möglich auf der Asphaltstraße bzw. folgen den durch die Bauarbeiten bedingten Umleitungen, die sich je nach Fortschritt des Straßenbaues stetig verändern.

Die Hauptroute, eine stark ausgefahrene Wellblechpiste, die sich durch Parallelfahren aber meist umgehen läßt, führt nun durch die Ausläufer des Hoggar-Gebirges. Nach 97 km zweigt links die nach In Azaoua (Weiterfahrt nach Niger verboten!) führende Piste (vgl. Strecke Nr. 25) ab.

Für manchen Reisenden war die Fahrt schon vor In Guezzam zu Ende (Autowrack in dem versandeten Pistenabschnitt bei den Dünen von Laouni)

Achtung: Folgen Sie etwa ab km 90 möglichst der Hauptpiste (evtl. rechts davon), damit Sie nicht unbeabsichtigt auf die in südöstlicher Richtung nach In Azaoua führende Piste geraten. Die Hauptpiste nach In Guezzam verläuft praktisch immer geradeaus nach Süden.

Nach Durchquerung des beschilderten Oued Essadakh (km 108) folgen mehrere sehr sandige Passagen. Für einige Zeit ist die Piste noch mit Eisenstangen markiert, doch wird im weiteren Verlauf die Kennzeichnung immer spärlicher. Bei guter Sicht erkennt man nach ca. 190 km in der Ferne (im Süden) einen großen, freistehenden Felsbuckel, auf den man zuhält und den man bei ca. km 224 östlich passiert. Die Dünen von Laouni kündigen sich bereits bei ca. km 285 durch stark versandete Pistenabschnitte an. In diesem schwierigen Teilstück liegen zahlreiche Autowracks neben der Piste: Für manchen unglücklichen Reisenden war hier die Fahrt zu Ende. Das Schild ›Dunes Laouni‹ wird bei km 293 passiert, und zwei Kilometer weiter führt die Piste an den Ruinen des Fort Laouni vorbei. Kurz danach verläuft rechts, parallel zur Piste, die bizarr geformte Felskette des Mont Tin Ezzararine. Zipfelige Felsnadeln ragen steil in den Himmel. Dort bieten sich viele schöne Rastplätze.

Alternativroute: Wem es Spaß macht, statt auf holpriger Piste ein Stück querfeldein durch nahezu jungfräuliches Gelände zu fahren, der verlasse die Hauptpiste, fahre hinüber zu den Felsen und folge diesen stur nach Süden (die Hauptpiste verläuft parallel etwa 8 km weiter östlich und kann jederzeit problemlos erreicht werden). Nach knapp 30 km biegt man allmählich wieder nach SO ab, passiert einen großen, isoliert in der Ebene aufragenden Felsen an dessen Nordseite und hält dann auf die östlichsten Felsen einer markanten Felsgruppe (vgl. Foto oben) zu. Dort stößt man nach reichlich 40 km Querfeldeinfahrt wieder auf die Hauptpiste.

Etwa bei km 340 erreichen wir eine von Sand und Wind zu phantastischen Monumenten geschliffene Felslandschaft, einen

Eindrucksvolles Felsmonument vor In Guezzam

idealen Rast- und Übernachtungsplatz, der auch zu ausgedehnten Spaziergängen lockt. Nach flotter Fahrt entlang dem Oued Laouni erreichen wir bei km 395 In Guezzam.

In Guezzam

Flugplatz, Tankstelle (Versorgung unsicher; das Auffüllen von Reservekanistern wird oft verweigert), Wasser, Erfrischungsmöglichkeit in Wasserbecken (nahe Tankstelle).

Die Grenze zwischen Algerien und Niger erreichen wir ca. 15 km nach Verlassen von In Guezzam (einige Weichsandabschnitte erfordern eventuell eine Verringerung des Reifendrucks oder ein Umfahren weiter rechts auf den festeren Hügeln). Hier nun befindet sich die algerische Militär-, Zoll- und Grenzstation. Polizei- und Zollkontrolle (Paß, Fahrzeug, Devisen, eventuell Versicherungsnachweis). Für Einreisende aus Niger: nochmalige Zollkontrolle in

Tamanrasset; Zwangsumtausch und Abschluß der Kfz-Versicherung entweder hier, in In Guezzam oder spätestens in Tamanrasset.

Auf der Weiterfahrt wird der Untergrund fester, und in der Ferne taucht auf einem Hügel die Grenzstation von Assamaka auf, die wir bei km 423 erreichen.

Zur **Einreise nach Niger** sind Reisepaß (für Schweizer und Österreicher: mit Einreisevisum) und ein internationaler Impfnachweis für Gelbfieber und Cholera erforderlich. Reisende ohne ›Carnet de passage‹ müssen das nationale ›Carnet routière‹ kaufen. Gelegentlich wird Nachweis über ausreichende Mittel zur Sicherstellung der Wiederausreise verlangt (z.B. Barmittel, Bankbürgschaft oder Rückflugticket). Kfz-Haftpflichtversicherung obligatorisch (eventuell gleich für ganz Westafrika, d. h. für alle CFA-Länder abschließen; Preisvorteil!). In Niger herrscht generell Fotografierverbot; Sondergenehmigung beim Innenministerium in Niamey, eventuell auch über das Fremdenverkehrsbüro in Agadez.

Assamaka (Niger)

Zoll und Polizeiposten von Niger, einziger offizieller Grenzübergang zwischen Algerien und Niger. Mit langwierigen Einreiseformalitäten ist zu rechnen; u. U. gründliche Wagenkontrollen, speziell bei Einreise von Algerien. Lange Mittagspause. Warme, leicht schwefelhaltige Quelle.

2 km weiter, an einer beschilderten Gabelung, halten wir uns links in Richtung Arlit. Die nach rechts weiterlaufenden Spuren führen über Tegguiddan-Tessoum nach Agadez. Lassen Sie sich vom seltsam anmutenden Verlauf unserer Piste nicht verwirren. Diese führt zunächst ca. 40 km in Hauptrichtung NNO, bevor sie dann endlich nach SO abbiegt. Ab ca. km 485 geht es für ungefähr 30 km immer wieder durch kleinere Dünengebiete, an denen – die vielen Autowracks beweisen es – schon mancher gescheitert ist. Hübsche Rastplätze in den Dünen. Reichlich 100 km vor Arlit sind nochmals einige sehr weiche und sandige Passagen zu überwinden, dann fährt man auf festem und gut befahrbarem Reg-Untergrund weiter. Die Piste ist mit Fässern (meist im 1-km-Abstand) markiert.

Die letzten paar Kilometer vor Arlit, vorbei am Industriegelände der Bergbaugesellschaft ›Somair‹ (rechts) und am Flugplatz (links), weisen wegen des starken LKW-Verkehrs ausgeprägtes Wellblech auf. Bei km 628 erreichen wir Arlit.

Arlit (Niger)

Meldung bei Polizei (Ortszentrum); Abschluß der Kfz-Versicherung, falls nicht schon in Assamaka erledigt.

1971 erbaute Bergbaustadt (Uran) mit Tankstellen (Versorgung unsicher. Eventuell Schwarzer Markt: gegenüber BP-Tankstelle in großem ummauertem Hof, gleich links um die Ecke), Werkstätten, Restaurants, Campingplätze an Ortseinfahrt bzw. an Ausfahrt Richtung Agadez, Banken, Post, Apotheke, Fremdenverkehrsbüro (am Ortseingang von Tam kommend links, Führer für Air-Gebirge), beschränkte Einkaufsmöglichkeiten auf Markt (Obst, Gemüse) und in kleinen Läden, Bäcker.

Die Strecke zwischen Arlit und Agadez (238 km) ist durchgehend geteert. Die Straße führt – landschaftlich uninteressant – durch die gelegentlich von erodierten Gesteinstrümmern unterbrochene Talak-Ebene. Das Gelände ist mit spärlichem Gras und einigen Büschen bewachsen; hin und wieder durchquert man ein Oued. Mit gelegentlichen Polizeikontrollen (Papiere, Versicherungsnachweis) muß gerechnet werden. 47 km nach Verlassen von Arlit zweigt nach links (mit Faß markiert) eine Piste über Gougaram nach

Zwischen Arlit und Agadez: 5 m hohe Felsgravur einer Giraffe

Iferouane im Air-Gebirge ab (Führer obligatorisch). Bei km 74 passieren wir eine Wasserstelle (rechts), die häufig von Nomaden besucht wird. Bei km 107 bietet sich die Möglichkeit für einen interessanten Abstecher.

Abstecher zu versteinertem Holz und Felsgravuren: Kurz nachdem man das Oued Dabous durchquert hat, zweigt bei km 107 ab Arlit nach links (etwas steile Abfahrt über die Böschung) eine sandige Piste ab (von Agadez kommend liegt der Pistenbeginn 1100 m nördlich der Steinmarkierung ›130 km – Agadez‹). Folgt man dieser Piste in östlicher Richtung, so findet man bereits nach ca. 2 km sowie im weiteren Verlauf immer wieder beiderseits der Piste große Mengen versteinerten Holzes (viele Bruchstücke, aber auch größere Baumstämme). Man passiert nach 4 km einen links gelegenen Grabhügel und folgt der immer sandiger werdenden Piste bis zu deren Ende (5,7 km). Die letzten ca. 700 m sind sehr uneben und sandig und wohl nur noch mit geländegängigem Fahrzeug (oder zu Fuß) zu bewältigen.

Die Piste endet am Fuße einer markanten Felsgruppe. In diesen Felsen finden sich Gravuren, die man sicher mit Recht zu den schönsten Felsbildern der Sahara zählen darf. Hunderte von Motiven, vor allem Giraffen, Strauße, Rinder, Antilopen, aber auch menschliche Figuren, sind hier verstreut auf den Felsen angebracht. Zu den eindrucksvollsten Gravuren gehört die Abbildung einer Giraffe, die von Kopf bis Fuß 5 m mißt und deren Fellmuster in wundervoller Arbeit sehr tief und detailliert ausgraviert ist. Daneben ein Giraffenjunges in derselben schönen und sorgfältigen Ausführung.

Diese Fundstelle ist noch relativ unbekannt und deshalb auch noch gut erhalten. Bitte seien Sie äußerst vorsichtig! Treten Sie nicht auf die Gravuren, berühren Sie nichts und hinterlassen Sie keine Spuren! Es handelt sich hier um unschätzbare Werte und unwiederbringliche Zeugnisse einer vergangenen Kultur, die man auch dann achten und mit Verstand besichtigen sollte, wenn sie frei zugänglich und unbewacht sind und nicht – wie es ihrem Wert angemessen wäre – unter Glas im Museum stehen.

Auf der Weiterfahrt auf der Teerstraße findet man rechts und links immer wieder – z. B. auf Höhe des beschilderten Oued Illagozan (ca. 118 km ab Arlit), aber auch auf den folgenden 50 km – große Flächen mit versteinertem Holz. Bei km 238 ab Arlit (866 km ab Tamanrasset) erreichen wir Agadez.

Agadez (Niger)

Tankstellen, Werkstätten, Bank (keine Annahme von Reiseschecks!), Post, Hotels, Restaurants, Campingplätze an Ortseinfahrt bzw. 9 km außerhalb an Iferouane-Piste, Apotheke, Krankenhaus, Markt, Bäcker, relativ gute Versorgungsmöglichkeiten, Fremdenverkehrsbüro, Algerisches Konsulat (am Ortsausgang Richtung Bilma).

Paß- und Fahrzeugkontrolle bei der Polizei (von Arlit kommend bei der BP-Tankstelle von der Hauptstraße nach links abbiegen). **Achtung:** *Für sämtliche Touren abseits der Hauptstraßen, also auch für alle Ausflüge ins Air-Gebirge, ist ein offizieller Führer vorgeschrieben, den das Fremdenverkehrsbüro vermittelt. Dort kann man sich auch um die erforderliche Genehmigung zum Fotografieren und Filmen bemühen. Die Filmerlaubnis wird jedoch häufig verweigert.*

Strecke Nr. 20

Aoulef el Arab – Timoktene – **Adrar**	16 km Teerstraße 168 km Piste Kategorie C

Allgemeines

Da diese Route über die nördliche Tidikelt-Ebene seit Fertigstellung der Teerstraße von Aoulef über Reggane nach Adrar sehr wenig benutzt wird, sollte man sie nur im Geleit befahren. Sie ist abschnittweise durch Steinhaufen markiert, bereitet jedoch keine Orientierungsschwierigkeiten, solange man sich an die Hauptspuren hält, die durchweg in nordwestlicher Richtung verlaufen. Die Piste kann auch ohne geländegängiges Fahrzeug problemlos und recht flott befahren werden, da sie fast ausnahmslos über ebene Reg-Flächen führt. Landschaftlich bietet die Strecke entsprechend keinerlei Reize. Treibstoff und sonstige Versorgungsmöglichkeiten in Aoulef und Adrar, Fahrtzeit ca. 4–5 Stunden.

Streckenbeschreibung

Wir verlassen Aoulef (Ortsbeschreibung vgl. Strecke Nr. 5; Ortsmitte = km 000) über die nördliche Ortsausfahrt und biegen links in die nach Timoktene führende Teerstraße ein. Etwa bei km 8 empfiehlt sich folgender kleiner Abstecher:

Abstecher zu drei Marabuts und einer ehemaligen Karawanserei: Wir verlassen die Teerstraße nach rechts auf die weißen Marabuts zu: Sidi el Hadj Sala, Boula Nouar und Moulay Heiba (mit Friedhof). Zu bestimmten Anlässen pilgern die Dorfbewohner zu den Marabuts und halten dort zu Ehren der verstorbenen Heiligen ihre Feste ab.

Etwa 500 m westlich des Marabuts Moulay Heiba ragen die roten Mauerreste einer alten Karawanserei aus dem Sand. In der Ebene verstreut finden sich kleinere Stücke versteinerten Holzes.

Auf der Weiterfahrt passieren wir bei km 11,5 die Zufahrt zum 1 km entfernten Ort Aoulef Ech Cheurfa. Bei km 15 erreichen wir im Ort Timoktene (auf Höhe eines Wasserturms) das Ende der Teerstraße. Etwa 1 km vom Ort entfernt erhebt sich ein von dem weißen Marabut des Sidi Aissa gekrönter Hügel mit Resten einer alten Siedlung und ehemaligen Wohnhöhlen, in die sich die Ortsbevölkerung zu Kriegszeiten zurückzog und die als Waffenlager dienten.

200 m westlich des Wasserturms zweigt nach NW unsere Piste von der alten nach Reggane führenden Route ab. Etwa bei km 27 teilen sich die Spuren, führen aber nach ca. 3 km wieder zusammen.

Das früher sehr harte und ausgefahrene Wellblech auf der weiten Reg-Ebene ist aufgrund der seltenen Benutzung durch Sandbelag entschärft und dadurch weich und flott (bis 80 km/h) befahrbar, außerdem als helles Sandband deutlich zu erkennen.

Nach knapp 40 Pistenkilometern erreicht man ein hügeliges Gelände; der Untergrund wird härter und holpriger, um ca. 30 km weiter allmählich wieder in eine besser befahrbare Reg-Ebene überzugehen. Bei km 105 zweigt nach rechts eine Piste zum 100 km entfernten, im Tademait-Plateau liegenden Brunnen von Ain Belbal ab. Wir passieren bei km 108 einen rechts der Piste gelegenen, gemauerten tiefen Brunnen im Oued Tilia und erreichen bei km 163 eine Pistenkreuzung mit der Beschilderung ›Aoulef‹ und dem Hinweis auf eine 15 km entfernte Bohrstelle. Wir biegen nach links und steuern auf den in der Ferne sichtbaren Flugplatz von Adrar zu. Nach knapp 5 km stoßen wir auf eine breite Piste, der wir nach links folgen. Wir ignorieren gleich darauf die zum Flugplatz rechts hinüberziehenden Spuren, umfahren das eingezäunte Flughafengelände an dessen südlichem Ende und folgen danach der Piste nach NW auf den rechten der beiden Antennenmasten von Adrar zu. Kurz vor Erreichen der von Adrar nach Reggane führenden Teerstraße (vgl. Strecke Nr. 3) ist ein Schrottplatz zu durchfahren (einige Weichsandstellen). Auf Höhe eines großen Gasflaschendepots erreichen wir nach 183 km die Teerstraße. Gleich gegenüber ist eine Ortszufahrt zum 1 km entfernten ›Centre ville‹ von Adrar (Ortsbeschreibung und Streckenskizze vgl. Strecke Nr. 3).

Strecke Nr. 21

Timimoun – Tiberghamine (69 km) – Kabertene (125 km) – Tsabit (ca. 141 km) – **Adrar** (206 km)

ca. 165 km Teerstraße
Rest Piste Kategorie C

Allgemeines

All jenen, die der Monotonie der Hauptstraße zwischen Adrar und Timimoun (vgl. Strecke Nr. 4) entgehen wollen, sei diese Variante empfohlen. Landschaftlich bietet sie zwar auch keine Höhepunkte, aber man passiert eine Anzahl von Oasen, die mit zu den schönsten der ganzen Region **Gourara** gehören. Abgesehen von einem Reststück (1987 ca. 40 km) ist die gesamte Route geteert. Am Ausbau auch dieses problemlos zu befahrenden Pistenabschnitts zu einer Teerstraße wird gegenwärtig gearbeitet. Nehmen Sie sich etwas Zeit für Spaziergänge durch die Gärten der einen oder anderen Oase. Hier erhalten Sie einen besonders guten Einblick in die Technik der Wasserversorgung aus Foggaras (vgl. S. 36). Ein ausgeklügeltes System von Sammelbecken und Wasserkanälen zieht sich vom Foggaramund bis hin zu den entferntesten Gärten. Kaum irgendwo sonst findet man so große und eindrucksvolle Verteilerrechen wie z. B. in Tiberghamine (vgl. Farbabb. 8) oder in Akbour. Hin und wieder sieht man auch noch Schwenkbrunnen in Tätigkeit. Die Frauen arbeiten in den Gärten mit, und ihre farbenfrohen Gewänder bilden bunte Farbtupfer zwischen dem satten Grün der Pflanzen. In einigen der an dieser Route liegenden Oasen finden wir eindrucksvolle Ksour, teils noch bewohnt, teils als Ruinen. Fahrzeit ½ bis 1 Tag.

Streckenbeschreibung

Wir verlassen Timimoun (Ortsbeschreibung vgl. Strecke Nr. 4) in Richtung Bechar/Adrar. Nach etwa 10 km biegen wir nach links ab zu den Oasen von Aougrout. Zunächst führt die Strecke noch durch eine faszinierende Landschaft mit schönen Ausblicken auf den südlichen Teil der Sebkha von Timimoun. Wir passieren einige zerfallene Ksour, die kleinen Siedlungen Taoursit und El Oujda mit Gärten und Palmengruppen, zwischen denen immer wieder kleine Dünen angeweht sind – ein stimmungsvolles Bild, besonders im warmen Abendlicht der untergehenden Sonne. Doch dann flacht das Gelände ab. Abgesehen von den Dünen des Erg bou Chlifa, die bis an die Straße heranreichen (ca. 29 km ab Timimoun), bietet sich dem Auge nichts von Bedeutung. Bald erreichen wir die ersten Gärten und Häuser der Oasengruppe **Aougrout** mit ihrem Hauptort Tiberghamine (km 69), wo z. Z. (Mitte 1987) die Teerstraße endet.

Tiberghamine

Diese einst sehr reizvolle Oase mit üppigen Gärten hat einiges von ihrem Glanz verloren. Viel Unrat liegt herum, die Pflege der Gärten wurde offensichtlich vernachlässigt, aber man ist modern geworden: es gibt eine Asphaltstraße, eine Tankstelle und elektrisches Licht. Außer eventuell Gemüse aus den Gärten keine Versorgungsmöglichkeiten.

Nach etwa 6 km, bei dem kleinen, hübschen Dorf **Tala** mit seinen roten Lehmhäusern, seinem Ksar und dem weißen Marabut inmitten eines Friedhofs verlassen wir die Aougrout-Oasen und fahren auf einer Piste nach **Oufrane** (km 96).

Auch hier werden die Gärten noch aus Foggaras bewässert. Der folgende, 29 km lange Abschnitt bis Kabertene wird z. Z. zu einer Teerstraße ausgebaut.

Kabertene

Kleiner Ort mit mehreren alten Ksour, einem schönen Palmenhain und Häusern aus roten Lehmziegeln; keine Versorgungsmöglichkeit.

Ca. 135 km nach Verlassen von Timimoun erreichen wir die Hauptstraße Bechar-Adrar. Hier könnten wir nach Süden einbiegen, um das 62 km entfernt liegende Adrar auf kürzestem Weg zu erreichen. Wir empfehlen jedoch folgenden kleinen Abstecher.

Abstecher zur Oasengruppe von Tsabit: Wir überqueren die Hauptstraße und fahren geradeaus weiter. Nach 6 km (kurz vor El Haiad) sollten Sie sich etwas Zeit für einen zusätzlichen Abstecher zum knapp 3 km entfernten Dorf **Hammad** nehmen. Biegen Sie rechts ab (Richtung Arian-Arras) und nach 1,5 km nach links. Der kleine Ort Hammad wird beherrscht von der Ruine eines einstmals mächtigen Ksar auf einem Hügel (prächtiger Rundblick von oben!). Das Rot der Lehmmauern, das Grün der Palmen, das Gelb der Dünen, das tiefe Blau des Himmels, dazu das Gemurmel der Kinder, das aus der Koranschule am Fuß des Hügels herauftönt, werden Ihnen im Gedächtnis bleiben.

Wie an einer Perlenkette aufgefädelt erstrecken sich die kleinen Dörfer der Oasengruppe von **Tsabit** von Nord nach Süd. Die Teerstraße passiert ausgedehnte, von Foggaras bewässerte Palmengärten und Siedlungen mit alten, zum Teil verfallenen Ksour. Machen Sie halt in dem einen oder anderen Ort, spazieren Sie durch die Gassen hinüber zu den Gärten und genießen Sie den Frieden, der Sie dort umgibt. Einige der Kasbahs, Labyrinthe aus dunklen, palmstammgedeckten Gängen, von denen die Wohnungen abgehen, sind noch gut erhalten und bewohnt (z.B. in El Maiz). Respektieren Sie jedoch die Privatsphäre der Bewohner.

Nach der letzten Siedlung, **Ben Thala** (Tankstelle), zieht unsere Straße in südwestlicher Richtung zurück zur Hauptstraße, die wir nach weiteren 8 km erreichen.

Ab hier sind es noch 46 km bis Adrar. Abgesehen von den beiden Dörfern **Sbaa** und **El Guerara** mit ihren alten Ksour und hübschen Palmengärten bietet die restliche Strecke keine Höhepunkte. Sie ist ziemlich langweilig und vermittelt ein bißchen ›Baustellen-Atmosphäre‹. 206 km nach Verlassen von Timimoun erreichen wir Adrar (Ortsbeschreibung vgl. Strecke Nr. 3).

Strecke Nr. 22

Timimoun – Kerzaz (229 km) – Bechar (566 km) – **Beni-Ounif** (676 km)

676 km Teerstraße

Allgemeines

Die gesamte Strecke ist geteert und meist in gutem Zustand. Mit gelegentlichen Sandverwehungen in den Dünengebieten muß gerechnet werden. Als Beinamen für diese Strecke liest man gelegentlich die Bezeichnung ›Straße der Palmen‹. Auch ein Blick auf die Michelinkarte legt den Schluß nahe, die Straße verliefe unmittelbar an den Dünen des Grand Erg Occidental und am Saoura-Tal mit seinen Oasen entlang. Irrtum! Die Straße führt meistens durch recht eintönige Landschaft: steinige Hügel, kahle Hochflächen, einige Oueddurchfahrten. Die Dünen des Grand Erg

Occidental und das malerische Saoura-Tal werden nur selten sichtbar, da sie meistens hinter Hügelketten versteckt abseits der Straße liegen. Wer Dünen und ›Bilderbuch‹-Oasen liebt und wer wirklich Palmen sehen will, der muß Abstecher hinter die Hügel bis hinüber zum Saoura-Tal am Fuße des gewaltigen Erg machen. Möglichkeiten dazu bieten sich genügend, meist auf Asphaltstraßen, gelegentlich auf guten, meist auch von normalen PKWs befahrbaren Pisten.

Streckenbeschreibung

Wir verlassen Timimoun (Ortsbeschreibung vgl. Strecke Nr. 4) auf der Teerstraße in Richtung Adrar/Bechar. Nach 10 km zweigt links eine Straße zu den Aougrout-Oasen bei Tiberghamine ab (vgl. Strecke Nr. 21). Im weiteren Verlauf ist mit gelegentlichen Sandverwehungen zu rechnen. Ca. 54 km von Timimoun entfernt stehen neben der Straße mehrere kleine Palmengruppen, die sich als Rastplätze eignen. Aber Vorsicht: Der Untergrund ist stellenweise sehr sandig! Bei km 62 passieren wir die neuen Gebäude des Dorfes **Charouine** (Tankstelle); den alten Ortsteil sieht man etwas entfernt der Straße am Rande der Palmenhaine liegen. Kurz danach bieten sich schöne Rastplätze inmitten von Palmen an. Weitere Rast- oder Übernachtungsmöglichkeiten findet man bei einer schönen Dünengruppe 91 km von Timimoun entfernt in den letzten Ausläufern des Erg Er Raoui, direkt bei der Abzweigung Bechar–Adrar. Nach links führt die Teerstraße nun weiter Richtung Adrar (Strecke Nr. 4). Wir folgen der Beschilderung ›Bechar‹ auf der RN 6 (Route Nationale) nach rechts.

Bei km 150, mit der Überquerung des Oued Foum el Kheneg, erreichen wir den Verwaltungsbezirk der Wilaya Bechar. Dieses Oued wurde früher bei Hochwasser häufig überflutet; heute ist die Straße befestigt und abgesichert. Dünenketten begleiten die Strecke jetzt im Westen. Wir passieren bei km 160 das kleine ›Café de Rose‹ (in der Umgebung sind Sandrosen zu finden). Hier zweigt eine Straße zur 8 km entfernten Oase **Ksabit** ab. Die Straße zieht bei km 171 steil hinauf und zwischen den Hügeln hindurch, wobei sie endlich einmal – allerdings nur für kurze Zeit – den Blick auf die mächtigen Dünen des Grand Erg freigibt. Bei km 182 bietet sich die Möglichkeit für einen lohnenden Abstecher.

Abstecher zu den Saoura-Oasen El Ksar, Ouled Khoder und Timoudi: Um die Schönheit dieses Teils des Saoura-Tales ganz genießen zu können, muß man die RN 6 verlassen und hinüber zu den hinter den Hügeln verborgenen malerischen Oasen fahren. Von den drei nachfolgend erwähnten Dörfern ist El Ksar das kleinste und abgelegenste. Alle drei Orte bieten jedoch genau das Bild, das man sich von einer ›Bilderbuch‹-Oase verspricht: üppige grüne Palmenhaine mit fruchtbaren und gepflegten Gärten, reichlich Wasser aus eindrucksvollen, großen Schwenkbrunnen *(Khottaras)*. Die roten Lehmpfeiler dieser Brunnen und die langen, oft aus mehreren Palmstämmen zusammengebundenen Schwenkarme ragen häufig noch weit über die Palmwipfel hinaus. Hinter den Oasen heben sich die hohen, rötlich-gelben Dünen mit sanft geschwungenen Kämmen gegen den blauen Himmel ab (vgl. Farbabb. 2). Leider passen steinewerfende Kinder so gar nicht in dieses romantische Bild.

Wir folgen bei km 182 der Beschilderung ›El Ksar – 7 km‹ nach rechts auf einer zunächst sehr festen, gut befahrbaren Piste. Nach ca. 3,3 km quert eine Piste. Wir fahren jedoch zunächst geradeaus weiter in Richtung zum Dorf **El Ksar,** das mit seinen Palmenhainen am Fuß der Dünen zu sehen ist. Die Piste wird bei Annäherung an den Erg holpriger und später immer sandiger; das letzte Stück zum Dorf kann man nur zu Fuß zurücklegen (ca. 15 Minuten).

Um die nächste Oase, **Ouled Khoder,** zu erreichen, fahren wir zurück bis zu der bei km 3,3 erwähnten Querpiste, biegen dort nach rechts ab und erreichen 4 km weiter die von der Hauptstraße RN 6 (Abzweigung dort bei km 184) kommende geteerte Zufahrtsstraße nach Ouled Khoder, der wir nach rechts folgen. Nach 3 km erreichen wir eine Abzweigung. Geradeaus geht es nach Ouled Khoder, links zum 11 km entfernten **Timoudi.** Kurz vor Timoudi sehen wir links am Hügel die Reste einer alten Kasbah (prächtiger Rastplatz mit Blick über das Saoura-Tal). Um wieder zur Hauptstraße (RN 6) zu gelangen, fahren wir entweder den ganzen Weg auf der geteerten Zufahrtsstraße zurück oder biegen von dieser bereits 1,5 km nach Durchqueren des Saoura-Tals auf eine nach rechts führende Piste ab. Diese passiert bald darauf den auf dem Plateau stehenden Antennenmast und stößt nach 10 km wieder auf die Hauptstraße.

Bei Weiterfahrt auf der RN 6 nach rechts erreichen wir bei km 229 **Kerzaz,** und zwar den neuen Ortsteil (mit Hotel/ Restaurant, Post, Tankstelle, Supermarkt, Bäcker, Krankenhaus, Apotheke).

Abstecher zur Oase Kerzaz mit Ksar: Wir folgen der Beschilderung ›Kerzaz‹ nach rechts und erreichen auf einer Teerstraße entlang dem wunderschönen Oued nach 2,5 km den alten Ortsteil. Auch diese Oase liegt malerisch am Fuß hoher Dünen. Große Khottaras ragen über die Palmwipfel. Der Zutritt zu den engen, dunklen und häufig überdachten Gassen der Altstadt ist Fremden im allgemeinen untersagt.

Die Straße führt anschließend für eine Weile an den eindrucksvollen Dünen des Erg Occidental vorbei. Es muß mit gelegentlichen Sandverwehungen gerechnet werden. Links der Straße begleitet uns das Oued Saoura, welches wir bei km 271 auf einer großen Brücke überqueren. Auf der folgenden Strecke zweigen immer wieder Sträßchen nach rechts ab. Diese führen zu kleinen, oft sehenswerten Oasen, die wie an einer Kette aufgefädelt dem Saoura-Tal folgen, meist überragt von mächtigen Dünen und umgeben von fruchtbaren Gärten mit zahlreichen Schwenkbrunnen. Fahrern von Geländefahrzeugen empfehlen wir folgenden kurzen Abstecher.

Abstecher nach Agdal – El Maja – El Ouata: Wir verlassen bei km 284 die Hauptstraße und folgen der Beschilderung ›Agdal 7/El Bayada 6‹ nach rechts auf einer Teerstraße. An einer Abzweigung nach 4,5 km biegen wir links ab (die geradeaus weiterführende Straße endet 2 km weiter in El Bayada) und erreichen nach 800 m die kleine Oase **Agdal.** Zur Weiterfahrt nach El Maja verlassen wir die Straße vor den ersten Häusern von Agdal und biegen ab auf eine Piste nach links. Wir passieren ein Wasserreservoir und fahren nun zwischen den Dünen und dem Flußtal entlang. Nach etwa 4 Pistenkilometern durchfahren wir eine kleine Siedlung, halten uns bei der folgenden Gabelung rechts, erklimmen wieder das Plateau und erreichen 3 km weiter **El Maja.** Ab hier windet sich die äußerst sandige Piste in engen Kurven entlang des Oued durch einen schönen Palmengarten, bis wir nach insgesamt etwa 11 Pistenkilometern auf die Teerstraße bei **El Ouata** stoßen. Von hier sind es 2 km zurück zur Hauptstraße RN 6.

Nach eintöniger Fahrt erreichen wir bei km 334 die Abzweigung nach Beni Abbes.

Abstecher zur Oase Beni Abbes mit der Einsiedelei des Pater Foucauld (15 km einfache Fahrt): Man erreicht den Ort nach 15 km Fahrt auf einer Teerstraße. Tankstelle, Wasser, Bank, Post, Daira, Hotels, Restaurants, Verkehrsbüro, Krankenhaus, Apotheke, Busstation (SNTV), Artisanat, Kino, Bäcker, Markt und sonstige Versorgungsmöglichkeiten. Öffentliches, sehr gepflegtes Schwimmbad im Palmenhain. Saharamuseum mit kleinem Zoo und botanischem Garten.

Die Häuser von Beni Abbes liegen malerisch an einem Bergabhang. Von der Terrasse des Hotels Grand Erg hat man eine besonders schöne Aussicht hinunter auf das Saoura-Tal mit seinen Palmengärten, aus deren Grün die Reste des alten Ksar herausragen. Das labyrinthische Gemäuer ist verlassen und zerfallen; nur eine Moschee wird noch benutzt. Folgt man der beim Hotel beginnenden Piste 500 Meter, erreicht man die restaurierte und durch eine Kapelle erweiterte ehemalige Einsiedelei des Pater Foucauld, der hier ab 1901 gut zwei Jahre lang lebte, bevor er sich im Hoggar niederließ (vgl. S. 58). Einen Besuch lohnt auch das Saharamuseum (täglich geöffnet). Dort sind zahlreiche steinzeitliche Funde (Faustkeile, Pfeilspitzen, Reibsteine u. ä.) ausgestellt, die größtenteils in der Umgebung von Beni Abbes gefunden wurden. Das Museum zeigt außerdem kunsthandwerkliche Erzeugnisse und vermittelt einen guten Überblick über die Tier- und Pflanzenwelt der Sahara. Der dem Museum angeschlossene Zoo und botanische Garten sind liebevoll angelegt, wenngleich der Tier- und Pflanzenbestand etwas dürftig wirkt.

Bei km 364 geht rechts von der RN 6 die geteerte Zufahrt nach Igli ab. Hier bietet sich erneut eine Möglichkeit für einen lohnenden Abstecher.

Abstecher über Igli zur Oase Taghit und Felsgravuren: Wir folgen der Teerstraße nach rechts für 30 km und erreichen nach Durchquerung des Oued Saoura die Oase **Igli** (Tankstelle, Wasser). Am Ortsanfang hält man sich links und folgt der Teerstraße nach Taghit durch zunächst recht abwechslungsreiche Landschaft. 63 km ab Igli treffen wir auf die von der Hauptroute RN 6 kommende Straße, auf die wir rechts einbiegen. Nach dem Passieren der letzten Hügel taucht ziemlich unvermittelt die malerisch am Fuß der Dünen des Großen Erg gelegene Oase Taghit auf. Wir durchqueren den Palmenhain im engen Flußtal des Zousfana und erreichen bei km 67 ab Igli die Häuser von Taghit.

Taghit

Bilderbuchoase am Oued Zousfana. Tankstelle, Bäcker, beschränkte Versorgungsmöglichkeiten; Post, Krankenhaus, sehr gepflegtes ›Hotel de Taghit‹ mit Schwimmbad und Tennisplatz, Campingplatz.

Ausflug zu den Felsgravuren: Wir verlassen Taghit auf der am Hotel und am Campingplatz vorbeiführenden Teerstraße in südlicher Richtung und folgen dem malerischen, üppig bewachsenen Oued Zousfana, welches zwischen hohen Dünen und einem steilen Felsabbruch verläuft. Bald wird das Gelände flacher, wir lassen die Gärten hinter uns und erreichen nach ca. 18 km schließlich eine in viele Blöcke zerfallene Felswand. An diesen Blöcken befinden sich Hunderte teilweise sehr schöner Felsgravuren, die Elefanten, Löwen, Strauße, Gazellen und Rinder darstellen (vgl. Farbabb. 38, 39 u. 41). Geländegängige Fahrzeuge können dem Abbruch durch das Oued noch für 2 km nach links folgen und gelangen dann zu einer weiteren Stelle mit ähnlichen Gravuren und Motiven (ebenfalls in den Felsblöcken, am Beginn einer Oued-Ausbuchtung nach Westen). Leider haben viele Darstellungen bereits unter dem Vandalismus einiger ihrer Besucher gelitten. Steinplatten wurden herausgebrochen, Hammer- und Meißelspuren sind noch zu erkennen, und immer wieder findet man Schmierereien und ›moderne‹ Einritzungen neben oder gar über den Felsbildern.

Von Taghit aus führt eine Teerstraße direkt zurück zur RN 6 (68 km).

Von der Hauptstraße in Richtung Norden (RN 6) zweigt kurz vor Erreichen der Oase Abadla (95 km vor Bechar; Tankstelle) nach links die beschilderte Teerstraße nach Tindouf ab.

Strecke nach Tindouf (804 km ab Bechar): Der Grenzübergang Tindouf nach Mauretanien ist derzeit geschlossen (der Übergang nach Foum el Hassane in Marokko ist schon seit Jahren gesperrt). Zwar ist das Befahren der Zufahrtsstraße nicht ausdrücklich verboten; da jedoch das gesamte Grenzgebiet unter strenger militärischer Bewachung steht, ist beim Befahren dieser Strecke mit Schwierigkeiten, zumindest aber mit häufigen Kontrollen zu rechnen.

Bei km 566 erreichen wir Bechar.

Bechar (früher: Colomb-Béchar)

Moderne Stadt mit sämtlichen Versorgungsmöglichkeiten, Sitz einer Wilaya (Präfektur); mehrere Hotels, keine touristischen Sehenswürdigkeiten. Flughafen (Büro der Air Algérie im Zentrum), Versicherungsbüro (SAA), Fremdenverkehrsbüro (ONAT), Bus- und Eisenbahnverbindungen.

Von Bechar aus folgen wir der gut ausgebauten, breiten Asphaltstraße entlang den südlichen Ausläufern des Sahara-Atlas. Stacheldrahtsperren und Befestigungsanlagen erinnern an die unmittelbare Nähe der Grenze zu Marokko; Vorsicht beim Fotografieren! Bei km 680 erreichen wir Beni Ounif.

Beni Ounif

Tankstelle, Hotel, Restaurant, Bank, beschränkte Versorgungsmöglichkeiten. Zollstation und Grenzübergang nach Figuig/ Marokko.

Strecke Nr. 23

Touggourt – El Alia (112 km) – Guerrara (207 km) – Berriane (279 km) – **Ghardaia** (322 km)

322 km Teerstraße

Allgemeines

Diese Verbindungsstrecke ist durchgehend geteert und somit für jedermann ohne Probleme befahrbar. Die Entfernung nach Ghardaia ist auf dieser Strecke knapp 30 km kürzer als auf der Hauptstraße (vgl. Strecke Nr. 1). Man fährt durch einige z. T. recht hübsche Orte, und die Gegend wirkt im allgemeinen landschaftlich etwas reizvoller als die Hauptstrecke über Ouargla. Mit Sicherheit stellt dies eine lohnende Variante für all jene dar, die die Hauptroute schon kennen. Treibstoff, Wasser und Lebensmittel (beschränkt) erhält man unterwegs in El Hadjira, Guerrara und Berriane. Reine Fahrzeit: 1 Tag.

Streckenbeschreibung

Wir verlassen Touggourt (km 000, Ortsbeschreibung und Plan vgl. Strecke Nr. 1) auf der Straße in Richtung Ouargla. Nach 64 km biegen wir an einer beschilderten Abzweigung nach rechts ab und folgen einer schmalen Teerstraße nach Westen. Zunächst geht es noch durch eintöniges Gelände, doch etwa ab km 90 führt die Straße zwischen kleinen, hübschen Dünen hindurch (auf der Straße können Sandverwehungen auftreten). Bei km 98 erreichen wir den Ort El Hadjira.

El Hadjira

Tankstelle, Post, Bäcker, Apotheke, beschränkte Einkaufsmöglichkeiten. Viele der Häuser (auch manche der Neubauten) tragen Tonnengewölbe, ähnlich wie in El Oued und den anderen Souf-Orten. Lohnend ist der Aufstieg auf den Hügel zu der zerstörten Altstadt, welche von einem Minarett überragt wird. Schöner Ausblick über den Ort und die vielen kleinen Palmengruppen. Die verlassenen Häuser erlauben ein eingehendes Studium der interessanten Architektur.

Weiter geht es auf häufig sandverwehter Straße zwischen kleinen Dünen hindurch, in denen schüttere Palmengruppen gedeihen, die – wie im Souf – gelegentlich in von Hand gegrabenen Trichtern wachsen (vgl. S. 85). Bei km 112 erreichen wir **El Alia** (weit verstreuter Ort mit vielen Kuppelbauten und hübschen Marabuts). Eine Teerstraße führt nun nach Westen durch meist etwas eintöniges, steiniges Hügelland. Vor Fertigstellung der Straße mußte man sich hier immer wieder durch tiefen Kalkpuder mahlen – eine sehr staubige Angelegenheit. Heute ergeht es uns besser. Ca. 15 km westlich von El Alia zweigt nach Norden eine Wellblechpiste (beschildert ›Eau chaud‹) ab, die zu einem ca. 5 km entfernten See führt. Enten und andere Wasservögel beleben dieses z. T. mit Schilf bewachsene Biotop. Einige von Regenfällen verursachte Schadstellen im weiteren Verlauf lassen sich leicht umfahren. Ca. 10 km vor Guerrara wird die Gegend etwas hübscher. Wie Zeugenberge stehen rotbraune Felsen in der Landschaft. Kurz vor Erreichen der Oase Guerrara bietet sich ein sehr schöner Blick über die ausgedehnten, z. T. neu angelegten Palmenhaine und den dahinterliegenden, von einem schlanken Minarett überragten Ort. Bei km 207 erreichen wir Guerrara.

Guerrara

Mozabitenstadt (vgl. auch S. 95), gegründet im 17. Jh.; Tankstellen, Bank, Post, Versicherungsbüro (SAA), beschränkte Einkaufsmöglichkeiten.

Die folgende, schmale Teerstraße nach Berriane führt großenteils über eine weite, steinige, unfruchtbare Ebene, bevor sie sich auf den letzten ca. 25 km kurvenreich durch die Hügel windet. Wir erreichen Berriane bei km 279.

Berriane

Hübsche, am Hang gelegene Mozabitenstadt aus dem 17. Jh.; Tankstellen, Bank, Post, Hotel, Versicherungsbüro (SAA), Büro der Air Algérie, Einkaufsmöglichkeit, schöner Palmenhain.

In Berriane stoßen wir auf die von Algier nach Süden führende Hauptstraße RN 1, auf der man nach kurvenreicher Fahrt durch hügeliges Gelände bei km 322 Ghardaia (vgl. Strecke Nr. 1) erreicht.

Nach schweren Regenfällen sind oft ganze Streckenabschnitte weggespült

Strecke Nr. 24

Amguid – Foggaret ez Zoua (345 km) – **In Salah** (391 km)

369 km Piste Kategorie C
22 km Teerstraße

Allgemeines

Die hier beschriebene Route stellt die kürzeste und am leichtesten zu befahrende Verbindung zwischen Amguid und In Salah dar. Mit Ausnahme von einigen sandigen Passagen gibt es keine größeren fahrtechnischen Schwierigkeiten, so daß Geländegängigkeit nicht unbedingt erforderlich ist. Dennoch muß diese Strecke sehr ernst genommen werden, da sie bis hinüber nach Foggaret ez Zoua so gut wie nie benutzt wird. Fahren in einem gut ausgerüsteten Konvoi ist deshalb unerläßlich. Fahrzeit 1½–2 Tage.

Abgesehen vom ersten, landschaftlich reizvollen Abschnitt beim Erg Amguid führt die Piste über lange Etappen ziemlich monoton durch weite Reg-Ebenen. Ein Trost ist, daß man dort flott vorankommt. Versorgungsmöglichkeiten gibt es unterwegs nicht, außer eventuell Wasser in Amguid, unterwegs an der ›Forage‹ und in Foggaret ez Zoua. Bei umgekehrter Fahrtrichtung sollten Sie deshalb in In Salah genügend Treibstoff tanken, um das nächste Etappenziel mit Tankmöglichkeit sicher zu erreichen. Entfernungen: In Salah – Amguid – Djanet ca. 1000 km, In Salah – Amguid – In Ecker ca. 700 km, In Salah – Amguid – Illizi ca. 900 km, In Salah – Hassi Bel Guebbour ca. 650 km.

Streckenbeschreibung

Wir verlassen den Ort Amguid (Ortsbeschreibung und Umgebungsplan vgl. Strecke Nr. 16) auf der in Richtung In Ecker führenden Piste (vgl. Strecke Nr. 17), passieren nach knapp 5 km die Kasernen und erreichen bei km 8 eine große Tafel mit der Aufschrift: ›Attention Gendarmerie Nationale – Contrôle Obligatoire tous Vehicules‹. Hier zweigt eine mit Steinen markierte Piste in etwa südwestlicher Richtung ab, die bei ca. km 18 auf die südliche Spitze des Erg Amguid stößt. Hier biegen wir nach rechts ab und folgen den am Westrand des Erg entlangführenden Spuren nach Norden. Etwa bei km 45, bei einem großen Markierungsstein (Aufschrift: ›In Salah 360, Amguid 40, In Ecker 310, Fort Flatters 280, Hassi Bel Guebbour 385‹), verlassen wir die breite, nach Hassi Bel Guebbour führende Piste nach links und folgen der mit Steinhaufen gekennzeichneten Piste in Richtung NW durch eine Senke zwischen zwei Bergzügen (ca. km 49). Wir ignorieren die Spuren, die nach weiteren reichlich 6 km von einem Bergeinschnitt von rechts herankommen und biegen wieder ab nach NW. Zu beiden Seiten wird die etwas unebene Piste begleitet von den z. T. sandverwehten, düsteren Geröllbergen des Iraouene. Der Pistenverlauf ist immer eindeutig zu erkennen (Steinhaufen, Stangen alle 10 km). Bei km 106 finden wir drei schöne vorislamische Schlüssellochgräber links an einem steinigen Hügel, und unmittelbar danach verlassen wir die Berge. Ab hier geht es in flottem Tempo über die weite, monotone Aguemour-Ebene zunächst in Richtung NW, dann in Hauptrichtung W bis etwa km 181, wo die Piste nach NW abbiegt (die hier geradeaus weiterführenden Spuren ignorieren wir). Die Wellblechbildung auf der Hauptpiste nimmt zu. Auf Ausweichpisten zwingen

Bodenwellen zu vorsichtiger Fahrweise. Bei km 212 (zerfallender Wegstein ›Fort Flatters 380, In Salah 200‹) mündet von Osten her eine alte, kaum mehr befahrene Piste von Hassi Bel Guebbour ein.

Kurzbeschreibung der Piste nach Hassi Bel Guebbour: Diese extrem einsame Piste ist gut erkennbar (häufig kleine, seitlich aufgeworfene Sand- und Steinwälle; Markierungsstangen – teilweise am Boden liegend – mit Aufschrift ›FF‹ und ›AM‹) sowie mühelos und flott befahrbar. Sie führt zunächst stur nach Osten über die weite, monotone Aguemour-Ebene. Nach reichlich 140 km biegt sie erst nach SO, dann nach S und schließlich wieder ein kleines Stück nach SO ab, um nach etwa 173 km auf die von Amguid nach Hassi Bel Guebbour führende Hauptroute zu stoßen (vgl. Strecke Nr. 14, Variante a).

Ab der Einmündung folgen wir der Piste nach Westen; das Wellblech schüttelt uns immer wieder arg durch. Endlich, ab km 232, gibt es wieder etwas Abwechslung: ein paar steinige Hügel, durch die sich die Piste windet. Und gleich darauf (bei km 238), links der Piste, viele grüne Büsche, Schilf und Tamarisken hinter einem großen, ziemlich verkommenen Gebäude – ein überraschender Anblick nach so viel Monotonie: die ›Forage‹ (=Bohrstelle) von **Tamesguidat.** Einst war dies ein beliebter Rastplatz. Aus einem dicken Rohr schoß hier heißes, leicht schwefelhaltiges Wasser, verteilte sich in Gräben, Becken und im Gelände und ermöglichte eine üppige Vegetation. Heute quillt nur noch wenig Wasser in die Gräben, die Pflanzen verkümmern, Unrat hat sich angesammelt, eine kleine Idylle ist verdorben.

Vorsicht: Achten Sie beim Verlassen von Tamesguidat darauf, daß Sie nicht den nach NNW abzweigenden Spuren folgen, sondern weiterhin auf der Hauptpiste (Richtung WSW) bleiben!

Nach reichlich 3 km kommen wir an eine Pistengabelung. Auf dem rechten Zweig (Richtung WNW) erreichen wir bei km 254 einen kleinen Bergsattel, von dem aus es hinein in ein sandiges Oued geht. Der linke Zweig dagegen führt großenteils über eine flott zu befahrende Tonsenke und mündet ca. 1 km nach dem erwähnten Bergsattel wieder auf die rechte Piste ein (Umweg ca. 3 km). Bei km 270 passieren wir den Brunnen **Ain Kahla** (kaltes, klares Wasser sammelt sich in einem gemauerten Trog; daneben kleines Gebäude). Dann folgt eine Ebene, die sich nach Regenfällen u. U. in ein unpassierbares Schlammfeld verwandeln kann. Ab einer Pistengabelung, etwa 1 km nach dem Brunnen, gibt es zwei Möglichkeiten für die Weiterfahrt: Die Hauptroute (rechts) führt über Foggaret ez Zoua nach In Salah, die linke über Foggaret el Arab.

Gartenarbeit in der Oase Foggaret ez Zoua

Kurzbeschreibung der linken Route nach Foggaret el Arab: Ab der Abzweigung (= km 000) durchqueren wir die Schwemmtonebene, fahren bei km 6 über eine holprige Hügelkette und gleich darauf über eine mit bunten Kieseln bedeckte Ebene. Bei km 23 geht es erneut über eine kleine Hügelkette. Ca. 4 km

weiter erreichen wir das Oued Messaoud, dem wir ein Stück nach rechts folgen. Nach Verlassen des Oued fahren wir in Hauptrichtung WSW, später SW. Etwa bei km 67, nach Überqueren einer Hügelkette, sehen wir in der Ferne die grünen Palmenhaine von Foggaret el Arab. Die Piste schwenkt allmählich nach NW, und bei km 80 erreichen wir schließlich diese abgelegene Oase. Von hier sind es noch etwa 15 km auf einer festen Piste bis zu der von Foggaret ez Zoua nach In Salah führenden Hauptroute.

Wir halten uns rechts und folgen dem Tal weiter in nordwestlicher Richtung. Dunkle Hügelketten mit Sandanwehungen begleiten uns ein Stück. Im Norden sehen wir in großer Entfernung das Tademait-Hochplateau. Bei km 286 quert eine Piste, die wir jedoch ignorieren, genauso wie die diversen Pisten, die auf der restlichen Strecke bis Foggaret ez Zoua abzweigen bzw. einmünden. Wenn wir immer strikt der Hauptpiste folgen, werden wir etwa bei km 345 Foggaret ez Zoua erreichen (die letzten Kilometer sind sehr sandig).

Knapp 17 km vor dem Ort bietet sich die Möglichkeit für einen Abstecher zum ›Versteinerten Wald‹ (s. u.).

Foggaret ez Zoua

Keine Versorgungsmöglichkeit außer Wasser und eventuell ein wenig Gemüse, Poststelle, Touristenbüro Bouchikhi, das Kamelritte und Exkursionen mit Geländewagen organisiert (nach Vorbestellung). Foggaret ez Zoua ist eine Oase wie aus dem Bilderbuch. Hinter den kleinen, aus Lehmziegeln gebauten und oft vom Sand halb zugewehten Häusern erheben sich die Dünen. Diese entstanden mehr oder weniger ›künstlich‹: Um ihre Palmenhaine vor den fast ständig wehenden, starken Ostwinden und vor Sandverwehungen zu schützen, stecken die Bewohner am Ostrand ihrer Gärten dichte Reihen von Palmwedeln in den Boden. Der angewehte Sand lagert sich im Windschatten hinter dieser Barriere ab, so daß allmählich eine Düne wächst. Die bald vom Sand zugedeckten Palmwedel müssen deshalb immer wieder höher auf den Dünenkamm gesteckt werden, und so bauen sich im Laufe der Jahre riesige Sandberge auf, die eine echte Bedrohung für die Oase darstellen, da sie die Palmengärten allmählich unter sich begraben (vgl. S. 16). Bei einem Spaziergang durch die Gärten überrascht das satte Grün von Gemüse, Korn- und Futterpflanzen. Ein Netz von schmalen Bewässerungsrinnen zieht sich zwischen den Beeten hindurch. Die Foggaras, die jahrhundertelang für die Bewässerung sorgten und der Oase den Namen gaben, werden auch hier zunehmend durch moderne Brunnen ersetzt.

Die Frauen des Ortes sind freundlich, auffallend hübsch und farbenfroh gekleidet. Kinder reiten auf Eseln durch die Oase, und drüben bei dem schneeweißen Marabut stehen einige Kamele und schauen schläfrig zu uns herüber. Der halbverwehte Lehmbau eines riesigen Forts erinnert an die Franzosenzeit. Etwa 2 km südlich des Hauptortes liegt der kleine Ortsteil Selafen.

Beim ›Versteinerten Wald‹ von Foggaret ez Zoua

Abstecher zum ›Versteinerten Wald‹: Infolge des wenig markanten Geländes und der Vielzahl von Spuren empfiehlt es sich, Mohamed Bouchikhi vom Touristenbüro als Führer zu nehmen. Wer dennoch allein auf die Suche gehen will, halte sich an folgende Beschreibung: Man läßt den Ort mit dem alten französischen Fort links liegen und folgt zunächst Richtung Osten der nach Amguid führenden Piste, die am Anfang sehr sandig ist. Man erreicht nach knapp 17 km eine mit einem Stein markierte Gabelung. Wir verlassen hier unsere in nordöstlicher Richtung verlaufende Hauptpiste und folgen der kleinen Nebenpiste etwa in östlicher Richtung. Nach ca. 1,3 km halten wir uns an einer weiteren Gabelung rechts, und nach weiteren 400 m stoßen wir auf die erste Ansammlung versteinerten Holzes. Folgt man den Spuren für noch einmal ca. 4 km, entdeckt man in dem flachen Gelände mehrere weitere ›Holzplätze‹ mit teilweise sehr gut erhaltenen, langen Stämmen einstiger Nadelbäume. *Zur Beachtung für ›Souvenirsammler‹:* Es ist verboten und kann zu Schwierigkeiten bei Grenzkontrollen führen, Holzstücke von mehr als Faustgröße oder größere Mengen mitzunehmen. Bitte ›plündern‹ Sie die Fundstellen nicht!

Für die Weiterfahrt nach In Salah folgen wir der Piste entlang der Stromleitung. (Sollte diese Piste zu stark versandet sein, so kann man eventuell weiter rechts, möglichst nahe am Fuß der parallel verlaufenden Hügelkette El Khebb, auf festem Grund und stets in Sichtweite der Stromleitung fahren.) 22 km ab Foggaret ez Zoua zweigt links eine beschilderte Piste nach Foggaret el Arab ab (vgl. auch oben beschriebene Streckenvariante), doch wir fahren weiterhin entlang der Stromleitung und erreichen bei km 24 eine Teerstraße (diese 24 Pistenkilometer sollen demnächst geteert werden). Wir folgen der Straße nach rechts, um 5 km weiter in eine quer verlaufende Teerstraße (rechts der Ort Hassi El Hadjar) nach links einzubiegen. Über die kleine Oase Sahela Foukania (km 33) gelangen wir bei km 36 auf die von El Golea kommende Hauptstraße (RN 1). Auf dieser geht es weiter nach Süden, und vorbei am Flugplatz erreichen wir bei km 46 (km 391 ab Amguid) In Salah (Ortsbeschreibung und Plan vgl. Strecke Nr. 1).

Strecke Nr. 25

Tamanrasset – In Ebeggi – **In Azaoua** (392 km)

max. 97 km Teerstraße
Rest Piste Kategorie C

Die Gegend um In Ebeggi ist landschaftlich besonders reizvoll

Allgemeines

Diese Strecke darf bis zur algerischen Militärstation bei In Azaoua wieder befahren werden. Da jedoch behördliche Vorschriften oft einem schnellen Wechsel unterliegen, erkundigen Sie sich sicherheitshalber vor der Abfahrt in Tamanrasset bei der Grenzpolizei. Das Passieren der Grenze bei In Azaoua und somit die Weiterfahrt nach Arlit oder Iferouane ist nach den amtlichen Vorschriften der Nigerbehörden verboten, da sich der *einzige* offizielle Grenzübergang zwischen Algerien und Niger in In Guezzam/Assamaka (vgl. Strecke Nr. 19) befindet und im gesamten Air-Gebirge zudem Führerzwang besteht.

Die Strecke nach In Azaoua ist recht einsam, da sie nur hin und wieder von Versorgungsfahrzeugen der dortigen Militärstation benutzt wird. Den Pistenverlauf, der sich in Karten entweder gar nicht oder aber häufig nicht korrekt eingezeichnet findet, kann man im allgemeinen gut erkennen, zumal Markierungsfässer aufgestellt sind. Die Strecke sollte nur von erfahrenen und gut ausgerüsteten Saharafahrern, mit detailliertem Kartenmaterial und unbedingt im Geleit befahren werden. Unterwegs bestehen keinerlei Versorgungsmöglichkeiten mit Ausnahme von Wasser beim Militär in In Azaoua. Abgesehen von einem etwa 50 km langen, sehr sandigen Teilstück, für welches ein ge-

Bizarre Felskulisse im Oued Tagrira

ländegängiges Fahrzeug erforderlich ist, bietet die Strecke keine größeren fahrtechnischen Probleme. Sie führt zeitweise durch sehr reizvolles Gelände, besonders in der Gegend um In Ebeggi mit Sanddünen und bizarren, freistehenden Felstürmen in den kuriosesten Erosionsformen.

Streckenbeschreibung

Wir verlassen Tamanrasset (Ortsbeschreibung, Plan und Streckenskizze vgl. Strecke Nr. 1) in südlicher Richtung auf der nach Niger führenden Teerstraße und bleiben so lange wie möglich auf der Straße bzw. folgen den durch die Bauarbeiten bedingten Umleitungen, die sich je nach Fortschritt des Straßenbaues stetig verändern. Die Straße bzw. im späteren Verlauf die Piste führt durch die Ausläufer des Hoggar-Gebirges. Bei etwa km 97 ab Tamanrasset steht, falls nicht inzwischen bei Straßenbauarbeiten beseitigt, links der Piste eine Tafel, die nach In Guezzam (halbrechts) und In Azaoua (›Piste interdite‹, halblinks) weist. (Etwa 5 km weiter folgt nochmals eine Tafel mit der Beschriftung: ›In Guezzam‹ – geradeaus – und ›Interdict running track – Don't use‹ – nach links.) Wir verlassen die Hauptpiste bei dem ersten Schild (= km 000) und folgen der nach links führenden, mit Steinen markierten Piste. Diese verläuft für die folgenden reichlich 100 km ziemlich genau in südöstlicher Richtung (von einigen Schlenkern abgesehen). Nach knapp 8 km durchfahren wir das Oued Anfeg, und wenn ca. 1,5 km danach ein Markierungsfaß mit der Beschriftung ›287‹ erscheint, wissen wir, daß wir uns auf dem richtigen Weg befinden. Wir achten im folgenden auf solche Fässer, die im Abstand von ca. 1 km aufgestellt und alle ca. 10 km mit abnehmender km-Zahl beschriftet sind. Die Piste ist zunächst sehr holprig (Wellblech) und uneben, die Landschaft hügelig und recht monoton. Bei gelegentlichen Spurenverzweigungen achten wir darauf, daß wir nicht zu weit seitlich abgetrieben werden, sondern stets zumindest in Sichtweite der mit Fässern markierten Hauptspur die SO-Richtung einhalten.

Etwa ab km 92 passieren wir einen rechter Hand aufragenden Hügelzug, und auf flott befahrbarem Reguntergrund nähern wir uns einer allmählich von links heranrückenden Bergkette, deren südliches Ende wir etwa bei km 106 erreichen. Wir überfahren eine kleine Paßhöhe mit sehr sandiger Abfahrt (in Gegenrichtung besteht ohne Allradantrieb Einsandungsgefahr) und kommen hinunter ins Oued Tagrira. Landschaftlich wird es jetzt interessant; bizarre, freistehende und zu seltsamen Formen erodierte Felstürme und -klötze verlocken immer wieder zu einem Abstecher. In diesen Felsen findet man Gravuren von Straußen, Elefanten, Rindern, Giraffen u. a.; es lohnt sich, hier auf ausgiebige Entdeckungstour zu gehen. Die Piste folgt im weiteren Verlauf dem Oued Tagrira in Hauptrichtung NO, wobei sie links weiterhin von interessanten Felsformationen begleitet wird, während rechts, parallel zur Piste und in einiger Entfernung, die eindrucksvollen, teilweise sandverwehten tafelförmigen Berge des Tassili Ta-n-Ahaggar verlaufen.

Etwa bei km 144 fahren wir zwischen einigen Dünen hindurch hinaus in die Ebene von In Ebeggi (In Abeggui; der gleichnamige Brunnen liegt über 20 km von der Piste entfernt im Norden). Die Piste biegt nun nach Osten, später nach Südosten ab; sie ist weiterhin mit Fässern markiert. Etwa ab km 148 beginnt der Untergrund sandig zu werden. Die Spuren führen über kleine Dünen hinweg bzw. zwischen diesen hindurch, und es empfiehlt sich, für die folgenden rund 50 km den Luftdruck der Reifen zu verringern. Nicht geländegängige Fahrzeuge dürften diese oft sehr langgezogenen Weichsandstrecken nur mit großen Schwierigkeiten und ausgiebiger Schaufelei bewältigen. Rechts der Piste begleiten uns für einige Zeit die schönen Dünen am Fuß des Tassili Ta-n-Ahaggar. Doch dann wird die Landschaft wieder reizloser. Wir folgen auf meist gut befahrbarem Untergrund dem breiten Oued Ti-n-Tarabine und erreichen nach flotter Fahrt auf der topfebenen, nach Süden verlaufenden Piste schließlich bei km 278 die schon von weitem sichtbare, groß und modern angelegte algerische Militärstation von **In Azaoua.** Paß- und eventuell Fahrzeugkontrolle entweder bereits hier, spätestens aber in der 12 km entfernten, kleineren Militärstation. In beiden Stationen gibt es Wasser. Von der zweiten Station aus sind es noch 4,5 km bis zum Brunnen In Azaoua. Dieser dient der Wasserversorgung der Militärstation. Eine große Tafel ›Republique du Niger‹ zeigt an, daß hier die (z. Z. gesperrte) Grenze zwischen Algerien und Niger verläuft.

Strecke Nr. 26

Hassi Messaoud – Deb-Deb (503 km) – **In Amenas** (718 km)
718 km Teerstraße

Allgemeines

Lassen Sie sich nicht von der Landkarte täuschen, denn diese verheißt für die gesamte Distanz ein schönes, bequemes und flottes Fahren auf Teerstraße. Prinzipiell ist das auch richtig; die Straße befindet sich sogar weitgehend in recht gutem Zustand und kann somit theoretisch auch von PKWs befahren werden. Da sie jedoch über Hunderte von Kilometern durch die Dünengebiete des Grand Erg Oriental führt und offensichtlich nicht so häufig wie nötig gewartet wird, sind lange Abschnitte immer wieder durch angewehte Dünen verschüttet, deren Bewältigung selbst für Geländefahrzeuge nahezu unmöglich werden kann. Für PKWs oder nicht geländegängige Fahrzeuge gibt es dann u. U. kein Durchkommen mehr. Vor Befahren der Strecke sollte man sich also unbedingt nach dem aktuellen Straßenzustand erkundigen. Sicher ist diese Route durch den Erg landschaftlich allerdings wesentlich reizvoller als die etwa gleich lange Strecke über Hassi Bel Guebbour (vgl. Strecke Nr. 2). Dünenliebhaber werden hier voll auf ihre Kosten kommen.

Obwohl es in Deb-Deb eine Tankstelle gibt, sollte man sicherheitshalber genügend Treibstoff für die gesamte Distanz bis In Amenas tanken. Angaben über die Fahrtzeit sind wegen der unvorhersehbaren Probleme mit den Sandverwehungen nicht möglich.

Streckenbeschreibung

Wir verlassen Hassi Messaoud auf der über Hassi Bel Guebbour nach In Amenas führenden Hauptstraße (vgl. Strecke Nr. 2), die nach ca. 13 km den Flugplatz passiert. Bei km 14,5 zweigen wir nach links auf die zum Ölcamp ›Rhourd El Baguel‹ führende Teerstraße ab. Das Camp wird bei km 96 erreicht. Nun geht es über Hunderte von Kilometern durch die schöne Dünenlandschaft des Grand Erg Oriental. Bereits hier können Sandverwehungen das Vorwärtskommen erschweren. Bei km 247 biegt unsere Straße nach rechts ab (die nach Osten weiterführende Straße endet bei der reichlich 80 km entfernten Ölbohrstelle von El Borma). Sie führt weiterhin (bis kurz vor Deb-Deb) durch eindrucksvolle

Rast am Rande des Sandmeeres

Dünen. Spätestens hier beginnen dann eventuell die erwähnten Probleme mit dem Vorwärtskommen, da die Straße immer wieder von meterhohen Sandmassen zugeweht sein kann. Selbst für Geländefahrzeuge gibt es u. U. dann kein Durchkom-

men mehr oder nur unter großen Mühen und mit erheblichen Risiken. Zwar kann man hin und wieder in gewagten Manövern von der oft dammartigen Straße hinunter zur alten Piste fahren und dort unten sein Glück versuchen. Doch auch da gibt es Sand, Sand und nochmals Sand – über etwa 200 Kilometer. (Wegen der vielen Umleitungen und Kurvenfahrten durch die Sandmassen können die folgenden Kilometerangaben bis Deb-Deb nur als grobe Orientierungswerte dienen.) Etwa bei km 313 zweigt eine Zufahrt nach rechts zum Brunnen und dem malerisch von Dünen umgebenen Fort von **Sif Fatima** ab. Ungefähr bei km 470 verlassen wir das Dünengelände; der Kampf mit dem Sand ist zu Ende. An der hiesigen Straßengabelung halten wir uns rechts in Richtung In Amenas. (Der linke Zweig führt vorbei an einem Sonatrach-Camp zur tunesischen Grenze bei Bordj el Khadra [früher: Fort Saint]. Dieser Grenzübergang ist meistens geschlossen.) Etwa 10 km weiter erreichen wir den Militärposten von **Bordj Messaouda** (Paßkontrolle) und bei km 503 schließlich den algerischen Grenzort Deb-Deb.

Deb-Deb (Fort Thiriet)

Tankstelle, Wasser, Bäcker, sonst keine Versorgungsmöglichkeiten. Post, Polizei- und Zollstation (eventuell Fahrzeug- und Devisenkontrolle). Die Grenzübergänge nach Tunesien bzw. Libyen sind häufig geschlossen.

Auf schmaler und teilweise beschädigter Teerstraße geht es nun durch ebenes, ziemlich langweiliges Gelände weiter nach Süden. Etwa bei km 650 stoßen wir auf die von Hassi Bel Guebbour kommende Hauptstraße (vgl. Strecke Nr. 2). Wir folgen dieser weiter nach Süden und erreichen 8 km weiter den ›Mufflonsprung‹ (›Saut du Mouflon‹). Hier überwindet die Straße in steilem Gefälle den eindrucksvollen Abbruch des Tinrhert-Plateaus (Vorsicht beim Fotografieren oberhalb des Abbruchs in der Nähe der Funkstation!). Bei km 718 ist In Amenas erreicht (Ortsbeschreibung vgl. Strecke Nr. 2).

Strecke Nr. 27

El Golea – Fort Miribel (143 km) – Erg Megraoun (225 km) – **Hassi Bel Guebbour** (579 km)

110 km Teerstraße
469 km Piste Kategorie C

Allgemeines

Wer Einsamkeit liebt und Dünen, kommt bei dieser Strecke auf seine Kosten. Fast ständig sind irgendwo Sandberge auszumachen, wenn auch oft nur in der Ferne. Überwältigende Höhepunkte bietet diese Tour jedoch nicht. Die Piste ist im allgemeinen gut erkennbar; hin und wieder markieren Blechpyramiden oder Steinmänner ihren Verlauf. Da sie heutzutage fast keine verkehrstechnische Bedeutung mehr hat, wird sie kaum benutzt; deshalb sollten Sie unbedingt im Geleit fahren, gut ausgerüstet und mit ausreichenden Reserven an Treibstoff und Wasser. Versorgungsmöglichkeiten gibt es unterwegs keine, höchstens eventuell Wasser aus dem Brunnen beim Fort Miribel. Mit Ausnahme von zwei schwierigen Stellen, für die ein geländegängiges Fahrzeug erforderlich ist, ist die Strecke im allgemeinen problemlos befahrbar, wenngleich es – besonders auf den letzten 150 km – ziemlich wellige Abschnitte gibt. Eine weite Schwemmtonebene zwischendrin dürfte nach Regenfällen allerdings unpassierbar sein. Die Fahrzeit beträgt ca. 3–4 Tage.

Die Oase El Golea; Blick von der alten Festung

Streckenbeschreibung

Nachdem wir in El Golea genügend Wasser und Treibstoff getankt haben, verlassen wir die Stadt auf der nach In Salah führenden Teerstraße (vgl. Strecke Nr. 1). Kurz nach dem Aufstieg auf das Tademait-Plateau zweigt bei km 110 eine breite, deutlich erkennbare Piste nach links ab (Schild ›Fort Miribel – Eau Potable 30 km‹). Dies ist der Startpunkt (= km 000) für die im folgenden beschriebene Tour.

Die Piste führt zunächst über die kahlen Hochflächen des Tademait zur alten Wüstenfestung **Fort Miribel** (km 32,5), einem ehemaligen Stützpunkt der französischen Fremdenlegion. Doch schon vor der Kolonialzeit befand sich hier die wichtige Wasserstelle Hassi Chebaba, einst Etappe einer alten Transsahararoute vom Mittelmeer nach Schwarzafrika. Leider haben Touristen und Rallyefahrer in der imposanten und gut erhaltenen Festungsanlage deutlich ihre Spuren und ihren Müll hinterlassen. Unterhalb des Forts liegt das hübsche Oued Chebaba mit Palmen und einem Brunnen, dem Hassi Chebaba. Ohne Touristenunrat wäre dies ein schöner Rastplatz. Jenseits des Tales auf der Anhöhe, direkt am Fuß einer kleinen, zerfallenden Steinhütte, finden wir eine einfache ›Nomadenmoschee‹, nur bestehend aus auf dem Boden ausgelegten Steinen. Von hier aus bietet sich ein schöner Blick über das Tal und auf die Festung, die das ganze Oued beherrscht.

Nachdem wir das sandige Oued Chebaba durchquert haben, halten wir uns an einer Gabelung bei km 37 links (Schild ›CEPA‹) und folgen der dünneren der beiden Pisten durch monotones, meist topfebenes Gelände. Bei km 87 erreichen wir das von Felsen eingerahmte, buschbestandene Oued Mya, welches sich über Hunderte von Kilometern durch die Wüste zieht, bis hinauf nach Ouargla. Ein schöner Anblick nach so viel strukturloser, steiniger und vegetationsloser Monotonie! Fahrzeuge ohne Reduziergetriebe und ohne große Bodenfreiheit dürften bei der

Fort Miribel, einst Stützpunkt der Fremdenlegion

Im Oued Mya hat sich vom letzten Regen noch etwas Wasser gehalten

holprigen Durchquerung und bei der Auffahrt über große Steinbrocken zum erstenmal auf Schwierigkeiten stoßen.

Bei guten Sichtverhältnissen tauchen in der Ferne allmählich die gelben Dünen des Erg Megraoun auf. Etwa bei km 102 (links, etwas abseits, großer Steinmann auf Hügel) zweigt nach Süden eine Piste ab, die wir jedoch ignorieren, genauso wie die querende Piste reichlich 8 km weiter (diese verbindet die alten Franzosenfestungen von Hassi Inifel – ca. 75 km entfernt im Norden – und Ain Guettara – ca. 175 km entfernt im Süden). Wir haben bald die nördlichsten Ausläufer des Erg erreicht. Ein Abstecher hinein in die Dünen ist immer lohnend! Unsere Piste führt weiter über steinige, harte Hochflächen, und bald sieht man ringsherum in mehr oder weniger großer Entfernung Dünenketten aufragen. Bei km 137 folgt wieder ein kleiner landschaftlicher Höhepunkt: das Oued In Sokkie mit grünen Büschen und einer dahinter steil aufragenden, mächtigen Düne. Nach wie vor ist die Piste nur in unregelmäßigen Abständen mit Blechpyramiden und Steinmännern gekennzeichnet; ihr Verlauf bleibt jedoch stets gut erkennbar. Bald tauchen linker Hand die südwestlichsten Ausläufer des Grand Erg Oriental auf, dessen Sandberge uns in wechselnder Entfernung bis zum Zielort Hassi Bel Guebbour begleiten werden. Bei km 172 (Blechpyramide ›5‹) knickt die Piste nach Südosten ab (bisher vorwiegend Kurs OSO/O). An einer Gabelung reichlich 1 km weiter halten wir uns rechts, weiterhin in Richtung Südosten fahrend. Immer wieder werden buschbestandene Oueds durchquert. Abgesehen davon führt unser breites Spurenband – meist flott befahrbar – durch eine weite Reg-Ebene. Etwa bei km 230 müssen wir darauf achten, nicht unbemerkt auf Spuren zu geraten, die ziemlich genau nach Osten bis hinein in das etwa 30 km entfernte Dünental Gassi Rtem Rhoul führen. *Unsere* Spuren dagegen biegen in einem sanften Bogen nach Süden ab, direkt auf die in der Ferne sichtbare Spitze des Dünenzuges Draa Souf zu, der wie ein langer Finger hinaus in die Ebene weist. Allmählich kommen die Sandberge von links näher an die Piste heran. Kurz vor der ›Fingerspitze‹ zweigen zwei Pisten nach rechts ab, die wir jedoch ignorieren. Etwa bei km 267 umfahren wir schließlich die äußerste Sandzunge in Richtung Osten und befinden uns gleich darauf inmitten eines großen Feldes mit vielen aus Steinen errichteten Mäuerchen, Türmchen und Haufen. Ob es sich dabei um militärische Stellungen aus den Kolonialkriegen handelt?

An einer Gabelung bei km 283 fahren wir links und passieren in einiger Entfernung eine aufgelassene Bohrstelle. Ein großes Ärgernis auf dem folgenden Streckenabschnitt sind die vielen, nicht zu übersehenden Spuren einer großen Autorallye, die hier ihr Unwesen getrieben hat: Reste von zusammengebrochenen Fahrzeugen, alte, zerfetzte Reifen, Konservendosen – jede Art von Rastmüll liegt herum, vor allem immer wieder Glasflaschen und -scherben. »Nach uns die Sintflut« scheint das Motto der Rallye-Fahrer gewesen zu sein. Erfreulicher sind Funde anderer Art. Bei km 300 führt die Piste mitten durch ein großes Feld versteinerten Holzes. Auf den folgenden ca. 80 km werden wir noch mehrere großflächige Fundstellen passieren. Dunkel heben sich die Holzbrocken vom Untergrund ab; gelegentlich liegen noch ganze, lange Baumstämme im Gelände. Unvorstellbar, daß in dieser Einöde einstmals dichte Wälder gestanden haben!

Die Piste wird nun zunehmend wellig, bereitet zunächst aber noch keine fahrtechnischen Probleme. Linker Hand wechseln die Dünenzungen des Erg und breite Gassis einander ab. Besonders hübsch ist die Dünenspitze Menkeb er Rtem beim Gassi Oulad Mokhane (km 334). Goldgelber Sand und gesunde, schattenspendende Bäume gibt es hier und – leider – viele Fliegen.

Weiter geht es über welliges, steiniges Gelände; die Hauptpiste hat stellenweise böse Wellblechstruktur. Wir ignorieren Abzweigungen nach links bei km 372 (Schild ›Sonatrach 90 km‹) und bei km 389. Bei km 397 erreichen wir die breite Schwemmtonebene des Oued Melah, die

Hinterlassenschaft einer Autorallye

Versteinerte Baumstämme zeugen davon, daß in der Einöde einst dichte Wälder wuchsen

sich nach Regenfällen in ein unüberwindbares Schlammfeld verwandeln kann. Vorsicht ist auch geboten, falls Sie in diesem schönen, buschbestandenen Oued auf Rastplatzsuche gehen. Unter der fest erscheinenden Oberfläche kann sich ein tückischer Tonkleister verbergen, Relikt früherer Niederschläge. Nach ca. 8 km verlassen wir das Oued und erreichen wieder sicheren Untergrund. Kurz darauf wird die südlichste Spitze des Grand Erg Oriental passiert, der sich ab hier nach Nordosten zurückzieht. Bei km 409 beginnt eine ca. 700 m lange, sehr sandige und ziemlich steile Auffahrt auf ein Felsplateau. Dies ist sicherlich die fahrtechnisch schwierigste Stelle der ganzen Strecke. Sie erfordert – zumindest in dieser Fahrtrichtung – Geländegängigkeit. Wir hoppeln nun weiter über das steinige Plateau und ignorieren bei km 419 eine nach rechts abzweigende Piste. An einer Gabelung bei km 427 halten wir uns rechts. Nach weiteren 30 km geht es hinunter in eine Ebene. Rauchfahnen im Osten lassen erkennen, daß wir uns diversen Ölbohrstellen nähern. Ab hier sind es noch reichlich 12 km bis zur Tankstelle von Hassi Bel Guebbour = km 469 (ab El Golea km 579).

Hinweis: Wer die beschriebene Strecke in umgekehrter Richtung befahren will, findet in der Fülle der um Hassi Bel Guebbour herum verlaufenden Spuren den Pistenbeginn am besten, indem er von der Tankstelle aus zunächst in Richtung WSW fährt und scharf an der südlichen Spitze der großen Düne vorbeizieht. Dort stößt man auf die nach Fort Miribel/El Golea weiterführende Piste.

Strecke Nr. 28 (›Gräberpiste‹)

Illizi – Ain el Hadjadj (173 km) – Hassi Ntsel (368 km) – **Amguid** (506 km)

506 km Piste Kategorie C

Allgemeines

Diese alte Piste hat heute praktisch keinerlei verkehrstechnische Bedeutung mehr und wird – wenn überhaupt – nur noch von einigen ›Saharafreaks‹ befahren. Sie ist folglich äußerst einsam und sollte entsprechend nur im Konvoi von mindestens zwei autarken Geländefahrzeugen in Angriff genommen werden. Große Wüstenerfahrung der Mannschaft, gutes Orientierungsvermögen, sicherer Umgang mit Karten (1:200 000!) und Kompaß, optimale Ausrüstung und zuverlässige, geländegängige Fahrzeuge mit versierten Fahrern stellen unabdingbare Voraussetzungen für das Befahren dieser äußerst schwierigen und anspruchsvollen Route dar.

Während man Wasser unterwegs notfalls aus Brunnen nachfüllen kann, sind große Treibstoffvorräte nötig, da in Amguid keine Tankmöglichkeit besteht (nur Wasser), der Sprit also auch noch für die Weiterfahrt bis zur nächsten Tankstelle reichen muß. Besonders im mittleren Streckenabschnitt gibt es einige harte fahrtechnische und navigatorische Nüsse zu knacken. In ständiger Folge gilt es, Dünengebiete zu durchqueren, langen, felsübersäten Flußläufen zu folgen oder steile, z.T. von Gräben durchzogene Bergpässe zu bewältigen, wobei sich die Streckenfindung nicht immer einfach gestaltet. Während oder nach Regenfällen ist die Route möglicherweise ganz unpassierbar, da einige weite Schwemmtonebenen sich dann in unüberwindbare Schlammfelder verwandeln.

Wer landschaftliche Vielfalt liebt, wird auf dieser Strecke voll auf seine Kosten kommen: sanfte Hügel, steile Tafelberge mit tiefen Schluchten, grüne, vegetationsreiche Trockentäler, wilde Felsformationen, weite Ebenen und natürlich die malerischen Dünen mehrerer Ergs – nahezu alles, was die Wüste an Reizen zu bieten hat, ist vertreten. Gazellen sieht man häufig, sogar in ganzen Rudeln. Und immer wieder sind Gräber, ja ganze Gräberfelder makabre Wegmarkierungen – merkwürdig, wenn man bedenkt, daß diese Gegend heute praktisch unbesiedelt ist und man nur sehr selten auf Nomaden trifft.

Die entdeckten ›Schlüssellochgräber‹ (vgl. S. 185f.) stammen nachweisbar aus vorislamischer Zeit. Bei den anderen Gräbern handelt es sich jedoch meist um einfache Steinhügel. Größere Gräberfelder sind oft ergänzt durch eine aus Steinen ausgelegte ›Nomadenmoschee‹ mit der gen Mekka gerichteten Gebetsecke. Welches Alter diese Gräber haben, ist schwer zu schätzen. Vielleicht war die Route zur Zeit des Karawanenhandels eine wichtige Durchgangsverbindung? Vielleicht stammen viele der Gräber aus einer Zeit, als die Gegend noch fruchtbarer war und deshalb regelmäßig von Hirtenvölkern durchzogen wurde? Die an der Strecke entdeckte alte militärische Stellung läßt auch den Schluß zu, daß hier kriegerische Auseinandersetzungen stattfanden – mit entsprechenden Opfern an Menschenleben. Wer waren all die Toten? Vielleicht weiß einer unserer Leser mehr darüber oder wird irgendwo in der Literatur fündig.

Langweilig wird es auf dieser ›Gräberpiste‹ mit Sicherheit nicht. 3–4 Tage Fahrzeit sollten für die Strecke eingeplant werden.

Streckenbeschreibung

Wir verlassen Illizi (Ortsbeschreibung vgl. Strecke Nr. 2) auf der nach Djanet führenden Route und durchqueren ein kleines Dünengebiet. 1,5 km nach dem Ortsendeschild (hinter dem ersten hölzernen Telegrafenmast) biegen wir von der Djanet-Route nach Westen ab und folgen den Spuren über sandigen Untergrund. Wir passieren einige tamariskenbewachsene Hügel und halten – ungefähr in Richtung 300 ° – auf einen dunklen, flachen Höhenrücken zu. Bald erreichen wir eine eindeutige Piste, der wir nach Westen folgen. Bei km 5,5 ist der erwähnte Höhenrücken erklommen. An einer Gabelung bei km 10 halten wir uns rechts (links starkes Wellblech), um bei km 18 einen schon seit langem sichtbaren Steinmann (rechts auf einem Tafelberg) zu passieren. Wenn schließlich bei km 20,5 der Vermessungsstein ›IGN 6‹ erreicht wird, wissen wir zuverlässig, daß wir uns auf dem richtigen Weg befinden. Gleich darauf überfahren wir einen kleinen Bergsattel und nähern uns den Mennkhour-Dünen, dem südöstlichsten Ausläufer des gewaltigen Erg Issaouane, der für die folgenden ca. 150 km unser (beinahe) ständiger Begleiter sein wird. Bald biegt die Piste nach Süden in eine tiefergelegene Ebene mit kleinen, hübschen, grasbewachsenen Dünen. Der Untergrund wird sehr sandig (Allradantrieb), die Steinmarkierungen verschwinden allmählich im Sand. Das vor uns liegende Kleindünenfeld muß schräg nach rechts auf den gegenüberliegenden Bergrücken zu gequert werden (große Akazien). Etwa bei km 29 stoßen wir wieder auf die markierte Piste, die wir an einer Gabelung bei km 32,7 verlassen, um der besseren Alternativpiste nach rechts zu folgen. Kurz darauf, auf einer Anhöhe, bietet sich ein phantastischer Blick in die Hügeleinschnitte und auf die am Horizont aufragenden Dünen. Bei km 38,5 stößt die markierte Piste im spitzen Winkel von links wieder auf die unsrige. Bald gilt es, einige ziemlich sandige Passagen zu bewältigen, so z. B. etwa bei km 45,5 und bei der Querung des üppig mit Tamarisken bewachsenen Oued Tadjeradjeri (etwa ab km 47). Halten Sie sich auf dem kurzen Zwischenstück immer nordwestlich, damit Sie nicht auf Spuren geraten, die nach links hinaus in die steinigen Hügel führen.

Bei km 54,5 stößt im spitzen Winkel von rechts eine Piste auf die unsrige. Knapp 5 km weiter erreichen wir einen Steinmann, der uns schon seit langem als Orientierungspunkt diente. Inmitten dunkler Hammada finden sich beiderseits der Piste einige islamische Gräber. Bald nach Durchqueren eines kleinen Dünengeländes erreichen wir bei km 87 ein ausge-

An der ›Gräberpiste‹: islamische Grabstätten und ein gen Mekka gerichteter Gebetsplatz

dehntes Gräberfeld (links) mit ca. 50 Gräbern und einer ›Nomadenmoschee‹. Die nun folgende, mehrere Kilometer weite Schwemmtonebene dürfte bei Nässe völlig unpassierbar sein. Auf den nächsten ca. 50 km wechseln harte, z. T. holprige Abschnitte mit sandigen Passagen ab. Immer wieder schiebt der Erg Issaouane seine Ausläufer nach Süden vor, und die Piste muß sich durch hübsche, oft reich bewachsene Kleindünenfelder hindurchschlängeln. Häufig sind die alten Spuren verweht, man muß sich also seinen eigenen Weg in dem manchmal etwas unübersichtlichen Gelände suchen. Wenn wir uns immer in etwa parallel zu den sich rechter Hand auftürmenden Dünenbergen in Richtung WNW halten, kann nicht viel schief gehen. Links drüben, ein Stück entfernt, verlaufen dunkle Bergrücken. Eine etwas schwierige Passage muß etwa bei km 101 bewältigt werden. Bei km 114 passieren wir erneut ein großes Gräberfeld.

Es ist immer wieder ein Genuß, durch die kleinen Dünenfelder zu ›schwimmen‹, zwischen Sträuchern und blühenden Büschen hindurchzuzielen und aufgeschreckte Gazellen bei ihren hohen Fluchtsprüngen zu beobachten. Ein paradiesisches Stückchen Erde!

Ab IGN-Stein 33 (etwa km 135,5) biegen die Spuren nach SSW. Rechter Hand sehen wir einen langgezogenen Dünenzug, der sich weit hinunter nach Süden zieht und den wir nun überwinden müssen. Um den Einstieg zu finden, folgen wir zunächst weiter den Spuren in Richtung SSW. Gleich nach Passieren des IGN-Steins 34 (km 140,5) verlassen wir die nach Süden weiterführenden Spuren und halten halbrechts auf die Dünen zu. Wir fahren nun am Dünenfuß entlang nach Süden und erreichen bei km 142,2 einen Dünenkessel, in den viele Spuren nach rechts (West) hineinziehen. Im Kessel finden sich einzelne Steinmarkierungen. Etwa 1 km weiter ist der mit Steinen und Dünengras befestigte Beginn einer in die Dünen hineinführenden Piste zu erkennen. Hier irgendwo müssen Sie hindurch. Ohne geländegängiges Fahrzeug ist die Dünenüberquerung unmöglich. Sondieren Sie vorher das Gelände zu Fuß und reduzieren Sie den Reifendruck. Da die befestigte Piste meist total verweht ist, müssen Sie sich Ihren eigenen Weg durch die Dünen suchen. Orientieren Sie sich an eventuell vorhandenen Spuren vorausgefahrener Wagen. Nach knapp 1,5 km erreichen wir schließlich ein weites Tal jenseits der Dünen – das Oued Samene. (Möglicherweise läßt sich der Erg weiter nördlich, wo die Dünen flacher werden, leichter überqueren; wir haben es jedoch nicht versucht).

Auf einer buckligen, harten und unangenehm zu befahrenden Piste geht es nun nach NNW; wir durchqueren allmählich das Oued und nähern uns dabei der im Westen hoch aufragenden, anthrazitfarbenen und zerklüfteten Bergkette In Tirhaouine. Bei km 172 liegen rechts der Piste nochmals einige Gräber und eine gut erhaltene ›Nomadenmoschee‹. Gleich darauf (km 173) stehen wir unter den schattenspendenden Akazien am Brunnen Ain el Hadjadj (brackiges Wasser in ca. 4 m Tiefe; Gebäudereste und Gräberfeld nahebei). Der kleine Hügel mit Steinmann eignet sich gut zum Sondieren unserer weiteren Route (Fernglas!). (Hier verlassen wir die sich nach NNW fortsetzende, sehr schwierige Piste, die durch den Erg Issaouane, vorbei am Gara Khanfoussa, bis nach Hassi Bel Guebbour führt.)

Ab Ain el Hadjadj beginnt der ›ernstere Teil‹ der Strecke. (Die folgenden Kilometerangaben beziehen sich auf den Startpunkt Ain el Hadjadj = km 000). Es fängt gleich damit an, daß wir den Einstieg in die im Westen aufragende Bergkette des Djebel Tahinaouine finden müssen. Zu diesem Zweck halten wir uns ziemlich genau in Richtung Westen (entweder den sich immer wieder verzweigenden Spuren folgend oder querfeldein). Bald können wir am Fuß der Bergkette eine Schwemmtonebene mit Akazien ausmachen. Dort, ca. 5 km ab dem Brunnen, beginnt der Einstieg, der uns sogleich steil und über tiefe, ausgewaschene Erosionsrinnen in die Höhe führt. Spätestens ab hier sind nicht geländegängige Fahrzeuge absolut überfordert. Die steinige Piste windet sich, oft steil und kurvenreich, hinein in die mit schwarzen Gesteinstrümmern übersäten und etwas unheimlich anmutenden Berge. Immer wieder bieten sich phantastische Ausblicke zurück zum Oued Samene, auf die sich dahinter auftürmenden Sandberge des Erg Issaouane oder hinunter in tief eingegrabene, dunkle und meist vegetationslose Schluchten. Etwa bei km 9 sehen wir linker Hand viele Steinmauern, vermutlich alte Verteidigungsstellungen (wir fanden hier Patronenhülsen). An einer Gabelung bei km 15,5 halten wir uns links. Danach beginnt die Piste allmählich wieder in die Tiefe zu klettern, hinab in eine sandige Ebene, die wir bei km 22 erreichen.

Nun folgt gleich die nächste Herausforderung, denn wir müssen den langgezogenen Erg Tahinaouine, der sich im Westen erhebt, überwinden. Aus uns unerklärlichen Gründen führen relativ viele Spuren (wie auch in den IGN-Karten gezeigt) etwa in Richtung Südwesten über die Ebene dem Erg entgegen, dorthin, wo die Dünen am höchsten sind. Hier verschwinden die Spuren unter den Sandmassen, und man ist versucht, nach verschütteten Fahrzeugen zu buddeln. Wir sehen keinen zwingenden Grund, weshalb man sich das

Leben hier unnötig erschweren sollte, und empfehlen deshalb, die Ebene zunächst in westlicher Richtung bis zum Erg zu queren und diesem vielleicht 6–8 km parallel nach Norden zu folgen. Dort verlieren die Dünen zunehmend an Höhe, der Erg wird schmaler, und es bilden sich immer mehr relativ feste Dünentäler. Hier werden Sie nach vorheriger Sondierung zu Fuß mit Sicherheit eine recht gut passierbare Durchfahrt finden.

Jenseits des Erg folgen wir Spuren bzw. einer sich allmählich bildenden Piste nach Süden, im Osten begleitet von schönen Dünen, im Westen von der düsteren Bergkette des Djebel Essaoui Mellene, die die Ebene um ca. 500 m überragt. Wir passieren eine in die Ebene gerammte galgenförmige Metallstange und – 1,3 km weiter, etwa bei km 44 – einen Holzpfahl mit Holzschild, bei dem weitere Spuren vom Erg her einmünden. (Achtung: die Distanz von ca. 22 km zwischen diesem Pfahl und dem Anfang der Ebene [km-Stand 22] jenseits des Erg dient nur als Richtwert; sie kann in Abhängigkeit von der gewählten Erg-Durchfahrt erheblich variieren.)

Die Piste führt nun durch eine Schwemmton- und später Reg-Ebene. Bald tauchen wieder Steinmarkierungen auf. Nach reichlich 9 km biegt die Piste bei einem schon weithin sichtbaren Bergsattel nach Westen, hinein in die Berge. Bei km 61 findet sich links der Piste wieder eine kleine ›Nomadenmoschee‹. Ca. 10 km dahinter fahren wir in ein schönes, sich allmählich verengendes, vegetationsreiches Tal ein (der Untergrund wird immer unebener) und biegen etwa bei km 72 nach Westen ab, hinein in einen tief eingeschnittenen Cañon. Dieser wird uns auf den folgenden knapp 10 km das Leben schwer machen und den Genuß der landschaftlichen Schönheiten etwas trüben. Denn was folgt, ist keine Piste mehr, sondern ein mit großen Felsbrocken übersätes Bachbett, dessen Bewältigung sowohl Fahrer als auch Fahrzeug voll fordert. Behutsames Fahren und große Bodenfreiheit sind erforderlich, wenn die Fahrzeuge oft im Schrittempo über Felsplatten klettern, nachttischgroße Steinquader zwischen die Räder nehmen oder haarscharf an mannshohen Felsbrocken vorbeizielen. Die Beifahrer sollten sich darauf vorbereiten, die schwierigsten Stellen als Lotsen und ›Wegbereiter‹ (Wegräumen größerer Steinbrocken) zu Fuß zurücklegen zu müssen. Besonders für die Reifen ist diese Etappe eine ziemliche Schinderei. Rechnen Sie für dieses mühsame Teilstück 1½ bis 2 Stunden.

Reichlich Belohnung für die Mühen hält der Talausgang bereit, wo sich unvermittelt die über 300 m hohen goldgelben Sandberge des Erg Tifernine auftürmen. Am Fuß dieser Dünen, die zu den höchsten Algeriens zählen, geht es pistenlos nach Süden, zunächst flott und eben, später in wildem Slalom zwischen gras- und buschbewachsenen Sandbuckeln hindurch – sicher einer der eindrucksvollsten Abschnitte der ganzen Route.

Hohe Anforderungen an Fahrer und Fahrzeug stellt diese Bachbett-Piste

Bald wird es wieder knifflig, denn wir müssen die südlichste Spitze des Erg nach Westen umrunden (etwa bei km 107). Hier halten wir uns weit rechts, ganz nahe an den hohen Dünen (die Spuren geradeaus führen in ein von felsigen Hügeln umgebenes Oued). Wir überqueren die letzte querliegende Düne an ihrer niedrigsten Stelle (ca. 100 m links der hohen Düne). Gleich danach halten wir uns immer rechts, hinauf auf einen felsigen Bergrücken (kurz vorher links abzweigende Spuren enden in einer Sackgasse!). Die kurvenreiche, sehr steinige und häufig versandete Piste wird zwar hin und wieder durch Steinhaufen markiert, dennoch ist es nicht immer einfach, ihrem verwundenen Verlauf zu folgen, zumal immer wieder kleinere Dünen den Weg versperren bzw. steile, versandete Felspassagen zu überwinden sind. Wenn wir diese schließlich bewältigt haben, liegt das Schwierigste hinter uns, zumindest was die Geländebeschaffenheit betrifft.

Auf mehr oder weniger gut erkennbaren Spuren schlängeln wir uns langsam hinab in eine buschbestandene Tonebene (ca. km 114,5). Ab hier folgen wir dem Oued Tifernine nach WNW, rechter Hand begleitet von den wunderschön geschwungenen Dünen des Erg. Die Spuren sind oft kaum auszumachen, und bei Nässe dürften mehrere Schwemmtonebenen, die auf den nächsten ca. 60 km folgen, unpassierbar sein. Möge Allah Sie hier vor Niederschlägen bewahren! Bei km 121,5 passieren wir einen nach rechts geneigten Tafelberg (mit weithin sichtbarem Steinmann), und bei km 140 liegen links der Piste wieder einige Grabhügel. Meist geht es nun flott und problemlos über Ton- oder Reg-Ebenen, hin und wieder auch durch kleine Dünenfelder. Der Erg zieht sich allmählich nach rechts zurück. Bei km 191,5 passieren wir nochmals ein kleines Dünenfeld an seiner linken Flanke, und an einer Gabelung, 1,8 km weiter, halten wir uns rechts (die Spuren nach Süden führen zum Hassi Ta-N-Mellelt). Wir fahren hinein in das sandige Oued Iskaouene und folgen diesem zwischen Bäumen und Büschen hindurch ein Stück nach Norden. Bei km 195 (genau unterhalb eines Steinmannes links auf einem Hügel) befindet sich das unscheinbare Brunnenloch von Hassi Ntsel (zum Schutz gegen Versandung und Verschmutzung eventuell abgedeckt; Wasser in mehreren Metern Tiefe).

Die dritte Etappe bis zum Ziel in Amguid führt durch die eindrucksvolle Berglandschaft des nordwestlichen Tassili n'Ajjer. Die folgenden Kilometerangaben beziehen sich auf den Ausgangspunkt Hassi Ntsel (= km 000).

Vom Brunnen aus folgen wir dem Oued 200 m nach Norden und verlassen es dort (Steinmarkierung und Gräber) auf der nach Nordwesten durch eine Hammada führenden Piste. Sowohl nach 10,5 als auch nach 12 km gehen nach Norden Spuren ab, die wir jedoch ignorieren. Die Landschaft wird zunehmend reizvoller; helle Dünen, an schwarze Berghänge hingeweht, bieten eine kontrastreiche Kulisse. Wir erreichen den Eingang des cañonartigen Oued Amassine und folgen diesem auf einer zwar holprigen, aber dennoch recht gut zu befahrenden Piste für ca. 15 km. Etwa bei km 31 weitet sich das Tal und gibt den Blick frei auf viele hintereinanderliegende Bergketten. Bei km 37,5 mündet von links eine Piste ein (von Hassi Ntsel über Hassi Ta-N-Mellelt führend). Wir holpern weiter durch dunkle Hammada (großer Steinmann bei km 41) und erreichen auf einer teilweise sehr steinigen Bergpiste mit einigen Steilstufen die geröllübersäten Vorberge des Thala-Massivs. Wieder passieren wir diverse Gräber (z. B. bei km 49,5) und erreichen bei km 56,5 den Grund eines querenden Oueds.

Abstecher zu den Gueltas von n'Tsita: 600 m oued-abwärts liegen unterhalb steiler Felsstufen die Gueltas von n'Tsita. Eine kleine Wanderung dem Tal nach Osten folgend ist außerordentlich lohnend.

Ein lohnender Ausflug: die Gueltas von n'Tsita

7,5 km nach der Oued-Durchquerung findet sich rechts neben der Piste ein gut erhaltenes Schlüssellochgrab (ca. 20 m Durchmesser) aus vorislamischer Zeit. Die Weiterfahrt wird immer wieder durch tiefe, ausgewaschene Querrinnen erschwert. Bei km 82,5 macht die Piste einen scharfen Knick nach WSW. Bei km 98,5 passieren wir die Reste einiger Strohhütten vor einem dicht bewachsenen Oued. Nach 5 km wird der Fuß einer stark erodierten Bergkette erreicht, an deren westlicher Seite wir ein Stück nach Norden fahren. An einem Hügel rechts der Piste bei km 110,5 lassen sich wieder einige Schlüssellochgräber entdecken. Ca. 3 km danach fahren wir in eine imposante, enge Schlucht hinein. Bald darauf folgt der Brunnen In Tedjert (10 m rechts), die Schlucht weitet sich und gibt den Blick frei auf die Sandberge des Erg Amguid. Kurz nach einem Gräberfeld (links, km 123) geht die Hammada in eine Schwemmtonebene über. Wir erklimmen einen kleinen Bergsattel (km 126) und sehen zu unseren Füßen das breite Oued Igharghar und dahinter die nahezu 300 m hohen Dünen des Erg Amguid. Etwa 300 m nach dem Sattel linker Hand liegt ein letztes Gräberfeld, dann queren wir eine Schwemmtonebene hinüber zur Verbindungspiste Amguid – Hassi Bel Guebbour (vgl. Strecke Nr. 14). Dieser folgen wir nach Süden und erreichen etwa bei km 138 (506 km ab Illizi) das Brunnenhaus des Dorfes Amguid (Meldepflicht bei Polizei; Ortsbeschreibung und Umgebungsplan vgl. Strecke Nr. 16, Skizze der Routen ab/bis Amguid vgl. Strecke Nr. 14).

Strecke Nr. 29

Djanet – Erg d'Admer (57 km) – Tiririne (172 km) – **Tamanrasset** (632 km)
12 km Teerstraße
620 km Piste bzw. Spuren
Kategorie C

Allgemeines

Diese landschaftlich abwechslungsreiche, aber äußerst einsame Strecke sollte nur von einem saharaerfahrenen Team mit mindestens zwei geländegängigen, völlig autarken Fahrzeugen in Angriff genommen werden. Unterwegs gibt es keinerlei Versorgungsmöglichkeiten (außer eventuell brackiges Wasser in den Brunnen von Tiririne oder In Delag). Entsprechend große Vorräte an Wasser und Treibstoff (Sicherheitsreserve!) sind deshalb erforderlich, ebenso detailliertes Kartenmaterial (IGN 1:200 000) und navigatorische Kenntnisse, da die Strecke praktisch nicht markiert ist. Zwar weisen Spuren oder gar Pistenabschnitte den Weg, nach Sandstürmen können sie jedoch bis zur Unkenntlichkeit verweht sein. Da der Routenverlauf in keiner der z. Z. verfügbaren Karten eingezeichnet ist, muß die zurückgelegte Strecke stets gewissenhaft in der Karte festgehalten werden, um jederzeit den eigenen Standort zu kennen. Bei schlechten Sichtverhältnissen dürfte die Navigation oft problematisch sein.

Für die Fahrt zwischen Djanet und Tamanrasset (oder umgekehrt) ist eine offizielle Bewilligung der Daira des Ausgangsortes erforderlich. Ob diese für die hier beschriebene Route erteilt wird, ist fraglich. (Achtung: Die Tankstelle in Djanet gibt Treibstoff häufig nur gegen Vorlage der Fahrgenehmigung der Daira ab!) Der Höhepunkt der Route stellt zweifellos die Durchquerung des Erg d'Admer dar. Nicht geländegängige Fahrzeuge haben hier keine Chance! Landschaftlich reizvoll sind weiterhin diverse Felsformationen, hübsche Oueds und die wilde Kurverei durch die südlichen Berge des Hoggar-Gebirges. Mit einer Fahrzeit von ca. vier Tagen ist zu rechnen.

Südliche Ausläufer des Tassili

Streckenbeschreibung

Wir verlassen Djanet (Ortsbeschreibung vgl. Strecke Nr. 11; Hotel Zeriba = km 000) auf der Hauptstraße in Richtung Süden und biegen nach 4,5 km, an der beschilderten Abzweigung, nach rechts in die nach Fort Gardel – Tamanrasset führende Piste ein. Dieser folgen wir bis zu dem allerletzten der Vorberge des Tassili (ca. km 24; rechts der Piste am Bergfuß zerfallenes Gemäuer). Etwa hier verlassen wir die Piste und fahren – Kurs ca. 245 ° und einzelnen Spuren folgend – einem dunklen Steinhügel entgegen, der den in der Ferne sichtbaren Dünen des Erg d'Admer vorgelagert ist. Respekteinflößend liegen diese riesigen Sandberge in der Ebene. Kaum zu glauben, daß es da ein Durchkommen geben soll! Nach etwa 10 km treffen die vielen Einzelspuren zusammen und führen gebündelt hinein in ein breites Gassi (Dünental). Zwischen hohen Dünenketten geht es zunächst nach Südwesten, und bald umgeben uns die Sandmassen des Erg d'Admer. Bei km 46 schlängeln wir uns, immer Dünentälern folgend, durch den Erg, bis wir etwa bei km 51 in einen weiten, von hohen Dünen umgebenen Kessel gelangen. Hier biegen wir in südliche Richtung ab und nähern uns allmählich einer hohen Sandbarriere, die es zu bewältigen gilt. Nur *eine* große Düne liegt im Weg, doch die hat es in sich: In einem

unendlich lang erscheinenden Anstieg durch weichen Sand müssen mehr als 100 Höhenmeter überwunden werden. Reduzieren Sie deshalb rechtzeitig, also noch bevor Sie das erstemal steckenbleiben, den Reifendruck bis zum gerade noch vertretbaren Minimum (ca. 0,8 atü; vgl. S. 291). Nun Reduziergetriebe einschalten, dritter oder zweiter Gang, Schwung holen, und los geht's. Meiden Sie dabei eventuell vorhandene Spurrillen von LKWs, da der Sand dort zu stark aufgewühlt ist. Kurz vor der Paßhöhe biegen die Spuren nach Westen, und wenn alles auf Anhieb geklappt hat, stehen Sie bei ca. km 57,5 auf dem Dünensattel. Gönnen Sie sich und dem Wagen eine Verschnaufpause, und genießen Sie das Gipfelglück, denn von nun an geht es bergab. Viel zu schnell erreicht man auf einer langen, weichsandigen Abfahrt wieder die Ebene (etwa bei km 59). Vergessen Sie nicht, den Reifendruck wieder auf normale Werte zu bringen.

Abstecher zum Felskegel von Tahort: Während der Talfahrt von der Düne fiel uns rechter Hand der inmitten hoher Sandberge aufragende Urgesteinskegel von Tahort (Höhe ca. 150 m) auf. Entweder man fährt geradlinig durch die Ebene auf den Felsen zu, bis die Dünen den Weg versperren (ca. 4 km), und stapft dann das restliche Stück über die Sandberge (eine knappe halbe Stunde), oder man umfährt die Dünenausläufer westlich und pirscht sich von Westen her an den Felsen heran. Wo es früher recht ergiebige steinzeitliche Fundstätten gab, finden sich heute höchstens noch ein paar Tonscherben und zerbröselte Straußeneierschalen.

Achtung: Wer nach Serenout (vgl. Strecke Nr. 11) weiterfahren möchte, folge ab hier den etwa in Richtung 255 ° führenden Spuren auf die Spitze des Gebirgszuges Amamoukene Oua Mellene zu. Nach ca. 55 km kreuzt diese Route die Spuren, die von Fort Gardel durch das Oued Tafassasset nach Süden führen.

Eine kleine Karawane durchzieht den Erg d'Admer

Wir queren nun die weite Reg-Ebene in Richtung Westen, auf die Dünenspitze zu, und biegen unmittelbar dahinter (ca. km 63) nach Süden ab, direkt auf die in der

Ferne sichtbaren Bergspitzen des Tisnar zu. In flotter Fahrt geht es auf einem breiten Spurenband dahin. Linker Hand begleiten uns die Dünen des Erg d'Admer. Bei km 93 passieren wir den südlichsten der fünf Tisnar-Gipfel, und ca. 8 km weiter drängen sich die Sandmassen des Erg von links noch einmal fast bis an unsere Spuren kette und erreichen wenige Kilometer weiter das abschnittweise sehr vegetationsreiche Oued Tiririne. Rechts drüben, etwa 15 km abseits, liegt der Krater Tin-Ghoras, dessen Felskranz die Ebene um fast 300 m überragt. Sein versandetes Innere ist mit Steinplatten und -kegeln in den bizarrsten Formen übersät.

heran. Etwa hier biegen wir ab auf ca. 200°. Bei ca. km 120 erreichen wir das in früheren Zeiten so wichtige Oued Tafassasset. Die Ufer dieses ehemaligen Tschad-See-Zuflusses waren vor Jahrtausenden relativ dicht besiedelt. Sein Quellgebiet lag in den Nordost-Ausläufern des Hoggar und im südlichen Tassili. Vermutlich verschwand dieser breite Fluß vor etwa 3000 Jahren im Sand. Heute ist das Urstromtal nur noch mühsam an einem schwachen Vegetationsstreifen zu erkennen, der sich von Nord nach Süd durch die Wüste zieht.

Unsere Spuren biegen allmählich in Hauptrichtung Südwesten ab. Bei km 135 durchqueren wir eine sandverwehte Hügel-

Etwa bei km 169 gibt es zwei Möglichkeiten: a) Wir folgen den aus dem Oued nach rechts hinauslaufenden Spuren, die über steiniges, nicht besonders reizvolles Gelände zum Brunnen Tiririne (ca. km 172) führen. In Verlängerung der Zufahrtspiste geht es weiter, etwa nach Westen. Oder b) wir verzichten auf den Brunnen, dessen Umgebung leider ziemlich verdreckt ist, und bleiben im Oued.

Die Spuren a) und b) vereinigen sich nach wenigen Kilometern wieder. Den ›Zusammenfluß‹ der Oueds Adjou und Honadj erreichen wir etwa bei km 185. Ab hier folgen wir dem (linken) Oued Honadj in Richtung WSW, später SW. Die Strecke ist nicht markiert, aber alte Spuren sind im allgemeinen deutlich erkennbar. Bei km 206 fahren wir, zwischen zwei kleinen Bergen hindurch, einem Berg mit Doppelbuckel entgegen, vor dem sich (km 224) die Piste gabelt. Wir halten uns links, passieren bei km 228 einen engen Einschnitt in einer quer verlaufenden Hügelkette und sind bald umgeben von einer faszinierenden Kulisse. Überall mächtige Steine und Berge aus aufeinandergetürmten Steinkugeln in den wildesten Formen, dazwischen das Grün von Akazien. Es lassen sich hier sogar Gazellen beobachten (besonders am frühen Morgen). In der Gegend scheinen gelegentlich Nomaden zu lagern.

Bei km 242 quert eine Piste, die wir ignorieren. Die Bergkulisse wird immer eindrucksvoller – ein ideales Gelände für eine Rast, für Fuß- und Klettertouren. An einer Pistengabelung bei km 263 nehmen wir die rechten Spuren, die uns sogleich in ein enges Tal hineinführen, das sich durch eine schmale Bergkette hindurchschlängelt. Bald darauf passieren wir den links aufragenden Mont Ajerkhjer. An einer Gabelung bei km 283 halten wir uns rechts und folgen einem buschbestandenen Oued (die linken Spuren führen über steinige Hügel). Ca. 6 km weiter fahren wir in das Oued Takizarouet hinein und folgen diesem nach Süden. Sehr eindrucksvoll sind in diesem Tal die verschiedenen Farbtönungen des Gesteins: Silbrige und türkisfarbene, stark erodierte Gesteinsplatten heben sich gegen die gelben Sandanwehungen ab. Nach einem schmalen Bergeinschnitt bei km 318 ziehen wir allmählich hinüber zum Oued Takalous. Dank der reichen Vegetation ist dieses Tal ein beliebtes Weidegebiet der Tuareg-Nomaden. Wir folgen dem Oued nach SSW. Bei km 350 stoßen von links Spuren auf die unsrigen. Vermutlich handelt es sich dabei um jene, welche bei km 263 von unserer Piste abzweigten. Auf den folgenden reichlich 70 km ist das Oued Tadant unser ständiger Begleiter. Gelegentlich werden wir auf bösem Wellblech durchgeschüttelt. Bei km 376 fahren wir aus dem Oued heraus. Es geht links um einen Steinhügel herum. Ab hier verlaufen die Spuren immer parallel zum Oued Tadant und immer in Sichtweite von diesem. Jenseits des Oued ziehen sich gelegentlich hübsche Dünenketten entlang. Die Umgebung wird immer bergiger, denn wir nähern uns allmählich den Ausläufern des Hoggar-Gebirges. Wir passieren die mächtigen Zeugenberge des Tin Eggeleh (1107 m; links der Piste). Markante Felstürme ragen wie Festungen 200 m hoch aus der Ebene. Bald sind wir völlig umgeben von Bergrücken und Bergketten. Bei km 416 ist die nördliche Spitze des Gara Debanet (1011 m) erreicht, eines langgezogenen Tafelbergs mit steil aufragenden Felswänden. Die Vielfältigkeit der Landschaft läßt einige sehr staubige Passagen schnell vergessen. Die Vegetation nimmt wieder zu, der Boden ist übersät mit Koloquinten (Bitterkürbissen). Bei km 423 schließlich verlassen wir das Oued Tadant nach Nordwesten. Nun beginnt eine sehr schöne, kurvenreiche Fahrt durch die Hoggar-Berge. Die Spuren führen in ständig wechselnden Richtungen meist durch Oueds zwischen den Bergen hindurch (gelegentlich sandige Passagen). Wenn wir konsequent den Hauptspuren folgen, kann eigentlich nicht viel passieren. Zur Kontrolle seien dennoch einige wichtige Orientierungspunkte genannt: An einer Gabelung bei km 438 ignorieren wir die nach Süden abzweigenden Spuren. Gleich darauf windet sich unsere Strecke zwischen hübschen kleinen Dünen hindurch, zunächst in westlicher, dann in nordwestlicher Richtung. Bei km 448 durchfahren wir einen Engpaß zwischen felsigen Hügeln und steuern zunächst auf den Gara Mihet (1351 m) zu. Viel Wellblech auf der Piste, große Kugelsteine und Schotterberge ringsherum. Kurz nach Durchqueren einer Hügelkette gabeln sich bei km 479 die Spuren, um sich nach ca. 10 km wieder zu vereinigen. Ab km 503 fahren wir zwischen zwei Ketten von Schotterhügeln hindurch, und wenige

Kilometer weiter schwenken wir in Hauptrichtung Norden (seither W/WNW). An einer Gabelung bei km 519 fahren wir rechts durch ein Oued auf einen Bergeinschnitt zu, den wir nach 1,5 km erreichen. Viel abgestorbenes Holz liegt hier herum, rechts und links ragen hohe Berge auf. Nach knapp 9 km erreichen wir nochmals eine enge Bergpassage. Einige schöne Oueds folgen, zum Teil mit übler Wellblechstruktur. Bei km 547 stehen wir auf einer kleinen Paßhöhe und genießen den weiten Blick auf die Bergketten des Hoggar. In der Ferne (ca. 260 °) erblickt man den langgestreckten Tafelberg Debnat (1937 m), den wir später noch ganz nah passieren werden. Eine harte Piste führt nun kurvenreich über steiniges Hügelland, vorübergehend parallel zu einer Bergkette nach SSW, was zunächst überrascht. Doch bald schwenkt unsere Piste wieder nach Westen. Wir fahren hinunter in das hübsche, aber ziemlich versandete Oued Tahifet (etwa auf Höhe des Brunnens Abalessa). Achtung: die Spuren nach Süden führen in eine Sackgasse! Wir folgen dem Oued nach rechts (Norden) und verlassen es 3,5 km weiter auf einer scheußlichen Auffahrt mit vielen spitzen Steinen, um gleich darauf ins nächste Tal, das Oued In Delag (In Daladj), einzufahren. Seit Verlassen von Djanet treffen wir hier erstmals wieder mit Sicherheit auf Menschen, denn bei km 559 ist die erste der diversen Tuaregsiedlungen von **In Delag** erreicht. Das viele Grün, ein Brunnen, Ziegen, Palmen und Menschen sind beinahe zu einem ungewohnten Anblick geworden.

Bei km 569 treffen wir schließlich auf die breite Piste der äußeren Hoggar-Rundfahrt (vgl. Strecke Nr. 8). Wir biegen in diese nach links ein und hoppeln auf größtenteils schauerlicher Wellblechpiste nach Tamanrasset (km 632; Ortsbeschreibung vgl. Strecke Nr. 1). Kein sehr würdiger Abschluß für diese schöne Tour!

Tausende getrockneter Koloquinten bedecken den Boden des Oued Tadant

Erdnußernte in der Oase Seb-Seb ▷

Praktische Reiseinformationen

Allgemeine Vorbemerkungen

Eine ›Fahrt ins Blaue‹ mag grundsätzlich ihre Reize haben. Doch dürfte kaum ein Gebiet weniger für solche Versuche geeignet sein als die Sahara. Die großen, unerschlossenen Wüstengebiete, die Schwierigkeiten mit dem Gelände, die mangelnden Versorgungsmöglichkeiten unterwegs und die spärlichen Informationen, die man im Lande selbst erhält, machen es notwendig, daß der Saharareisende seine Tour im voraus genauestens plant und versucht, sich zumindest gegen alle vorhersehbaren Risiken so weit wie möglich abzusichern. Er darf gewiß sein, daß unterwegs trotzdem noch genügend überraschende Schwierigkeiten und Probleme auftauchen, bei denen er sein Improvisationstalent, seinen Einfallsreichtum, seine Geduld und sein Können beweisen darf.

Vorweg eine Bemerkung: Man begegnet immer wieder Afrikafahrern, die damit prahlen, wie sie »einfach drauflos« fuhren, mit einer »klapprigen Kiste« und nur »ein paar Mark« in der Tasche, und wie sie es trotzdem »geschafft« haben. Wir sind solchen Leuten unterwegs oft genug begegnet. Sie steckten im Sand und hofften auf die Hilfsbereitschaft anderer. Entweder saßen sie fest, weil ihr Fahrzeug für schwieriges Gelände nicht geeignet war und sie auch keine Ausrüstung mitführten, um sich selbst herauszuhelfen. Oder der Wagen hatte eine Panne, und es mangelte an Sachkenntnissen, Ersatzteilen oder Werkzeugen zur Selbsthilfe. Oder es fehlte an Treibstoff, weil falsch kalkuliert und bei der letzten Versorgungsmöglichkeit nicht genügend bis zur nächsten Oase getankt worden war. Das Gesetz der Hilfsbereitschaft in der Wüste gebietet es, auch

Wer sich ungenügend auf eine Saharareise vorbereitet, muß mit großen Schwierigkeiten rechnen

diesen Leuten zu helfen. Mit etwas Glück findet sich irgendwann schon jemand, der sie abschleppt, mit Ersatzteilen, technischen Kenntnissen, mit Werkzeugen, Treibstoff oder Geld aushilft und der sie womöglich noch an den eigenen kargen Wasser- und Lebensmittelvorräten teilhaben läßt. So klein, betreten und demütig man solche Zeitgenossen im Notfall antrifft, so selbstsicher und wichtigtuerisch findet man sie häufig wieder, wenn sie später von ihren Heldentaten berichten. Wer genau hinhört, wird feststellen, daß ihre Haupterlebnisse sich auf kritische Situationen mit Auto, Ausrüstung und vielleicht noch mit Behörden beschränken. Für die Schönheiten der Sahara, ihre echten Sehenswürdigkeiten, hatten sie vor lauter Krisensituationen oft keine Zeit und kein Auge mehr. Diese Art von Reisenden sollte man sich nicht zum Beispiel nehmen. Eine gründliche Planung und Vorbereitung der Reise schafft unterwegs Unabhängigkeit, erspart Geld und Ärger und vor allem Zeit, mit der Folge, daß man sich während der Reise ganz auf das konzentrieren kann, was das Land an Interessantem, Neuem, Exotischem und Schönem zu bieten hat und weshalb man eigentlich dorthin fährt.

Zur gründlichen Vorbereitung einer Saharareise gehört die sorgfältige Beachtung der Einreisebestimmungen und der Vorschriften und Bedingungen innerhalb des Landes, eine zuverlässige und den Umständen angepaßte Ausrüstung sowie eine möglichst detaillierte Streckenplanung. Parallel zur Planung der Reiseroute empfiehlt es sich auch, einen ungefähren Zeitplan aufzustellen, vor allem dann, wenn mehrere Reiseteilnehmer mit von der Partie sind. Einmal läßt sich unterwegs manche hitzige Meinungsverschiedenheit über Aufbruchszeiten, Tempo, tägliche Fahrleistung und Ruhetage vermeiden, wenn die einzelnen Etappen zumindest in groben Umrissen schon vorher abgesprochen und festgelegt wurden. Zum anderen erleichtert ein solcher Plan die Übersicht über die jeweils noch vor einem liegende Strecke im Verhältnis zur verbleibenden Zeit. ›Verlorene‹ Zeit kann gezielt wieder eingeholt, ›ersparte‹ gezielt auf lohnende Etappen verteilt werden. Ein Zeitplan stellt auch sicher, daß man nicht gerade freitags, wenn alle Geschäfte geschlossen haben, eine Versorgungsoase ansteuert. Er läßt schnell errechnen, welche Entfernung bei der kommenden Etappe zu bewältigen ist, wieviel Tage dafür geplant sind und wie deshalb die Versorgung mit Treibstoff, Wasser, Lebensmitteln etc. aussehen muß. Selbstverständlich muß ein solcher Zeitplan nicht minutiös eingehalten werden. Er sollte auch Toleranzen, freie Tage enthalten, die bei Bedarf (z. B. bei Festen, Einladungen, lohnenden Abstechern, in besonders schönen Gegenden oder notfalls auch für Reparaturen) verwendet werden können. Wichtig ist eben, daran zu denken, daß man an einem bestimmten Tag wieder die Fähre (oder das Flugzeug) für die Rückreise erreichen muß und daß kein Verkehrsmittel warten wird.

Zum Schluß noch ein Tip: Meist geht es kurz vor der Reise so hektisch zu, daß für eine ›geistige‹ Vorbereitung kaum Zeit bleibt. Besorgen Sie sich deshalb früh genug Reisebücher und allgemeines Informationsmaterial oder lesen Sie zumindest gründlich die entsprechenden Kapitel dieses Buches durch. Viele interessante Dinge erkennt man während der Reise nur, weil man vorher über sie gelesen hat und auf ihre Bedeutung hingewiesen wurde. Wie oft ist es uns selbst schon passiert, daß wir nach der Rückkehr von einer Tour beim Studium von Büchern oder Infos feststellten, daß wir unterwegs ganz knapp an irgend etwas Hochinteressantem vorbeigefahren waren, ohne es zu wissen. Gut vorbereitet ist halb gereist! Wir wünschen Ihnen viel Freude und Erfolg bei der Planung und Durchführung *Ihrer* Reise!

Klima und Reisezeit

Nach der von dem deutschen Klimatologen Dr. Köppen aufgestellten und international verwendeten Klima-Klassifikation spricht man allgemein von ›Wüstenklima‹, wenn die durchschnittliche jährliche Niederschlagsmenge unter 250 mm liegt und die Verdunstung die Niederschläge übertrifft. Nach dieser Klassifikation wird etwa ein Siebentel der Festlandsfläche der Erde von Wüstenregionen bedeckt, wovon die Sahara mit einer Ausdehnung von etwa 8,6 Millionen km² den Löwenanteil einnimmt. Zum Vergleich: Die Bundesrepublik Deutschland mit ihren knapp 250 000 km² könnte man 35 mal in der gewaltigen Sahara unterbringen!

Der Wert von bis zu 250 mm Niederschlag im langjährigen Mittel mag zwar recht hoch erscheinen (zum Vergleich: München 935 mm, Zürich 1136 mm, Wien 660 mm), doch ist zu bedenken, daß in den Wüstenregionen oft über mehrere Jahre kein einziger Tropfen vom Himmel fällt und dann das langjährige Niederschlagsdefizit durch einen einzigen, möglicherweise verheerenden Wolkenbruch wieder ausgeglichen wird. Dies führt auf dem wegen des fehlenden Pflanzenbewuchses ungeschützten Wüstenboden zu starken Überschwemmungen, wobei sich die Wassermassen ihren Weg durch die Täler bahnen und dabei tiefe Rinnen in den Untergrund reißen sowie tonnenweise Sand, Schlamm und Geröll mit sich fortspülen. Daher kann man überall in der Wüste, selbst in den trockensten Regionen, auf die Spuren fließenden Wassers stoßen. In den Oasen, wo die Häuser meist nur aus getrockneten Lehmziegeln gebaut sind, können solche Regengüsse großen Schaden anrichten, wie z. B. folgende Pressemeldung der französischen Nachrichtenagentur AFP zeigt.

„Sintflut" in der Wüste

ALGIER, 22. Juni (AFP). Unwetter haben in der südalgerischen Sahara Überschwemmungen verursacht. Das Wasser zerstörte im Gebiet von Tamanrasset mehr als hundert Häuser. Sintflutartige Regenfälle hätten das Wadi Tamanrasset derart schnell gefüllt, daß vier Personen, unter ihnen drei Kinder, von den Fluten mitgerissen wurden und ertranken. Zwei weitere Personen starben beim Einsturz eines Hauses.

Dennoch hat Regen in der zentralen Sahara absoluten Seltenheitswert, weshalb hier auch der langjährige Mittelwert weit unter 250 mm liegt. Die Gebirgsregionen werden dabei noch ein wenig besser mit Niederschlägen versorgt (Tamanrasset 51 mm, Assekrem 164 mm) als die weiten, flachen Ebenen (In Salah 16 mm), wo die geringen Niederschläge oft schon in der Luft verdunsten (sogenannte ›Geisterregen‹). Bei all unseren Saharafahrten erlebten wir nur ein einziges Mal einen richtigen Regentag. Wie erwähnt, übertrifft in den Wüstenregionen die Verdunstung die Menge der Niederschläge. In der Sahara ist dieses Niederschlagsdefizit besonders hoch. Berechnungen haben ergeben, daß in der Zentralsahara ein See von sechs Metern Tiefe allein durch die Verdunstung innerhalb eines Jahres verschwinden würde! Selbst Schnee gibt es hin und wieder in der Wüste, vor allem in den hohen Regionen des Hoggar-Gebirges. In seltenen Fällen waren sogar die im Norden gelegenen Dünengebiete der Sahara kurzzeitig mit einer dünnen Schneedecke überzogen.

Eine Wüste wird auch durch die hohen Durchschnittstemperaturen gekennzeichnet. Die extreme Trockenheit der Atmosphäre und die geringe Wolkenbedeckung ermöglichen bei Tage eine ungehinderte Sonneneinstrahlung. Während in den gemäßigten Klimazonen nur bis zu 40% der Sonnenenergie bis zum Boden durchdringen kann, sind es in den Wüstengebieten bis zu 95%, was zu einer enormen Erwärmung der Luft und des Bodens führt. In extremen Fällen kann sich die Luft auf bis zu 60° und der Boden sogar auf über 80 °C aufheizen!

Klimatabelle

Durchschnittliche Temperaturen in °C (Maximum/Minimum, nach Michelin-Karte 953). Die absoluten Maximal- bzw. Minimalwerte können die angegebenen Temperaturen um 10 °C über- bzw. unterschreiten.

	Jan.	Feb.	März	April	Mai	Juni	Juli	Aug.	Sept.	Okt.	Nov.	Dez.
Algier	15/9	16/10	18/11	20/13	23/15	26/18	29/21	29/22	27/20	23/17	19/13	16/10
Bordj Omar Driss	19/3	23/6	27/10	32/15	37/20	41/25	43/25	42/25	39/23	33/17	26/10	20/5
Djanet	19/6	22/9	26/13	31/18	35/23	38/25	37/25	36/25	35/23	31/19	26/13	20/8
El Golea	17/3	20/5	24/9	29/14	33/18	39/24	42/26	41/26	37/22	30/16	23/9	18/4
Ouargla	18/4	21/6	25/10	30/14	34/18	40/23	43/25	42/25	38/22	31/16	24/10	18/6
Reggane	22/8	25/11	29/15	34/19	38/23	43/28	45/30	45/31	41/28	35/22	28/15	21/8
Tamanrasset	19/4	22/5	26/9	30/13	33/17	35/21	35/21	34/21	33/19	30/15	25/10	21/6

Die fehlende Isolierwirkung durch Luftfeuchtigkeit und Wolken ist andererseits auch der Grund für die rasche nächtliche Abkühlung, da die im Boden und in der Luft gespeicherte Wärme ungehindert wieder in den Weltraum abstrahlen kann. Mit 20 bis 25 °C Unterschied zwischen Tages- und Nachttemperaturen ist daher zu rechnen. Weitere Differenzen gibt es zwischen den Temperaturen in den Ebenen einerseits und jenen in den Gebirgsregionen andererseits.

Günstigste Reisezeit

Generell empfiehlt sich eine Fahrt in die Sahara in der Zeit zwischen Oktober und April. Mit Ausnahme der Monate Dezember und Januar herrschen zu dieser Zeit tagsüber normalerweise angenehme Temperaturen, so wie wir sie etwa von unseren Sommern kennen, also zwischen 20 und maximal 35 °C. Empfindlich kalt, vor allem nachts (und nicht nur in den Gebirgen) ist es im Dezember und Januar. Die tiefsten von uns erlebten Nachttemperaturen lagen bei –10°, was allerdings außergewöhnlich war. Mit einigen Graden unter Null muß jedoch gerechnet werden. Die Tage sind im Winter leider sehr kurz. Nur knapp über 10 Stunden liegen am 21. 12. (Sonnenwende) zwischen Sonnenauf- und -untergang. Dafür herrschen zu dieser Zeit aber meist gute und klare Sichtverhältnisse. In den späteren Monaten, etwa ab März, wird es zunehmend wärmer, und die Tage nehmen endlich spürbar zu – zugleich allerdings auch die Gefahr von vereinzelten Staub- oder sogar Sandstürmen!

In den Sommermonaten steigen die Temperaturen tagsüber sehr hoch. Schon Anfang Mai erlebten wir bei Amguid Tagestemperaturen von fast 50 °C, und die Nachttemperatur ging wegen der enormen Aufheizung des Gesteins nur wenig zurück (33 °C). In den Hochsommermonaten können diese Werte noch um einiges höher liegen. Das in In Salah gemessene Maximum beträgt 56 °C – im Schatten wohlgemerkt! Bei solchen Temperaturen wächst das Durstgefühl im gleichen Maße, wie Unternehmungslust und Leistungsfähigkeit abnehmen. Der Körper hat einen ungeheuren Flüssigkeitsbedarf, der noch weiter ansteigt, wenn zudem noch Wind weht, der wie ein Föhn den Körper regelrecht austrocknet. Der mitgeführte Trinkwasservorrat muß entsprechend hoch angesetzt werden. Während wir in den kühlen Wintermonaten mit etwa zwei Litern Flüssigkeit pro Person und Tag gut auskamen, stieg der Bedarf an den heißen und windigen Tagen auf etwa acht Liter an. Bei stärkerer körperlicher Belastung (z. B. wiederholtem Freischaufeln eines eingesandeten Wagens) kann der Bedarf noch um einiges höher liegen. Zum Trost muß allerdings hinzugefügt werden, daß aufgrund der geringen Luftfeuchtigkeit 40 °C in der Wüste leichter zu ertragen sind als 30 °C in einer smogverseuchten Großstadt. Trotzdem empfiehlt es sich, eine Saharafahrt unbedingt in der kühleren Jahreszeit zu machen. Ständige Hitze und ewiger Durst zehren an den Nerven und den Kräften. Unabhängig vom Klima sollte man Algerien nicht während des Ramadan (vgl. S. 64) bereisen.

Reiseart

Organisierte Reisen

Eine Saharafahrt braucht viel Vorbereitung. Nicht jeder hat die Zeit, die Mittel, die Lust oder die Fähigkeit dazu, eine solche Reise in eigener Regie durchzuführen. Pauschaltouristen herablassend als ›Neckermänner‹ oder Reisende ›zweiter Klasse‹ zu bezeichnen, ist eine zwar weitverbreitete, aber recht dumme Angewohnheit vieler Individualtouristen.

Die Zahl der Veranstalter, die Reisen in die algerische Sahara anbieten, wächst von Jahr zu Jahr. Neben vielen ›Eintagsfliegen‹ gibt es darunter einige renommierte Unternehmen, die dieses Geschäft schon seit Jahren erfolgreich betreiben. Adressen erhält man über Reisebüros, Expeditionsausrüstungsfirmen, aus Zeitungsveröffentlichungen und Werbeanzeigen. Vor einer Buchung sollte man Erkundigungen einholen bei früheren Reiseteilnehmern oder sich auch im Kreise von Afrika-Selbstfahrern umhören, die während ihrer Fahrten häufig mit organisierten Gruppen zusammentreffen und – je nachdem – Klagelieder oder Lobeshymnen zu hören bekommen. Wüstenreisen erfordern – auch wenn sie gebucht werden – ein hohes Maß an Anpassungsvermögen, Verzicht auf Komfort und Luxus, Bereitschaft zum Anpacken unterwegs und Freude am – manchmal auch ungemütlichen – Abenteuer. Nörgler sind das allerletzte, was man bei solchen Fahrten brauchen kann. Gebuchte Reisen haben gegenüber Reisen auf eigene Faust zweifellos einige Vorteile: Der enorme Zeitaufwand für die Planung und Vorbereitung der Reise entfällt. Die Anreise per Flugzeug erspart eine strapaziöse und ebenfalls zeitraubende Autofahrt über die (im Winter meist verschneiten) Alpenpässe und eine manchmal recht unruhige Überfahrt übers Mittelmeer. Der Pauschaltourist *wird* durch sein Reiseland gefahren. Oasen sind für ihn zum Besichtigen da, während der Selbstfahrer dort zunächst damit beschäftigt ist, Treibstoff, Wasser und Lebensmittel zu bekommen. Fahrzeugpannen, Orientierungsprobleme, organisatorische Schwierigkeiten belasten bei der Pauschalreise lediglich den Reiseleiter; der zahlende Tourist kann sich voll und ganz auf die Eindrücke des Landes konzentrieren und ist – rein zeitlich – besser dran als der Selbstfahrer, der den Tag über selbst am Steuer sitzt und abends kochen und oft noch reparieren muß. Reisegruppen kommen zudem in den Genuß mancher Sonderveranstaltung, mancher Vergünstigung oder Sonderbewilligung, die dem Einzelreisenden versagt bleibt.

Nachteilig bei Gruppenreisen ist – abgesehen von den höheren Kosten – das meist recht starre Programm, das dem Einzelnen nur wenig Möglichkeit zum Ausscheren aus der Gruppe, zu eigenen Entdeckungen läßt. Wenn der Fahrer hupt, geht es eben weiter, ganz egal, ob man fertig ist mit Schauen und Fotografieren oder nicht. In diesem Zusammenhang finden wir persönlich es auch schade, daß fast alle Veranstalter ein im Verhältnis zur Reisezeit zu großes, aufwendiges Programm anbieten. Man hat zwar am Ende der Reise dann sehr viel gesehen, aber nichts intensiv. Viel Strecke bedeutet nicht immer viel Erlebnis! Auf der Negativseite zu verbuchen ist auch die Tatsache, daß Pauschalreisende weniger Gelegenheit zum Kennenlernen von Einheimischen bekommen als ›Selbstfahrer‹, die zu solchen Kontakten z. T. ja geradezu gezwungen sind (etwa bei Einkäufen, Werkstattbesuchen oder dem Einholen von Informationen).

Sahara-Pauschalreisen werden häufig in kleinen Gruppen durchgeführt (zwei oder drei Geländewagen mit kaum mehr als zehn Teilnehmern). Wenn sich eine nette Gruppe zusammenfindet und die Reise gut geplant und durchgeführt wird, kann sie dem Pauschaltouristen ein unvergeßliches Erlebnis bieten, das jenem des Selbstfahrers in keiner Weise nachzustehen braucht.

Reisen mit dem eigenen Fahrzeug

Ideal ist eine Wüstenreise in den Süden Algeriens natürlich auf eigene Faust und mit dem eigenen Kraftfahrzeug. Nähere Informationen über die Wahl des geeigneten Wagens und die notwendige Ausrüstung finden Sie in dem Kapitel ›Reisen mit dem eigenen Wagen‹ auf S. 266f., Tips für Reisen mit dem Motorrad auf S. 298f., dem Fahrrad oder per Mietwagen auf S. 300.

Reisen mit öffentlichen Verkehrsmitteln oder per Anhalter

Alle größeren Orte Südalgeriens sind per Bus oder Flugzeug erreichbar, die algerische Sahara kann – wenn auch unter großen Strapazen und mit erheblichem Zeitaufwand – also zumindest teilweise auch mit öffentlichen Verkehrsmitteln bereist werden (nähere Informationen über Verkehrsverbindungen finden Sie ab S. 294). Äußerst schwierig und deshalb kaum zu empfehlen ist dagegen das Reisen per Anhalter (vgl. den entsprechenden Abschnitt auf S. 297). Nicht jedermanns Sache dürfte auch die im folgenden Zeitungsausschnitt (Süddeutsche Zeitung) geschilderte Reiseart sein:

Drachenflieger in der Sahara von der Polizei gestoppt

MÜNCHEN – Ein Flug mit Hindernissen ist für den 40jährigen Bauingenieur Hans Ziegelgruber aus Kirchberg (Landkreis Erding) die erste Überquerung der Sahara mit einem motorisierten Hängegleiter geworden. Nach Angaben der Expeditionsleitung wurde der Drachenflieger in Tamanrasset in Algerien von der Polizei gestoppt.

Mit seinem Drachen, der mit einem zwölf PS starken Motor bestückt ist, hatte Ziegelgruber bereits 2500 Kilometer der geplanten 4000 Kilometer langen Flugreise von El-Qued in Algerien bis Agades in Niger zurückgelegt. Die algerischen Polizisten verhinderten einen Weiterflug des Piloten, der auf der Erde von zwei Landrovern begleitet wird. „Die Verhandlungen mit der hiesigen Polizei kann Tage dauern. Ob und wie Ziegelgruber sein Ziel erreichen wird, liegt in der Hand von Allah", hieß es in einem Fernschreiben nach München.

Reisepartner

Bei der Planung einer Saharareise stellt sich die Frage: Fährt man ganz allein, mit einem oder mehreren Beifahrern, oder sucht man sich gar noch ein Begleitfahrzeug mit Gleichgesinnten? Alles hat seine Vor- und Nachteile und sollte gut überlegt werden.

Wer allein oder nur mit einem vertrauten Beifahrer durch die Wüste fährt, genießt den Vorteil, die Route, das Ziel, Abstecher und Pausen ganz nach eigenem Geschmack planen und auch wieder abändern zu können. Er kann jederzeit spontane Entscheidungen treffen. Damit ist es vorbei, sobald mehrere Beifahrer oder gar ein zweites, gleichberechtigtes Fahrzeug an der Fahrt teilnehmen. Nun muß alles mit den Partnern abgestimmt werden. Selbst bei sehr gut harmonierenden Reisepartnern ist da unmöglich immer Übereinstimmung zu erzielen, und in Krisensituationen sind so schon die engsten Freundschaften zu Bruch gegangen. Vorbeugen läßt sich dem, indem man Fahrten dieser Art grundsätzlich nicht mit Fremden oder flüchtigen Bekannten unternimmt. Doch selbst bei guten Freunden empfiehlt sich ein kleiner gemeinsamer Probeurlaub, um eventuelle unüberwindbare Interessenkonflikte oder Gegensätze rechtzeitig erkennen zu können. Oft sind es Kleinigkeiten, die einem zu Hause an den Freunden nie oder kaum aufgefallen sind, die einem auf einer mehrwöchigen Tour aber den letzten Nerv rauben können. So braucht z. B. nur ein eifriger Filmer oder Fotograf dabeizusein, der bei jedem Fotomotiv anhalten möchte, während die Nichtfotografen hierfür kein Interesse und deshalb auch keine Geduld haben. Es gibt Tag- und Nachtmenschen, die sich – falls vorher keine Absprachen getroffen werden – ewig in der Wolle liegen, wann nun morgens abgefahren und wann abends haltgemacht wird. Eine starke Kompromißbereitschaft ist nötig, um eine längere Saharareise mit all den unterwegs auftauchenden Problemen und bei allen sonstigen körperlichen und nervlichen Belastungen gemeinsam und harmonisch bis zum Ende durchzustehen. Dieses Anpassen, das ständige Abstimmen mit den Partnern ist der Hauptnachteil gegenüber dem Alleinreisen. Eine weitere Quelle für Ärgernisse ist natürlich, daß es um so enger im Fahrzeug zugeht, je mehr Insassen darin reisen. Komfort-Extras, die sich ein Solofahrer leisten kann, haben keinen Platz mehr, wenn das Fahrzeug mit mehreren Personen und deren Gepäck und Proviant beladen werden muß.

Von Vorteil ist, daß sich durch mehrere Mitfahrer die Reisekosten verringern, und nicht zu unterschätzen sind natürlich auch die Gesellschaft und die Mithilfe der Beifahrer. Die Unterhaltungsmöglichkeiten in der Wüste und selbst in den Oasen sind spärlich. Nachtleben findet nicht statt, es wird früh dunkel, und die Abende sind lang. Mit Freunden ums Lagerfeuer zu sitzen und über Gott und die Welt zu diskutieren, verkürzt die Zeit. Auch tagsüber tut es ganz gut, einen Ansprechpartner zu haben. Zu viel Wüsteneinsamkeit schlägt leicht aufs Gemüt. Mit zwei Wagen unterwegs zu sein, bringt zusätzlich folgende Vorteile:

Verschiedene Pisten dürfen bzw. sollten nur im Konvoi, d. h. mit mindestens zwei Fahrzeugen, befahren werden. Wenn Sie schon zu zweit sind, entfällt das Suchen nach einem geeigneten Begleitfahrzeug, was – je nach Ort, Zeit und Route – Tage kosten kann.

Querfeldein-Fahrten, d. h. längere unmarkierte Strecken, auf denen nur nach Karte und Kompaß gefahren wird, sollten generell nur im Geleit erfolgen. Eine Solofahrt kann hier zum tödlichen Risiko werden, dann nämlich, wenn das Fahrzeug eine irreparable Panne erleidet. Auf fremde Hilfe ist – weit abseits markierter Pisten – nicht zu hoffen. Fußmärsche scheiden im allgemeinen aus, weil für die langen Etappen nicht genügend Trinkwasser mitgeschleppt werden kann. Die Möglichkeit, daß zwei Fahrzeuge gleichzeitig ausfallen, ist dagegen äußerst gering. Und dieses Gefühl der Sicherheit, selbst auf weniger einsamen und schwierigen Pisten, ist ein ganz wichtiger Punkt. Für etwas ängstliche Reisende ist es generell beruhigend, bei Nacht oder in etwas prekären Situationen ein zweites Fahrzeug mit Mannschaft bei sich zu wissen. Zudem kann man sich bei Pannen gegenseitig helfen, beim Steckenbleiben gegenseitig herausschaufeln, -schieben oder -ziehen.

Fahren die Partner gar ein Fahrzeug desselben Typs (für Konvoifahrten wegen gleicher Fahreigenschaften ohnehin dringend zu empfehlen!), so erspart dies manches an Ersatzteilen und Werkzeugen. Nicht jedes normalerweise notwendige Ersatzteil muß dann doppelt mitgenommen werden. Schwere oder sperrige Werkzeuge reichen ebenfalls in einfacher Ausgabe. Andererseits ist es natürlich von Vorteil, wenn die Fahrzeuge völlig autark sind, sollte es wider Erwarten doch zu einer Trennung kommen. Wie groß dieses Risiko ist, muß jeder selbst abschätzen.

Auch der ›Haushalt‹ läßt sich vereinfachen, wenn abwechselnd mal der eine, mal der andere für alle kocht. So ist jeder zweite Tag ›frei‹.

Nicht jeder hat allerdings das Glück, passende Reisepartner zu finden. Deshalb schwören viele darauf, eine Fahrt nur mit einem Wagen anzutreten und nur für die Bewältigung der besonders schwierigen oder einsamen Teilstrecken unterwegs nach einem Begleitfahrzeug Ausschau zu halten. Dies kann – wie bereits erwähnt – sehr zeitraubend sein, besonders wenn man eine exotische, wenig befahrene Route ins Auge gefaßt hat. Allerdings hat diese Methode auch einiges für sich: Man kommt immer wieder mit neuen Leuten zusammen und erhält dadurch u. U. interessante Anregungen und Informationen. Gleichzeitig bleibt man trotzdem weitgehend unabhängig voneinander, da man sich am Ende der Strecke ja – hoffentlich im guten – wieder trennen kann.

Mitreisende lassen sich notfalls auch über Zeitungsanzeigen, Anschläge am Schwarzen Brett von Expeditionsausrüstungsfirmen etc. finden. Man sollte sich aber vor Antritt der Reise ausgiebig zur Planung zusammensetzen. Vor allem bei zahlenden Beifahrern ist es wichtig, daß man vor Reisebeginn detaillierte Absprachen trifft, denn sie kann man nicht einfach hinter einer Düne abladen, wenn man unterwegs nicht harmoniert. Festgelegt werden sollten der Verlauf der Reiseroute und die Reisedauer, Kostenbeteiligung nicht nur für Fähre, Proviant, Benzin etc., sondern eventuell auch für die Ausrüstung und den Fall größerer Reparaturen oder gar bei Totalschaden; Mitbestimmung und Arbeitsteilung in der Vorbereitungsphase und während der Reise usw. Andernfalls sind Schwierigkeiten vorprogrammiert (»Schließlich zahle ich, weshalb soll ich dann auch noch arbeiten?«). Gruppen mit ungerader Teilnehmerzahl (und damit eher überstimmbaren Minderheiten) sind anfälliger für solche Probleme als geradzahlige (am meisten gilt dies bei Dreiergruppen, wo es leicht zu einer ›zwei gegen einen‹-Konstellation kommen kann).

Mitnahme von Hunden

Obwohl viele Saharafahrer (wir eingeschlossen) dies bereits praktiziert haben, möchten wir von der Mitnahme von Hunden auf eine Saharareise generell abraten, selbst wenn der Trennungsschmerz unerträglich scheint. Man sollte sich darüber im klaren sein, daß auf solch einer Fahrt – selbst bei bester Vorbereitung – genügend andere Belastungen auf einen zukommen können (Klimawechsel, Fahrzeugpannen, schlechte Pisten, Schwierigkeiten mit Behörden, Versorgungsprobleme, womöglich sogar Krankheiten und andere unvorhersehbare Ereignisse), so daß man alle vermeidbaren Unsicherheitsfaktoren ausschalten sollte. Und dazu – die Hundefreunde mögen uns verzeihen – gehören auch die geliebten Vierbeiner. Im Gegensatz zu uns Zweibeinern ist ein Hund kaum darauf erpicht, neue Horizonte zu entdecken. Es ist auch kaum anzunehmen, daß er es genießt, wochenlang in einem engen, u. U. überhitzten, zugigen und verstaubten Fahrzeug durchgeschüttelt zu werden. Daß er als Belohnung für die erlittenen Strapazen am Abend vielleicht einmal an einen der wunderschönen Felstürme des Hoggar pinkeln darf, wird ihn kaum entschädigen. Und was, wenn er unterwegs gar erkrankt? In Gegenden, in denen die medizinische Versorgung von Menschen schon ein großes Problem ist, wird man wenig Erfolg bei der Suche nach einem Tierarzt haben. Da sich ein Hund ja nicht regelmäßig Fell, Pfoten und Schnauze wäscht oder gar desinfiziert, gleichzeitig aber auf engem Raum mit den Reisenden zusammenlebt, schafft dies weitere hygienische Probleme und Infektionsgefahren. Abgesehen vom Platz, den der Hund selbst im Wagen beansprucht, muß noch sein Futter für die gesamte Reise mitgenommen werden. Auch der zusätzliche Papierkrieg sollte nicht vergessen werden (vgl. S. 264). Weiterhin ist zu bedenken, daß

Hunde in islamischen Ländern nicht sonderlich hoch im Kurs stehen, da sie als unrein gelten und deshalb häufig von Kindern, ja selbst von den Erwachsenen, geärgert, verjagt oder mit Steinen beworfen werden.

Reisekosten

Die festen Kosten einer Algerienreise mit dem eigenen Kraftfahrzeug lassen sich ziemlich genau im voraus berechnen. Nachfolgend ein Beispiel für die ungefähren Kosten einer fünfwöchigen ›klassischen‹ Südalgerien-Rundreise ab München. Anreise über Genua, Tunis, dann auf Teerstraßen bis Tamanrasset, Piste bis Djanet und Illizi, dann auf Teerstraße über In Amenas und Hassi Messaoud wieder zurück nach Tunis und München. Toyota Landcruiser BJ 45 (Diesel), 2 Personen. Nicht eingerechnet in den aufgelisteten Betrag sind Anschaffungswert bzw. Abnutzung des Fahrzeugs, Ersatzteile und notwendige, wiederverwendbare Ausrüstungsgegenstände (wie z. B. Sandbleche, Schaufeln, Kompaß, Kartenmaterial und Bücher, Campingausrüstung, Werkzeuge etc.). Auch Filmmaterial und Souvenirs sowie Kosten für Reparaturen unterwegs oder für Führer (z. B. im Tassili) gehen extra.

Je länger eine Fahrt, um so mehr verringern sich natürlich die Kosten pro Reisetag (die aufgelisteten fixen Kosten für Vorbereitung sowie Hin- und Rückreise betragen alleine schon rund 2500 DM!), und je mehr Personen in einem Fahrzeug mitfahren, um so billiger wird es selbstverständlich für den Einzelnen. Während eine nur dreiwöchige, bei einem Reiseveranstalter gebuchte Geländewagentour (mit Flug) heute kaum noch unter 5000 DM pro Person zu haben sein wird, können die umgelegten Kosten einer fünfwöchigen Individualreise bei vier Fahrzeuginsassen im günstigen Fall bei rund 1500 DM liegen.

Ungefähre Kosten einer fünfwöchigen Südalgerien-Rundreise für 2 Personen mit einem Toyota Landcruiser BJ 45 (Beispiel: Stand Frühjahr 1987).

Verpflegung, Lebensmittel, Getränke für die gesamte Reisedauer, Medikamente, Einweggeschirr, Geschenke, Verschiedenes	1200 DM
Visagebühren	70 DM
Treibstoffkosten München – Genua – München (2 × 700 km)	170 DM
Mautgebühren Brenner und Italien für Hin- und Rückfahrt	150 DM
Kosten der Autofähre (Hin- und Rückfahrt Genua – Tunis – Genua; bei Buchung im Ausland u. U. wesentlich billiger)	2200 DM
Ausgaben für Verpflegung außerhalb Afrikas (An- und Rückreise)	120 DM
Treibstoffkosten in Afrika für eine Strecke von rund 6500 km (Verbrauch ca. 16 l/100 km)	400 DM
Motor- und Getriebeöl, Verbrauchsstoffe, Campinggas	150 DM
Kfz-Versicherungen für Algerien	50 DM
Kosten insgesamt	4510 DM
pro Person also ca.	2260 DM

Zu beachten ist allerdings, daß die *in* Algerien anfallenden Kosten eventuell nicht die Höhe des Zwangsumtausches erreichen. Übrige Dinare müssen also irgendwie zusätzlich ›verbraten‹ werden.

Wie kommt man nach Algerien?

Fährverbindungen

Nachfolgend sind die günstigsten Fährverbindungen von Frankreich und Italien übers Mittelmeer nach Algerien bzw. Tunesien aufgeführt. Soweit dieselbe Strecke von verschiedenen Reedereien befahren wird, lohnt sich im Einzelfall immer ein Preisvergleich. Je nach Fahrzeugtyp (Länge, Höhe etc.) oder je nach Kabinenwahl kann die eine oder andere Linie günstiger sein. Unterschiede bestehen auch bei Kinder-, Gruppen-, Rückfahrts- und sonstigen Ermäßigungen. Lohnend sind unbedingt auch Preisvergleiche mit ausländischen Buchungsstellen (Gewährung von Sondertarifen, Kursvorteile, geringere Verdienstspannen), z. B. Universal-Reisen, Wien (Adresse s. u.); CIT Meran, Tel. (00 39) 473–3 80 44; CIT Bozen, Tel. (00 39) 471–97 85 16; AirMerFer, Straßburg, Tel. (00 33) 88–32 54 80; Buchung im Hafenbüro ist meist ebenfalls billiger.

Habib-Compagnie Tunisienne de Navigation (CTN)

Genua - Tunis - Genua: Diese tunesische Fähre verkehrt einmal wöchentlich zwischen Genua und Tunis. Fahrtdauer ca. 24 Std. Roll-on/off. Touristen- u. verschiedene Kabinenklassen. Restaurant, Bar, Schwimmbad, Nachtclub etc. Zur Hauptreisezeit wird ein Entlastungsschiff eingesetzt (unregelmäßiger Fahrplan).

Marseille - Tunis - Marseille: Dieses Fährschiff verkehrt ein- bis zweimal wöchentlich zwischen Marseille und Tunis. Fahrtdauer ca. 24 Std. Ausstattung wie Genua-Tunis-Linie.

Bei Bedarf werden gelegentlich außerplanmäßige Schiffe eingesetzt.

Preise und Einzelheiten ergeben sich aus dem Faltprospekt der CTN, der über größere Reisebüros oder direkt von der Deutschen Generalagentur Karl Geuther & Co., Heinrichstraße 9, D-6000 Frankfurt/Main, Tel. (0 69) 73 04 71, erhältlich ist. Buchung über diese Adresse oder über Reisebüros, in Österreich über Universal-Reisen, Schubertring 9, A-1015 Wien 1, Tel. (00 43) 2 22–73 63 48, keine spezielle Buchungsstelle in der Schweiz.

Hafenagentur in Genua: CTN-Stazione Marittima, Ponte Colombo, Tel. 25 80 41.

Agentur in Marseille: CTN, 61 Bvd. des Dames, Tel. 91 56 32 00.

Agentur in Tunis: CTN-Navitour, 122 Rue du Yugoslavie, Tel. 24 28 01.

Die Fährgesellschaft **Tirrenia** hat die Direktverbindung Neapel–Tunis–Neapel eingestellt. Tunis wird nur noch einmal wöchentlich von Sizilien aus angelaufen.

SNCM - Société Nationale Maritime Corse-Méditerranée

Marseille - Algier - Marseille: Diese französische Autofähre verkehrt ein- bis viermal wöchentlich (keine gleichbleibenden Wochentage) zwischen Marseille und Algier (Fahrtzeit zwischen 19 und 22 Stunden). Roll-on/off-Fähre. 2- und 4-Bett-Kabinen verschiedener Preisklassen (Verpflegung inbegriffen) und Touristenklasse (Sitzplatz/Liege; keine Verpflegung).

Marseille-Tunis-Marseille: Verkehrt ein- bis viermal wöchentlich. Fahrtzeit zwischen 21 und 27 Std. Ausstattung wie Marseille-Algier-Linie.

Preise und Einzelheiten ergeben sich aus dem Prospekt der SNCM, der über größere Reisebüros oder direkt von der Deutschen Generalagentur der SNCM, Karl Geuther & Co. (Adresse s. o.), erhältlich ist. Buchung über Reisebüros oder direkt über diese Agentur, in *Österreich* bei Universalreisen, Wien (Adresse s. o.), in der *Schweiz* bei Lavanchy Voyages S.A., Rue du Bourg 15, CH-1002 Lausanne oder J. Ouboter AG, Pelikanplatz 15, CH-8022 Zürich, Tel. 2 11 36 11.

Agentur in Marseille: SNCM, 61 Bvd. des Dames, Tel. (91) 56 32 00.

Agentur in Algier: SNCM, 28 Bvd. Zirout Youcef, Tel. 63 03 33/34.

Agentur in Tunis: NAVITOUR, 8 Rue d'Alger, Tel. 24 95 00.

Autofährverbindungen der SNCM-Gesellschaft bestehen auch zwischen Sète (Südfrankreich) sowie Marseille und Oran.

Sonstige Linien

Fährschiffe der algerischen Gesellschaft CNAN (Compagnie Nationale Algérienne de Navigation) verkehren (teilweise allerdings sehr selten und unregelmäßig) zwischen Marseille – Annaba und Sète – Algier. Hauptverwaltung Algier, 2 Quai d'Ajaccio, Tel. 63 74 13; Büro Marseille, 61 Bvd. des Dames, Tel. (91) 91 90 20. Auskünfte und Buchung über Karl Geuther & Co. (Adresse vgl. S. 259).

Flugverbindungen (international)

Direktflüge von Frankfurt/Main nach Algier bieten die Lufthansa und die Air Algérie an. Von Ost-Berlin aus verkehrt die Interflug nach Algier. Die Swissair und Air Algérie fliegen von Genf aus die algerischen Städte Algier und Oran an. Von Wien aus gibt es eine Flugverbindung der Air Algérie nach Algier. Zwischen Frankreich und einigen nordalgerischen Städten gibt es viele Direktverbindungen durch Air Algérie und Air France (sogar einen Direktflug zwischen Paris und Ghardaia).

Flugpläne der europäischen Luftfahrtgesellschaften sind über Reisebüros bzw. die Agenturen der jeweiligen Gesellschaft erhältlich. Der Flugplan der Air Algérie kann angefordert werden bei den Vertretungen in Frankfurt und Genf (Adressen vgl. S. 341).

Einreise-, Devisen- und Zollbestimmungen

Die jeweils aktuellsten Informationen bezüglich Einreisebedingungen, Passierbarkeit von Grenzen u. ä. (auch für die Nachbarländer Algeriens) erhalten Sie über die Reisedienste der verschiedenen Automobilclubs (z. B. ADAC, ÖAMTC, TCS). Die Adressen der diplomatischen Vertretungen der Bundesrepublik Deutschland, Österreichs und der Schweiz in Algerien finden Sie auf S. 341. Vgl. auch Kapitel ›Grenzübergangsstellen‹, S. 264.

Paß, Visum

Deutsche Staatsangehörige, auch Kinder (unabhängig vom Alter), benötigen für die Einreise nach Algerien ein Visum. Antragsformulare sind unter Beifügung eines frankierten Rückumschlags anzufordern bei der Algerischen Botschaft, Rheinallee 32, D-5300 Bonn 2; Tel. (02 28) 8 20 70.

Visaanträge (ein Merkblatt liegt den Formularen bei) sind etwa zwei Wochen vor Reiseantritt in vierfacher Ausfertigung einzureichen. Beizufügen sind ein noch mindestens 6 Monate gültiger Reisepaß (bzw. Kinderausweis mit Foto), vier Paßfotos und Original-Bank- oder Postüberweisungsbeleg über 30 DM pro Visaantrag sowie ein ausreichend frankierter Einschreiben-Rückumschlag. Das Visum kann für 30, 60 oder 90 Tage (bei Zwischenwerten wird im allgemeinen auf 60 bzw. 30 Tage abgerundet!) und für ein- oder zweimalige Einreise beantragt werden. Das vom Antragsteller angegebene ›etwaige Einreisedatum‹ wird erfahrungsgemäß bei Visaerteilung nicht immer beachtet. Vor allem bei zu früher Antragstellung kann das ›Date Limite d'Utilisation‹ (Verfalltag des Visums) entgegen dem Antrag auf einen vor der geplanten Einreise liegenden Termin festgesetzt werden. Ein Visum wird dadurch unbrauchbar, da spätestens 1 Tag vor Verfallsdatum eingereist werden muß. Visaanträge deshalb nicht früher als maximal drei Wochen vor Reisebeginn einreichen!

Deutsche können das Visum generell nur in der Bundesrepublik und nicht unterwegs bei einer algerischen Vertretung im Ausland bekommen. Ein Visum wird nicht ausgestellt, wenn der Reiseausweis Visa oder Einreisestempel folgender Länder enthält: Israel, Südkorea, Malawi, Republik Südafrika, Taiwan.

Österreichische Staatsangehörige benötigen ebenfalls ein Visum. Antragsformulare bei der Algerischen Botschaft in Wien, Rudolfinergasse 18, 1190 Wien; Tel. (02 22) 36 88 53.

Der Antrag ist in vierfacher Ausfertigung unter Beifügung von (noch mindestens 6 Monate) gültigem Reisepaß, vier Paßfotos, ausreichend frankiertem Einschreib-Rückumschlag und Scheck über ÖS 150 einzureichen. Im übrigen gelten die für deutsche Staatsangehörige gemachten Angaben.

Schweizer Staatsangehörige (auch Kinder) benötigen lediglich einen gültigen Paß, der jedoch ebenfalls keine Visa oder Einreisestempel der Länder Israel, Südkorea, Malawi, Republik Südafrika oder Taiwan enthalten darf.

Visa-Verlängerungen in Algerien sind möglich, jedoch nicht (wie offiziell angegeben) in allen *Dairas* (Kreisverwaltungen), sondern grundsätzlich nur in den übergeordneten *Wilayas* (Regionsverwaltungen). Für den Sahararaum sind dies die Wilayas in Adrar, Bechar, El Oued, Ghardaia, Illizi, Laghouat, Ouargla, Tindouf und Tamanrasset. Mit z. T. längeren Wartezeiten (bis zu mehreren Tagen) muß man dabei rechnen. Zum Zeitpunkt des Verlängerungsantrags muß das Visum noch gültig sein; verlängert wird frühestens ca. 1 Woche vor Ablauf (Paßfotos erforderlich).

Einreise mit dem Kraftfahrzeug

Kraftfahrzeugpapiere: Für deutsche Staatsangehörige ist ein internationaler Führerschein vorgeschrieben. Für Österreicher reicht die rosa Fassung ihres Führerscheins; Besitzer eines Führerscheins in grauer Fassung benötigen zusätzlich einen zwischenstaatlichen Führerschein (erhältlich über ÖAMTC). Für Schweizer Staatsbürger reicht der nationale Führerschein. Weiterhin braucht man den jeweiligen nationalen Kraftfahrzeugschein. Ist der Fahrer nicht gleichzeitig Eigentümer des Fahrzeugs, so benötigt er eine Benutzungsvollmacht mit bestätigter Unterschrift des Besitzers (Formulare und Bestätigung durch Automobilclubs).

Kraftfahrzeugversicherung: In Algerien besteht Haftpflichtversicherungszwang. Deutsche, Österreicher und Schweizer müssen an der Grenze bei der Zollverwaltung bzw. im nächsten größeren Ort (s. u.) eine befristete Haftpflichtversicherung abschließen. Die Internationale Grüne Versicherungskarte ist nicht gültig. Achten Sie darauf, die verbilligte Grenzversicherung (assurance frontière) zu erhalten.

Tarife der algerischen Kfz-Haftpflichtversicherung (jeweils plus 40 DA Steuer und Stempelgebühr)

Gültigkeitsdauer	Motorräder	Personenwagen	LKW
5 Tage	20 DA	30 DA	50 DA
10 Tage	25 DA	50 DA	80 DA
20 Tage	30 DA	60 DA	130 DA
30 Tage	40 DA	90 DA	170 DA

Dauert der Aufenthalt länger als 30 Tage, muß vor Ablauf der Versicherung bei der Staatlichen Versicherungsgesellschaft (S.A.A. = Société Algérienne d'Assurance) eine neue Versicherung (zu wesentlich höheren Beitragssätzen) beantragt werden. Versicherungsbüros befinden sich in Adrar, Aoulef, Bechar, Berriane, Djanet, El Golea, El Oued, Ghardaia, Guemar, Guerrara, Hassi Messaoud, In Salah, Laghouat, Metlili, Ouargla, Tamanrasset, Timimoun, Touggourt und unmittelbar an den Grenzübergangsstellen, wobei im allgemeinen nur in letzteren die verbilligte Grenzversicherung erhältlich ist. Der Versicherungspflicht ist bei Einreise ins Land unbedingt (auch unaufgefordert) nachzukommen. Bei Polizeikontrollen im Land und bei Wiederausreise wird häufig der Versicherungsnachweis verlangt.

Formulare für Schadensmeldungen und Anträge auf Schadensersatz sind bei den Büros der S.A.A. erhältlich.

Deutsche Versicherungsgesellschaften erstatten auf Antrag und bei Nachweis der im Ausland versicherten Zeiten die während dieser Zeit zu Hause ersparten Versicherungsbeträge zurück. Eine in Deutschland abgeschlossene Kasko-Versicherung gilt – wie in der Regel auch die Haftpflichtversicherung – nur für den europäischen Raum, bietet also in Algerien keinen Versicherungsschutz.

Das Verleihen des Fahrzeugs an Einheimische ist strikt verboten!

Zollbestimmungen für Kraftfahrzeuge: Kraftfahrzeuge, Anhänger, Wohnwagen und Boote kann man vorübergehend (maximal 3 Monate) zoll- und steuerfrei nach Algerien einführen. Beim Grenzübertritt stellen die Behörden kostenlos einen Zollbegleitschein (›Carte touristique‹) aus, der bei Kontrollen und bei der Ausreise vorzuweisen ist.

Touristenfahrzeuge über 5,5 t zulässiges Gesamtgewicht benötigen (bei Einreise über den Hafen Algier) eine Genehmigung des Ministère des Transports, 119, Rue Didouche Mourad, Alger, bei anderen Grenzübergängen eine solche der jeweils zuständigen Wilaya (Präfektur), die – auf französisch – mindestens 6 Wochen vor Reiseantritt zu beantragen ist. Ab 3,5 t ist mit Erhebung einer Straßenbenutzungsgebühr (in Devisen) zu rechnen.

Achtung: Olivgrüne Fahrzeuge erhalten keine Einreisebewilligung; diese Farbe ist ausschließlich Militärfahrzeugen vorbehalten!

Einfuhrbestimmungen

Zollfrei dürfen – neben Gepäck für den persönlichen Bedarf – folgende Gegenstände vorübergehend eingeführt werden: 2 Fotoapparate mit je 10 Filmen, 1 Filmkamera (bis 16 mm) mit 10 Filmen, 1 tragbares Musikinstrument, 1 Plattenspieler mit 10 Platten, 1 Kofferradio, 1 Tonbandgerät mit 2 Bändern, 1 Reiseschreibmaschine, 1 Fernglas, Sport- und Campingausrüstung, 1 Fahrrad, Kfz-Ersatzteile von geringem Wert. Wertgegenstände (z.B. Kameras, Tonband-/Kassettengeräte, Schmuck) muß man bei der Einreise deklarieren. Zollfrei sind für Reisende über 17 Jahre außerdem: 200 Zigaretten oder 50 Zigarren oder 250 g Tabak; 2 Liter Wein oder 1 Liter Spirituosen.

Streng verboten ist die Einfuhr von Drogen, Waffen und Munition, Funksprech- und Sendegeräten (auch im Auto eingebauten), pornographischer Literatur und Empfängnisverhütungsmitteln. Diese Verbote sollten Sie unbedingt beachten, wohingegen z. B. bei der Anzahl von Filmen und Autoersatzteilen, der Menge des Proviants u.ä. im allgemeinen mit großzügiger Kontrolle gerechnet werden kann.

Achtung bei der Ausreise aus Algerien:
1. Nach offiziellen Bestimmungen darf nur so viel Treibstoff mitgeführt werden, wie zum Erreichen der nächsten Tankstelle erforderlich ist.
2. Beim Grenzübertritt von Algerien nach Tunesien verbieten die tunesischen Grenzbehörden die Einfuhr von Palmprodukten aller Art (Datteln, aus Palmwedeln geflochtene Taschen oder Matten u. ä.), um das Einschleppen einer in Algerien verbreiteten Palmenkrankheit zu verhindern.

Impfbestimmungen

Keine Impfvorschriften für Reisende aus Europa. Impfung gegen Gelbfieber und Cholera ist vorgeschrieben bei Ankunft aus einem Infektionsgebiet. Empfohlene Impfungen vgl. S. 302.

Geld und Devisen

Währungseinheit: Algerischer Dinar (DA) = 100 centimes. Gelegentlich werden die Preise noch in alten Französischen Francs angegeben (100 alte FF = 1 DA). Wechselkurs in Algerien (Stand Mitte 1987): 1 DA = ca. 0,40 DM (bzw. 2,82 ÖS bzw. 0,33 SFr). Der hiesige Kurs liegt im allgemeinen erheblich günstiger (1 DA = ca. 0,10 DM bzw. 0,67 ÖS bzw. 0,07 SFr), darf aber wegen der Einfuhrbeschränkungen (s. u.) und des Pflichtumtausches nicht genutzt werden.

Pflichtumtausch: Seit Frühjahr 1982. Jede nicht-algerische Person muß bei jeder Einreise nach Algerien unabhängig von der Aufenthaltsdauer 1000 DA bei einer algerischen Bank oder Wechselstelle eintauschen. Damit will die Regierung verhindern, daß algerische Dinare außerhalb Algeriens (zu bedeutend günstigerem Kurs) gekauft und illegal eingeführt werden. Ausgenommen vom Pflichtumtausch sind: a) Personen, die im Auftrag einer Verwaltungsbehörde bzw. öffentlichen Organisation zur Arbeitsaufnahme nach Algerien kommen; b) Personen, die zwar nicht in Algerien wohnhaft sind, jedoch nachweisen können, daß Ehegatte oder direkte Familienangehörige (Vater, Mutter, Bruder, Schwester) in Algerien wohnen; c) das Personal diplomatischer Vertretungen und Beamte internationaler Organisationen in Algerien; d) geladene Mitglieder offizieller Delegationen; e) Arbeiter oder Angestellte von in Algerien geführten ausländischen Unternehmen, die an öffentlichen Aufträgen arbeiten. Studenten unterliegen dem **vollen** Pflichtumtausch; Jugendliche unter 18 Jahren tauschen die Hälfte (500 DA).

Die Umtauschquittung ist bis zur Ausreise aufzubewahren und dann den Grenzbehörden vorzulegen. Der Pflichtumtauschbetrag darf nicht zum Kauf von Rückreisetickets (z. B. Fähre oder Flug Algerien – Europa) verwendet werden. Für diese Kosten muß ein zusätzlicher Geldwechsel nachgewiesen werden. Dasselbe gilt, wenn Aufenthalts-(Hotel-) Kosten nachweisbar den Pflichttauschbetrag übersteigen.

Einfuhr: Ausländische Zahlungsmittel ohne Beschränkung, algerische Währung nur bis zu DA 50 pro Person. Sämtliche eingeführten ausländischen Gelder und Schecks sind bei der Einreise (für jede Person einzeln) schriftlich zu deklarieren. Mit strikten Kontrollen bezüglich der Geldeinfuhr ist nicht nur an der Grenze zu rechnen, sondern u. U. auch im Inland (selbst auf offener Strecke). Bei Nichtbeachtung drohen harte Strafen (auch Haft!).

Geldwechsel: Wechsel in Algerien bei allen Banken der B.N.A., bei einigen der großen staatlichen Hotels und eventuell in begrenztem Maße an den Grenzübergangsstellen. Reiseschecks werden zu günstigerem Kurs getauscht als Bargeld, Eurocheques nicht akzeptiert, Kreditkarten nur in einigen großen Hotels. Jeder Geldumtausch im Lande muß von der jeweiligen Wechselstelle in der Devisendeklaration eingetragen und abgestempelt werden. Achten Sie darauf, genügend Kleingeld zu bekommen, denn das Bezahlen mit großen Scheinen wirft häufig Probleme auf.

Rücktausch: Laut behördlicher Bestimmung können Dinare, die zusätzlich zum Pflichtumtausch erworben wurden, bei der Ausreise unter Vorlage der Devisendeklaration in einer Bank zum offiziellen Rücktauschkurs in Devisen rückgewechselt werden. Überzählige Beträge aus dem Pflichtumtauschsatz können bei der Ausreise gegen einen ›Gutschein‹ abgegeben werden. Dieser kann bei erneuter Einreise zusätzlich zum Pflichtumtausch wieder eingelöst werden. Ob dies auch in der Praxis immer funktioniert, muß angezweifelt werden.

Ausfuhr: Algerische Währung bis zu DA 50 pro Person, andere Zahlungsmittel nur in Höhe der deklarierten Einfuhr abzüglich der umgewechselten Beträge. Die Devisenkontrollen bei der Ausreise sind häufig recht gründlich.

Einfuhr von Hunden und Katzen

Erforderlich sind ein amtstierärztliches Gesundheitszeugnis und eine Tollwutimpfbescheinigung, ausgestellt mindestens 1 und höchstens 6 Monate vor Reiseantritt. Über die Bestimmungen für andere Tiere geben die Konsulate Auskunft.

Grenzübergangsstellen

Es wird dringend empfohlen, sich vor Reiseantritt nochmals nach dem aktuellsten Stand zu erkundigen (z. B. bei ADAC, ÖAMTC, TCS oder bei Reisenden, die aus den entsprechenden Ländern zurückkommen). Die Bedingungen für das Passieren von Grenzübergängen unterliegen u. U. einem raschen Wechsel!

Auch wenn verschiedene Grenzstationen für Touristen offiziell Tag und Nacht geöffnet sind, empfiehlt es sich, die Grenzen nur tagsüber zu passieren, da eine Abfertigung in den späten Abend- oder Nachtstunden, vor allem an kleineren Stationen, nicht garantiert ist.

Grenzübergänge zwischen Algerien und seinen Nachbarstaaten

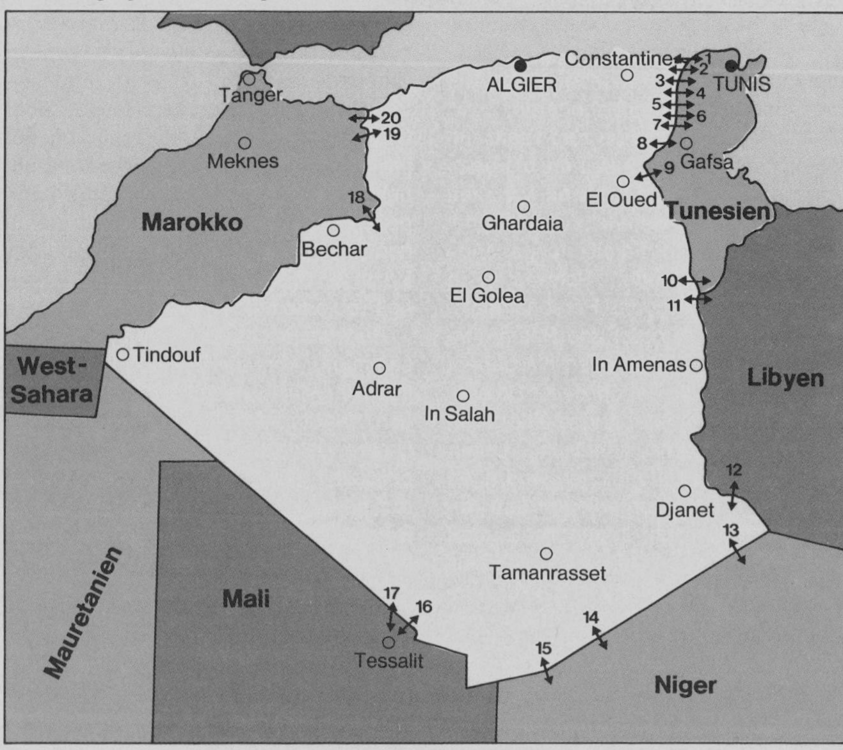

	Grenzübergang	*Strecke*
	Tunesien–Algerien	
1	Melloula-Oum-Theboul	Tunis–Annaba
2	Babouch–El Aioun	Jendouba–Annaba
3	Ghardimaou	Tunis–Souk-Ahras
4	Sakiet Sidi Youssef	El Kef–Souk-Ahras
5	Kalaat Es Senam–El-Merid	El Kef–Ain Beida
6	Haidra–Ras El Aioun	Maktar–Tebessa
7	Bou Chebka	Gafsa–Tebessa
8	Tamerza–Negrine	Tozeur–Tebessa
9	Hazoua–Bou Aroua	Gafsa–El Oued
10	Bordj El Khadra (Fort Saint)–Deb Deb (Fort Thiriet) (zeitweise gesperrt)	Foum Tatahouine–In Amenas

(Das Befahren dieser Strecke auf tunesischem Gebiet ist nur mit behördlicher Genehmigung des Gouvernorats bzw. der Nationalgarde in Foum Tatahouine oder Medenine gestattet.)

An den kleineren Grenzübergängen zwischen Tunesien und Algerien herrscht zwar weniger Andrang, doch ist die Abfertigung von Touristen dort – vermutlich mangels Übung – erfahrungsgemäß langwieriger.

	Libyen–Algerien	
11	Ghadames–Deb Deb (zeitweise gesperrt) . . .	Tripolis–In Amenas
12	Ghat–Djanet (zeitweise gesperrt)	Sebha–Djanet
	Niger–Algerien	
13	Dirkou–Djanet (z. Z. Fahrverbot auf Nigergebiet) .	Bilma–Djanet
14	In Azaoua (z. Z. Fahrverbot auf Nigergebiet) . . .	Iferouane–Tamanrasset
15	Assamaka–In Guezzam	Agadez–Tamanrasset
	Mali–Algerien	
16	Tessalit–Tamanrasset (über Timiaouine)	Gao–Tamanrasset
17	Tessalit–Bordj Moktar	Gao–Adrar
	Mauretanien–Algerien	
	derzeit gesperrt	
	Marokko–Algerien	
18	Figuig–Beni-Ounif	Meknes/Tanger–Bechar
19	Oujda–Maghnia	Meknes/Tanger–Oran
20	Saidia–Marsa-Ben-Mehidi	Meknes/Tanger–Oran

Die in manchen Karten verzeichneten, weiter südlich gelegenen Grenzübergänge zwischen Marokko und Algerien sind wegen der gespannten Lage in der West-Sahara bereits seit einigen Jahren gesperrt. Wer mit Kfz oder Motorrad **über Marokko** von und nach Algerien reist, benötigt für die Ein- bzw. Ausreise eine Ausnahmegenehmigung der ›Administration des Douanes et Impots Indirects‹ in Casablanca. In der Regel kann die Deutsche Botschaft in Rabat, B.P. 235, Rabat 7, Zankat Madnine (oder über Diplomatenpost: Botschaft der BRD Rabat/Marokko, Postfach 1500, 5300 Bonn) diese Genehmigung innerhalb weniger Tage besorgen. Die jeweilige Grenzstelle wird von Casablanca aus entsprechend informiert; der Reisende selbst erhält keinen Bescheid. Für den Antrag sind folgende Angaben nötig: a) Zum Fahrer und Halter des Kfz: Anschrift, Nr., Ausstellungsort und -datum des Reisepasses. b) Zum Fahrzeug: Marke und Typ, amtliches Kennzeichen. c) Grenzübergang bei Ein- bzw. Ausreise, genaue Ein- bzw. Ausreisedaten. d) Falls Fahrer und Halter des Kfz nicht identisch, beglaubigte Vollmacht des Halters in französischer Sprache beifügen. So lauten die offiziellen Bestimmungen, auch wenn in der Praxis diese Genehmigung nicht immer konsequent verlangt wird.

Fahrzeugwahl

Allzuoft wird die Wahl des Fahrzeugs von subjektiven Faktoren beeinflußt. Im dicht besiedelten, ›geteerten‹ Europa kann man sich das vielleicht leisten. Für Wüstenfahrten sollten aber ausschließlich praktische Überlegungen die Wahl bestimmen. Leistung, Robustheit, Nutzlast, Platzangebot, Treibstoffverbrauch, Kosten und Fahrkomfort heißen die Faktoren, die hier zählen. Von exotischen und technisch komplizierten Modellen sollte man lieber die Finger lassen. Vorzuziehen sind jene Fabrikate, die sich schon seit Jahren in der Sahara bewährt haben, die eine robuste Mechanik besitzen, für die man unterwegs eventuell Ersatzteile erhält und mit denen sich die einheimischen Mechaniker auskennen. Die wohl am häufigsten in Algerien vertretenen Marken sind Peugeot, Citroën, Toyota Landcruiser, Nissan Patrol, Mazda und Land-Rover.

Eine Grundüberlegung bei der Fahrzeugwahl betrifft die zugelassene Nutzlast des Wagens, die bei nicht geländegängigen Fahrzeugen aus Sicherheitsgründen höchstens zu ca. 80% ausgenutzt werden sollte. Wesentlich ist dabei die Zahl der Mitreisenden. Die Zuladung erhöht sich nämlich nicht nur um deren Gewicht, sondern auch um das notwendige Mehr an Gepäck und Proviant. Zu all diesem muß man hinzurechnen das Gewicht für Ausrüstung, Ersatzteile, Werkzeuge und – als wesentlicher Faktor – für jene Treibstoff- und Wassermengen, die für die längste Etappe ohne Versorgungsmöglichkeit benötigt werden. Da es in Südalgerien abseits der Teerstraßen kaum Hotels und nur wenige Einkaufsmöglichkeiten gibt, muß jeder Pistenfahrer sowohl für Übernachtung wie auch für Verpflegung komplett ausgerüstet sein. Auf diese Weise addiert sich Kilo zu Kilo. Der wichtigste Faktor, der bei der Wahl des Fahrzeugs zu berücksichtigen ist, ist allerdings der Schwierigkeitsgrad der Strecken, die man befahren will.

Fahrt auf Teerstraßen: Viele Regionen der algerischen Sahara sind in den vergangenen Jahren durch Teerstraßen erschlossen und somit relativ leicht zugänglich geworden. Wer sich bei seiner Fahrt ausschließlich auf diese Strecken beschränkt, hat auch ohne expeditionsmäßig ausgerüstetes Spezialfahrzeug beste Aussichten, heil durch die Wüste zu kommen. Ein PKW in technisch einwandfreiem Zustand reicht dafür aus. Eine Wüstenfahrt auf Teerstraße ist für das Fahrzeug kaum strapaziöser als eine Fahrt vergleichbarer Länge auf südeuropäischen Straßen; höchstens können die brutale Hitze im Sommer und die u. U. staub- oder sanderfüllte Luft ein wenig verschleißfördernd wirken. Ein Nachteil von PKWs ist ihre relativ geringe Zuladungskapazität. Allerdings kann man bei einer Fahrt auf Teerstraßen auf vieles verzichten, was für Pistenfahrten unerläßlich ist (Sandbleche, viele Zusatzkanister, Bergungsmaterial u. ä.); die Ausrüstung wird deshalb automatisch weniger umfangreich ausfallen. Aufgrund der geringeren Pannengefahr kommt man auch mit weniger Ersatzteilen und Werkzeugen aus. Eine Warnung muß aber ausgesprochen werden: Wer mit einem

PKW zu einer Teerstraßenfahrt startet, sollte unterwegs keine Ambitionen für Geländetouren entwickeln! Für Fahrten auf Waschbrettpisten, durch tiefe Sandfelder, über holpriges Gelände oder über Geröllfelder braucht man mehr als nur einen technisch intakten PKW.

Fahrt auf Pisten oder querfeldein: Auch wenn man von der mangelnden Zulademöglichkeit einmal absieht, eignet sich kaum einer der üblichen PKWs für das Befahren von längeren unbefestigten Wüstenstrecken. Dafür sind solche Wagen schließlich auch nicht gebaut. Zweifelsfrei hat es trotzdem schon viele Wüstendurchquerungen mit PKWs gegeben. Auch zum Verkauf bestimmte PKWs werden immer häufiger durch die Wüste nach Schwarzafrika gebracht. Ein PKW mag manche Strecken zwar irgendwie ›schaffen‹, wenn man bereit ist, ihn immer wieder freizuschaufeln, anzuschleppen, zu schieben, wenn man schwierige Pistenabschnitte vor der Durchfahrt präpariert, Schäden am Fahrzeug in Kauf nimmt und immer wieder repariert – doch stellt dies ein zeitraubendes und fragwürdiges Vergnügen dar. Als ›Transportmittel‹ kann ein solches Fahrzeug dann kaum mehr gelten.

Es sind vor allem der Mangel an Bodenfreiheit und die wenig robuste und deshalb zu empfindliche Bauweise, die die meisten PKWs auf Wüstenstrecken aus dem Rennen werfen. Saharapisten sind extrem uneben. Im sandigen Gelände sind es die tief eingegrabenen Spurrinnen, grasbewachsene Sandhöcker oder tückisch unter dem Sand versteckte Steine, die eine große Bodenfreiheit erfordern, in bergigem Gelände sind es Geröllbrocken, Felsplatten mit Stufen, harte Erdbuckel, über die der Wagen nur im Schneckentempo rumpeln darf. Tiefe Gräben und Querrinnen gibt es in sandigem und felsigem Gebiet gleichermaßen. Die Gefahr, aufzusetzen, ist bei PKWs besonders groß, weil einmal der Fahrzeugboden sehr niedrig über der Erde liegt und weil zum andern bei den meisten Modellen die Karosserie vor den Vorder- und hinter den Hinterrädern zu weit übersteht, was bei schrägem oder unebenem Grund schnell zu Bodenberührung führt. Durch entsprechenden Umbau einiger PKW-Typen läßt sich zweifellos einiges erreichen. So ist es nicht verwunderlich, daß z. B. die Peugeot-Modelle 404 und 504 zu den häufigsten der von Saharabewohnern verwendeten Fahrzeugtypen zählen. Peugeot liefert nämlich spezielle Saharaversionen, die für Pistenfahrten besonders präpariert wurden. Auch verschiedene Modelle von Citroën kann man durch entsprechenden Umbau ›saharatauglich‹ machen. Wer also auf den wenigen relativ ebenen Pisten zu bleiben beabsichtigt und die notwendige Ausrüstung ohne Überladung des Wagens unterbringt, kann eventuell auch mit solchen PKW-Typen starten. Die Tanezrouft-Piste (Strecke Nr. 3), ja selbst die Strecke hinunter nach Agadez (Strecke Nr. 19), wird immer wieder von den genannten Fahrzeugtypen bewältigt, wenn auch unter Opfern und mit einigen Schwierigkeiten, speziell in den sandigen Zonen. Doch für alle anderen, vielfach gebirgigen und daher sehr unebenen Pisten sind normale Limousinen ungeeignet. Nicht der durchschnittliche Schwierigkeitsgrad einer Strecke zählt, sondern der höchste, selbst wenn die Länge einer solchen ›Schlüsselstelle‹ nur wenige Meter beträgt. Konventionelle Wohnanhänger sind für Pistenfahrten gänzlich ungeeignet, auch die Verwendung eines Gepäckanhängers ist nicht zu empfehlen. Wer letzteres trotzdem versuchen will, muß zumindest über ein ausreichend kräftiges Zugfahrzeug verfügen und darauf achten, daß der Anhänger stabil ist, steile Böschungswinkel aufweist und die gleiche Reifengröße und Spurbreite wie das Zugfahrzeug hat (letzteres besonders wichtig im Sand, da sich sonst der Anhänger seine eigene Spur graben muß). Andernfalls wird die Geländegängigkeit in hohem Maße beeinträchtigt.

Wenn in den Streckenbeschreibungen unter ›Allgemeines‹ jeweils vermerkt ist, Geländegängigkeit sei nicht erforderlich, so bedeutet dies noch lange nicht, daß die Strecke von jedem normalen PKW gemeistert werden kann. Es besagt nur, daß Allradantrieb und Reduziergetriebe, Sperrdifferentiale und ähnliche Raffinessen, die zur Ausstattung eines Geländewagens zählen, nicht unbedingt erforderlich sind. Obwohl ein VW-Bus natürlich nicht das Maß aller Dinge ist, soll er hier gewissermaßen als Referenz dienen, da VW-Busse zu den am häufigsten benutzten Touristenfahrzeugen in der algerischen Sahara gehören. Eine Piste, die keine Geländegängigkeit erfordert, kann von einem gut ausgerüsteten, technisch intakten VW-Bus ohne übermäßiges Risiko – wenn auch mit gelegentlichen Schwierigkeiten (z. B. Einsanden, vorheriges Präparieren von Pisten etc.) – bewältigt werden. ›Geländetauglichkeit empfehlenswert‹ besagt, daß diese Strecke gerade an der Grenze dessen liegt, was mit einem guten (!) VW-Bus von einem guten (!) Fahrer, allerdings schon mit einigen Risiken fürs Fahrzeug, geschafft werden kann. Viel Schaufelei und/oder Pistenpräparierung wird erforderlich sein. Wenn aber Geländegängigkeit gefordert wird, sollte sich niemand an die Strecke wagen, der nicht über ein entsprechendes Fahrzeug verfügt, selbst wenn ihm zu Ohren gekommen sein sollte, daß diese oder jene Strecke schon von VW-Bussen oder vergleichbaren Wagen bewältigt wurde. Es gibt ein ›Saharalatein‹, und es gibt auch immer wieder Leute, die weder an ihrem Wagen noch an ihrem Leben hängen und deshalb bereit sind, Fahrzeug, Kopf und Kragen zu riskieren.

Aus dem Gesagten läßt sich schließen, daß nach wie vor Fahrzeuge mit Vierradantrieb und Reduziergetriebe ideal sind, wobei bezüglich der Fahrzeugtypen (Land-Rover, Range-Rover, Toyota, Unimog, Hanomag, Mercedes, Nissan Patrol etc.) die Beurteilungen weit auseinandergehen und meist jeder Saharafahrer auf *sein* Fabrikat schwört. Geländewagen sind außerordentlich robust. Sie bewähren sich vor allem in solchem Gelände, wo gleichzeitig viel Kraft und Bodenfreiheit benötigt werden, z. B. wenn sich der Wagen über eine steile, geröllübersäte Geländestufe im Schneckentempo hinauf- oder hinunterarbeiten oder kraftvoll durch ein tiefes Sandfeld pflügen muß. Ein Geländewagen gibt dem Fahrer ein Gefühl der zusätzlichen Sicherheit. Er erlaubt ihm mehr Bewegungsfreiheit, was die Streckenplanung oder das Abweichen von markierten Pisten, das Erforschen unbekannten Geländes betrifft. Geländewagen sanden nicht so schnell ein bzw. befreien sich leichter mit eigener Kraft, wenn sie einmal steckenbleiben. Ein Geländewagen hat immer noch Kraftreserven, wenn bei einem normalen Fahrzeug schon die Grenzen erreicht sind. Auch hier gilt aber, daß eine ausreichende Zuladungskapazität gegeben sein muß. ›Poppige‹ Geländewagen mit mangelnder Zuladung mögen ideal für wilde Ritte durch heimische Kiesgruben sein, für Wüstenexpeditionen suche man sich etwas Geeigneteres.

Der Besitz eines Geländewagens bietet allerdings allein noch keine Gewähr für optimale Fahrleistungen, denn Fahrstil und -technik der Person am Lenkrad spielen eine große Rolle. Ein untalentierter Geländewagenfahrer kann durchaus auf Strecken scheitern, die ein versierter VW-Bus-Fahrer nahezu spielend und ohne größere Probleme meistert.

Die Einreise nach Algerien mit armee-grünen Geländefahrzeugen ist verboten. Diese Farbe bleibt ausschließlich Militärfahrzeugen vorbehalten!

Informationsmaterial

Detaillierte Auskünfte über die diversen Kfz-Marken und -Modelle erhält man beim jeweiligen Hersteller oder dessen Landesvertretung. Auf Anfrage werden teilweise nicht nur technische Unterlagen über die Fahrzeuge übersandt, sondern auch Ersatzteilvorschläge und z. T. recht nützliche Informationen für Fahrten unter erschwerten Bedingungen (leider nicht immer deutschsprachig). Besonders gut ist das Informationsmaterial von British Leyland (›A guide to Land-Rover expeditions‹), Citroën (›Ici commence l'aventure‹) und VW (›Reisen unter erschwerten Bedingungen‹). Nützliche Tips und Informationen finden sich z. B. auch in den Zeitschriften ›tours‹ und – speziell für Geländefahrzeuge – ›Off Road‹. Man beachte auch den Anzeigenteil dieser und weiterer Zeitschriften für Camping und Wohnmobile, in denen viele Ausrüstungs- und Umbaufirmen ihre Dienste anbieten.

Diesel- oder Beinzinmotoren?

Fahrzeuge mit Benzinmotor haben gegenüber jenen mit Dieselmotor folgende Vorteile:

Höhere Leistung
Höhere Geschwindigkeit
Ruhigerer Motorlauf
Niedrigerer Kaufpreis
Treibstoff ist ›sauberer‹, dadurch geringere Geruchsbelästigung

Fahrzeuge mit Dieselmotor haben gegenüber Benzinern folgende Vorteile:
Dieseltreibstoff ist in Afrika wesentlich billiger
Wesentlich geringerer Treibstoffverbrauch
Dieselmotoren haben keine aufwendige Zündanlage; deshalb weitestgehend störungsfreier Betrieb, selbst bei Ausfall der elektrischen Anlage
Treibstoffversorgung unproblematischer (notfalls kann man einige Liter von einem passierenden LKW abkaufen, da diese mit Dieselkraftstoff fahren)
Dieseltreibstoff ›vergast‹ nicht; deshalb keine Explosionsgefahr; Transport auch in Plastikkanistern möglich; keine Verdunstung des Kraftstoffs in den Treibstoffleitungen bei großer Hitze
Fazit: Dieselfahrzeuge sind für Afrikafahrten eindeutig vorteilhafter als Benziner.

Ausrüstung des Fahrzeugs

Allgemein gültige Regeln darüber, was auf eine Wüstenfahrt mitzunehmen ist und was nicht, kann man nicht aufstellen. Ein Fahrzeug, das auf einsamen Pisten oder gar querfeldein eingesetzt wird, muß zwangsläufig besser ausgerüstet sein als ein Wagen, der stark frequentierte Pisten oder gar Teerstraßen befährt, ein altes wird mehr an Ersatzteilen benötigen als ein fabrikneues, ein Benziner mehr als ein dieselgetriebenes usw. Auch bei der Ausrüstung des Fahrzeugs ist die Nutzlastgrenze zu beachten. Man bedenke, daß ein mit allen Schikanen ausgerüsteter, aber heillos überladener Wagen ein ähnliches Sicherheitsrisiko darstellt wie ein sparsamer ausgestattetes, dafür aber leichtes Fahrzeug. Man wird also immer einen Kompromiß finden müssen. Noch einmal sei in diesem Zusammenhang davor gewarnt, schlecht ausgerüstet zu starten und unterwegs auf die sprichwörtliche Hilfsbereitschaft in der Wüste zu bauen (vgl. S. 250). Diese Hilfsbereitschaft wird durch zunehmenden Wüstentourismus und erhöhtes Verkehrsaufkommen auf manchen Strecken bereits ziemlich strapaziert und kann

Voll ausgerüsteter Geländewagen

recht unterschiedlich ausfallen, je nachdem, ob im Einzelfall eine unverschuldete Notlage erkennbar ist oder ob der Hilfesuchende aus Leichtsinn, Dummheit oder grober Fahrlässigkeit festsitzt. In letztgenannten Fällen wird sich eine Hilfeleistung in der Regel auf das absolut notwendige Minimum beschränken; mit selbstaufopferndem Einsatz besser ausgerüsteter Saharafahrer sollte nicht gerechnet werden. Sogar die ansonsten sehr hilfsbereiten einheimischen LKW-Fahrer lasen sich ihre eventuellen Hilfs- und Abschleppdienste teilweise sehr teuer bezahlen, wenn sie solch einem ›Bruder Leichtsinn‹ aus der Patsche helfen müssen. Sicher würden auch weniger Autowracks an Straßen- und Pistenrändern liegen, wenn einige Besitzer etwas großzügiger in Fahrzeug und Ausrüstung investiert hätten, statt übertrieben sparsam und mit viel Gottvertrauen eine Reise zu beginnen.

Ersatzteile und Werkzeuge

Die zum Teil brutalen Fahrbedingungen – besonders abseits der Teerstraßen – wirken außerordentlich verschleißfördernd. Defekte am Fahrzeug in irgendeiner Form werden bei kaum einer Reise ausbleiben. Ganz gleich, wie gut der Wagen bei der Abfahrt ›in Schuß‹ ist, die Mitnahme eines gewissen Ersatzteilvorrats und der notwendigen Werkzeuge bleibt unerläßlich. Letzten Endes ist es besser, einige Ersatzteile und Werkzeuge womöglich umsonst spazierenzufahren, als wegen einer fehlenden Kleinigkeit die Reise abbrechen und das Fahrzeug womöglich aufgeben zu müssen.

Es ist nahezu unmöglich, universell gültige Ersatzteilvorschläge zu machen, da der Bedarf von vielen Faktoren abhängt, wie Typ, Zustand und Alter des Fahrzeugs, Dauer der Reise und Streckenzustand, Zuladung, Fahrstil und kfz-technischen Kenntnissen der Besatzung. Als Faustregel gilt aber, daß man lieber eine Menge kleiner Teile mitnehmen sollte als große, schwere, komplette Aggregate. Manche Kfz-Hersteller (z. B. British Leyland) bieten sehr empfehlenswerte Reparatur- und Überholsätze für die verschiedenen Aggregate (z. B. für Treibstoffpumpe, Wasserpumpe, Vergaser, Brems- und Kupplungszylinder) an. Mit diesen Sätzen ist man sehr gut bedient, da sie bei minimalstem Platzbedarf und zu mäßigen Kosten praktisch alles enthalten, was an der jeweiligen Baugruppe kaputtgehen kann. Vielleicht kennen Sie auch einen freundlichen Werkstattmeister, der Ihnen ein Ersatzteilsortiment zusammenstellt, das er Ihnen (gegen Hinterlegung einer Kaution) für die Dauer der Reise überläßt, um nachher nur die tatsächlich verwendeten Teile zu berechnen. Es würde zu weit führen, detaillierte Ersatzteilvorschläge für die diversen Kfz-Modelle zu machen, da – wie schon gesagt – die Ersatzteilbevorratung von vielen Faktoren abhängt. Bei der Erstellung der Ersatzteilliste läßt man sich am besten in seiner Werkstatt beraten, wo am ehesten auf den Fahrzeugzustand und die speziellen Bedürfnisse eingegangen werden kann. Auch die Generalvertretungen der entsprechenden Kfz-Firmen leisten eventuell Hilfestellung. Für den VW-Bus sei nochmals auf den Ratgeber ›Reisen unter erschwerten Bedingungen‹ hingewiesen (anzufordern bei Volkswagenwerk AG, Kundenbetreuung, D-3180 Wolfsburg). Zur groben Orientierung mag die nebenstehende Liste dienen. Sie enthält alle Ersatzteile, die wir z. B. für unseren Land-Rover 109 auf Saharareisen dabei hatten.

Es ist nahezu hoffnungslos, sich – selbst bei gängigsten Fahrzeugtypen – auf die Ersatzteilbeschaffung unterwegs zu verlassen. Die Aussichten, ein fehlendes Teil irgendwo erstehen zu können, werden um so geringer, je weiter man nach Süden kommt. Zwar kann man sein Glück in den Werkstätten oder – in verschiedenen Orten – auch bei den Stützpunkten der SONACOME oder der Transportgesellschaft SNTR versuchen, doch sind die Erfolgsaussichten mäßig. Solange nicht einmal die Ersatzteilbevorratung für die lokalen Behördenfahrzeuge ausreicht (wir wurden öfters in Polizeistationen o. ä. um Ersatzteile für deren

Ersatzteilliste
(Beispiel für Land-Rover 109, Serie III, 4-Zyl.-Benzin)

Zündanlage, Motor, Elektrik

Zündspule
Verteilerkappe
Kohlebürste für Verteiler
Unterbrecherkontakt (2)
Kondensator
Verteilerfinger
Zündkerzen (4)
Zündkabel (1 m) mit Steckern
Zylinderkopfdichtung
Ventildeckeldichtung
Ein- und Auslaßventil (je 1) mit Ventilführung
Sämtliche Kühlwasserschläuche
Wasserschlauch für Heizung (ca. 1 m)
Benzinschlauch (ca. 3 m)
Reparatursatz für Benzinpumpe
Reparatursatz für Wasserpumpe
Überholsatz für Vergaser (Dichtungen, Düsen, Düsennadeln)
Thermostat und Dichtung
Keilriemen
Ölfilter (2)
Lager, Regler, Gleichrichter und Kohlebürsten für Lichtmaschine
Kohlebürsten und Lager für Anlasser
Sicherungen
Diverse Lampen

Antrieb, Vorder- und Hinterachse, Radaufhängung, Bremsen

Reparatursatz für Kupplungszylinder
Kupplungsscheibe (je nach Zustand)
Kardangelenk
Steckachse (hinten)
Radlager (inneres und äußeres)
Simmerringe und diverse Dichtungen für Getriebe, Differential, Vorder- und Hinterachse
Stoßdämpfer (je 1 für vorn und hinten)
Gummiaugen für Stoßdämpfer (4)
Federblätter (1. und 2. Blatt für vorn und hinten)
Federbolzen
Federklammern
Gummibuchsen für Federn (4)
Reparatursatz für Hauptbremszylinder

Reparatursatz für Radbremszylinder (je 1 für vorn und hinten)
Bremsbeläge mit Nieten (je nach Zustand)
Tachokabel

Räder

2 komplette Ersatzräder
2 Reserveschläuche
4 Ventile
8 Staubkappen mit Ventilschlüssel
Talkum
Radmuttern

Betriebsstoffe

Motoröl
Getriebeöl
Bremsflüssigkeit
Destilliertes Wasser
Wälzlagerfett

Diverses

Abschleppseil (s. S. 280)
Diverse Schlauchklemmen (z. B. für Kühlwasserschläuche)
Elektrische Leitungen und Steckverbinder, Lüsterklemmen
Splinte
Dichtungspapier, Dichtungspaste
Jede Menge Schrauben, Muttern und Scheiben in verschiedenen Größen
Reifenflickzeug (umfangreich!)
Staubdichtung für Verteiler (z. B. Gummihandschuh, Kabel durch Finger führen)
Drähte in verschiedenen Stärken
Schmirgelpapier
Lötzinn
Hartlot
Kupferdichtungsringe in verschiedenen Größen
Diverse Flachmetallstreifen und Blechstücke (zum Improvisieren)
Kühlerdichtungsmittel
Dichtungspaste für Auspuff
Schleifpaste für Ventile
2-Komponenten-Kleber
Pattex
Tesafilm
Isolierband
Knetbare Dichtungsmasse
Nylonseil
Hanfschnur
Gummispannbänder
Polfett
Schraubenlöser (z. B. Caramba)
Starthilfekabel
Start-Pilot o. ä. Kaltstarthilfe
Schlauch zum Entlüften der Brems- und Kupplungshydraulik
Putzlappen und -wolle
Ersatzteilkatalog
Reparaturhandbuch
2 starke Unterlegbretter
Ersatz-Nationalitätsaufkleber (beliebte Beute von Kindern)

Für Dieselfahrzeuge braucht man weitgehend die gleichen Teile mit Ausnahme jener für Zündanlage und Vergaser. Zusätzlich werden benötigt: Kraftstoffilter, Membrane für Kraftstoffpumpe, Glühkerzen und eventuell Einspritzpumpe (sehr teuer).

liegengebliebene Fahrzeuge gebeten!), sollte man sich als Tourist schon gar nicht darauf verlassen. Notfalls hilft nur noch improvisieren. In dieser Hinsicht zeigen die lokalen Mechaniker gute Fähigkeiten, denn ihre Hauptaufgabe scheint darin zu bestehen, mit unzureichenden Mitteln ein Fahrzeug wieder flottzukriegen. Allerdings lassen sie sich ihre Leistungen teilweise sehr teuer bezahlen. Reicht alles Improvisationstalent nicht aus, um ein fehlendes Teil zu ersetzen, muß man notfalls den zeitraubenden Weg über die Generalvertretungen und Agenturen der diversen Kfz-Hersteller gehen, die leider allesamt im Norden Algeriens angesiedelt sind. Spätestens jetzt lernt man einen Teilekatalog sehr schätzen, der sämtliche Einzelteile abbildet und die zugehörigen Bestellnummern angibt. Ersatzteilbeschaffung über Automobilclubs (z. B. ADAC-Schutzbrief) erfordert persönliche Abholung der Teile beim Zoll in Algier.

Die wichtigsten Kfz-Werksvertretungen in Algerien, Marokko und Tunesien

Achtung: Die Kfz-Werksvertretungen in Algerien sind nur in begrenztem Umfang berechtigt und in der Lage, Reparaturen durchzuführen und Ersatzteile zu liefern. Notfalls wende man sich an die staatliche Gesellschaft SONACOME in Algier und in den größeren Oasen.

British Leyland (Land- und Range-Rover)

Algerien: Land Rover Ltd, Bureau de Liaison 25, Lotissement Beausejour, Birmandreis, Algier, Tel. 56 30 14

Marokko: S.M.E.I.A., 47 Bd. Ba Hamad, Casablanca, Tel. 24 30 84, 24 68 71/72

Tunesien: Le Moteur, S.A., Route No. 8, Zone Industrielle, La Cherguia, Tunis, Tel. 23 80 80

Citroën

Algerien: D.V.P., Unité 902, 140, Rue Hassiba Ben Bouali, Algier, Tel. 66 33 60; Vertretungen auch in Constantine und Oran

Marokko: Maden Siara, 113, Bd. de Paris, Casablanca, Tel. 2 12 22

Tunesien: S.T.A.C., 3 Av. Khereddine Pacha, Tunis, Tel. 28 34 00

Mercedes-Benz

Algerien: Bureau de Liaison Daimler-Benz AG, Lotissement des Rosiers, Villa No. 10, 16330 Birkhadem-Algier, Tel. 56 39 99

Marokko: Auto Nejma Maroc S.A., 57 Bd. Ba Hmad, Casablanca, Tel. 24 39 61
Vertretungen auch in Agadir, Fès, Rabat, Tanger etc.

Tunesien: Le Moteur S.A., Zone Industrielle Charguia, SOMOTEUR, Tunis, Tel. 23 80 80
Le Moteur S.A., Bd. de l'Algérie, Sfax, Tel. 2 02 86

Nissan

Algerien: keine offizielle Vertretung

Marokko: Société Industrielle & Automobile Bennouna, Av. Hassan 2, Casablanca

Tunesien: keine offizielle Vertretung

Peugeot

Algerien: DVP Unité 902, 140, Rue Hassiba Ben Bouali, Algier, Tel. 66 33 60
Vertretungen auch in Annaba, Constantine und Oran

Marokko: SOPRIAM, 113, Bd. de Paris, Casablanca, Tel. 22 38 05
Vertretungen auch in vielen anderen Städten

Tunesien: STAFIM-PEUGEOT, 83 Av. Louis Braille, 1003 Citel el Khadra, Tunis, Tel. 78 50 55
Vertretungen auch in vielen anderen Städten

Renault

Algerien: Entreprise Nationale de Distribution des Véhicules, Route de Dely Ibrahim A Cheraga, Algier, Tel. 78 30 48/49

Marokko: Renault Maroc, 1 Place de Bandoeng, Casablanca, Tel. 30 05 91/30 51 91
Vertretungen auch in vielen anderen Städten, z. B. Agadir, Fès, Marrakech, Meknes, Ouarzazate, Rabat, Safi, Tanger

Tunesien: Renault Tunisie, 39, Av. Keredine Pacha, Tunis, Tel. 1 28 27 10
Vertretungen auch in Bizerta, Gabes, Gafsa, Hammamet, Jendouba, Mateur, Sfax, Sousse

Toyota

Algerien: keine offizielle Vertretung

Marokko: keine offizielle Vertretung

Tunesien: keine offizielle Vertretung

Volkswagen

Algerien: keine offizielle Vertretung

Marokko: Société Centrale Automobile Cherifienne, 84, Av. Lalla Yacout, Casablanca, Tel. 27 81 80

Tunesien: Société Ennakl S.A., 75 Angle Av. de Carthage, Tunis, Tel. 34 42 04

Werkzeugliste

Die folgende Aufstellung ist ebenfalls nur zur groben Orientierung gedacht. Sie enthält alle Werkzeuge, die wir bei Saharareisen mitführen.

Steckschlüsselsatz mit Umschaltknarre und Verlängerungen
Gabel- und Ringschlüsselsätze
Rohrsteckschlüsselsatz
Drehmomentschlüssel
Zündkerzenschlüssel
Schraubenzieher in allen Größen (für normale und Kreuzschlitzschrauben), möglichst mit Sechskant zum Ansetzen eines Gabelschlüssels
Schlagschrauber mit Einsätzen
Handbohrmaschine mit Spiralbohrern
Diverse Feilen
Kombizange, Flachzange, Rohrzange
Seitenschneider, Festhaltezange
Quetsch- und Abisolierzange, Seegerringzange, Pinzette
Blindnietzange mit Blindnieten
Schraubstock (solider Befestigungspunkt muß sich am Fahrzeug befinden, z. B. Stoßstange)
Eisensäge mit Ersatzblättern
12-V-Lötkolben, Gas-Lötlampe
Ölfilterschlüssel
2 Schraubzwingen
Satz Gewindeschneider (für Innen- und Außengewinde)
2 lange Reifenmontiereisen
2 verschieden große Eisenhämmer
1 Plastikhammer
Fühlerlehre (für U-Kontakt, Ventilspiel, Elektrodenabstand)
2 Wagenheber mit Unterlage
Luftpumpe mit Ersatzschlauch und Manschette
Reifendruckmesser, Ventilschlüssel
Maßband, Schiebelehre
Gummisauger und Schmirgelpaste (zum Einschleifen von Ventilen)
Kleines Vielfachmeßgerät (für Spannungs-, Strom- und Widerstandsmessungen)
Prüflampe
Radlagerschlüssel
Körner
Durchschläge
Blechschere
Messer mit Ersatzklingen
Meißel
Drahtbürste und Pinsel
Fettpresse
Ölkännchen
Ölspritze (zum Einfüllen von Getriebeöl)
Trichter
Saugheber (zum Umfüllen von Flüssigkeiten)
Arbeitshandschuhe
12-V-Handlampe
Kompressionsprüfer
Markierstifte (Filzschreiber)

Bereifung

Von der richtigen Reifenwahl wird es zu einem großen Teil abhängen, wie mühelos oder mühevoll Sie durch die Wüste kommen. Ein tiefes Sandfeld, das von einem optimal bereiften Fahrzeug nahezu problemlos durchpflügt wird, kann für einen falsch bereiften Wagen zu einem nur mit größten Mühen und stundenlanger Schaufelei überwindbaren Hindernis werden. Die Reifenhersteller haben sich große Mühe gegeben, für nahezu jede Geländeart optimal geeignete Reifen mit besonderen Profilen und aus verschiedenartigen Gummimischungen zu entwickeln. Da die Sahara aber eine Vielfalt von Oberflächenstrukturen bietet – von glattem Asphalt über scharfkantiges Geröll und groben Fels bis zu tiefem Sand und u. U. sogar Schlamm –, wird man im allgemeinen zu einem Kompromißreifen greifen müssen; es gibt keinen Reifen, der für *alle* Einsatzfälle optimal wäre. Erfahrungsgemäß verursachen aber die sandigen Passagen die größten Probleme, weshalb man bei der Reifenwahl das Hauptaugenmerk auf die Eignung für das Fahren auf sandigem Untergrund legen sollte.

Generell sollte man die größtmöglichen für den Wagen zugelassenen Reifen mit einer möglichst hohen Lagenzahl (›ply rating‹) verwenden. Die Lauffläche sollte so breit wie möglich sein und nur ein schwach ausgeprägtes Profil haben, damit sich der Reifen im Sand nicht ›einbaggert‹. Der Gedanke, alte, abgefahrene Reifen mit wenig Profil zu verwenden, ist zwar naheliegend und bei reinen Sandfahrten gar nicht so schlecht, doch würden diese die felsigen Streckenabschnitte kaum schadlos überstehen. Nur hochwertige und völlig intakte Reifen genügen den brutalen Anforderungen in der Wüste. Aus dem gleichen Grund erscheint auch die Verwendung runderneuerter Reifen etwas riskant. Der für die verschiedenartigen Bedingungen in der Wüste wohl am besten geeignete (und am meisten verwendete) Reifen ist der Stahlgürtelreifen Michelin X, Type S, ein spezieller Saharareifen. Dieser kann auf der Straße bei Normaldruck mit hoher Dauergeschwindigkeit gefahren werden (auf nassen Asphaltstraßen ist er allerdings etwas rutschig). Auf Pisten, in steinigem Gelände und auf Wellblech bietet er mit geringfügig reduziertem Luftdruck gute Fahreigenschaften und hohe Widerstandsfähigkeit gegen Schnitt- und Anprallbeschädigungen. Seine besondere Stärke spielt er jedoch in sandigem Gelände aus, denn dort kann man ihn risikolos mit um ca. 50% reduziertem Luftdruck fahren. Dadurch vergrößert sich die Auflagefläche erheblich, und der spezifische Bodendruck sinkt, so daß der Wagen nahezu mühelos sandige Passagen bewältigt, die sonst schwierige Hindernisse darstellen würden. Obwohl dieser Reifen in der Lage ist, auch bei niedrigem Luftdruck große Lasten zu tragen, sollte er (und dies gilt natürlich für alle anderen Reifen gleichermaßen) nach Erreichen festen Untergrundes wieder auf Normaldruck gebracht werden, da sonst seine Lebenserwartung erheblich reduziert wird. Der Nachteil dieses Reifens besteht (neben dem hohen Preis) darin, daß er nur in relativ großen Dimensionen erhältlich ist: 7.50-16, 9.00-16, 11.00-16, 12.00-20, 14.00-20 und 16.00-20. Für Räder unter Land-Rover-Größe ist also leider nichts dabei, also auch nichts für den VW-Bus. Wagen mit kleineren Rädern müssen sich deshalb anders behelfen. Grundsätzlich sollten diese Radialreifen vermeiden, da deren biegsame, ungeschützte Flanken in felsigem Gelände leicht beschädigt werden. Normale Diagonal-Sommerreifen mit möglichst hoher Lagenzahl und breiter Lauffläche stellen wohl den günstigsten Kompromiß dar. M & S-Reifen sollte man nicht verwenden. Diese sind zwar in felsigem Gelände und in Schlamm sehr griffig und wenig anfällig für Profilausbrüche bei rauhem Einsatz, doch im Sand wühlen sie sich mehr nach unten als nach vorn. Abgesehen davon ist ihre Gummimischung nicht für hohe Temperaturen ausgelegt.

Generell sollte man keine schlauchlosen Reifen verwenden und wenn doch, dann nur mit einem zusätzlich eingezogenen Schlauch. Die Gefahr, plötzlich mit einem Plattfuß dazustehen, ist zu groß. Aufgrund der rauhen Fahrbedingungen wird die Felge leicht beschädigt, wodurch die Luft entweichen kann. Dies geschieht beim Fahren mit geringem Luftdruck (z. B. im Sand) möglicherweise schlagartig, da unter diesen Bedingungen der Reifen u. U. nicht mehr zuverlässig am Felgenrand abdichtet. Außerdem ist es praktisch unmöglich, einen platten schlauchlosen Reifen ohne Hochleistungspumpe aufzupumpen.

Zusätzlich zum ohnehin vorhandenen kompletten Ersatzrad sollte man noch wenigstens einen Ersatzreifen und zwei Schläuche mitnehmen. Auf ein komplettes zweites Ersatzrad wird man aus Platz- und Gewichtsgründen meist verzichten müssen, doch setzt dies dann die

Bereitschaft zum eigenhändigen Reifenwechsel und Schlauchflicken voraus. Dies ist zwar – besonders bei nicht teilbaren Felgen – eine etwas mühevolle Arbeit, aber leider nicht immer zu vermeiden.

Reifenwechsel und Schlauchflicken: Zuerst tauscht man das defekte gegen das intakte Ersatzrad aus, dann legt man das defekte Rad entweder auf sandfreien Boden oder auf eine Plane. Entfernen Sie das Ventil und lassen Sie die restliche Luft entweichen. Als nächstes muß der platte Reifen von der Felgenschulter nach innen gedrückt werden. Stellen Sie sich dazu auf den flachliegenden Reifen und versuchen Sie unter Einsatz Ihres Gewichts, den Reifen mit dem Montiereisen vom Felgenrand zu hebeln. Gelingt dies nicht, dann probieren Sie folgenden Trick: Fahren Sie vorsichtig (!) mit einem Rad Ihres Fahrzeugs über den am Boden liegenden Reifen, und zwar knapp neben der Felge. Eventuell muß sich eine zweite Person auf das Rad stellen, um zu vermeiden, daß es nach oben kippt. Auf diese Weise wird der Reifen sicher von der Felge gedrückt. Notfalls wiederholen Sie den Vorgang nochmals mit gedrehtem Reifen. Eine andere Möglichkeit besteht darin, den Reifen unter den Wagen zu legen und – wenn es der Platz zuläßt – den Wagen mit dem Wagenheber anzuheben, wobei der Fuß des Wagenhebers auf dem Reifen steht. Das Wagengewicht wird den Reifen vom Felgenrand lösen. Dann wiederholen Sie den ganzen ›Spaß‹ auf der anderen Radseite. Nun drücken Sie den Reifen auf der dem Ventil gegenüberliegenden Seite ganz hinein ins Felgenbett und versuchen, beim Ventil mit zwei kräftigen Montiereisen den oberen Wulst des Reifens über den Felgenrand zu hebeln. Fahren Sie damit fort, bis die ganze obere Seite frei liegt. Vorsicht, daß dabei der Schlauch nicht beschädigt wird! Nun können Sie den Schlauch herausziehen und flicken.

Sollte die defekte Stelle nicht ohne weiteres zu sehen sein, so tauchen Sie den aufgepumpten Reifen in Wasser (bei Wasserknappheit reicht auch das Bepinseln mit Seifenwasser). Die aufsteigenden Luftblasen bzw. die sich bildenden Seifenblasen zeigen das Leck deutlich an. Liegt die defekte Stelle an der Reifennaht, so genügt es im allgemeinen nicht, nur die sichtbare Schadstelle zu flicken, da die Naht häufig intern – mehr als von außen sichtbar – schon über ein längeres Stück beschädigt ist und deshalb bald seitlich von der Flickstelle wieder aufbrechen würde. Es empfiehlt sich deshalb, um die Schadstelle herum ein kleines Loch einzuschneiden, um dadurch festzustellen, ob bzw. wie weit sich der Schaden entlang der Naht fortsetzt, um dann durch einen entsprechend großen Flicken garantiert die gesamte gefährdete Stelle zu überkleben. Die Flickstelle muß sauber und absolut fettfrei sein! Rauhen Sie die Reparaturstelle mit Schmirgelpapier oder einem kleinen, zum Flickzeug gehörenden Reibeisen ein wenig auf. Bestreichen Sie die Stelle um das Loch herum gleichmäßig (aber nicht zu dick) mit Vulkanisierflüssigkeit (Gummilösung) und lassen Sie diese gut antrocknen (ca. 15 Miuten). Drücken Sie den Vulkanisierflicken (am besten bewährt haben sich die Produkte von Tip-Top, die es in vielen Größen und Formen gibt und von denen man ein großes Sortiment dabei haben sollte) auf die Schadstelle, reiben Sie ihn kräftig an und entfernen Sie die Cellophan-Folie vorsichtig von innen nach außen. Bevor Sie nun den geflickten Schlauch wieder in den Reifen stopfen, suchen Sie nach der Ursache der Reifenpanne. Wahrscheinlich werden Sie irgendwo im Innern des Reifens etwas Spitzes ertasten; vielleicht war der Übeltäter aber auch nur ein kleines Steinchen, welches bei einem früheren Reifenwechsel zwischen Schlauch und Reifen gelangte und allmählich den Schlauch durchscheuerte. Bestäuben

Sie den Schlauch, das Felgenbett und das Innere des Reifens mit Talkum (dies erleichtert nicht nur die anschließende Reifenmontage, sondern stellt auch sicher, daß der Schlauch später nicht mit der Felge verklebt). Stopfen Sie den Schlauch in den Reifen, pumpen Sie etwas Luft hinein, damit sich der Schlauch richtig legt, und beginnen Sie mit der Reifenmontage auf der dem Ventil gegenüberliegenden Seite. Hebeln Sie den Reifen über den Felgenrand und drücken Sie ihn möglichst weit hinein ins Felgenbett. Arbeiten Sie mit zwei Montiereisen dem Ventil entgegen, was besonders auf den letzten Zentimetern etwas schweißtreibend sein kann. Wenn Sie das geschafft haben, pumpen Sie den Reifen vollständig auf (achten Sie darauf, daß sich das Ventil nicht verzieht) und schrauben das Ventil ein. Lassen Sie die zwischen Schlauch und Reifen eingesperrte Luft durch die Ventilbohrung in der Felge entweichen (Ventil hin- und herbewegen) und kontrollieren Sie nochmals den Reifendruck. Zum Schluß schrauben Sie die Staubkappe auf und setzen die Fahrt fort.

Ein Trost: Bei der nächsten Reifenpanne wird Ihnen das alles schon leichter und schneller von der Hand gehen!

Dachgepäckträger

Dachgepäckträger sind bei Saharafahrten im allgemeinen ein notwendiges Übel, das zum Überladen des Wagens verleitet. Die große zusätzliche Ladefläche führt leicht in Versuchung, mehr Dinge als unbedingt nötig mit auf Reisen zu nehmen und vieles aufs Dach zu packen, was besser tief unten im Wagen untergebracht wäre. Gepäckträger, die auf europäischen Straßen klaglos Tausende von Kilometern mit voller Last überleben, können schon nach wenigen Kilometern Wellblechpiste einen Knacks bekommen. Ein wüstentauglicher Gepäckträger muß daher außerordentlich stabil sein. Kräftige, geschweißte Stahlkonstruktionen eignen sich weitaus besser als die geschraubten Aluminiumträger mit ihrer begrenzten Stabilität und Tragfähigkeit, deren Verschraubungen sich zudem bei starker Rüttelei allzu leicht lockern. Die geschweißten Modelle sollten mit Quer- und Diagonalverstrebungen versehen und die Stützen an der Auflagefläche in der Dachrinne möglichst untereinander verbunden sein, um die Last auf eine große Fläche zu verteilen. Einige Ausrüstungsfirmen (vgl. S. 341f.) bieten sehr robuste Konstruktionen an. Bei Fahrzeugen, deren Dach nicht starr, sondern gewissermaßen ›schwimmend‹ auf der Karosserie sitzt (z. B. Land-Rover), sollte der mit der Dachrinne verschraubte Gepäckträger zur Vermeidung von Spannungen nicht noch zusätzlich mit der Karosserie verbunden werden. Eine auf die Bodenfläche geschraubte dünne Sperrholz- oder Aluminiumplatte verhindert, daß kleinere Gegenstände hindurchfallen können und daß die Dachladung an den Streben scheuert. Gleichzeitig erhält man dadurch ein ›Tropendach‹; der Wagen fährt ständig im eigenen Schatten, und die Luft kann zwischen Dach und Gepäckträger entlangstreichen. Außerdem ergibt sich eine angenehm luftige und sichere Liegefläche, und die Film- und Fotofreunde erhalten eine perfekte Aussichtsplattform.

Beim Beladen zwinge man sich dazu, möglichst nur leichte, aber platzraubende Dinge auf dem Dach zu verstauen. Schwere Gegenstände, wie z. B. volle Benzinkanister, gehören ins Wageninnere. Das Risiko ist zu groß, daß der Gepäckträger bricht oder der Wagen beschädigt wird. Regelrecht gefährlich kann es in schwierigem Gelände werden, wo der Wagen aufgrund des zu weit nach oben verlagerten Schwerpunktes u. U. ins Kippen kommt! Alle auf dem Dach transportierten Dinge müssen mit Spanngurten, Gummiseilen o. ä. gut gesichert werden, so daß sie weder herunterfallen noch aneinander scheuern können. Sie sollten außerdem mit Ketten o. ä. und Vorhängeschlössern gegen Diebstahl gesichert sein. Denken Sie daran: Ein abhanden gekommener wichtiger Ausrüstungsgegenstand kann unterwegs kaum wieder ersetzt werden.

Zu beachten ist auch, daß manche Fährgesellschaften für Fahrzeuge, die eine bestimmte Höhe überschreiten, beträchtliche Zuschläge fordern.

Luftfilter

Wer nicht regelmäßig verstopfte Vergaser reinigen will und wer seinem Motor ein langes Leben wünscht, der achte darauf, daß diesem nur sorgfältig gereinigte Verbrennungsluft zugeführt wird. Die in vielen Fahrzeugen verwendeten Papier-Luftfilter reichen im Prinzip aus, vorausgesetzt, daß man sie täglich durch Ausklopfen säubert und in kurzen Intervallen austauscht. Wer nimmt aber schon eine ausreichende Menge dieser ziemlich sperrigen Filterelemente mit? Deshalb ist es empfehlenswert, die dem Filter zugeführte Luft auf irgendeine Art vorzureinigen. Ein über den Ansaugöffnungen befestigter Nylonstrumpf mag schon etwas bringen. Das Verlegen des Lufteintritts weit nach oben und nach vorn oder gar ins Wageninnere kann ebenfalls erwogen werden. (Dies empfiehlt sich vor allem bei Fahrzeugen mit Heckmotor, um sicherzustellen, daß sie nicht den von den Vorderrädern reichlich aufgewirbelten Sand und Staub ›inhalieren‹). Wesentlich wirkungsvoller sind allerdings die sogenannten Zyklonfilter, die zuverlässig einen großen Teil des Staubs aussondern, noch bevor die Luft in den normalen Luftfilter eintritt. Montiert man diese zudem hoch oben auf dem Wagen, dort, wo die Luft selbst bei Sandstürmen noch relativ ›sauber‹ ist, dann hat man das Optimale getan.

Wirkungsvoller als die Papierfilter erscheinen uns Ölbadfilter, in denen die Verbrennungsluft durch ein Ölbad gezogen wird, was die Staubpartikel herausschwemmt. Doch auch diese Filter erfordern regelmäßige Wartung, wenn sie ihren Dienst zuverlässig erfüllen sollen. Unter sehr staubigen Bedingungen muß man täglich das Öl kontrollieren; wenn sich eine starke Schicht von Ölschlamm auf dem Filterboden gebildet hat, wird es höchste Zeit, das Öl zu wechseln und den Filter sorgfältig mit Benzin auszuwaschen – eine ziemliche Schweinerei! Auch bei Ölbadfiltern tut man also gut daran, die Luft durch irgendeine Art von Vorreinigung schon vom gröbsten Schmutz zu befreien.

Luftpumpe

Die Luftpumpe wird bei einer Saharafahrt häufig zu Ehren kommen, und zwar nicht nur bei Reifenpannen. Auch nach längeren Sandpassagen oder brutalen Wellblechstrecken, die man besser mit vermindertem Reifendruck durchfährt, lernt man eine gute Pumpe zum Wiederauffüllen der Reifen schnell schätzen. Einen großen Reifen mit einer kleinen Fuß- oder Handpumpe aufzufüllen, ist eine schweißtreibende Beschäftigung. Diese Pumpen haben außerdem den Nachteil, daß sie die Luft ruckartig in den Schlauch pressen, was zu einer starken Erwärmung des kleinen Luftschlauches zwischen Pumpe und Ventil und möglicherweise zum Platzen führt (deshalb Reserveschlauch sowie Manschette für den Kolben nicht vergessen!). Damit die Fußpumpe nicht mehr Sand als Luft ansaugt, sollte man sie übrigens immer auf einer Unterlage betreiben. Wer dennoch darauf besteht, seine Reifen in ›ehrlicher‹ Hand- bzw. Fußarbeit zu füllen, dem seien die Pumpen mit Druckspeicher empfohlen, da diese ein kontinuierliches und relativ kräftesparendes Pumpen ermöglichen.

Ganz ohne Schweißvergießen geht es zweifellos mit einem an die Autobatterie anschließbaren Kompressor. Da die Modelle mit nur einem Zylinder (ca. DM 100–150) ziemlich langsam sind (20–25 Minuten für einen Land-Rover-Reifen), sollte man besser gleich zum Modell mit Doppelkolben greifen (ca. DM 300). Diese füllen einen Reifen schon in etwa 8 Minuten, eine Leistung, die man besonders beim wiederholten Druckablassen im Sand schätzen lernt. Hoffen kann man nur, daß sie unterwegs nicht ihren Geist aufgeben; ohne Ersatz ist man aufgeschmissen, da man an den Kompressoren nicht viel reparieren kann. Um das Leben der Kompressoren zu erleichtern und zu verlängern, sollten auch diese – obwohl sie über einen eingebauten Staubfilter verfügen – im Einsatz nicht direkt auf den staubigen Boden gelegt werden.

Wenngleich wir noch keine eigenen Erfahrungen damit gesammelt haben, erscheinen uns die (natürlich nur bei Benzinmotoren einsetzbaren) Pumpen, die anstelle einer Zündkerze in den Motorblock geschraubt werden und die Kompression des Motors zum Aufpumpen des Reifens nutzen, nicht uneingeschränkt empfehlenswert. (Wir lassen uns gerne eines Besseren belehren.) Das Zündkerzengewinde liebt – besonders bei Motoren mit Zylinderköpfen aus Leichtmetall – das wiederholte Ein- und Ausschrauben auf die Dauer nicht sonderlich. Außerdem besteht das Risiko, daß beim Herausschrauben der Zündkerze trotz vorherigen Auspustens des Loches Sand in den Verbrennungsraum fällt. Da die in die Pumpen und Kompressoren integrierten Luftdruckmesser häufig ziemlich ungenau arbeiten, sollte man diese vor Reiseantritt unbedingt prüfen und notfalls einen separaten Druckmesser mitnehmen.

Sandleitern und Sandbleche

Sandbleche stellen unentbehrliche Hilfsmittel für Fahrten abseits der Teerstraßen in sandigem Gelände dar. Hervorragend eignen sich vor allem die sogenannten Luftlandebleche. Diese gelochten Bleche

Sandbleche sind unentbehrliche Hilfsmittel bei Fahrten in sandigem Gelände

mit einer Länge von ca. 3 m und einer Breite von ca. 40 cm bilden (in der Länge halbiert) das Beste, was man zum Bergen eines eingesandeten oder im Schlamm steckenden Fahrzeugs verwenden kann. Für normale, nicht zu schwere Fahrzeuge (z. B. VW-Bus, Land-Rover, Landcruiser) sind die Bleche aus Aluminium die richtige Wahl. Für gewichtigere LKWs eignen sich die stabileren, jedoch wesentlich schwereren Stahlbleche besser. (Der Rost verursacht allerdings ziemlich große Verunreinigungen.) Zur Vermeidung von Verletzungen und Beschädigungen empfiehlt es sich, die seitlichen Haken zu entfernen, da wir diese für unsere Zwecke ohnehin nicht benötigen. Sandleitern, Maschendraht, Stoffmatten und ähnliche Hilfsmittel sind zwar leichter bzw. einfacher zu verstauen, doch weisen sie den gravierenden Nachteil auf, daß sie leicht im Sand versinken bzw. sich um die Räder wickeln oder nach hinten herausgeschleudert werden sowie schnell verschleißen. Luftlandebleche dagegen sind äußerst stabil, verbiegen sich kaum, versinken nur unwesentlich und erweisen auch dann nützliche Dienste, wenn man z. B. in gebirgigem Gelände künstliche ›Brücken‹ über Gräben oder tiefe Löcher bauen muß. Erhältlich sind diese Bleche bei verschiedenen Expeditionsausrüstern und mit Glück – wesentlich billiger – bei Altmetallhändlern.

Schaufeln

Eine Schaufel mit großem Blatt und langem Stiel stellt ein weiteres unentbehrliches Requisit für Wüstenfahrten abseits der Teerstraßen dar. Groß sollte das Blatt sein, damit man beim Freischaufeln des Fahrzeugs dem ständig nachrutschenden Sand wirkungsvoll zu Leibe rücken kann, und lang der Stiel, um auch unter dem Wagen den Sand herausschaufeln zu können. Kleine Klappspaten reichen für diesen Zweck nicht aus, sind aber praktisch zum Graben von Müll- oder Toilettenlöchern. Sie graben dafür doch hoffentlich tiefe Löcher, oder?

Seile, Bergegurte

Ein festes, mindestens 25 m langes Abschleppseil oder ein -gurt sollte in keinem Wagen fehlen. Stahlseile (sperrig, unhandlich, Verletzungsgefahr) sind weitgehend ›out‹, seit es die modernen, extrem reißfesten Synthetikfasern gibt. Einige Expeditionsausrüster bieten z. B. als Meterware sehr leichte Seile aus einem speziellen, lockeren Nylongeflecht mit einer für die meisten Fälle ausreichenden Reißfestigkeit von bis zu 3,5 Tonnen an. Es läßt sich in Sekunden bombenfest verbinden, verschlaufen und verschlingen (ohne Knoten). Gute Seile gibt es auch bei Bootsausrüstern. Noch praktischer als Seile erscheinen uns die breiten Bergegurte aus verrottungssicherem Polyestermaterial, die – je nach Typ – noch reißfester sind, aufgerollt weniger Platz beanspruchen und aufgrund der breiten Auflagefläche das Risiko von Fahrzeugbeschädigungen verringern. Natürlich nützen weder Seil noch Gurt sehr viel, wenn der Wagen keine soliden Befestigungspunkte bietet. Je ein kräftiger Schlepphaken (oder Öse) vorn und hinten sollte deshalb nicht fehlen.

Weiterhin sollte man über ein dünnes, etwa 50 m langes Perlonseil verfügen, um im Notfall Wasser aus den z. T. sehr tiefen Brunnen schöpfen zu können. Einige Meter festen Hanfseiles dürfen ebenfalls nicht fehlen, einfach als Reserve und zum Improvisieren. Es kann z. B. vorkommen, daß die Metallklammern, welche die Blattfedern zusammenhalten, brechen – eine unangenehme Situation, wenn man keine Ersatzklammern dabei hat. Mit einem Stück nassen Hanfseils, mehrmals stramm um die sich auflösende Feder gewickelt und straff verknotet, kann man sich ganz gut helfen. Das Seil zieht sich beim Trocknen zusammen und legt sich wie eine straffe Bandage um die Feder. Wir haben mit solch einer notdürftig geflickten Feder mehrere tausend Pistenkilometer ohne Schwierigkeiten zurückgelegt. Natürlich muß man regelmäßig den Zustand des Seiles kontrollieren, damit es nicht unbemerkt durchscheuert. Auf diese Weise kann man manches, was auseinanderzufallen droht, notdürftig reparieren und die Fahrt fortsetzen, bis der Schaden irgendwo fachmännisch behoben werden kann.

Seilwinden und Seilzüge

Am Wagen montierte Seilwinden sehen zweifellos äußerst eindrucksvoll aus, in der Wüste sind sie aber nur von begrenztem Nutzen. Abgesehen von dem Extragewicht, das man ständig mit spazieren fährt, und vom hohen Preis, behindern sie durch ihre Anbringung vor dem Kühlergrill den so dringend benötigten Kühlluftstrom. Sie sind sicher recht hilfreich beim Bergen anderer Fahrzeuge. Doch wenn man selbst im Schlamassel sitzt, dann hilft u. U. die schönste Motorwinde vorn auf der Stoßstange nicht sehr viel. Zum Befreien des Wagens aus tiefem Sand (wohl das am häufigsten auftretende Bergungsproblem in der Wüste!) gibt es bessere und preiswertere Methoden (vgl. S. 291 f.). Wer dennoch keinesfalls auf eine Zugvorrichtung verzichten will, dem seien Seilzüge empfohlen (z. B. die der Firma Greifzug, Postfach 20 04 40, D-5060 Bergisch-Gladbach 2. Gebrauchte Armeegeräte erhält man preisgünstig bei der Firma Matz, D-2390 Flensburg). Seilzüge sind gegenüber Motorwinden bei gleicher Zugleistung wesentlich billiger, leichter und kleiner, vielseitiger einsetzbar und können an jeder Seite des Wagens befestigt werden, so daß man keine Umlenkrollen o. ä. benötigt. Einen zuverlässigen Verankerungspunkt für das Seilende braucht man dazu allerdings, und damit sieht es in der Wüste häufig recht düster aus. Bäume haben Seltenheitswert, ein geeigneter Felsblock liegt nur selten an der richtigen Stelle, und ein Reserverad oder Sandblech als künstlichen Anker tief unter den Sand zu buddeln, ist sicher auch nicht jedermanns Sache. Für normalen, festen (aber nicht felsigen) Untergrund gibt es recht brauchbare, jedoch sehr sperrige, bis zu 2 m lange Erdanker aus Stahl, die mit ihrem spiralförmigen Teller tief in den Boden geschraubt werden und – besonders bei Verwendung mehrerer solcher Anker – erstaunlich hohe Zugkräfte aufnehmen. Die Anker erhält man entweder direkt vom Hersteller (Firma Langer, Glienke & Co. KG, Heilbronner Str. 93, D-7128 Lauffen/Neckar) oder über einige Expeditionsausrüstungsfirmen. Das Verankern des Seils an einem anderen Fahrzeug ist nur ein Notbehelf, denn die Wahrscheinlichkeit ist groß, daß der steckengebliebene Wagen sich nicht von der Stelle rührt, das andere Fahrzeug ihm aber entgegenrutscht, wenn dessen Räder nicht zuverlässig durch Keile oder Steine blockiert sind.

Treibstoffbehälter, Zusatztank

Reservetreibstoffe, vor allem aber Benzin, gehören nicht in Plastik-, sondern in stabile Metallkanister. Abgesehen von dem Risiko, daß zwischen Treibstoff und manchem Kunststoff chemische Reaktionen stattfinden, die u. U. die Eigenschaften des Kraftstoffs verändern oder aber den Kanister aufweichen, hat Benzin (im Gegensatz zu Dieseltreibstoff) die unangenehme Eigenschaft, durch die ständige Rüttelei und Hitze zu verdampfen. Dadurch bildet sich im Kanister ein enormer Überdruck, dem die Plastikkanister möglicherweise nicht mehr gewachsen sind. Sie bekommen Risse, die Dämpfe entweichen, der Treibstoff fließt aus. Der kleinste Funke – und sei es nur durch elektrostatische Entladung – kann so zu einer Katastrophe führen! Am besten geeignet sind die üblichen 20-Liter-

Stahlkanister. Diese sogenannten Wehrmachtskanister haben sich – wenn auch unter traurigen Umständen – schon im letzten Weltkrieg in Afrika bewährt, und bis heute gibt es nichts Besseres, da sie auch starker Beanspruchung standhalten. Passend zum Kanisterhals gibt es einen Ausgußstutzen zum mühelosen Umfüllen in den Haupttank (ohne Trichter) sowie ein Tankanschlußstück, welches bei Schäden am Haupttank, an der Treibstoffleitung oder -pumpe die Treibstoffzufuhr zum Vergaser oder zur Einspritzpumpe über einen Schlauch direkt aus dem Kanister ermöglicht. Diese Kanister erhält man in Kaufhäusern, bei verschiedenen Expeditionsausrüstern und in Autozubehörgeschäften zu recht unterschiedlichen Preisen. Gebrauchte Kanister kann man mit etwas Glück recht preiswert bei Schrotthändlern oder ebenfalls bei einigen Expeditionsausrüstern erhalten. Außer diesen Wehrmachtskanistern mit engem Ausguß gibt es (nur gebraucht erhältlich) die Bundeswehrkanister mit weitem Hals, die noch praktischer sind, da mit ihnen das Umfüllen des Treibstoffs noch müheloser und schneller geht.

Vor der Fahrt wasche man gebrauchte Kanister mit Benzin sorgfältig aus, um Kondenswasser, verharzte Ölreste, abgeblätterte Innenlackierung oder andere Verunreinigungen zu entfernen und bei dieser Gelegenheit gleich die Dichtheit zu kontrollieren. Sicherheitshalber wechsle man die Gummidichtungen aus (Ersatzdichtungen für unterwegs nicht vergessen). Ein leckender Treibstoffkanister ist nicht nur ärgerlich, sondern auch gefährlich.

Auch wenn die Stahlkanister sehr stabil sind, achte man darauf, daß sie fest in ihren Halterungen oder auf dem Gepäckträger sitzen und nicht herumhüpfen oder aneinander scheuern können. Wo es sich nicht vermeiden läßt, die Kanister auf dem Dachgepäckträger unterzubringen, sollte der Träger mit einer dünnen Sperrholz- oder Aluminiumplatte bedeckt werden, damit das Metall nicht an den Streben scheuert. Man berücksichtige beim Beladen auch die bei Hitzeeinwirkung unvermeidliche Ausdehnung voller Kanister, da sich diese sonst hoffnungslos verklemmen können.

Beim Tanken achte man darauf, daß die Kanister nicht bis zum Rand mit Benzin gefüllt werden. Ein kleiner Luftraum oben ist nötig für die durch Temperaturschwankungen bedingten Volumenänderungen. Beim Öffnen der unter Druck stehenden Kanister halte man diese ein wenig schräg mit dem Ausguß nach oben, so daß die Gasblase in den Hals steigen kann. Nun öffne man den Verschluß äußerst langsam und lasse die Dämpfe allmählich entweichen. Beachtet man dies nicht, so wird das Benzin, vom Überdruck getrieben, in hohem Bogen aus dem Kanister schießen. Abgesehen von der Brandgefahr (z. B. heißes Auspuffrohr) ist es unter Saharabedingungen schade um jeden Tropfen des kostbaren Sprits.

Hierzulande verboten, in Afrika aber häufig kaum zu vermeiden ist das Befördern von Treibstoffkanistern an der Außenseite des Fahrzeugs. Selbst ein kleiner Unfall kann dadurch allerdings schlimme Folgen haben. Wer große Treibstoffmengen mit sich führen muß und ausreichenden Platz im Wageninnern schaffen kann, der fährt mit den großen 200-Liter-Fässern wesentlich sicherer. Zum Umfüllen des Treibstoffs besser geeignet als das Ansaugen per Mund sind die kleinen Plastik-Saugheber, die es für 12–15 DM in Autozubehörgeschäften oder bei Expeditionsausrüstern gibt. Allerdings ist zum Umfüllen größerer Mengen einige Geduld erforderlich, da die Durchlaufgeschwindigkeit dieser Saugheber nicht berauschend hoch ist.

Für manche Fahrzeugtypen sind Zusatztanks erhältlich, die in bestimmte Hohlräume des Wagens fest montiert und mit der Treibstoffanlage verbunden werden – eine zwar elegante, gemessen am relativ geringen Volumen dieser Tanks aber recht teure Lösung. Jachtausrüster sowie die Firma Woick (s. S. 342) bieten flexible Gummitanks für Diesel an, die bei Nichtgebrauch nur minimalen Platz beanspruchen und sehr leicht sind, deren Verwendung in Kraftfahrzeugen hierzulande allerdings verboten ist. Auf jeden Fall müssen solche Gummitanks im Wagen gut verzurrt und sicher gegen Beschädigung geschützt werden.

Ventilator

Mit geöffneten Fenstern zu fahren ist zwar recht angenehm, aber nicht immer ratsam. Schnell holt man sich eine Erkältung, und wenn der Wind den Sand durch die Luft fegt, ist man ohnehin eher geneigt, alle Ritzen zu verschließen. Also muß ein Ventilator her. Hier haben sich die einfachen Geräte, die man für ca. 20 DM in Autozubehörgeschäften oder Kaufhäusern kaufen kann, nicht bewährt. Sie machen für das, was sie leisten, einfach viel zu viel Lärm. Die Investition in ein stabileres, laufruhigeres und wirkungsvolleres Gerät lohnt sich durchaus. Selbstschwenkende Ventilatoren sind zwar recht sperrig, verteilen die Luft aber gleichmäßig und ›gerecht‹ auf alle Fahrzeuginsassen.

Ein solcher ›Miefquirl‹ stellt übrigens zusätzlich eine praktische Kühlvorrichtung für Getränke dar: Einfach eine Getränkeflasche in nasser Frotteehülle eine Weile in den Luftstrom des Ventilators hängen. Ein Kühlschrank kann es kaum besser!

Wagenheber

Man sollte unbedingt zwei Wagenheber mit stabilen Unterlagen auf große Fahrt mitnehmen. Da die konventionellen mechanischen (Vorsicht: bei Scherenwagenhebern frißt sich die Spindel durch den Sand fest) oder hydraulischen Heber für manche Zwecke einen zu geringen Hub haben (z. B. für das Anheben eines Fahrzeugs aus tiefem Schlamm oder Sand oder das Aufrichten eines umgekippten Wagens), sollte man als Zweitgerät den Erwerb eines Spezialwagenhebers erwägen, der unter den Handelsbezeichnungen ›Hi-Lift‹ oder ›Hi-Jack‹ von amerikanischen oder kanadischen Herstellern stammt. Dieser macht es möglich, Lasten bis zu 3,5 Tonnen mit nur mäßigem Kraftaufwand über einen Meter hoch zu heben. Bei einigen Expeditionsausrüstern ist er für 220 bis 240 DM (je nach Modell) erhältlich. Vergewissern Sie sich vor dem Kauf, daß solide Ansatzpunkte am Fahrzeug vorhanden sind. Zweifelhaft ist der Nutzen von Hubkissen (Air Bag, Air Lift, Air Jack), welche unter den Wagen gelegt und über einen Schlauch von den Auspuffgasen des laufenden Motors aufgeblasen werden. Leider wird man oft genug seine liebe Not haben, das Kissen unter dem Wagen zu plazieren (z. B. wenn er tief im Sand oder Schlamm steckt), oder aber es liegt bei Reparaturarbeiten störend im Weg und behindert die Sicht. Dazu kommt das hohe Beschädigungsrisiko durch scharfe Kanten und Ecken an der Wagenunterseite. Außerdem kann es seine volle Hebewirkung nur an einer intakten, absolut dichten Auspuffanlage entfalten.

Verschiedenes

Noch ein paar Worte zu einigen anderen, mehr oder weniger nützlichen Ausrüstungsgegenständen. Sollte (was wir nicht hoffen wollen) Ihr Wagen einmal Feuer fangen, so werden Sie mit einem der kleinen 1-kg-Feuerlöscher wahrscheinlich nicht viel ausrichten können. Ein 2-kg-Gerät sollte das Minimum sein.

Steinschlagschutzgitter vor Scheinwerfern und Windschutzscheibe machen zweifellos einen ›professionellen‹ Eindruck, ihre Schutzwirkung ist aber umstritten. Kleine Steinchen sausen ohnehin zwischen den Gitterstäben hindurch, große Steine, die nicht durch die Gittermaschen passen, werden wegen ihres Gewichts kaum so hoch geschleudert. Empfehlenswerter als diese sichtbehindernden Gitter vor der Windschutzscheibe sind – neben einer vernünftigen Fahrweise (großer Abstand zum Vordermann) – kräftige Verbundglasscheiben, denen Steinschlag nicht viel anhaben kann. Verbundglas zerbröselt nicht in tausend winzige Krümel, sondern zeigt höchstens eine kleine ›Einschußstelle‹ an der Außenseite, die die Sicht kaum behindert. Die Mitnahme einer kräftigen transparenten Plastikfolie als Reserve kann nichts schaden (Befestigung mit Teppich-Klebeband).

Besonders bei Fahrzeugen mit mäßiger Bodenfreiheit ist die Anbringung von stabilen Gleit- und Steinschlagschutzvorrichtungen unterhalb ›kritischer‹ Wagenteile (z. B. Ölwanne, Getriebe, Kardangelenke, Tank, Differentiale) erwägenswert. Speziell für VW-Bus-Fahrer sei nochmals auf den sehr nützlichen Ratgeber ›Reisen unter erschwerten Bedingungen‹ hingewiesen, der neben vielen nützlichen Tips auch Maßskizzen für diverse Schutzvorrichtungen enthält. Für Citroën-Fahrer ist vom Hersteller eine ähnliche Schrift erhältlich (vgl. S. 269). Die Stabilität und das Fahrverhalten kann man durch den Einbau verstärkter Stoßdämpfer und Federn verbessern. Ein Lenkungsdämpfer, falls nicht serienmäßig vorhanden, wird die langen Fahrten über Wellblech oder holpriges Gelände zwar nicht zu einer reinen Freude, aber doch wenigstens etwas angenehmer machen.

Der Einbau möglichst vieler Meßgeräte im Armaturenbrett verleiht dem Wageninneren ganz sicher ein sehr ›sportliches‹ Aussehen. Von Nutzen sind diese Geräte jedoch nur für den, der die angezeigten Werte auch richtig interpretieren kann. Spannungsmesser und Ampèremeter zur Überwachung der elektrischen Anlage sowie Öldruckmesser und Ölthermometer zur Kontrolle der Betriebsbedingungen des Motors erscheinen recht nützlich. Vielfachmeßgeräte für Benzinmotoren (sogenannte Motor-Tester zur Messung von Spannung, Strom, Schließwinkel, Drehzahl) sind sehr sinnvoll für den, der anhand der Meßwerte in der Lage ist, die eventuell notwendigen Einstellungen an Zündanlage, Vergaser o. ä. vorzunehmen. Ansonsten kann man getrost darauf verzichten.

Ziemlich unnötig sind auch Zusatzscheinwerfer, da man ohnehin nachts nicht fahren sollte. Eine gute Taschenlampe (eventuell Halogen) leistet bei der nächtlichen Suche nach einem Übernachtungsplatz wesentlich bessere Dienste, da man sie überallhin mitnehmen kann. Zur Beleuchtung des abendlichen Lagerplatzes oder für nächtliche Reparaturen empfiehlt sich eine Handlampe mit langem Kabel zum Anschließen an die Autosteckdose oder den Zigarettenanzünder.

Ölkühler erscheinen nur für Fahrten in den ausgesprochen heißen Sommermonaten sinnvoll. Mangelnde Ölkühlung wird häufig nur durch eine von Sand und Öl ›verkleisterte‹ Ölwanne verursacht. Deshalb diese immer sauber halten, besonders bei luftgekühlten Motoren!

Weitere Ausrüstungstips finden Sie auf S. 313 (Kühlschrank), S. 314 (Dachzelt), S. 318 (Wasserbehälter), S. 322 (Kompaß), S. 323 (Packsystem) und S. 343 (Kartenmaterial).

Kfz-Wartungsarbeiten

Daß eine Saharareise nur mit einem intakten, auf Herz und Nieren geprüften Fahrzeug angetreten werden sollte, dürfte selbstverständlich sein. Was aber unterwegs auf das Fahrzeug und seine Besatzung zukommen kann, ist nur beschränkt vorhersehbar. In jedem Fall sollte zumindest eine Person im Team in der Lage sein, das Fahrzeug einigermaßen ›in Schuß‹ zu halten und die gängigsten

Wartungsarbeiten sowie einfache Reparaturen selbst auszuführen. Um ernsthaften Pannen und Folgeschäden vorzubeugen, empfiehlt es sich, täglich einige Routinekontrollen durchzuführen, die kaum mehr als eine Viertelstunde und auch keine großartigen kfz-technischen Kenntnisse erfordern. Kontrolliert werden müssen ...

... im Motorraum:

Luftfilter und Treibstoffilter (gegebenenfalls Filterelemente säubern oder austauschen bzw. Ölfüllung wechseln)
Motor-Ölstand (evtl. nachfüllen bzw. Ölwechsel mit Filterwechsel spätestens nach 5000 km)
Kühlwasserstand (evtl. nachfüllen)
Batteriesäurestand (evtl. mit destilliertem (!) Wasser auffüllen)
Flüssigkeitsstand für Brems- und Kupplungshydraulik (bei gesunkenem Pegel nach Leck suchen)
Lüftungslöcher in Hydraulikbehältern (offen halten)
Undichtigkeiten am Motor
Keilriemen (Zustand und Spannung)
Steckverbindungen der elektrischen Kabel
Zündkerzenkabel
Wasserschläuche (Zustand, sichere Befestigung)
Verschraubungen allgemein (fester Sitz)

... an Fahrgestell, Antrieb, Rädern etc.:

Ölstand in Getrieben
Undichtigkeiten (Ölwanne, Getriebe, Differentiale, Vorderradgelenke – je nach Modell)
Stoßdämpfer (Leck) und Gummihülsen (ausgeschlagen?)
Bremsleitungen und -schläuche (Scheuerstellen, Lecks)
Auspuff (Zustand, Befestigung)
Federn (Brüche der inneren Lagen, Zustand der Federklammern und Gummihülsen)
Reifen (Zustand, Luftdruck)
Radlagerspiel
Schraubverbindungen allgemein (fester Sitz, bes. Radmuttern)
Beschädigungen allgemein an Wagenunterseite

Sonstige Wartungsarbeiten

Hin und wieder sollte man (bei Benzinern) der Zündanlage etwas Aufmerksamkeit schenken (Verteiler, Unterbrecher-Kontakt, Zündzeitpunkt, Zündkerzen), den Treibstoffilter sowie die Innereien der Bremsanlage inspizieren (Zustand der Bremsbeläge, Dichtigkeit der Radbremszylinder), das Ventilspiel kontrollieren und gegebenenfalls nachstellen und sämtliche Schmierstellen abschmieren.

Ein Reparaturhandbuch ist unerläßlich für die große Fahrt, selbst für einen guten Mechaniker. Ein solches Buch erklärt nicht nur die einzelnen Arbeitsgänge, sondern enthält wertvolle Angaben, z. B. kritische Einstellmaße, Anzugsmomente für heikle Verschraubungen usw., die kein Mensch im Kopf behalten kann. Tips für den Reifenwechsel vgl. S. 276.

Treibstoff- und Mineralölversorgung

Wo sich im einzelnen Tankstellen befinden, geht aus den jeweiligen Streckenbeschreibungen hervor. Das Vorhandensein einer Tankstelle an einem bestimmten Ort garantiert jedoch nicht unbedingt eine Treibstoffversorgung, besonders nicht in den abgelegenen und schwer zugänglichen Gebieten Südalgeriens – gerade dort also, wo es am nötigsten wäre. Diese betrübliche Tatsache sollte bei der zeitlichen Planung bzw. bei der Berechnung der mitzuführenden Treibstoffvorräte unbedingt berücksichtigt werden. Wer es sich zeitlich leisten kann und will, irgendwo tagelang auf den Tankwagen zu warten, den wird dieses Problem nicht übermäßig aufregen. Wer aber so wie wir (und wohl die meisten anderen Saharafahrer) darauf achten muß, daß er rechtzeitig wieder am geliebten Arbeitsplatz zu Hause erscheint, dem kommen solche Wartezeiten sicherlich ungelegen. Wir haben es uns deshalb zur bewährten Regel gemacht, bei jeder Tankstelle die Vorräte aufzufrischen, und zwar – wenn möglich – mit so viel Sprit, daß wir notfalls damit die übernächste Tankmöglichkeit erreichen können. Sollte also die nächste Tankstelle ›trocken liegen‹, so besteht kein Grund zur Panik. Erst wenn auch die übernächste Treibstoffquelle versiegt ist, muß man notgedrungen an der Zapfsäule warten. Und dies ist uns – Allah sei Dank – bisher noch nie passiert. Eine solche ›Hamstermethode‹ setzt allerdings voraus, daß man über genügend Zulademöglichkeiten und Kanister verfügt und daß man bereit ist, über lange Strecken wie ein Tankwagen größere Treibstoffvorräte spazierenzufahren.

Bei der Berechnung der für eine bestimmte Etappe benötigten Treibstoffmenge muß man neben der Länge der Strecke auch deren Schwierigkeitsgrad berücksichtigen. Beim Fahren durch sandiges oder schwieriges felsiges Gelände in den unteren Gängen ›verheizt‹ man natürlich sehr viel mehr Sprit als beim Dahinrollen auf der Teerstraße. Außerdem muß man bei Pistenfahrten – und noch mehr natürlich bei Querfeldeinfahrten durch ›jungfräuliches‹ Gelände nur nach Karte und Kompaß – über ausreichende Reserven verfügen, da nicht auszuschließen ist, daß man sich einmal verfährt und bei der Suche nach dem richtigen Weg schnell einige Zusatzkilometer zurücklegt. Es hat sich als zweckmäßig erwiesen, eine zusätzliche Spritreserve für mindestens 25 bis 30% der geplanten Strecke mitzunehmen (je nach Schwierigkeitsgrad). Bei all diesen Berechnungen sollte man keineswegs geizen, denn der Treibstoff ist für den Wagen mindestens ebenso wichtig wie das Wasser für den Menschen. Mitten in der

Verbrauchstabelle
(grobe Richtwerte in Litern/100 km für voll ausgerüstetes Fahrzeug)

	Teerstraße	gute Piste	schwieriges Gelände
Land-Rover 109, 4-Zyl. (Benzin)	15–17	20–22	25–28
Land-Rover 109, 6-Zyl. (Benzin)	16–19	22–25	28–30
Land-Rover 109, 4-Zyl. (Diesel)	12–13	14–18	18–22
Range-Rover (Benzin)	17–18	20–21	25–27
Toyota Landcruiser BJ 45 (Diesel)	12–13	14–16	18–21
Toyota Landcruiser HJ 60 (Diesel)	13–15	16–18	19–22
VW-Bus 50 PS (Benzin)	12–14	14–16	17–20
Mercedes 300 GD (Diesel)	12–15	16–18	20–25
Unimog 404 S (Benzin)	23–28	35–40	40–50
Unimog 416 (Diesel)	17–18	20–25	25–30
Hanomag AL 28 (Diesel)	16–18	19–22	24–30
Nissan Patrol (Diesel)	10–12	13–16	17–22

Treibstoffpreise in Algerien (1987)
(DA pro Liter)

Diesel	0,80
Normalbenzin (90–92 Oktan)	2,70
Superbenzin (97–99 Oktan)	3,20

Es gibt keine Benzingutscheine.

Achtung: Nach offiziellen Bestimmungen darf bei der Ausreise aus Algerien nur so viel Treibstoff mitgeführt werden, wie zum Erreichen der nächsten Tankstelle erforderlich ist.

Wüste wegen Treibstoffmangels (aufgrund falscher Planung) steckenzubleiben, ist ein Fehler, der nicht passieren darf und in einer einsamen Gegend durchaus tödlich enden kann. Hoffen Sie auch nicht darauf, daß andere Fahrzeuge Ihnen unterwegs mit Treibstoff aushelfen können! In diesen Gebieten muß jeder für sich selbst sorgen und sehen, wie er durchkommt. Jemanden zu finden, der aus reiner christlicher Nächstenliebe den Sprit für andere spazierenfährt, dürfte in der Sahara absoluten Seltenheitswert haben.

Obwohl der Spritverbrauch von vielen Faktoren abhängt (Fahrstil, Zustand und Einstellung des Motors, Geländebeschaffenheit, Klima- und Windverhältnisse, Zusatzaufbauten, Zuladung usw.) und es deshalb nicht möglich ist, allgemein gültige Verbrauchstabellen aufzustellen, sollen die nebenstehenden Angaben für einige der gebräuchlichsten Wüstenfahrzeuge wenigstens zur groben Orientierung dienen.

Da die Benzinqualität im Erdölland Algerien recht gut ist, kann man darauf verzichten, statt Normalbenzin Superkraftstoff zu tanken. Für Fahrzeuge, die Superbenzin verlangen, sollten allerdings zur Sicherheit Treibstoffzusätze (z. B. Oktan-Plus) mitgenommen werden, da Superkraftstoff gelegentlich nicht erhältlich ist. Mit diesen Zusätzen verbessert sich die Klopffestigkeit des Normalbenzins in ausreichendem Maß. Als zusätzliche Maßnahme kann man den Zündzeitpunkt um einige Grad verspäten. Bei Benzinmotoren, die zum Nachdieseln neigen (Motor läuft nach abgeschalteter Zündung weiter) empfiehlt sich der Einbau eines Leerlauf-Abschaltventils im Vergaser, welches die Treibstoffzufuhr beim Abschalten der Zündung sofort sperrt.

Mineralöle

Schwieriger als die Treibstoffversorgung ist im Süden Algeriens häufig die Versorgung mit Motoröl und anderen Schmier- und Verbrauchsstoffen. An vielen Tankstellen fragt man vergeblich danach. Besonders problematisch ist die Versorgung mit Motoröl für Dieselfahrzeuge (Chiffa 40; gegebenenfalls Ölbehälter bereithalten). Zudem sind die Preise uninteressant, weshalb man am besten einen ausreichenden Vorrat von zu Hause mitnimmt. Öl für automatische Getriebe ist in Südalgerien nicht aufzutreiben.

Mineralöle werden bekanntllich bei Erwärmung dünnflüssiger und bei Abkühlung dickflüssiger. Da in der Sahara mit großen Temperaturunterschieden zwischen Tag und Nacht zu rechnen ist, empfiehlt es sich, für den Motor Mehrbereichsöle (z. B. SAE 20 W/40 oder SAE 20/50) zu verwenden, da diese im Gegensatz zu den Einbereichsölen bei allen in der Praxis auftretenden Temperaturen stets die für den Motor richtige Viskosität aufweisen. Mineralöle unterschiedlicher Marken und verschiedener Viskositätsklassen können vermischt werden, vorausgesetzt, daß die einzelnen Öle den Qualitätsvorschriften der Motorenhersteller entsprechen. Beim Hinzufügen eines Einbereichsöls zu einem Mehrbereichsöl wird jedoch zwangsläufig der Viskositätsbereich der Mischung in Richtung zum Einbereichsöl hin verschlechtert.

Da bei Pisten- oder Geländefahrt der Motor häufig hochtourig und in niedrigen Gängen ›gequält‹ wird, ist mit einem gegenüber Normalbedingungen erhöhten Ölverbrauch und schnellerem Ölverschleiß zu rechnen. Deshalb Ölstand täglich kontrollieren und Ölwechselintervalle verkürzen!

Besondere Straßenverkehrsvorschriften

Höchstgeschwindigkeit in Ortschaften 60 km/h; außerhalb geschlossener Ortschaften für Fahrzeuge bis 10 t keine Begrenzung, für Fahrzeuge mit Wohnanhänger 60 km/h. Hupverbot in Städten; Promillegrenze 0,8. Ansonsten gelten im wesentlichen die gleichen Verkehrsbestimmungen und -zeichen wie in Deutschland.

Telefon-Notrufsäulen gibt es in Algerien nicht. Außer im Stadtgebiet von Algier existiert auch kein organisierter Straßenhilfsdienst. Im Falle eines Unfalls ist – sofern möglich – die Polizei hinzuzuziehen, um eine polizeiliche Unfallaufnahme veranlassen zu können (vgl. auch S. 262).

Vorsicht bei Fahrten in der Dunkelheit: Einheimische Fahrzeuge, Eselskarren, Radfahrer etc. sind häufig schlecht oder – wie z. B. auch frei laufende Esel oder Kamele – gar nicht beleuchtet.

Richtiges Fahren in der Wüste

Eine Wüstenfahrt stellt sehr hohe Anforderungen sowohl an das Fahrzeug wie auch an den Fahrer. Oft wird dieser in schnell und unverhofft wechselnder Folge mit den verschiedensten Geländebeschaffenheiten konfrontiert. Höchste Konzentration ist erforderlich, damit nicht durch ein übersehenes Loch in der Piste oder einen auf ebener Strecke plötzlich auftauchenden Steinbrocken die Saharafahrt vorzeitig endet. Leider haben Hindernisse auf Saharapisten häufig die unangenehme Eigenschaft, absolut unerwartet aufzutauchen. Plötzlich zieht sich ein Graben durch eine ansonsten topfebene Fläche, eine Ziege ruht hinter einer Wegbiegung mitten auf der Piste, oder ein Regenguß hat einen Teil der Piste fort- oder große Felsbrocken darauf gespült. Selbst das Fahren auf Teerstraßen erfordert größte Aufmerksamkeit, da man auch hier mit allerlei Überraschungen (z. B. Sandverwehungen, tiefen Schlaglöchern, herausgebrochenen Straßenrändern, kreuzenden Kamelen) rechnen muß. Besonders gefährlich sind die im allgemeinen harmlos aussehenden Sandverwehungen. Passiert es, daß man auf diese die Fahrbahn bedeckenden ›Minidünen‹ zu schnell auffährt, können der harte Schlag und der folgende Luftsprung ernsthafte Schäden an der Radaufhängung verursachen. Wir trafen Landsleute, die bei nächtlicher Fahrt solch eine Sandablagerung auf der Teerstraße übersehen (oder unterschätzt) hatten und deren Fahrzeug mit gebrochener Achse liegengeblieben war. Deshalb gilt auch für die verkehrsarmen Saharastrecken, daß die Fahrgeschwindigkeit stets nur so hoch sein sollte, daß der Wagen beim Auftauchen eines Hindernisses noch rechtzeitig zum Stehen gebracht bzw. dem Hindernis ausgewichen werden kann. Nachtfahrten sollte man – auch aus Orientierungsgründen – möglichst vermeiden. Zudem ist es empfehlenswert, sich bei entgegenkommenden Reisenden jeweils nach dem aktuellen Streckenzustand zu erkundigen.

Es ist immer eine heikle Sache und klingt nach Besserwisserei, erfahrenen Autofahrern Tips zur Fahrtechnik geben zu wollen. Da sich aber die Fahrbedingungen in der Wüste von jenen in unseren Breitengraden doch erheblich unterscheiden, seien die folgenden Hiweise gestattet (vgl. auch Sicherheitsregeln S. 334 ff.).

Pistenfahrten

Manche Saharapisten sind über lange Strecken beinahe so glatt wie eine Autobahn und daher sehr zügig zu befahren (z. B. die Tanezrouft-Piste). Andere dagegen, besonders die im Gebirge, bieten viel Abwechslung: tiefe Gräben, ›Wellblech‹, Geröll, sandige Flußtäler, enorme Steigungen, enge Kurven. Für das Befahren solcher Strecken, bei denen vom

Wagen das Äußerste verlangt wird, ist es besonders wichtig, daß man diesen nicht hoffnungslos überlädt, daß er über ausreichende Bodenfreiheit verfügt und sich generell in einem guten Zustand befindet. Allradantrieb, Untersetzungsgetriebe und Sperrdifferentiale lernt man auf solchen Strecken schnell schätzen, wenngleich diese Einrichtungen häufig nicht zwingend notwendig sind. (In den Streckenbeschreibungen wird gegebenenfalls darauf hingewiesen.) Es wurde bereits erwähnt, daß die Fahrgeschwindigkeit auf Pisten und Straßen stets nur so hoch sein sollte, daß man noch *vor* einem unerwartet auftauchenden Hindernis den Wagen anhalten bzw. ausweichen kann. Das ist natürlich leichter gesagt als getan, und es wird nicht ausbleiben, daß man hin und wieder ›so richtig mit Schmackes‹ in ein tiefes Loch oder eine Querrinne fährt. Sieht man plötzlich ein Hindernis auf sich zukommen, so bremse man, so gut es eben geht, lasse jedoch – selbst wenn es schwer fällt – unbedingt die Bremse unmittelbar vor Erreichen des Loches los, damit der Wagen nicht mit blockierten Rädern ›hineindonnert‹ und dem Fahrwerk, der Federung und der Kraftübertragung wenigstens der härteste Schlag erspart bleibt. Anschließend untersuche man den Wagen, besonders die Federn, um nicht womöglich mit einem beschädigten Wagen die Fahrt fortzusetzen und ernste Folgeschäden zu riskieren. Tükisch sind auch die tiefen Fahrrinnen, die andere Fahrzeuge, besonders die großen LKWs, in den Sand oder Schlamm gegraben haben. Wenn es die Breite der Piste zuläßt, fährt man am besten seitlich versetzt, d. h. mit einer Rinne zwischen den Rädern, oder aber in starker Schräglage mit einem Rad in der Rinne und dem anderen auf dem Höcker. Andernfalls besteht die Gefahr, daß der Buckel zwischen den Rädern gegen Differential, Auspuff oder andere Fahrzeugteile schlägt und womöglich großen Schaden anrichtet oder daß man auf sandigen Strecken plötzlich mit dem Bauch des Wagens aufsitzt und die Räder leer durchdrehen. Wenn das passiert ist, trage man den Höcker unter dem Wagen und noch einige Meter davor ab, bis die Räder wieder fest auf dem Boden sitzen und das Gewicht des Wagens tragen. Bei hartem Untergrund hebe man den Wagen mit dem Wagenheber an, bis der Bauch frei liegt, und fülle die Rinnen mit Steinen o. ä. aus. Unter Zuhilfenahme der Sandbleche muß dann versucht werden, mit einem Rad wieder auf den Höcker zu fahren.

Auch auf extrem verkehrsarmen Strecken ist Vorsicht beim Wechseln der Spuren geboten. An die Vorschrift ›Links überholen‹ hält sich auf breit gespurten und gefächerten Pisten ohnehin niemand mehr, am wenigsten die einheimischen LKW-Fahrer. Besonders beim Befahren sandiger Pisten wird oft so viel Staub aufgewirbelt, daß man weder nach hinten noch zur Seite noch – wenn man bei starkem Rückenwind von der eigenen Staubwolke überholt wird – nach vorn ausreichende Sicht hat. Wenn in dieser Situation die eigene Spur in eine andere einmündet, die bereits ›besetzt‹ ist, dann kann es krachen. Es mag wie ein Witz klingen, aber mitten in der Wüste sind auf topfebener Strecke auf diese Weise schon die schauerlichsten Zusammenstöße passiert.

›Wellblech‹

Ein großer Teil der Wüstenpisten ist mit dem berüchtigten ›Wellblech‹ bedeckt. Dabei handelt es sich um wellenförmige Querrinnen im harten Untergrund, die der Piste die Struktur eines Waschbretts oder eines quer zur Fahrtrichtung gepfügten Ackers verleihen. Diese Wellen mit einer Länge von 50 bis 80 cm und einer Amplitude von 10 bis 25 cm sind auf die Dauer so ziemlich das Übelste, was man sich an Strecke vorstellen kann: eine Tortur für Fahrzeug und Insassen und ein Grund, weshalb man Wüstenfahrten gelegentlich verfluchen möchte. Doch weder Selbstmitleid noch Wut helfen – man muß durch! Dafür gibt es zwei Methoden: die ›Genußfahrermethode‹ und die ›Pistensausermethode‹.

Der ›Genußfahrer‹ befährt eine Wellblechpiste mit geringer Geschwindigkeit – je nach Wellenstruktur zwischen 15 und 30 km/h – und kostet dadurch jede Welle voll aus. Der Wagen hat dabei ständig volle Bodenhaftung. Dieses ewige Auf und Ab ist zwar ziemlich ermüdend, doch bewältigt man auf diese etwas zeitraubende Weise selbst die schlimmsten Strecken ohne übermäßiges Risiko (wir persönlich bevorzugen diesen Fahrstil). Die Leidenszeit läß sich erheblich verkürzen, wenn man nach der ›Pistensausermethode‹ fährt. Hier geht es darum, das Fahrzeug so weit zu beschleunigen, daß man die Wellen nicht mehr voll ausfährt, sondern praktisch nur von Wellenkuppe zu Wellenkuppe ›springt‹. Das erforderliche Tempo liegt, je nach Wellenlänge zwischen 50 und 70 km/h. Ehe man dieses hohe Tempo erreicht, kommt jedoch irgendwann einmal der gefürchtete Moment, wo der Wagen in Resonanz gerät und schauerlich zu vibrieren beginnt, so daß man meint, er müsse jeden Moment in tausend Stücke zerfallen. Hat man dann endlich diese Phase überwunden, wird es ziemlich ruhig, und der Wagen ›schwebt‹ mit hohem Tempo über die Piste. Leider haben die Wellen die unangenehme Eigenschaft, ihren Abstand und ihre Höhe gelegentlich zu ändern, so daß es zwischendurch immer wieder fürchterlich zu rumpeln beginnt und man die Fahrgeschwindgkeit wieder der neuen Wellenstruktur anpassen muß. Dieses hohe Tempo birgt verständlicherweise eine Reihe von Risiken. Da der Wagen dabei die größte Strecke ›auf dem Luftweg‹ zurücklegt, ist mangels Bodenhaftung die Wirkung der Bremsen und der Lenkung – ähnlich wie auf Eis – nur sehr schwach – mit der gefährlichen Folge, daß man plötzlichen Hindernissen womöglich nicht mehr rechtzeitig ausweichen und die Fahrt auch nicht mehr ausreichend verlangsamen kann. Außerdem erwärmen sich bei dieser rasanten Fahrt die Stoßdämpfer erheblich und können dadurch vorzeitig ihr Leben aushauchen. Nicht zu unterschätzen ist auch die durch das ständige schnelle Pumpen verursachte starke Erhitzung der Reifen, weshalb man vor langen Wellblechstrecken den Reifendruck auf ca. 0,5 atü unter Normaldruck verringern sollte. Dies mildert auch das Gerumple ein wenig. Besonders Wagen mit kurzem Radstand sind bei schneller Fahrt über Wellblech sehr gefährdet, da sie u. U. ohne Vorwarnung seitlich wegdrehen. Generell ist bei längeren Wellblechfahrten eine regelmäßige Kontrolle von Radmuttern und anderen wichtigen Verschraubungen empfehlenswert, da sich diese bei der ewigen Rüttelei gern lockern.

Sand

Ähnlich wie das Skifahren im Tiefschnee ist es ein wunderbares Gefühl, durch möglichst unberührten Sand zu ›pflügen‹. Allerdings hat dies oft seine Tükken, und es wird nicht ausbleiben, daß man hin und wieder einmal steckenbleibt. Das bedeutet allerdings keine Schande, und das Ausbuddeln eines eingesandeten Wagens kann – wenn es sich nicht zu oft wiederholt – sogar richtigen Spaß machen. Schließlich will man Schaufeln und Sandbleche nicht umsonst mitgenommen haben! Damit aber die Buddelei nicht zur Hauptbeschäftigung wird, hier einige Tips:

Die erste Grundregel für das erfolgreiche Befahren sandiger Passagen heißt: Sanft und gefühlvoll fahren! Sogenannte ›sportliche‹ Fahrer, die quietschende Räder beim Anfahren lieben und gewohnt sind, mit Bleifuß und hektischen Lenk- und Bremsmanövern durch die

Gegend zu rasen, werden im Sand der Sahara Schiffbruch erleiden. Ähnlich wie in Schnee und Eis vermeide man im Sand abrupte Manöver, enge Kurvenfahrten und ruckhafte Fahrweise. Besonders gefühlvoll muß man mit dem Gaspedal umgehen, um das Durchdrehen der Räder zu vermeiden. Auch die Bremse verwende man möglichst sparsam und wenn, dann mit viel Gefühl, da durch zu starkes Bremsen die Räder leicht blockieren und im Sand einsinken. Wer auf lockerem Sand unbedingt anhalten muß, bremse den Wagen nicht ab, sondern lasse ihn mit durchgetretener Kupplung bis zum Stillstand ausrollen. Auch fahre man nicht im spitzen Winkel in ein Sandfeld hinein, da sonst der Wagen durch das ungleiche Abbremsen leicht ins Schleudern gerät.

Die zweite Grundregel lautet: Rechtzeitig zurückschalten! Man fahre in ein Sandfeld mit möglichst viel Schwung hinein, wobei wichtig ist, daß der Motor im jeweiligen Gang noch über Kraftreserven verfügt und seine volle Drehzahl erreichen kann. Spürt man dagegen, daß der Wagen trotz voll durchgetretenem Gaspedal seine Geschwindgikeit nur noch mit Mühe hält oder gar verlangsamt, dann wird es höchste Zeit, noch einen Gang oder gleich zwei (so man hat!) zurückzuschalten, um wieder Kraftreserven zu gewinnen. Zu langes Zögern in der Hoffnung, der Wagen werde es schon schaffen, bedeutet in den meisten Fällen eine unnötige Schinderei für den Motor und schließlich doch eine ausgiebige Buddelei.

Hin und wieder hört man die Empfehlung, längere Sandpassagen möglichst frühmorgens in Angriff zu nehmen, da der morgendliche Tau die Tragfähigkeit des Sandes erhöhe und somit das Durchkommen erleichtere. In feuchteren (z. B. küstennahen) Regionen mag dies vielleicht zutreffen, in der Zentralsahara jedoch ist die Luftfeuchtigkeit im allgemeinen so gering, daß es kaum zu einer nennenswerten Taubildung kommt. Da scheint der folgende Trick schon besser, da er – unabhängig von Tages- oder Jahreszeit – immer bestens funktioniert: Durch Reduzieren des Luftdrucks in den Reifen auf 0,8–1 atü vergrößert sich deren Auflagefläche. Dadurch verringert sich der spezifische Flächendruck und somit die Einsandungsgefahr. Wie auf Filzlatschen ›schlurft‹ der Wagen dann durch sandige Felder, die anders nur schwer zu bewältigen wären. Vor dem Durchfahren einer schwierigen Sandpassage begehe man diese möglichst zu Fuß und entferne auch Steinbrocken, die bei weichen Reifen besonders leicht Schaden anrichten können. Man fahre dann mit geringer Geschwindigkeit in niedrigem Gang zügig durch, bis man wieder sicheren Untergrund unter den Rädern hat. Das nun folgende Wiederaufpumpen der Räder auf Normaldruck (sehr wichtig!) kann zu einer schweißtreibenden Arbeit werden, wenn man es von Hand tun muß. Ein kleiner elektrischer Kompressor ist für Wüstenfahrten kein übertriebener Luxus (vgl. S. 279).

Generell ist es bei Fahrten durch weichen Sand günstiger, vorhandenen Spuren nicht direkt zu folgen, sondern ein wenig seitlich versetzt zu fahren, dort, wo der Sand noch nicht aufgewühlt wurde und somit besser trägt. Trotz aller Vorsicht kommt es aber vor, daß der Wagen nicht mehr durchkommt. Dann ist es wichtig, die Kupplung zu treten, bevor der Wagen zum Stillstand kommt. (Nach einigen Fehlschlägen entwickelt man ein ganz gutes Gespür für den richtigen Moment.) Nun versuche man nicht, im niedrigsten Gang mit Vollgas und womöglich durchrutschender Kupplung herauszufahren, denn in den meisten Fällen wird sich der Wagen kaum von der Stelle bewegen und sich nur noch tiefer einbuddeln. Zunächst sollte man in Ruhe die Situation betrachten. Stellt man fest, daß das Fahrzeug nur geringfügig festsitzt, genügt es oft, wenn die kleinen

Sandkeile vor den Rädern entfernt werden und eventuelle Mitfahrer den Wagen bei seinen Anfahrbemühungen (natürlich mit reduziertem Reifendruck) durch kräftiges Schieben unterstützen. Dabei achte man darauf, daß die Antriebsräder nicht wild durchdrehen und sich dadurch noch tiefer eingraben. Ist man aber allein oder sitzt man so richtig ›bis glauben, genug geschaufelt zu haben, dann legen Sie eine kurze Verschnaufpause ein und schaufeln anschließend noch ein bißchen weiter. Gut geschaufelt ist halb gefahren! Erst dann, wenn das Fahrzeug wirklich frei liegt, kommen die Sandbleche oder -leitern (vgl. S. 279) zum Einsatz. Schieben Sie ein Blech in Fahrtrichtung in flachem Winkel so weit

Sitzt das Fahrzeug tief im Sand fest, hilft nur noch schaufeln. Bleibt man wieder stecken . . .

zum Nabel‹ im Sand fest, dann hilft nur noch eines: das Freischaufeln des Fahrzeugs.

Zunächst geht es darum, alle Räder rundherum freizubuddeln, also nicht nur in Fahrtrichtung vor den Rädern ein wenig Sand wegzukratzen, sondern auch deren Außen- und Innenflanken völlig freizulegen. Außerdem schaufle man unter dem Fahrzeug großzügig frei, so daß Kardanwelle(n), Differential(e) und irgendwelche Chassisteile bei einem erneuten Absacken des Wagens nicht gleich wieder aufsitzen. Und wenn Sie wie möglich unter jedes der Räder. Wer nur über zwei Bleche verfügt, schiebe diese bei einem Fahrzeug mit Zweiradantrieb natürlich unter bzw. vor die Antriebsräder. Bei Wagen mit Allradantrieb lege man sie vor die in Fahrtrichtung vordersten Räder, damit die folgenden Reifen diese feste Unterlage ebenfalls ausnutzen können und das Fahrzeug dadurch wieder an Schwung gewinnt. Bei Allradfahrzeugen mit Sperrdifferentialen legt man am besten ein Blech vor eines der Vorderräder und das zweite vor das Hinterrad auf der gegenüberliegenden

Seite. Nun fahre man mit geradeaus gerichteter Lenkung, unter kräftigem Schieben der Mitfahrer und mit voller Motorkraft über die Bleche. Dabei geht es darum, auf diesem kurzen Stück eine hohe Geschwindigkeit zu erreichen, damit man mit Schwung ein möglichst langes Stück des folgenden weichen Sandes überwinden kann. Dabei ist es – wie generell beim Befahren lockeren Sandes – ratsam, durch schnelle, kleine Lenkbewegungen (hin und her) die Bildung von Sandkeilen vor den Vorderrädern zu verringern. Anhalten sollte man natürlich erst wieder, wenn man sicheren Untergrund erreicht hat – sofern man nicht schon vorher wieder festsitzt. Dann heißt es: Ring frei zur nächsten Runde! Die Helfer müssen beim Schieben höllisch auf die Sandbleche achten, da diese leicht verkanten, verrutschen oder gar nach hinten herausschnellen und gegen die Beine schlagen können. Deshalb nie barfuß schieben!

Eine andere Möglichkeit, festsitzende Fahrzeuge aus ihrer sandigen Umklammerung zu befreien, besteht darin, den Wagen mit dem Wagenheber so weit anzuheben, bis sich die Sandbleche unter die Räder schieben lassen. Allerdings ist die Verwendung eines Wagenhebers auf sandigem Untergrund – ganz gleich, wie groß das als Unterlage verwendete Holzbrett o. ä. ist – eine ziemlich wacklige und nicht ganz ungefährliche Angelegenheit. Abgesehen davon steht der Wagenheber – besonders bei Fahrzeugen nur mit Hinterradantrieb – meistens den Sandblechen im Wege.

Generell ist der geringe Hub normaler Wagenheber für Bergungsarbeiten von großem Nachteil. Eine spürbare Erleichterung bringt ein ›Hi-Lift‹ (vgl. S. 283), ein Wagenheber, mit dem man in einem einzigen Arbeitsgang eine Wagenseite bis zu einem Meter anheben kann. Wenn man dann genügend Füllmaterial oder die Sandbleche unter die Räder gelegt hat, kann man die Fahrt fortsetzen. Eine andere Möglichkeit besteht darin, mit dem Hi-Lift zunächst z. B. den hinteren Teil des Wagens so weit anzuheben, bis die Hinterräder über dem Boden schweben. Gibt man dem Wagen nun einen seitlichen Ruck, kippt der Hi-Lift samt Wagen zur Seite weg, und das Fahrzeug steht mit den Hinterrädern neben der alten Spur. Nun verfährt man gleichermaßen mit den Vorderrädern. Auf diese Weise hebt man den Wagen gewissermaßen zur Seite auf noch nicht durchwühlten Untergrund.

... heißt es: Ring frei zur nächsten Runde!

Sandfahrten bei hochstehender oder von hinten scheinender Sonne erfordern vom Fahrer allerhöchste Konzentration, da wegen der fehlenden Schatten kaum Strukturen im Gelände zu erkennen sind. Spuren, denen man folgen möchte, weiche Sandzonen, ja selbst größere Unebenheiten heben sich kaum ab. Das Gefühl für Steigungen bzw. Gefälle geht verloren – eine gefährliche Situation, besonders in Dünengelände.

Vor dem Überfahren von Dünen sollte man – nicht nur bei solch schlechten Sichtverhältnissen – zu Fuß sondieren, wie es auf der anderen Seite aussieht. Es ist schon oft genug passiert, daß ein Wagen eine Düne zwar elegent erklommen hat, den zu steilen Abhang drüben aber nur in Saltos hinter sich brachte. Und was passiert, wenn die Abfahrt auf der anderen Seite in einen von steilen Dünen umgebenen Kessel mündet, aus dem es kein Entrinnen gibt, es sei denn, man schaufelt die Sandberge zur Seite oder transportiert den Wagen, zerlegt in handliche Teile, Stück für Stück aus der Falle heraus?

Durch Sandwinde oder gar -stürme, die nur Stunden, aber auch einige Tage andauern können, verringert sich die Sicht u. U. bis auf wenige Meter. Solange es die Sichtverhältnisse noch zulassen, fahren Sie langsam und – wie bei uns zu Hause im Nebel – mit eingeschalteten Scheinwerfern, um von anderen Fahrzeugen rechtzeitig erkannt zu werden. (Das kurzfristige Einschalten der Scheinwerfer empfiehlt sich übrigens auch dann, wenn der Wagen beim Überholtwerden oder Passieren eines anderen Fahrzeugs in eine Staubwolke gehüllt und damit fast ›unsichtbar‹ wird.) Wird die Sicht aber so schlecht, daß Pisten- oder Spurenverlauf nicht mehr klar erkennbar sind, ist es ratsam, die Fahrt zu unterbrechen und den Wagen möglichst im Windschatten eines Felsens o. ä. mit dem Motor zur windabgewandten Seite abzustellen. Auf jeden Fall verlasse man die Piste, um zu vermeiden, daß man von irgendeinem Unbeirrten, der trotzdem die Fahrt fortsetzt, gerammt wird. Bei lang anhaltenden Sandstürmen empfiehlt es sich, die dem Wind zugewandte Seite des Wagens mit Fett einzuschmieren, um zu verhindern, daß der Lack von dem starken Sandstrahlgebläse nach und nach abgeschmirgelt wird bzw. die Scheiben erblinden.

Besonders tückisches Sandgelände stellen die berüchtigten ›Fech-Fech-Zonen‹ dar. Dabei handelt es sich um mehlfeinen, tiefen Sand, der oft von einer fest erscheinenden Kruste bedeckt ist. Gerät man von festem Grund in solch eine getarnte Fech-Fech-Zone, so durchbricht der Wagen die Kruste, sinkt tief ein und wird schlagartig abgebremst. Die Insassen (wenn nicht angeschnallt) und das Gepäck schießen mit viel Elan nach vorn, und der Wagen wird, wenn er nicht genügend Schwung hat, wahrscheinlich steckenbleiben. Die nun folgende Buddelei in dem feinen Sandpuder kann nur als echte Schweinerei bezeichnet werden. Ist jedoch rechtzeitig erkennbar, was auf einen zukommt (z. B. anhand der Spuren oder Staubwolken vorausgefahrener Fahrzeuge), versuche man auf jeden Fall, diese Zone zu umfahren. Falls das nicht möglich ist, reduziere man den Luftdruck und versuche, mit viel Kraft in niedrigem Gang hindurchzukommen. Das ist allerdings leichter gesagt als getan, da sich Fech-Fech-Zonen manchmal über mehrere Kilometer erstrecken.

Reisen ohne eigenen Wagen

Mit öffentlichen Verkehrsmitteln

Eisenbahnverbindungen

Das algerische Eisenbahnnetz hat eine Länge von 4700 km, verbindet jedoch vorwiegend die Städte des Nordens und dringt nicht bis in den ›Grand Sud‹ vor. Südlichste Eisenbahnstationen sind die Städte Bechar und Touggourt. Bechar hat Verbindung mit Mohammadia (1 Zug täglich in beiden Richtungen, in Mohammadia Umsteigemöglichkeit nach Oran und Algier), Touggourt mit Biskra und Constantine (ebenfalls 1× täglich).

Detaillierte Auskünfte können angefordert werden bei: Société Nationale des Transports Ferroviaires (SNTF), 21–23 Bd. Mohammed V., Algier; Tel. 61 15 10.

Eisenbahnbuchungen über Reisebüro: 3 Rue Maître Ali Boumendjel, Algier; Tel. 63 32 34.

Busverbindungen

Zuständig für den Busverkehr in ganz Algerien ist die S.N.T.V. (Société Nationale de Transport de Voyageurs), Route Nationale No. 5, Algier; Tel. 80 86 49/51.

Im Grand Sud bestehen regelmäßige, meist tägliche Busverbindungen zwischen nachstehend aufgeführten Orten:

Bechar - Adrar; Bechar - Timimoun; Bechar - Tindouf; Bechar - Taghit; Bechar - Oran; Bechar - Algier.

El Oued - Touggourt - Ouargla - Ghardaia; El Oued - Biskra - Annaba bzw. Algier; El Oued - Tebessa; El Oued - Hassi Messaoud - In Amenas; El Oued - Gafsa/Tunesien.

Ghardaia - El Golea - In Salah - Tamanrasset; Ghardaia - El Golea - Timimoun - Adrar - Reggane; Ghardaia - Biskra - Bou Saada bzw. Constantine; Ghardaia - Laghouat - Algier.

Reggane–Aoulef–In Salah; Reggane–Bordj Moktar (1× wöchentlich).

Tamanrasset - In Guezzam bzw. Timiaouine (1× wöchentlich); Tamanrasset - Tazrouk bzw. Silet (2× wöchentlich); in Planung: Tamanrasset - Djanet.

Für detaillierte Auskünfte über Busverbindungen, Abfahrtszeiten und Preise fragen Sie in der jeweiligen Oase nach dem Bureau der S.N.T.V. (s. Ortspläne). Verbindliche Fahrpläne, markierte Haltestellen etc. wird man nicht immer finden. Es wird manchmal ein kleines Abenteuer sein, herauszufinden, wann und wo ein Bus abfährt und wann und wo es die Fahrkarten dafür zu kaufen gibt (meist nur zu bestimmten Zeiten!). Dann geht es darum, die Abfahrt des Busses – die selten genau zur genannten Zeit stattfindet und einmal früher, einmal später erfolgen kann – nicht zu verpassen und sich einen Platz im Bus zu sichern. Man sollte sich auch nicht wundern, wenn eine Linie überraschend ausfällt; dies wird z.B. immer dann der Fall sein, wenn Fahrzeugschäden repariert werden müssen. Reservebusse stehen im allgemeinen nicht zur Verfügung. Die Busse halten – zum Ein- wie zum Aussteigen – bei Bedarf auf freier Strecke an.

Die Fahrpreise sind verhältnismäßig niedrig. Beispiel: El Golea - In Salah DA 72; In Salah - Tamanrasset DA 120 (jeweils Gepäckzuschlag).

> Wer sich unterwegs auf öffentliche Verkehrsmittel verläßt, sollte genügend Zeit, Geduld und eine robuste Konstitution mitbringen.

Flugverbindungen (inneralgerisch)

Für die Inlandsflüge in Algerien ist die Air Algérie zuständig. Auskünfte, Buchungen bzw. Reservierungen über größere Reisebüros oder über folgende Adressen:

In der Bundesrepublik Deutschland bei Air Algérie, Friedensstraße 11, D-6000 Frankfurt/Main; Tel. (0 69) 23 32 81/82/83.

In der Schweiz bei Air Algérie, 12 Rue Chantepoulet, CH-1201 Genf; Tel. (0 22) 31 51 80/31 51 89.

In Tunesien bei Air Algérie, 26, Avenue de Paris, Tunis; Tel. 34 18 88.

Die wichtigsten Air Algérie-Agenturen im Lande sind aus der folgenden Tabelle ersichtlich. Der offzielle Flugplan ist dort erhältlich. Während zwischen den nordalgerischen Städten meist mehrere Flugverbindungen pro Tag bestehen, gibt es von und zu den südlichen Oasen häufig nur einen täglichen Flug, gelegentlich – bei kleineren Orten – auch nur 3–4 pro Woche.

Wollen Sie einen inneralgerischen Flug buchen, müssen Sie folgendes beachten: Das inneralgerische Flugnetz ist zur Zeit noch ziemlich überlastet, d. h. die Nachfrage nach Flügen übersteigt das Angebot. Hinzu kommt, daß immer wieder Flüge aus technischen oder witterungsbedingten Gründen ausfallen, ohne daß es Ersatzflüge gäbe. Der Andrang bei manchen algerischen Buchungsstellen (und vor dem jeweiligen Abflug am Flughafen) ist deshalb so groß, daß es nicht verwundert, wenn die algerische Fluggesellschaft an Buchungen aus dem Ausland kaum interessiert ist. Es hat sich in der Vergangenheit häufig als unmöglich erwiesen, einen beliebigen im Flugplan der Air Algérie ausgedruckten Flug (z. B. von Algier in den ›Grand Sud‹) bei einer Buchungsstelle der Air Algérie *außerhalb* Algeriens zu buchen und dafür eine Bestätigung (und später einen sicheren Platz im Flugzeug) zu bekommen. Allerdings bestehen aufgrund der hohen ›Noshow‹-Rate relativ gute Chancen, kurz vor Abflug am Flughafen noch einen Platz zu ergattern.

Es bestehen derzeit Anzeichen, daß sich die genannten Probleme in absehbarer Zeit verringern oder ganz verschwinden. Algerien investiert gegenwärtig enorme Summen in den Ausbau seiner Flughäfen und die Vergrößerung der Flugkapazität. Ghardaia ist inzwischen an das internationale Flugnetz (Direktverbindung nach Paris) angeschlossen. Djanet hat einen großen Flughafen erhalten. In Bordj Moktar und In Guezzam wurden Zivilflugplätze eröffnet. Auch in anderen Städten wird an der Erweiterung der bestehenden Kapazitäten gearbeitet.

Air-Algérie-Buchungsstellen in Algerien

(Orte mit regelmäßigen Flugverbindungen; in Klammern die im Flugplan verwendeten neuen Schreibweisen)

Adrar: Place des Martyrs, Tel. 25 93 65

Algier (El Djazair): Délégation Régionale centre Algérie passages, 2, Bd. Mohammed V., Tel. 58 95 05/58 91 11; zusätzlich weitere Stadtbüros

Annaba: Carrefour Sidi Brahim, Tel. 84 49 23/29/32/35/37; zusätzlich weitere Stadtbüros

Bechar: 1, Place de la République, Tel. 23 52 52/53/23 94 69

Bejaia: Rue de la Liberté, Tel. 92 57 31

Biskra (Beskra): Avenue Benbadis, Tel. 71 23 71/71 58 04

Bou Saada: 24/25, Place des Martyrs, Tel. 54 45 61

Constantine (Quacentina): 1, Place des Martyrs, Tel. 93 92 11; zusätzlich weitere Stadtbüros

Djanet: Centre ville, Tel. 73 50 32

El Golea: Rue de la Liberté, Tel. 73 61 00

El Oued (El-Wad): Avenue Mohammed Khemisti, Tel. 72 86 66

Ghardaia: Avenue du 1er Novembre, Tel. 89 45 50

Hassi Messaoud: Aéroport, Tel. 73 72 13

Illizi: Centre ville, Tel. 73 13 55

In Amenas: Tel. 73 93 75

In Salah: Centre ville, Tel. 73 02 39

Jijel: Avenue du 1er Novembre, Tel. 96 58 94/96 46 36

Mascara: Place Emir Abdelkader, Tel. 32 14 55

Oran (Wahran): 2, Boulevard Emir Abdelkader, Tel. 39 81 19/46/48/39 17 35; zusätzlich weitere Stadtbüros

Ouargla (Wargla): Rue Chenine Kaddour, Tel. 70 28 61

Tamanrasset (Tamenghest): Avenue Emir Abdelkader, Tel. 73 41 74/73 44 63

Tebessa (Tbessa): Place du 1er Novembre, Tel. 97 37 86/98

Tiaret: Bd. Emir Abdelkader, Tel. 28 27 86

Timimoun: Place de l'Independance, Tel. 23 45 55

Tindouf: Boulevard du 1er Novembre, Tel. 23 23 94

Tlemcen (Tilimsen): 21, Rue D. D. Tedjini, Tel. 20 45 21/20 45 18

Touggourt: Rue du 1er Novembre, Tel. 72 60 96

Weitere regelmäßig angeflogene Flugplätze (ohne Buchungsstelle am Ort) befinden sich in **Bordj Moktar** und **In Guezzam.** Weitere Buchungsstellen (aber keine regelmäßig angeflogenen zivilen Flughäfen) gibt es in zahlreichen weiteren Orten Algeriens.

Per Anhalter

›Hitchhiking‹ auf Wüstenstrecken ist äußerst schwierig, um nicht zu sagen unmöglich. Die Chance für einen Anhalter, der mit dickem Rucksack am Beginn einer womöglich mehrere hundert Kilometer langen Etappe steht, kostenlos mitgenommen zu werden, scheint fast aussichtslos. Ein Touristenfahrzeug wird meist schon so überladen sein, daß keinerlei Interesse an einer weiteren Zuladung besteht. Außerdem muß der Anhalter ja mindestens bis zur nächsten Oase mitgenommen werden, was eine Reisedauer von mehreren Tagen bedeuten kann. Die dafür notwendigen Vorräte, vor allem Wasser, schleppt der Rucksackreisende sicher nicht mit sich herum, so daß also auch die Vorräte mit ihm geteilt werden müssen. Weitere Probleme können dadurch entstehen, daß der Fahrer unterwegs vielleicht die Reiseroute ändern will oder muß, was schwierig ist, wenn er dem Anhalter zuvor versprochen hat, ihn an einem bestimmten Zielort abzusetzen. Besonders kritisch kann es werden, wenn Landesgrenzen zu überqueren sind, da der Fahrer ja für die Fahrzeuginsassen verantwortlich ist. Wer zur Mitnahme eines Anhalters bereit ist, vergewissere sich deshalb gleich zu Beginn, ob der Mitfahrer im Besitz aller für den Grenzübertritt nötigen Papiere und Stempel ist. Sonst kann es passieren, daß man seinen Gast wieder zur letzten Oase zurückfahren muß, was an der algerischen Grenze z. B. größte Schwierigkeiten bereiten kann, wenn man selbst die Ausreiseformalitäten bereits erledigt hat. Denn dies bedeutet erneuten Grenzübertritt, was nur mit einem Visum für doppelte Einreise möglich ist. Selbst wer dieses Visum besitzt, wird kaum bereit sein, es für den Rücktransport eines Anhalters zu opfern.

Einheimischen LKW-Fahrern ist es häufig verboten, Anhalter mitzunehmen. Tun sie es trotzdem, wird dies kaum kostenlos der Fall sein. Preis in jedem Fall vorher aushandeln! Günstigste Verhandlungsorte sind die Tankstellen, an denen die LKWs vor der Abfahrt (entweder abends oder frühmorgens) auftanken. Die Fahrt auf einem solchen Gefährt, hoch oben auf der offenen Ladepritsche zusammen mit Ladegut verschiedener Art, anderen Mitreisenden und eventuell auch Tieren dürfte allerdings kaum ein Genuß sein. Über Stunden und Tage ist der Mitfahrer dort oben Sonne, Wind und Dreck ausgesetzt. Die LKWs sind fast immer überladen, und wo kämen die Fahrer hin, wenn sie jeder Bodenwelle ausweichen wollten! So rumpeln die schweren Brummer mit beachtlichem Tempo über Wellblech, Sand- und Felspisten. Wer einmal längere Zeit hinter solch einem schwankenden Ungetüm hergefahren ist und gesehen hat, wie die Ladung auf- und niederhüpft und immer wieder von dichten Staubwolken eingehüllt wird, der verliert die Lust, diese Reiseart auszuprobieren. Da die Fahrzeuge der Einheimischen weder einen TÜV noch eine regelmäßige Wartung kennen, sondern im allgemeinen gefahren werden, bis sie auseinanderfallen, muß man auch Pannen einkalkulieren und damit rechnen, daß man womöglich tagelang irgendwo an der Strecke festsitzt, bis Hilfe kommt.

Mit dem Motorrad

Von Thomas Trossmann

Wer einmal von dieser speziellen Art des ›Wüstenfiebers‹ infiziert ist, kommt selten wieder davon los. Zu faszinierend sind die so hautnah erlebte Konfrontation und die gleichzeitige Harmonie mit den Gewalten und Schönheiten der Natur. Auch die vielen guten Kontakte zu den in der Sahara lebenden Menschen bleiben unvergeßlich. Als Motorradfahrer ist man gerade in Gebieten fern jeder Zivilisation Objekt überwältigender Gastfreundschaft. Nicht zuletzt bereitet es einen Heidenspaß, die volle Geländegängigkeit und Wendigkeit eines pistentauglichen Motorrads auszuschöpfen. Heute hat sich das ziemlich herumgesprochen, und jedes Jahr reisen sicher ein paar tausend Motorradfahrer durch die Sahara und ganz Afrika. Noch Mitte der siebziger Jahre war man auf zwei Rädern die große Ausnahme unter den Wüstenfahrern. Mit Planung, Vorbereitung und richtiger Ausrüstung hat man es inzwischen leichter: Spezialfirmen bieten Ausrüstung, Literatur, detaillierte Landkarten und neueste Infos an. Für viele Maschinen erhältliche Großtanks, ›saharataugliche‹ Gepäckträger und Wüstenbereifung machen den Umbau des Motorrades einfacher. Auch die Sahara hat sich einige Zugeständnisse an ihre potentiellen Bezwinger abringen lassen. Neue Teerstraßen und Tankstellen haben viele Strecken ›entschärft‹.

Leider ist die Zahl von Unglücksfällen unter den Motorradfahrern in der Sahara besonders hoch. Gerade im Bereich der vermeintlich ›leichten‹ und stark frequentierten Hauptstrecken liegt das wohl vor allem an einer Unterschätzung der Risiken und einer Überschätzung des eigenen Fahr- und Orientierungsvermögens. Fast jeder Reisebericht erzählt von solchen Abenteuern, und der Campingplatz von Tamanrasset gleicht zur Hauptsaison einem ›Feldlazarett‹ für Motorradfahrer. Im Gespräch mit den Pechvögeln bestätigt sich oft, daß nicht nur unzureichende Ausrüstung, falsche oder zu schwere Beladung Ursachen von Stürzen oder lebensgefährlichen Irrfahrten sind, sondern auch das völlige Verkennen der Gefahren. Nicht zuletzt die Rallye Paris–Dakar hat ein Zerrbild vom Motorradfahren in der Wüste geschaffen, das viele zu leichtsinniger und riskanter Fahrweise verleitet. Auch Streckenbeschreibungen können den Motorradfahrer, insbesondere den Saharaneuling, zu einer Fehleinschätzung der fahrtechnischen Schwierigkeiten führen: Alle existierenden Routenbeschreibungsbücher, auch das vorliegende, sind aus der Sicht des Autoreisenden geschrieben. Für diesen besteht beispielsweise das Problem tiefer, sandiger Spurrinnen nur darin, daß das Auto vielleicht auf- oder festsitzt. Für den Motorradfahrer sind diese oft viele Kilometer langen, knietiefen ›Sandfallen‹ die Pistenart mit dem höchsten Sturzrisiko überhaupt. Umgekehrt kann für den ›zweirädrigen‹ Saharareisenden der Hinweis auf starkes ›Wellblech‹ in der Praxis bedeutungslos sein, da er mit seinem Motorrad kaum einen Viertelmeter der Pistenbreite benötigt und meist auf einen Streifen mit nur gering ausgeprägten Querrinnen ausweichen kann.

Unter dem Aspekt, daß eine Motorrad-Wüstentour keine ›wüste‹ Tortur werden soll, nachfolgend einige Tips:

1) Motorradwahl: Wer beabsichtigt, weite Entfernungen auf afrikanischen Pisten zurückzulegen, sollte der Versuchung widerstehen, den geliebten ›Tourendampfer‹ durch die Sahara zu quälen. Ein solcher Trip ist in erster Linie eine

Schinderei für Fahrer und Maschine. Will man also nicht gerade irgendetwas damit beweisen (was sowieso nicht mehr geht, da selbst Harleys und Gold Wings sich schon durch die Sahara gefräst haben), sollte man seine Afrikareise mit einer Enduro unternehmen.

2) Beladung: Gewicht einsparen, wo immer nur möglich und aus Sicherheitsgründen vertretbar (also nicht bei Benzin, Wasser, Essen, Medikamenten)! Bei Motorradreisen durch die Wüste können schon 20 kg entscheidend dafür sein, ob aus einer Pistenfahrt ein Horrortrip oder ein sportlich angehauchtes Fahrvergnügen wird. Besonders viele Gedanken sollte man sich über die Zusammenstellung von Werkzeug und Ersatzteilen machen. Genaue Abstimmung auf die Erfordernisse des jeweiligen Motorrads, Verwendung von qualitativ hochwertigem, leichtem und platzsparendem Werkzeug sowie Abwägung der Wahrscheinlichkeit bestimmter Defekte sind hier die Kriterien, die zu erstaunlichen Gewichtseinsparungen führen. Dies gilt auch für Gepäckträgerkonstruktionen. Diese werden nicht durch Masse und Klobigkeit stabil, sondern durch richtigen statischen Aufbau: Zwei gerade Streben zwischen den vorderen Fußrastenhalterungen und der Rahmenheckschleife sind eine optimale Basis zur Befestigung von Koffern, Kanistern usw. Zudem wird die bei manchen Maschinen für extreme Belastung zu labile Rahmenheckschleife gegen den Hauptrahmen abgestützt. 20-l-Blechkanister wiegen leer schon 4,5 kg. Dazu addiert sich die notwendige Halterung. Ein Großtank erspart nicht nur dieses Gewicht, sondern ist auch der Fahrstabilität im Sand sehr zuträglich: Das Vorderrad wird mehr belastet und seine Führungskraft dadurch erhöht. Im Gegensatz zu Benzinkanistern, die aus Sicherheitsgründen unbedingt aus Metall sein müssen, sollte man Wasser in Plastikbehältern transportieren. Voraussetzung ist die Unterbringung an einer sturzgeschützten Stelle, z.B. dem Soziussitz. Dieser eignet sich unter dem Aspekt günstiger Gewichtsverteilung gut für schwere Ausrüstungsgegenstände. Eine hochwertige Leichtgewichts-Campingausrüstung reduziert die Belastung von Maschine und Fahrer nochmals beträchtlich. Auch ›Kleinigkeiten‹ nicht übersehen: 100 g hier und 100 g dort summieren sich letztendlich zu einigen Kilogramm.

3) Bepackung: Zusätzlich nötige Kanister so nah, so tief und so weit vorne wie möglich befestigen, also in der Nähe des Gesamtschwerpunkts. Kein Gepäck an Telegabel, Lenker oder Scheinwerfer, wo es mitgelenkt werden muß! An Gabeltauchrohren befestigtes Material (z. B. Öldosen) erhöhen zusätzlich auch noch die ungefederten Massen! Viel Gewicht auf Gepäckträgern hinter der Sitzbank entlastet das Vorderrad: Katastrophales Fahrverhalten im Sand!

4) Bereifung: Die ideale Pistenbereifung ist möglichst breit, grobstollig und aus harter Gummimischung. Mit Straßenreifen, seien sie noch so breit, ist Motorradfahren auf Pisten und im Gelände nichts weiter als Glückssache.

5) Fahrtechnik: Beim Anfahren im Sand mit möglichst niedriger Drehzahl rasch einkuppeln, den Schlupf des Hinterrades mit dem Gas dosieren und sobald wie möglich in den zweiten Gang schalten. Weichsandfelder mit Schwung und viel Gas durchfahren. Bremst der Sand stark, runterschalten und ›durchstarten‹! In schwierigen Fahrsituationen nicht sofort ›fußeln‹. So besteht schon bei kaum mehr als Schrittempo keine nennenswerte Kontrolle mehr über das Motorrad. Füße auf den Rasten lassen, gegebenenfalls stehend fahren, Knie fest an den Tank!

6) Tagesetappen auch auf leichten Pisten nicht über 200 km veranschlagen. Nachlassende Kondition ist Sturzursache Nummer Eins!

7) Sich ohne Kompaß, detaillierte Karten und die Fähigkeit, damit umzugehen

auf Wüstenpisten zu begeben, ist unverantwortlicher Leichtsinn! Als Motorradfahrer verfügt man meist nicht über die Benzin- und Wasserreserven eines Autoreisenden. Jeder größere Irrweg kann absolut lebensbedrohend werden! Auf Pisten daher in regelmäßigen, nicht zu langen Abständen Orientierungspausen einlegen. Hat man sich verirrt, keinesfalls abkürzen, sondern den eigenen Spuren folgend zurückfahren (vgl. S. 334 f.).

8) Auch stark frequentierte Pisten nicht im Alleingang befahren. Stürzt man und ist unter der Maschine eingeklemmt, besteht u. a. auch Gefahr, von einem LKW überrollt zu werden.

Umfassend mit der Thematik Motorradreisen in Afrika befaßt sich das in der Reihe ›Reise Know How‹ erschienene Handbuch ›Motorradreisen zwischen Urlaub und Expedition‹ von Thomas Trossmann.

Mit dem Fahrrad

Auf Teerstraßen ist nahezu alles möglich. Die asphaltierten Strecken 1, 2, 4, 5, 22, 23 und 26 z.B. erschließen dem Algerienreisenden die verschiedenartigsten Landschaftsformen der Sahara, ohne daß er dabei mit größeren fahrtechnischen Schwierigkeiten rechnen müßte. Einem Radfahrer dürften allerdings bereits hier die langen Etappen, die u. U. hohen Temperaturen und vor allem der Wind Schwierigkeiten bereiten. Noch problematischer wird es auf den Pisten. Selbst Helmut Hermann, der Afrika von Nord nach Süd mit dem Fahrrad durchfuhr (sein Buch ›Heiße Tour Afrika‹ berichtet darüber) und bestimmt nicht so schnell die Waffen streckte, hat sich und seinen Drahtesel für die damals noch ungeteerte Hoggarstrecke von In Salah nach Süden auf einen LKW verladen lassen. Ein Fahrrad ist nun mal weder für sandige noch für felsige Strecken das geeignete Transportmittel. Dennoch – auch in der Sahara begegnet man unentwegten Radlern.

Mit dem Mietwagen

Bei dem ONAT (Office National Algérien de l'animation de la Promotion et de l'information touristique; vgl. S. 341) kann eine Broschüre (›Informations pratiques‹ – in englisch) angefordert werden, die Möglichkeiten und Preise für Mietwagen (ab Algier) enthält. Verschiedene Fahrzeugtypen (Renault, Fiat, Citroën, Land-Rover, Toyota) können tage- oder wochenweise mit oder teilweise ohne Chauffeur gemietet werden. In den Oasen Südalgeriens sind Mietwagen – wenn überhaupt – meist nur mit Chauffeur erhältlich. Einzelheiten können Sie aus den jeweiligen Streckenbeschreibungen entnehmen.

Organisierte Exkursionen können in den Oasen Biskra, El Oued, Foggaret ez Zoua, Illizi, Ghardaia, El Golea, Timimoun, Tamanrasset und Djanet beim jeweiligen Fremdenverkehrsbüro (meist ONAT) oder bei privaten Agenturen gebucht werden.

Per Fahrrad durch die Wüste – nicht jedermanns Sache

> Machen Sie sich beim Durchlesen der folgenden Kapitel gleich Notizen für Ihre eigene Checkliste.

Kleidung

Aus dem Kapitel über Klima (vgl. S. 252) geht hervor, welche Temperaturen den Wüstenreisenden erwarten. Die Kleidung sollte generell unempfindlich sein in Farbe und Material. Für die kühlen Abende und Nächte empfehlen sich zumindest in den Wintermonaten neben einem dicken Pullover ein Parka oder Anorak (mit Kapuze) und sogar Handschuhe und Wollmütze. Auch für lange Unterwäsche ist man – je nach Reisezeit – nicht nur auf der Fahrt durch das kühle Europa dankbar. Tagsüber sollten Sie luftige, weitgeschnittene Kleidung aus nicht-synthetischem Material tragen. Frauen werden sich an heißen Tagen in einem Rock, in einem langen, dünnen Baumwollgewand (wie es die Einheimischen tragen) oder auch in weiten, luftigen Hosen wohler fühlen als in eng anliegenden Jeans. Packen Sie nicht zu viel Kleidung ein, es bietet sich unterwegs immer wieder die Möglichkeit zum Waschen, und die Sachen trocknen in Wind und Sonne blitzschnell. Nehmen Sie ausrangierte Kleidung mit, die Sie unterwegs nochmals tragen und dann verschenken können. Praktisch sind Hosen und Hemden bzw. Blusen mit möglichst vielen Taschen. Durchforsten Sie die Kataloge der Expeditionsausrüstungsfirmen und Armee- oder Military-Shops.

Denken Sie daran, im Beisein von Einheimischen nicht zu viel Haut zu zeigen! Damen in kurzen Hosen oder gar Bikinis wirken auf die sittenstrengen Moslems, deren Frauen nur verschleiert in der Öffentlichkeit erscheinen, schockierend. Zumindest sollte man vor Erreichen einer Siedlung oder Grenzstation in lange Hosen bzw. einen langen Rock schlüpfen. Unkorrekte oder schlampige Kleidung wirkt nicht nur auf die Bewohner befremdend (wer sich so weite Reisen leisten kann, hat auch das Geld für ordentliche Kleidung), sondern kann sich auch an Grenzen oder bei Behördengängen negativ auswirken. Die Mitnahme von Badekleidung in die Sahara erweist sich keineswegs als überflüssig: Einige Hotels verfügen über Schwimmbecken, und einige der unterwegs anzutreffenden Gueltas (Wasserbecken in den Felsen) sind tief genug, um darin sogar schwimmen zu können. Aufgrund der niedrigen Wassertemperaturen kann zumindest in der kühlen Jahreszeit gegen ein Bad in solch einem Becken auch hygienisch nichts einzuwenden sein – Bilharzioseerreger lieben wärmere Gewässer.

Schuhe: Bestens bewährt haben sich knöchelhohe Stiefel aus Leinen mit Profilsohle. Sie sind luftig und leicht, füllen sich bei Dünenbesteigungen nicht so schnell mit Sand wie Halbschuhe und bieten bei Felsklettereien den nötigen Halt und ausreichende Rutschfestigkeit. Man fühlt sich sicherer vor (meist allerdings gar nicht vorhandenen) Schlangen und Skorpionen. Für Wanderungen in Felsregionen (z. B. Ausflüge ins Tassilí bei Djanet) empfehlen sich leichte Bergstiefel, zumindest aber feste Wanderschuhe. Dazu noch ein paar luftige Sandalen, eventuell ein Paar Ersatz-Halbschuhe – das dürfte reichen.

Kopfbedeckung: Ein breitkrempiger Baumwollhut schützt vor Sonne und bewahrt vor Kopfschmerzen und Sonnenstich. Ein mit Druckknöpfen hinten am unteren Hutrand befestigtes Tuch bewahrt auch die Nackenpartien vor Sonnenbrand. Ein Kopftuch schützt das Haar vor starkem Austrocknen und Ausbleichen, vor Staub und Dreck. Der von den Einheimischen getragene *Schesch* (Chech, eine Art Turban aus weichem, meist schwarzem Musselintuch) ist ebenfalls recht praktisch. Bei Kälte hält dieses Kleidungsstück, dessen Enden auch noch um Hals und untere Gesichtshälfte gewickelt werden können, herrlich warm; bei Sandsturm schützt es den ganzen Kopf. Scheschs gibt es in größeren Oasen zu kaufen, und jeder Algerier wird Ihnen gerne und mit Stolz erklären, wie diese bis zu acht Meter langen Stoffstreifen fachgerecht gebunden werden.

Gesundheit

Vorweg eines: Saharareisende sollten gesund sein, wenn sie starten. Wer in schlechtem Gesundheitszustand oder gar mit chronischen Leiden in die Wüste fährt, gefährdet nicht nur sich selbst in hohem Maße, sondern wird auch für seine Mitreisenden zu einem Klotz am Bein, der die ganze Reise in Frage stellen kann. Kaum irgendwo sonst auf der Erde ist die Entfernung von einem Arzt zum andern so groß wie in der Sahara. Klimaschwankungen, veränderte Lebensbedingungen, hygienische Probleme bei der Wasser- und Lebensmittelversorgung und Infektionsgefahren schaffen auch schon für gesunde Leute genügend Risikofaktoren.

Dieser Abschnitt kann nur wichtigste Hinweise und Anhaltspunkte für Vorsorgemaßnahmen und Verhaltensregeln enthalten. In jedem Fall sollte vor einer Saharareise der Hausarzt konsultiert werden, dessen Hilfe man auch für die Zusammenstellung der Reiseapotheke benötigt. Auch ein Zahnarztbesuch ist empfehlenswert und erspart eventuell den Besuch bei einem Dorfbader. Wer Probleme mit dem Blinddarm hat, sollte erwägen, sich diesen prophylaktisch entfernen zu lassen.

Krankenversicherung

Zwischen Algerien einerseits und der Bundesrepublick, Österreich und der Schweiz andererseits bestehen keine Krankenscheinabkommen; ärztliche Behandlung muß deshalb bar bezahlt werden. Gegen Vorlage einer detaillierten Arztrechnung erstattet die hiesige Krankenversicherung den verauslagten Betrag nach Rückkehr meist zurück. Schließen Sie notfalls eine spezielle Auslandskrankenversicherung ab.

Impfungen

Den jeweils neuesten Stand über die Impfvorschriften erfahren Sie über das Gesundheitsamt, die Landesimpfanstalten oder auch über die Reisedienste der großen Automobilclubs, z. B. ADAC, ÖAMTC, TCS. Momentan besteht für die Einreise nach Algerien (gilt auch für Marokko und Tunesien) nur eine Impfpflicht gegen Gelbfieber und Cholera, falls aus einem Infektionsgebiet eingereist wird (also nicht für Einreisen aus Europa). Sonstige Impfvorschriften bestehen nicht, doch sind folgende prophylaktische Schutzmaßnahmen empfehlenswert:

Malaria: Langzeitige, prophylaktische Einnahme von Resochin-Tabletten. (Ein neues Präparat, ›Lariam‹ bzw. ›Mephaquin‹, ist derzeit im Test.) Die Einnahme der Tabletten (pro Woche 2) soll eine Woche vor Ankunft im Malariagebiet beginnen und 4–6 Wochen nach Verlassen fortgesetzt werden. Die Tabletteneinnahme stellt lediglich eine Vorbeugung dar, wodurch die Infektion zwar nicht verhindert, der Krankheitsverlauf aber sehr gemildert wird. Einen vollständigen Schutz gegen Malaria gibt es noch nicht!

Typhus/Paratyphus: Schluckimpfung mit dem Präparat ›Typhoral L‹ (für die Schweiz: Vivotif); Schutzdauer: 1 Jahr.

Cholera: Zweimalige Injektionsimpfung; Schutzdauer: 6 Monate (Schutzwirkung umstritten).

Tetanus (Wundstarrkrampf): Bei Erstimpfung 2–3 Injektionen; Schutzdauer: 10 Jahre, nach 10 Jahren Nachimpfung (1 Injektion).

Virus-Hepatitis-A (infektiöse Gelbsucht/Leberentzündung): Injektion von Gammaglobulin (14tägiger Abstand zu anderen Impfungen); Impfzeit: ca. 1 Woche vor Abreise; Schutzdauer: 3–6 Monate. Ein gegen die B-Hepatitis schützender Impfstoff ist unter der Bezeichnung ›Gen-Hb-Vax‹ im Handel.

Lassen Sie sich bezüglich der notwendingen Impfungen von Ihrem Impfarzt oder dem örtlichen Gesundheitsamt beraten, und denken Sie daran, früh genug mit den Impfungen zu beginnen, um rechtzeitig bei Reiseantritt vollen Impfschutz zu genießen. Lassen Sie sich sämtliche Impfungen in dem Internationalen Impfbuch (bei Gesundheitsämtern, Impfanstalten, ADAC-Geschäftsstellen erhältlich) bestätigen. Nur in dieser amtlich bestätigten Form werden behördlich vorgeschriebene Impfungen offiziell (z. B. bei Grenzübertritten) anerkannt.

Erkrankungen unterwegs

Die folgenden Abschnitte stellen nur eine knappe Anleitung zur Selbsthilfe dar. Bei ernsthaften Erkrankungen sollte bei nächstmöglicher Gelegenheit ein Arzt aufgesucht werden. In welchen Orten sich ein Krankenhaus befindet, geht aus den Streckenbeschreibungen hervor. Für den Ersatz der im Ausland aufgewendeten Arzt- und Krankenhauskosten durch die Versicherung ist erforderlich, daß die Rechnungen detailliert aufgeschlüsselt, d. h. die einzelnen Leistungen aufgeführt und berechnet sind. Die Rechnungen müssen ferner Name des Patienten und genaue Anschrift des Arztes bzw. Krankenhauses enthalten.

Magen- und Darmstörungen: Je exotischer das Reiseziel, um so eher muß mit Störungen im Magen- und Darmtrakt gerechnet werden. Durchfallerkrankungen kommen auch bei Wüstenreisen relativ häufig vor. Ursachen sind der Klimawechsel, meist aber Infektionen durch Bakterien in unbehandeltem Wasser oder ungewaschenem Obst und Gemüse, Viren (im Rahmen von Erkältungskrankheiten), in schweren Fällen von Mikroorganismen (Erreger von Malaria, Bilharziose, Amöbenruhr) oder Parasiten (Erreger von Wurmkrankheiten). Leichte Störungen (›Touristen-Durchfall‹) lassen sich durch kurzfristige Nulldiät bzw. eingeschränkte Nahrungsaufnahme (ungezuckerter Tee mit Zwieback) und gleichzeitige Einnahme von Kohletabletten beheben. Oft genügt eine Ruhigstellung des Darmes für ein bis zwei Tage, um ihm Zeit zu geben, selbst mit der Störung fertig zu werden. Bei hartnäckigen Fällen (nur dann!) empfiehlt sich die Einnahme von Mitteln wie ›Imodium‹ oder ›Reasec‹. Allerdings verursachen Durchfallerkrankungen hohen Flüssigkeitsverlust und schwere Störungen des Mineralstoffhaushalts. Mit der reichlichen Zufuhr einer Trinklösung aus Wasser oder Tee und z. B. ›Elotrans‹ oder ›GEM‹ (Glucose-Elektrolyt-Mischung nach Rezeptur oder WHO – auch bei einigen Ausrüstern erhältlich) kann man den gestörten Elektrolythaushalt des Körpers wieder normalisieren. Nach Abklingen der Beschwerden sollte man die Belastung des Magens nur langsam steigern (fettarme Brühe, Zwieback etc.).

Bei stärkeren oder länger anhaltenden Durchfallerkrankungen, wenn Blut oder Schleim im Stuhlgang auftritt, wenn Fieber oder Koliken hinzukommen, sind ärztliche Diagnose und Versorgung erforderlich. Hier kann es sich um schwerwiegende Erkrankungen (Cholera, Typhus, Ruhr, eventuell sogar Malaria oder Bilharziose) handeln. Notfalls sollte ein Antibiotikum (z. B. Bactrim, Eusaprim, Cotrim, Minocin, Clamoxyl) eingenommen werden. Man sollte jedoch bedenken, daß Antibiotika auch die ›gesunden‹ Bakterien im Darm abtöten.

Sonnenstich, Hitzschlag: Sonnenstich ist eine Folge direkter, starker Sonnenbestrahlung des ungeschützten Kopfes oder Nackens. Es kommt dabei zu Lähmungs- und Reizerscheinungen des Nervensystems mit Symptomen wie Kopfschmerz, Blutandrang im Kopf, Übelkeit, Flimmern vor den Augen, Erbrechen, schließlich Bewußtlosigkeit.

Der Hitzschlag ist in seinem klinischen Bild nicht immer vom Sonnenstich zu unterscheiden. Bei ihm spielen Wärmestauungen infolge schwüler Tropenluft und eventuell auch unzweckmäßiger Kleidung eine große Rolle. Die mildeste Form eines Hitzschlags ist das mit stärkerem Schweißausbruch verbundene ›Schlappwerden‹, eine leichte Ohnmacht. In ernsteren Fällen können Temperaturerhöhungen auftreten, Atmungsschwierigkeiten, Bewußtlosigkeit.

Behandlung in beiden Fällen: den Kranken schnellstmöglich an einem kühleren Ort in den Schatten legen. Kopf hochlagern, beengende Kleidung lockern, kühle Luft zufächeln, Kühlung mit kalten Umschlägen, viel Ruhe. Kreislauf und Temperatur überwachen! In ernsten Fällen ist ärztliche Versorgung notwendig. Auch nach Besserung keine großen körperlichen Anstrengungen.

Vorbeugung: Tragen von luftdurchlässiger, weiter, körperbedeckender Kleidung; ausreichender Sonnenschutz (Kopfbedeckung etc.), rechtzeitige und ausreichende Flüssigkeitszufuhr, kein Alkohol während des Tages, kühle Waschungen, Ruhepausen zwischen körperlichen Anstrengungen.

Infektionen: Erkältungskrankheiten können bei Saharafahrten verstärkt auftreten. Ursache sind u. a. die Klimaschwankungen zwischen Tag und Nacht, vor allem in den Wintermonaten. Der meist als angenehm empfundene Fahrtwind bei offenem Wagenfenster kann besonders Augen, Nase, Ohren empfindlich reizen. Gegen Husten, Schnupfen und Heiserkeit sollte vorgesorgt werden mit Hustentropfen oder -pastillen, Nasentropfen, Ohrentropfen, Halstabletten, Augentropfen. Bei stärkeren Infektionserkrankungen empfehlen sich die bereits unter ›Magen- und Darmstörungen‹ aufgezählten Antibiotika (Baktrim, Eusaprim, Clamoxyl usw.), die bei verschiedenen Infektionen wirken. Zur Fiebersenkung eignet sich Aspirin. Sehr hohes, periodisch auftretendes Fieber kann auf Malaria hindeuten; hier wird Fansidar (3 Tabletten, Vorsicht: Nebenwirkungen) oder Chinin-Sulfat/Chinidin empfohlen. Zur Vermeidung von Wundinfektionen sollte bei Hautverletzungen sofort Merfentinktur in die Wunde getupft werden. Jod ist weniger empfehlenswert, da es Allergien hervorrufen kann.

Hautschutz, Insektenschutz: Sonne, Austrocknung, Schmutz und lästige Stechmücken in Wassernähe sind unterwegs die größten Feinde der Haut. Gegen Hitze und Austrocknung schützt man sich am besten durch luftig-leichte, körperbedeckende Kleidung. Bei starker Sonneneinstrahlung sollten unbedingt eine Kopfbedeckung und eine Sonnenbrille getragen werden. Ein Fettstift für die Lippen und Sonnencreme für Gesicht und ungeschützte Körperpartien sind ebenfalls ratsam. Die Einnahme von Vitamin-B 1-Tabletten (z. B. Betabion 300 mg) erzeugt einen Hautgeruch, der lästige Insekten vertreibt. Auch Hautsprays (z. B. Autan, Toxial) oder Neocide als Puder leisten gute Dienste als Insektenschutz. Wird man trotzdem gestochen, lindern Insektensalbe (z. B. Soventol oder Systral) oder ein Insektenstift den Juckreiz und verhindern eine starke Anschwellung. Gegen allergische Hauterkrankungen empfehlen sich cortisonhaltige Cremes bzw. Lösungen (z. B. Betnovate, Nerisona) oder Fenistil-Gel, die ebenfalls den Juckreiz mildern. Auch ein Puder gegen Pilzerkranungen sollte in der Reiseapotheke nicht fehlen.

Schlangen und Skorpione: Die Gefahr, von einer Schlange gebissen oder von einem Skorpion gestochen zu werden, wird meist sehr überschätzt. In Griechenland oder auf Korsika sind uns auf Kurzurlauben weitaus mehr Schlangen über den Weg gekrochen, als auf insgesamt 14 zum Teil längeren Afrikareisen. Schlangen fliehen im allgemeinen, wenn sich ein Mensch nähert. Ein Angriff erfolgt meist nur in Gegenwehr. Vorsicht aber nachts! Dann nur mit Taschenlampe ins Gelände gehen!

Skorpione sind Nachttiere, die man ebenfalls nur selten oder nie zu sehen bekommt. Tagsüber liegen sie meist unter Steinen verborgen und greifen höchstens an, wenn sie sich bedroht fühlen. Skorpione lieben angeblich den Geruch von Füßen und Schuhen; sicherheitshalber Schuhe, die im Freien standen, vor dem Anziehen ausschütteln! Vorsicht generell auch mit nackten Füßen. Skorpionsstiche sind sehr schmerzhaft, im allgemeinen – bei gesunden Menschen – aber nicht lebensgefährlich.

Nach einem Biß oder Stich ist es zunächst vor allem wichtig, daß das Gift nicht in den Blutkreislauf gelangen kann. Deshalb zuerst etwa eine Handbreit von der Bißstelle herzwärts eine Stauung anlegen (also keine feste Abbindung, die die Blutzirkulation zu stark hemmt). Die einsetzende Blutung soll das Gift ausschwemmen. Das Heraussaugen des Giftes mit dem Mund ist nicht nur kaum wirksam, sondern auch für den Helfer gefährlich (bei Verletzungen im Mundraum!). Als Hilfsmittel gibt es (z. B. bei Expeditionsausrüstungsfirmen) spezielle Schlangenbißsätze mit Gummisaugern oder Saugpumpe, Abbinder, Desinfektionsmittel, Mini-Skalpell und genauer Anleitung.

Am wirkungsvollsten sind natürlich Immunseren zum Einspritzen. Leider sind diese ziemlich teuer und nur gekühlt (und selbst dann nur begrenzte Zeit) haltbar. Eine Art Universal-Serum für die in Nordafrika heimischen Giftschlangen wird von den Behring-Werken, Marburg/Lahn, hergestellt. Ein Skorpiongift-Immunserum für nordafrikanische Arten liefert die Twyford Pharmaceuticals GmbH, D-6700 Ludwigshafen.

Verschiedenes: Vergessen Sie über all den Medikamenten für besondere Fälle jene Arzneien nicht, die Sie auch zu Hause einnehmen.

Sehr nützlich auf Saharareisen ist eine Augenwanne. Ein Augenbad mit Augentropfen bzw. lauwarmem Wasser hilft bei entzündeten oder überreizten Augen und leistet unschätzbare Dienste, wenn es darum geht, Fremdkörper (z. B. Sand) aus dem Auge zu spülen.

Bei hohen Temperaturen und starker körperlicher Anstrengung verliert der Körper mit dem Schweiß neben Kochsalz (bis zu 3 g/Liter) noch verschiedene Mineralsalze. Die verstärkte Zufuhr von Kochsalz alleine (z. B. durch kräftiges Würzen der Speisen) ist auf Dauer nicht ausreichend. Durch Einnehmen von Mineralsalztabletten (erhältlich in Apotheken) können sowohl die Kochsalz- als auch die Mineralsalzverluste wieder ausgeglichen werden (vgl. S. 319 ›Wasserbedarf‹). Zum Ausgleich des durch die Konservenkost entstehenden Vitaminmangels empfiehlt sich die regelmäßige Einnahme von Multi-Vitaminpräparaten.

Selbst wer nie Probleme mit dem Einschlafen hat, ist dankbar, wenn er z. B. in einer stürmischen Nacht, in Krisensituationen, vielleicht auch nur an Bord der Fähre (bei hohem Seegang oder lauten Geräuschen) mit Hilfe einer Schlaftablette und/oder Ohropax endlich die ersehnte Ruhe findet. Fährenbenutzer sollten eventuell auch Tabletten gegen Reisekrankheit mitnehmen. Gerade in den Wintermonaten, der Hauptreisezeit für Afrikafahrten, muß mit rauher See gerechnet werden.

Eine spitze Pinzette ist unentbehrlich, wenn Holzsplitter oder Dornen aus der

Checkliste für die Reiseapotheke

Für die endgültige Zusammenstellung der Reiseapotheke sollte in jedem Fall der Hausarzt hinzugezogen werden. Die folgende Liste kann nur als Anhaltspunkt dienen.

Erste-Hilfe-Anleitung
Verbandsmaterial
Einwegspritzen
Klarsichthandschuhe
Pflaster, Schere, Pinzette
Dreieckstuch
Wund-Desinfektionsmittel
Blutstillendes Mittel
Brandsalbe, Insektensalbe und -spray
Salbe gegen Schwellungen
und Bluterguß
Fußpuder
Allgemeine Schmerztabletten
Kopfschmerztabletten
Halstabletten/-pastillen
Hustentropfen
Nasentropfen
Augentropfen
Augenwanne
Ohrentropfen
Antibiotika
Kreislaufstärkendes Mittel
Durchfall-Tabletten
Abführmittel
Schlaftabletten, Ohropax
Reisekrankheitstabletten
Mineralsalztabletten/Elotrans oder GEM
Multi-Vitaminpräparate
Cavit-Zahnfüllmasse
Fieberthermometer
Malaria-Tabletten (Resochin/Fansidar)
Schlangenbißsatz
Sonstige, persönliche Medikamente

Griffbereit ins Handschuhfach gehört eine kleine Erste-Hilfe-Box mit den wichtigsten Medikamenten und Hilfsmitteln.

Haut zu entfernen sind. Danach die Hautstelle gleich mit Merfentinktur betupfen!

Zahnschmerzen können fürchterlich sein. Wenn keine zahnärztliche Hilfe in erreichbarer Nähe ist, kann mit einer Zahnfüllmasse (Cavit), der Schmerz eventuell provisorisch ›zugekleistert‹ werden (bitten Sie Ihren Zahnarzt um eine Probe).

Nehmen Sie über den eigenen Bedarf hinaus große Vorräte an Aspirin oder sonstigen Kopfschmerztabletten sowie Augentropfen mit. Sie werden unterwegs von Einheimischen immer wieder darum gebeten. Wenn Sie den Bewohnern des Landes ärztliche Hilfe leisten (kranke Augen, offene Wunden etc.), ziehen Sie zum Schutz gegen Infektionen einfache Klarsicht-Folienhandschuhe an, oder waschen Sie die Hände anschließend in einer Desinfektionslösung (Apotheken verkaufen auch einzeln verpackte Sagrotan-Tüchlein). Wenn Sie kein Arzt sind, überschätzen Sie Ihre medizinischen Fähigkeiten nicht!

Verpflegung und Küche

Gutes Essen hält Leib und Seele zusammen. Das gilt auch für Saharareisen. Manches Problem scheint leichter lösbar, wenn man es *nach* einem guten Essen angeht. Sicher überlebt auch der, der sich nur einen Sack Datteln ins Auto stellt; für eine längere Fahrt sollte man sich aber schon ein bißchen mehr einfallen lassen. Da sich die Einkaufsmöglichkeiten in den Oasen Südalgeriens – was unseren Bedarf betrifft – auf Brot, etwas Obst oder Gemüse und einige Konserven beschränken (das Angebot wird dabei um so spärlicher, je weiter man nach Süden kommt), muß fast die gesamte Verpflegung mitgenommen werden. Nutzen Sie jede Möglichkeit zum Kauf von frischem Obst, Gemüse oder Salat. Diese Dinge schmecken nicht nur besser als Konserven, sondern führen dem Körper auch die dringend benötigten Vitamine zu. Nicht schälbares Obst oder Gemüse muß sorgfältig gewaschen werden. Das Essen in Hotels oder Restaurants ist – gemessen am Preis – oft enttäuschend. Außer dem Kuskus (eine Grießart, verschieden zubereitet und garniert) gibt es – zumindest in den südlichen Regionen – auch keine typischen Spezialitäten auszuprobieren. Bei Mahlzeiten in Hotels oder gar kleineren Garküchen besteht zudem immer eine gewisse Infektionsgefahr, die nicht unterschätzt werden sollte und die den weiteren Verlauf der Reise sehr beeinträchtigen kann.

Menge und Zusammensetzung der mitzunehmenden Lebensmittelvorräte bestimmen sich zunächst natürlich nach Reisedauer und Anzahl der Mitreisenden sowie dem vorhandenen Stauraum, der Zulademöglichkeit und dem Geschmack der zu Verpflegenden. Die Vorräte müssen platzsparend, möglichst leicht, bruchsicher verpackt, ohne Kühlung haltbar, schnell und mit wenig Wasser zuzubereiten und möglichst auch noch schmackhaft sein. Eine detaillierte Berechnung und Auflistung der benötigten Vorräte empfiehlt sich, um weder zu viel noch zu wenig dabeizuhaben. Eine solche ›Futterliste‹ ermöglicht unterwegs auch eine Art Buchhaltung und dadurch gleichmäßigere Aufteilung sowie einen Überblick über noch vorhandene Vorräte, ohne jedesmal darin wühlen zu müssen.

Hinweis: Werden im folgenden bestimmte Markenprodukte genannt, so wollen wir selbstverständlich keinerlei Schleichwerbung betreiben. Es handelt sich dabei lediglich um Empfehlungen aufgrund persönlicher Erfahrungen, wobei keinesfalls ausgeschlossen werden soll, daß andere, uns unbekannte Firmen gleichwertige Produkte herstellen!

Nachstehend nun einige Tips für die Erstellung der Proviantliste.

Frühstück

Pulverkaffee oder Teebeutel sind am einfachsten. Wer auf seinen echten Bohnenkaffee nicht verzichten kann (wir können es nicht!), muß wohl oder übel mit sperrigem Kaffeefilter hantieren (ungefilterter Kaffee erschwert den Abwasch). Eine Anfrage bei einer namhaften deutschen Kaffeefilter-Firma, ob sich ihre Konstrukteure nicht einmal einen zusammenklappbaren, campingfreundlichen Filter einfallen lassen könnten, blieb unbeantwortet. Erfinder vor! Platzsparender (und kalorienärmer) als Zucker ist Süßstoff. Als Milchersatz kann man Tubensahne, Milchpulver (Vorsicht: manche Marken klumpen und müssen vorher angerührt werden!) oder ›Coffeemate‹ (Glücksklee) verwenden. Dosen- und Trockenmilch (›Lahta‹) sind in Algerien meistens erhältlich. H-Milch ist zwar ungekühlt lange haltbar, doch rauben die Packungen viel Platz und verursachen bei Beschädigung große Verunreinigung. Butter (die man gelegentlich unterwegs auch kaufen kann) wird schnell ranzig. Margarine in gut verschlossenem Behälter (z. B. Thermos) hält sich während der kühleren Jahreszeit bis zu mehreren Wochen. Marmeladengläser sind im allgemeinen stabil und bruchfest, solange sie dicht gelagert werden und nicht aneinanderschlagen. Ein Müsli ist schnell zubereitet und sättigt anhaltend.

Brot (und zwar ein meist recht gutes weißes Stangenbrot französischer Art) gibt es theoretisch in jeder größeren Oase zu kaufen. Eine Reserve sollte man trotzdem mitnehmen, da die Bäcker nicht immer geöffnet oder nicht immer genügend Vorräte haben. Bei langen Etappen ohne Versorgungsmöglichkeit ist außerdem zu beachten, daß das einheimische Brot, wenn man es luftig lagert, schnell austrocknet; steckt man es in Plastiktüten, wird es schnell zäh oder schimmelt. (Am besten läßt man in solch einem Fall das Brot zunächst austrocknen und wickelt dann die jeweils benötigte Menge einige Stunden vor dem Verzehr wieder in ein feuchtes Tuch.) Als ›eiserne Ration‹ ist Vollkornbrot in Dosen sehr praktisch, allerdings auch teuer. Fast genauso gut eignet sich in Alufolie verschweißtes oder in Plastikboxen verpacktes Vollkornbrot, das sich mehrere Wochen lang hält, sowie Knäckebrot. Selbst frisches Bauernbrot, in Zellophanfolie eingeschweißt, kann 10–14 Tage lang genießbar bleiben. Man kann sich übrigens sein Brot unterwegs auch ohne Backofen selbst backen. Wir haben die Technik den Tuaregnomaden abgeschaut und sie mehrmals erfolgreich ausprobiert (s. Kasten rechts).

Rezept zum Selbstbacken von Brot

Aus Mehl, Wasser, Salz (dazu eventuell Kümmel, Piment oder sonstige Gewürze) und etwas Trockenhefe oder Backpulver wird ein fester Teig zubereitet (man kann natürlich auch fertige Brotmischungen kaufen oder sich eine solche von einem Bäcker zusammenstellen lassen). Während man den Teig aufgehen läßt, bereitet man auf dem Sandboden ein offenes Feuer vor. Ist das Holz völlig zu rotglühenden Brokken verbrannt, schiebe man diese und die oberste, heiße Sandschicht behutsam zur Seite. Der aufgegangene Teig wird nun zu Portionen geformt, die man kräftig mit Mehl bestäubt und in die Sandmulde legt. Dann schiebt man den heißen Sand und die glühende Holzkohle darüber und wartet ca. 15–25 Minuten. Dann gräbt man die Brotlaibe (die auf einer Seite bereits fest und braun sein müssen) vorsichtig aus, wendet sie und bedeckt sie erneut. Nach weiteren ca. 15–25 Minuten kann das ›Endprodukt‹ geborgen werden. Als ›Backofen‹ kann anstelle der Sandmulde auch ein im Feuer erhitzter und dann an den Rand der Feuerstelle gezogener flacher Stein dienen, auf den man die Teigfladen legt (man muß hierbei den Teig wenden, wenn sich die Ränder bräunen und leicht anheben; mehrfaches Wenden kann erforderlich sein). Wer ein kleines, feuerfestes Backblech als ›Backofen‹ verwendet, sollte dieses nicht zu weit in die Glut stellen (da sonst durch die starke Wärmeleitung das Brot außen verkohlt, bevor es innen ›durch‹ ist).

Über offenem Feuer selbstgebackenes Brot schmeckt in frischem Zustand ausgesprochen lecker und ist für längere Zeit lagerungsfähig.

Mittagessen

Man wird praktischerweise das Kochen warmer Mahlzeiten auf den Abend verlegen, um das Tageslicht für wichtigere und schönere Dinge zu nutzen. Mittags gibt es also in der Regel einen kalten Imbiß. Da Essiggurken, ein schäumendes Bier oder sonstige ›saftige‹ Beilagen wohl entfallen, sollte man darauf achten, daß der Brotbelag nicht zu trocken ausfällt. Senf, Meerrettich und Mixed Pickles zusammen mit Dosenwurst haben sich bewährt. Ideal sind z. B. die in Folienbecher verschweißten Salate der Firma Develey (München). Diese 125-g-Portionen sind ungekühlt haltbar, gut stapelbar und in verschiedenen recht pikanten Zusammenstellungen zu haben. Der Dosenwurstvorrat sollte abwechslungsreich sein. Gut schmecken auch Dosenfische, die in würzigen Saucen schwimmen. Bei Aldi wird ein recht passabler Camembert-Käse in der Dose verkauft. Auch die Bonbel-Käse (mit roter Wachsrinde) halten sich lange. Abwechslung bringt eine Dose Mischgemüse, bei der das Gemüsewasser durch einen Schuß Salat-Fertigsauce ersetzt wird und in die man wahlweise Dosenwurst, Zwiebel, Eier, Thunfisch u. ä. schneiden kann.

Abendessen

Wie schon erwähnt, empfiehlt es sich, das Kochen der warmen Hauptmahlzeit auf den Abend zu verlegen, um vor allem im Winter den relativ kurzen Tag für Unternehmungen nutzen zu können. Das Kochen sollte möglichst wenig Brennstoff (vor allem Gas) und wenig Wasser erfordern sowie schnell und einfach vor sich gehen. Gleichzeitig darf es dem Essen aber nicht an Abwechslungsreichtum, Schmackhaftigkeit und den notwendigen Nährstoffen fehlen. Die Vorräte müssen außerdem platzsparend, nicht zu gewichtig und ohne Kühlung haltbar sein. Das Angebot an Fertiggerichten hat in den vergangenen Jahren erfreulich zugenommen (man beachte z. B. die Angebote der Firmen Pfanni, Maggi, Knorr, Sonnen-Bassermann u. a.). Durchforsten Sie Supermärkte und die Lebensmittelabteilungen großer Kaufhäuser, beachten Sie Sonderangebote, aber probieren Sie die Gerichte aus, bevor Sie größere Mengen davon einkaufen. Auf das Gewicht der Einwaage achten: Wenig Masse und viel Sauce ist unrentabel! Fordern Sie die Kataloge der Ausrüstungsfirmen an und schauen Sie auch in große Sportgeschäfte und Reformhäuser. Bei Eintöpfen (z. B. Erbsen, Linsen, Bohnen, Kartoffeln, Gemüse) haben zwar die Dosen eine kürzere Zubereitungszeit, platz- und gewichtssparender sind aber die Tüten mit Trockeninhalt. Würstchen aus Dosen schmecken gut dazu. Auch geräucherter Bauchspeck, in Folie verschweißt, läßt sich für die ersten ein bis zwei Wochen einplanen. Original italienische Ravioli ›Giordani‹, ungekühlt haltbar, in Folie verschweißt, lassen sich als Suppeneinlage, mit Tomaten-, Käse- oder Bologneser Sauce verwenden. Das Sortiment ›Schnelle Mahlzeit‹ (Fa. Homann, D-4503 Dissen) umfaßt über 20 verschiedene Fertiggerichte in Alu-Schalen, die ungekühlt 2 Jahre haltbar sind und nur ca. 10 Minuten im Wasserbad erhitzt werden müssen.

›Bruzzelburger‹ (schmackhafte, in Alu-Folie verschweißte, ungekühlt haltbare Hacksteaks) vertreibt die Fa. Schafft/Ansbach.

Ideal bei Platznot und Gewichtsproblemen sind gefriergetrocknete Fertiggerichte. Dieses ›Trockenfutter‹ wird unter Zugabe von Wasser gegart und quillt in kurzer Zeit zu normaler Größe auf. Trokken-Fertigprodukte verschiedener Hersteller finden sich im Angebot von großen Sportgeschäften und Ausrüstungsfirmen. Besonders große Auswahl bietet die Fa. Simpert Reiter GmbH, Postfach 144, D-8900 Augsburg 31, mit sehr schmackhaften ›Travel-, Adventure- und Globetrotter-Lunches‹, Suppen und Desserts, Aufbau- und Kompaktnahrung, Getränkepulver, Trockenfrüchte etc. Interessant für größere Reisegruppen (da hohe Mindestabnahmemengen) dürfte auch das Angebot der Firma Sicca-Nahrungsmittel (D-6072 Dreieich-Buchschlag) sein, das u.a. Quellgemüse und Salatmischungen, gefriergetrocknete Kräuter, Zwiebeln, Kartoffeln, Pilze, Trockenobst, Früchtepulver, Instantgetränke, gefriergetrocknete Süßspeisen, Suppen, Risottos etc. umfaßt. Quellgemüse (Gemüse, dem sämtliches Wasser entzogen wurde) wiegt nur ca. 10% der gleichen Menge Frischgemüse. Es ist leicht zuzubereiten und steht Frischgemüse im Geschmack kaum nach (erhältlich auch bei einigen Ausrüstern). Trocken-Volleipulver (monatelang ungekühlt haltbar, verwendbar für Rührei, Kuchen etc.) wird ebenfalls von diversen Ausrüstern angeboten.

Etwas Besonderes auf dem Gebiet der Expeditionsverpflegung bietet die Fa. K.-J. Metzmacher (Apfelstraße 53, D-5138 Heinsberg) an: Cathay, ein konzentriertes Vollnahrungsmittel, hergestellt aus Fleisch, Tierfetten und pflanzlichen Nährstoffen. Es handelt sich dabei um ein in Folie verschweißtes Konzentrat (erhältlich in verschiedenen Geschmacksrichtungen), das man ohne Zubereitung, z. B. als Brotbelag, verzehrt, das stark sättigt und das angeblich alle lebenswichtigen Grundnährstoffe, Mineralien sowie Schutz- und Reglerstoffe enthält, so daß nur noch der Flüssigkeitsbedarf des Körpers gedeckt werden muß (50 g = 330 Kalorien). Die ideale Notverpflegung; platz-, gewichts- und zeitsparender geht es nicht mehr. Daneben bietet Metzmacher dehydriertes (flüssigkeitsentzogenes) Schweineschnitzel, Schweinefleisch und Rindersteak an, geschnetzelt und vakuumverpackt, ebenfalls ›aus der Tüte‹ ohne Zubereitung eßbar oder auch unter die Beilagen zu mischen. Die geschlossenen Packungen – auf Wunsch in kleinen Portionen – sind ungekühlt ein Jahr haltbar. Bei der stets problematischen Versorgung mit Frischfleisch in afrikanischen Ländern ist dies eine ganz willkommene Bereicherung der Expeditionsverpflegung.

Sehr günstig kauft man bei der Bundeswehr. (Nachstehendes gilt für die Standortverwaltung München; erkundigen Sie sich in Ihrer Heimatstadt.) Diese verkauft in unregelmäßigen Abständen Verpflegungsmittel aus ihren Vorräten, deren offizielle Lagerzeit abgelaufen ist. Interessant an diesem Angebot sind die generell sehr niedrigen Preise für verschiedene Konserven und Lebensmittel, speziell aber die ›EPAs‹, komplette Tagesrationspackungen, für jeweils einen Soldaten gedacht, aber durchaus ausreichend für zwei Personen. EPAs gibt es in verschiedenen Typen. Sie enthalten neben den Frühstückszutaten (Tee oder Kaffee, Marmelade, Brot) Konserven mit Wurst oder Fisch und zwei Fertiggerichte, ferner Getränkepulver, Schokolade, Kaugummi, Zündhölzer und Toilettenpapier. Nachteile eines Kaufs bei der Bundeswehr: Die Mindestabnahmemengen bei verschiedenen Lebensmitteln sind relativ hoch, man muß das Bestellte persönlich abholen, und es ist vorher kein genauer Zeitpunkt zu erfahren, wann die nächste Aktion stattfinden wird (Ausnahme: EPAs gibt es immer). Einen Bestellscheinvordruck erhält zu gegebener Zeit, wer diesen unter Einsendung eines freigemachten Rückkuverts beim Verpflegungslager der Münchner Standortverwaltung (Dachauer Str. 128, Tel. 089–12493098) anfordert. Bundeswehr-EPAs sind (allerdings teurer) auch über einige Ausrüstungsfirmen erhältlich.

Für besondere Tage (Feiertage, Geburtstage o. ä.) oder solche, an denen die Mannschaft eine ›moralische Aufmunterung‹ nötig hat, sollte man etwas Selbsteingemachtes dabeihaben. Größere Haushaltswarengeschäfte verkaufen Dosen zum Einkochen von Fleisch u. a. mit Gummiring, Deckel, Klammer und Gebrauchsanleitung. Das Einkochen stellt kein Problem dar, die Dosen sind wiederverwendbar, halten gut, und Gulasch, Schweinebraten, Rindsrouladen oder sonstige Leibgerichte schmecken daraus ›wie bei Muttern‹. Wenn sowieso ein abendliches Lagerfeuer geplant ist, kann zur Abwechslung auch mal gegrillt werden. Auf den Märkten Südalgeriens gibt es Kartoffeln, oft auch Tomaten. Ansprechendes Fleisch haben wir in Südalgerien nur selten entdeckt (auf der Anreise durch Tunesien, Nordalgerien oder Marokko kann man mehr Glück haben). Leberkäse in Alupackung oder in der Dose sowie verschiedene Arten von Dosenwürsten eignen sich jedoch auch recht gut zum Grillen.

Was die Beilagen betrifft, so gibt es außer Nudeln, Kartoffelpüree und 5-Minuten-Reis zahlreiche weitere Möglichkeiten. Man kann z. B. ruhig auch den Kuskus einplanen. Diesen Weizen- oder Hirsegrieß (den bei uns die Lebensmittelabteilungen größerer Kaufhäuser oder Supermärkte führen) bekommt man in Nordafrika in fast jedem Laden. Einfach die benötigte Menge mit kochender Fleischbrühe (aus Würfeln) übergießen und einige Minuten quellen lassen. Schmackhaft und schnell zubereitet sind auch Bratkartoffeln, die es, verschweißt in Alu-Folie, fix und fertig in verschiedenen Geschmacksrichtungen und von verschiedenen Herstellern gibt. Weniger Gewicht haben die ebenfalls vorgewürzten trockenen Kartoffelflocken verschiedener Firmen, aus denen sich nach kurzer Einweichzeit in Wasser ebenfalls Bratkartoffeln (bzw. aus anderen Mischungen Kartoffelmedaillons, Kroketten oder Kartoffelpuffer) formen lassen, die nur kurze Bratzeit in der Pfanne benötigen.

> **Achtung:** Generell, aber ganz besonders an heißen Tagen, sollte man die Speisen kräftig salzen, um den durch das Schwitzen erlittenen Salzverlust wieder auszugleichen.

Desserts stellen natürlich reinen Luxus dar. Wenn Platz bleibt, empfehlen sich Puddings und Quarkspeisen, die nur noch mit Wasser angerührt, sowie Cremes, die nur noch verdünnt werden müssen. Obstkonserven sind in der Wüste ganz begehrte Delikatessen, aber natürlich viel zu schwer und sperrig zum Mitnehmen (schmuggeln Sie trotzdem 1–2 Dosen zwischen die Vorräte).

Nehmen Sie zur Verbesserung des Einheitsgeschmacks mancher Konserven Gewürze mit: Kräutermischungen, Curry-, Paprika-, Tomatenpaste, Parmesankäse. *Harissa,* ein feuriges Paprikakonzentrat in Dosen, bekommt man in Tunesien und Algerien; eine Messerspitze davon verleiht jedem Gericht den nötigen ›Pfeffer‹. Praktisch sind auch fertige Salad-Dressings (auch geöffnet haltbar). Ein paar tassenfertige Suppenpäckchen, (z. B. UNOX-Heiße Tasse, Maggi-Suppen-Drink), Fleischbrühwürfel, vielleicht eine Erbswurst sollten Sie zusätzlich als Reserve einpacken.

Zwischenverpflegung

Irgend etwas Eßbares sollte immer greifbar sein. Oft verzögern sich die Essenszeiten, und man braucht ›eine Kleinigkeit‹ zwischendurch! Kompakt, haltbar und gut sind z. B. Früchtebrot, Dosenkuchen und ›Studentenfutter‹. Müslis (am besten kompakte Müsliriegel) sättigen ebenfalls. Nüsse, Gebäck und Süßigkeiten machen leider gleichzeitig Durst, Schokolade zerläuft zu schnell. Relativ lange hart bleibt lediglich Cola-Schokolade in Dosen. Gut (aber meist recht teuer) sind verschiedene Arten von Sportler- oder Bergsteigernahrung, die man in Sportgeschäften, bei Expeditionsausrüstungsfirmen und teilweise auch in Kaufhäusern bekommt (z. B. Vitareal-Vollwertkost, Weizenkeimkekse, Rosinenzwieback oder ›Notration K 500‹ von der Firma Salewa usw.). Auch ein Blick in Reformhäuser, wo z. B. vitaminreiche Fruchtschnitten, Leinsamenschnitten, Traubenzuckerpräparate etc. angeboten werden, lohnt sich. Lutschen Sie zwischendurch ein Vitaminbonbon. Vitamin B1 z. B. vergrault (wegen einer dadurch bewirkten Ausdünstung der Haut) lästige Insekten. Probieren Sie auch einmal die algerische Süßigkeit *Halva Turc,* eine Art türkischer Honig, der in Dosen verkauft wird (sehr süß). Decken Sie sich in den nördlicheren Oasen (z. B. Ghardaia, El Golea, Hassi Messaoud) reichlich mit Orangen ein! Im Süden werden diese teurer, seltener und trockener. Datteln dagegen kann man fast überall kaufen.

> **Achtung:** Kaufen Sie unterwegs großzügig Brot und Obst ein, und berechnen Sie auch die sonstigen Vorräte nicht zu kleinlich. Auch wenn die Einheimischen nur selten betteln, stehen sie oft so hungrig neben der ›Küche‹, daß man sich geradezu als Unmensch fühlt, wenn man nichts abgibt.

Getränke

Alkoholische Getränke: Nach den offiziellen algerischen Einfuhrbestimmungen darf man pro Person 2 Liter Wein oder 1 Liter Spirituosen mitbringen. Ob unter die Alkoholbeschränkung auch Bier fällt, haben wir nie zu ergründen versucht, da wir unsere Dosen stets etwas versteckt lagerten. Das Schnapskontingent sollten Sie unbedingt ausnutzen: Schon in Tunesien und noch mehr in Algerien sind Spirituosen schwer zu bekommen und sehr teuer; Bier sowie den guten Weinen aus Algeriens Anbaugebieten begegnet man höchstens in den Hotelbars (zu enormen Preisen) und in wenigen Spezialgeschäften. Decken Sie sich deshalb spätestens im Duty-Free-Shop an Bord der Autofähre mit dem Gewünschten ein. Vermeiden Sie Alkoholgenuß bei großer Hitze und in der Öffentlichkeit (vor allem im Fastenmonat Ramadan).

Alkoholfreie Getränke: Fertige Getränke in Flaschen oder Dosen sind zu schwer und platzraubend. Wer zu Hause in Supermärkten auf die Jagd nach Getränkepulver geht, wird feststellen, daß es eine ungeheure Auswahl gibt. Tri-top z. B. verkauft nicht nur ergiebige Saftextrakte in Flaschen, sondern auch Portions- und größere Vorratspackungen mit Getränkepulver verschiedener Geschmacksrichtungen. Groß ist auch die Auswahl bei Quench, wo es – ebenfalls in Portions- oder Großpackungen (Dosen) – Pulver mit verschiedenem Geschmack gibt. Bei Aldi gibt es preiswerten Zitronentee im Glas, Orangensaftpulver (Groß- oder Portionspackungen) und Brausetabletten im Röhrchen mit Fruchtgeschmack und reichem Vitamingehalt. Frigeo-Brausepulver mag Geschmackssache sein. Afrikas Kinder versetzt es jedenfalls in Begeisterungsstürme. Von Moderna gibt es in Kilopackungen Getränkepulver in den Geschmacksrichtungen Zitrone, Orange, Apfel, Hibiskus- und Zitronentee (u. a. erhältlich bei Firma Därr). Tee oder Kaffee schmecken auch tagsüber gut, und aus der Apotheke sollte man sich tassenfertiges Teepulver (gegen Magen- oder Darmverstimmungen und gegen Husten) holen. Dosensaft (Orangen-, Aprikosen- und Grapefruitsaft) und Mineralwasser in Plastik-Einwegflaschen können in größeren Oasen gekauft werden. Beim Kauf von Flaschengetränken (z. B. Cola, Fanta) muß Leergut gestellt werden. Dosen- und Trockenmilch (›Lahta‹) ist in Algerien fast überall erhältlich. Frischmilch sollten Sie auf jeden Fall vor dem Genuß abkochen!

Spezielle Tips für die Küche

Kochstelle: Offene Holzfeuer zum Kochen sind zwar romantisch, aber nicht gerade zweckmäßig, besonders dann, wenn nur eine kleine Gruppe bekocht werden soll. Als handlicher und praktischer erweisen sich da schon die bekannten (möglichst zweiflammigen) Gaskocher. Da allerdings das Auffüllen einer unterwegs leer gewordenen Gasflasche Schwierigkeiten bereiten kann (weil es überhaupt kein Gas gibt oder wegen unterschiedlicher Anschlüsse), nehme man sicherheitshalber einen ausreichenden Gasvorrat mit. (Für eine 7-Wochen-Fahrt reichte uns beiden eine 3-kg-Flasche fürs allmorgendliche Frühstück und eine warme Abendmahlzeit an jedem zweiten Tag gerade so aus.) Zumindest empfiehlt sich ein Universalanschluß zum Wiederauffüllen. Weniger Schwierigkeiten mit der Gasversorgung hat man bei jenen Kochern, die aus den kleinen 190-g-Camping-Gaz-Kartuschen gespeist werden, da man diese gelegentlich in den Tankstellen größerer Saharaoasen nachkaufen kann. Achtung: Camping Gaz (Butangas) kann bei niedrigen Temperaturen einfrieren. Wir haben dies in kalten Saharanächten (ab ca. –8°) selbst erlebt. Mit Propangas, das zudem billiger ist, passiert dies nicht. Die blauen Camping Gaz-Flaschen können in Algerien übrigens nicht umgetauscht werden; daher ausreichenden Vorrat mitnehmen.

Für Fahrer von Wagen mit Benzinmotor erscheinen Benzinkocher zweckmäßiger, da man von diesem preiswerteren ›Saft‹ stets einen ausreichenden Vorrat mit sich führt. Man beachte beim Kauf jedoch, daß sich nicht alles, was sich ›Benzinkocher‹ nennt, mit einfachem Vergaserkraftstoff zufrieden gibt. Manche Modelle stellen nämlich höhere Ansprüche und verlangen Leichtbenzin oder zumindest bleifreien Superkraftstoff, welcher unterwegs nicht erhältlich ist (Vorrat mitnehmen). Wer stattdessen Normalbenzin verwendet, muß gelegentlich die Düsen wechseln. Gegenüber Gaskochern bieten Benzinkocher eine größere Heizleistung, doch ist die Handhabung etwas umständlicher (Vorwärmen) und außerdem nicht ganz ungefährlich.

Nur als Notbehelf können die mit Trokkenspiritus arbeitenden Esbit-Kocher dienen; diese Winzlinge von der Größe einer Zigarettenschachtel wiegen kaum etwas und passen überall noch als Reserve dazwischen. Zum Kochen großer Menüs sind sie wegen der geringen Heizleistung nicht geeignet, aber zu einem heißen Frühstückskaffee reicht es allemal. Verschiedene Expeditionsausrüstungsfirmen und Campingausstatter bieten zusammenklappbare Backöfen an, die sich auf Gas- oder Benzinkocher aufsetzen lassen und in denen Kuchen, Brot oder Fleisch zubereitet werden können. Nach unseren (nicht repräsentativen) Erfahrungen waren die Garzeiten allerdings extrem lange, was einen entsprechend hohen Gas- bzw. Benzinverbrauch bewirkte.

Kühlprobleme: Ein Kühlschrank stellt bei Saharafahrten zweifellos eine feine Sache dar. Wer sich diesen Luxus leisten kann, der nehme ein Modell mit Schwingkompressor (erhältlich z. B. bei Expeditionsausrüstungsfirmen), da diese im Gegensatz zu den Absorbermodellen auch bei Schräglage noch zuverlässig arbeiten. Billig sind sie allerdings nicht. Da sie außerdem einen relativ hohen Stromverbrauch haben, ist es ratsam, eine zweite Batterie einzubauen, die über ein Trennrelais angeschlossen wird, um die Entladung der Starterbatterie über den Kühlschrank zu verhindern.

Für die meisten Saharafahrer scheidet ein Kühlschrank allerdings aus, denn der Platz wird für wichtigere Dinge gebraucht. Tatsächlich geht es auch ohne ganz gut. Wir jedenfalls haben auf unseren Afrikafahrten auch ohne Kühlschrank nicht auf kühle Getränke o. ä. verzichten müssen. Recht praktisch sind die einfachen Camping-Kühlboxen. Diese kühlen den Inhalt zwar nicht, da der Nachschub an Kühl-Akkus fehlt, doch verhindern sie zumindest eine übermäßige Erwärmung während der heißen Tagesstunden. Wenn man diese Box nachts geöffnet ins Freie stellt und frühmorgens dicht verschließt, hat man die Kälte der Nacht für einige Stunden wirkungsvoll ›eingefangen‹. Trinkwasser läßt sich in größeren Mengen in Leinen-Wassersäcken kühlen, die man während der Fahrt außen am Wagen befestigt. Die durch den Fahrtwind verstärkte Verdunstung hält das Wasser kühl; allerdings muß man einen relativ hohen Wasserverlust in Kauf nehmen. Getränkedosen oder -flaschen kühlen wunderbar, wenn man sie in einem nassen, eng anliegenden Frotteesack in den Wind hängt. Notfalls erreicht das Getränk auch im Luftstrom des Autoventilators nach kurzer Zeit eine angenehme Temperatur.

Geschirr und verschiedene Hilfsmittel: Praktische, ineinander passende Kochtopfsets finden sich in Geschäften für Campingbedarf. Eine Kuchenbackform, in der man auf normalen Gas- oder Benzinkochern backen kann, haben verschiedene Ausrüstungsfirmen in ihrem Programm, ebenso anti-haft-beschichtete Pfannen mit abklappbarem oder abnehmbarem Griff. Sehr praktisch, weil energie- und zeitsparend, ist auch ein kleiner Dampfdrucktopf. Zum Abgießen von Nudeln oder Reis gibt es in größeren Haushaltswarengeschäften statt des starren, sperrigen Drahtsiebes zusammenklappbare Drahtmaschensiebe. Ein einfaches, selbstgenähtes Säckchen aus Vorhangtüll, das nach Benutzung schnell ausgewaschen werden kann, in Minutenschnelle trocknet und keinen Platz beansprucht, erfüllt den gleich Zweck.

Einweggeschirr stellt zwar Luxus dar, bei gleichzeitigem Mangel an Abwaschwasser aber einen durchaus vertretbaren (sieht man von dem dadurch anfallenden Mehr an Müll einmal ab). Preisgünstige Großpackungen von Plastiktellern verschiedenen Formats gibt es in den Großeinkaufszentren für Gewerbetreibende. Pappteller reichen für kalte Mahlzeiten aus. Die Teller für warme Mahlzeiten sollten nicht zu flach sein. Isoliertassen, in denen das Getränk auch im Freien heiß bzw. kühl bleibt, haben wir bei Pritz und Fa. Berger, 8430 Neumarkt, entdeckt. Plastikdosen mit dicht schließendem Deckel eignen sich hervorragend zur staubdichten und auslaufsicheren Aufbewahrung von Nahrungsmitteln und anderen Dingen. Achten Sie generell darauf, daß Geschirr und Vorratsbehälter bruchsicher und so verstaut sind, daß sie sich während der Fahrt nicht bewegen. Eine kurze Strecke Wellblech kann da Verheerendes anrichten! Aus dem gleichen Grund sollte man auch einen Eierbehälter aus Plastik mitnehmen. Eine gewisse Anzahl von Plastikflaschen ermöglicht es, Getränke jeweils auf Vorrat zuzubereiten und zu kühlen. Trichter nicht vergessen! Nehmen Sie ein Netz oder einen Stoffbeutel mit zur Aufbewahrung von Brot und Obst. Praktisch ist auch ein kleines Tablett, mit dem in einem Arbeitsgang alles für die Mahlzeit Benötigte ins Freie transportiert werden kann.

Übernachtung

›Wildes‹ Campieren

Genau so dünn wie die Besiedlung Südalgeriens ist sein Hotelnetz. Jeder Saharafahrer sollte deshalb sein Bett ›an Bord‹ haben. Freies Übernachten ist in Südalgerien überall möglich und erlaubt. Beim Campieren innerhalb von Ortschaften empfiehlt sich allerdings eine vorherige Anfrage bzw. Anmeldung bei der Lokalbehörde oder Polizei. Ideal ist es, wenn man sein Fahrzeug so ausgebaut hat, daß sämtliche Mitfahrer im Wagen schlafen können, geschützt vor Witterung, vor ›Krabbeltieren‹ und vor neugierigen Blicken. Ist dies aus Platzmangel nicht möglich, bietet sich ein Dachzelt an (paßt auf fast alle Wagentypen), das zwei bis drei Personen Platz bietet und schnell und problemlos auseinandergeklappt wird. Natürlich kann auch ein normales Zelt Verwendung finden. Dieses muß jedoch sturmsicher sein und sollte aus atmungsaktivem, aber dennoch dichtem Gewebe (um den feinen Staub und Sand abzuhalten) bestehen. Allerdings wird man oft seine liebe Not mit den Heringen haben, von denen man ein ganzes Sortiment für die verschiedenen Bodenarten (Sand, Fels) benötigt. Am besten geeignet sind deshalb wohl die kleinen, windschlüpfrigen und selbsttragenden Kuppelzelte, die ohne Spannseile und (bei ruhigem Wetter) Heringe auskommen.

Generell sollte man daran denken, daß die Nachttemperaturen in der Sahara im Winter bis weit unter den Gefrierpunkt sinken können. Eine isolierende, feste Unterlage (Thermo- oder Isoliermatte) und warme Schlafsäcke sind dann selbst bei Übernachtung im Wagen zu empfehlen. Luftmatratzen haben sich nicht bewährt. Das tägliche Aufpumpen ist lästig und die Gefahr einer Beschädigung (z. B. durch Dornen) und damit des Ausfalls der Matratze groß. Heiße Nächte im Wageninnern erträgt man bei offenen Türen und Fenstern besser. Dann allerdings sollte unbedingt ein Moskitonetz angebracht werden. Am einfachsten und billigsten näht man sich ein solches selbst aus engmaschigem Vorhangtüll, auf dessen paßgenau für Tür- bzw. Fensterrahmen zugeschnittene Seiten Klettenverschlußbänder genäht werden, deren Gegenstücke man in oder um den Tür- bzw. Fensterrahmen klebt.

Ein besonderes Erlebnis ist selbstverständlich immer das Schlafen unter freiem Wüstenhimmel. Wenn Temperaturen, Windverhältnisse und nähere Umgebung (z. B. keine ›reptilienverdächtigen‹ Büsche oder Erdlöcher) dies zulassen, sollte man ruhig die Matratze mit Schlafsack auf eine Unterlage in den Sand legen und die Nacht unter dem klaren Sternenzelt verbringen. Es hat nichts mit sentimentaler Schwärmerei zu tun, wenn der Wüstenhimmel immer als ›überwältigend‹ beschrieben wird. Man hat in unseren Breitengraden ja kaum eine Ahnung davon, wie ein Nachthimmel aussieht, wenn die Luft klar und sauber ist und man alle Sterne bis ganz hinunter zum fernen Horizont deutlich erkennen kann. Die ideale Unterlage für Freiluftübernachtungen stellen natürlich Campingliegen dar, da man über dem Boden kaum mit tierischen Besuchern rechnen muß. Wer auch in Städten, Dörfern, Oasen auf eventuell vorhandene Hotels oder Campingplätze verzichten und im Freien übernachten will, sollte sich – um seine Ruhe zu haben – einige Kilometer außerhalb des besiedelten Gebiets niederlassen. ›Heiße Tips‹ für besonders idyllische Übernachtungsstellen finden sich in den jeweiligen Streckenbeschreibungen. Übernachtungen an Wasserstellen, Gueltas oder bewässerten Palmenhainen wirken zwar romantisch, doch muß dafür oft auch die Moskitoplage in Kauf genommen werden. Die Bisse der in Wassernähe vor allem gegen Abend auftauchenden Stechmücken sind nicht nur lästig und schmerzhaft, sondern auch gefährlich (Krankheitsüberträger).

Eine Bitte an alle Camper in freier Landschaft: Hinterlassen Sie Ihren Lagerplatz sauber! Umweltbewußtsein ist auch in der Wüste angebracht, und es dürfte sicher nicht zuviel verlangt sein, vor dem Aufbruch ein tiefes Loch zu graben, die Abfälle darin anzuzünden und anschließend mit Sand zuzudecken. Halten Sie besonders Brunnen und Gueltas sauber. Das kostbare Naß ist Lebensgrundlage für Mensch und Tier. Waschaktionen nie direkt in oder über, sondern stets ein Stück abseits der Wasserstelle. Auch für Müllöcher oder Ölwechsel bietet die Wüste anderswo genügend Raum.

Ein Wort noch zum Punkt Sicherheit bei ›wildem‹ Campen: Angst vor den ›wilden Tieren‹ der Wüste ist unbegründet: Gefährliches Großwild gibt es in der Sahara längst nicht mehr, Gazellen, Mufflons und Wüstenfüchse (Feneks) sind selten und genau wie Schafe, Ziegen, Esel und Kamele harmlos. ›Gifttiere‹ wie Schlangen, Skorpione und Spinnen kommen ebenfalls nur selten vor. Außerdem greifen sie im allgemeinen nur an, wenn sie vorher gereizt wurden.

Was räuberische Überfälle, Diebstähle oder Belästigungen betrifft, so drohen diesbezüglich im ›Grand Sud‹ garantiert weitaus weniger Gefahren als in jedem europäischen Urlaubsland. Wir hatten bei all unseren Saharafahrten keinerlei unangenehme Erlebnisse in dieser Hinsicht. Erhöhte Vorsicht ist – wie überall – in Städten und den großen Oasen geboten. Unterwegs jedoch, in den kleineren Oasen und auf freier Strecke, kann man bedenkenlos lagern. Niemand hat etwas dagegen, die Bewohner sind freundlich und ehrlich. Es gibt keine randalierenden

Jugendliche (gelegentlich nur etwas lästige, da meist in Scharen auftretende Kinder) und mangels Alkohol auch keine unberechenbaren Betrunkene. Bei Einbruch der Dunkelheit ziehen sich die Einheimischen in ihre Häuser zurück. Sie lieben es nicht und haben auch keinen Grund, bei Nacht noch unterwegs zu sein: Es gibt kein Nachtleben, kaum Straßenlampen. Wenn in Pressemeldungen oder bei Treffen von Afrikafahrern doch hin und wieder Berichte auftauchen von Überfällen oder gar von Vergewaltigungen europäischer Touristinnen in nordafrikanischen Ländern, so sind dies sicher keine reinen Erfindungen. Allerdings handelt es sich bei solchen Geschichten häufig um immer wieder dieselben Fälle, die mit unterschiedlicher Ausschmückung neu aufgewärmt werden, so daß der (völlig falsche) Eindruck entsteht, solche Delikte seien dort an der Tagesordnung. Verzichten Sie übrigens auf jede Art von Schußwaffen! Die Einfuhr ist strengstens verboten, und Sie kommen in Teufels Küche, wenn man ein Schießeisen bei Ihnen entdeckt. Ein auf die Augen gezielter Strahl aus einer Caramba- oder Tränengasdose wehrt etwaige Angreifer wirkungsvoll genug ab.

Zum Thema Diebstahl noch folgende Überlegung: Jemand, der selbst nur in Zelten oder unverschließbaren Stroh- oder Lehmhütten wohnt (wie viele Bewohner im Süden Algeriens), kommt beim Anblick von frei herumliegendem Besitz eines anderen kaum auf die Idee oder in Versuchung, etwas mitgehen zu lassen. Ehrlichkeit ist für ihn selbstverständlich. (Gelegentliche Ausnahmen mögen auch hier die Regel bestätigen.) Nur wer gewohnt ist, daß alles abgesichert, eingeschlossen und verriegelt wird, den muß es in den Fingern jucken, wenn tatsächlich einmal etwas lose und unbewacht daliegt. Wir haben auf unseren Reisen immer wieder verblüffende Beweise von Ehrlichkeit erlebt, auch bezüglich Geld. Diese wiederholten guten Erfahrungen haben uns mit der Zeit ein Gefühl der Sicherheit und Geborgenheit bei Reisen durch das Land verschafft, das mit zu den wichtigsten positiven Eindrücken unserer Saharafahrten zählt.

Trotz des Glaubens an die Ehrlichkeit der Saharabewohner sollte man aber nie leichtsinnig werden. Es dürfte selbstverständlich sein, das Auto vor dem Weggehen stets gründlich zu verschließen (auch die Fenster), nichts Wertvolles sichtbar darin liegen zu lassen (eventuell Vorhänge zuziehen) und während des Lagerns seine Sachen immer ein bißchen im Auge zu behalten. Für die vergleichsweise arme Bevölkerung Südalgeriens stellen die Dinge, die wir auf unseren Reisen mit herumschleppen, teilweise unerschwingliche Schätze dar. Auch Allahs Söhne können gelegentlich Anfechtungen ausgesetzt sein, wenn so ein Schatz plötzlich greifbar nahe und unbewacht vor ihnen liegt. Weitere Tips zum Thema ›Sicherheit‹ unter ›Diverses‹ (S. 324 f.).

Offizielle Campingplätze

Südalgerien verfügt nur über sehr wenige organisierte Campingplätze. In welchen Oasen Plätze vorhanden sind, können Sie aus der jeweiligen Streckenbeschreibung entnehmen. Die Sahara selbst bietet so viel freien Raum, daß das Problem, einen geeigneten und schönen Lagerplatz zu finden, für Selbstversorger praktisch nicht existiert, zumal der Komfort der Campingplätze nicht mit europäischen Maßstäben zu messen ist. An Einrichtungen stehen häufig nur einfachste Toiletten zur Verfügung, deren Sauberkeit (wenig Wasser, viele Fliegen) oft zu wünschen übrig läßt. Fließendes Wasser gibt es oft nur zu bestimmten Tagesstunden. Von europäischem Campingluxus (Supermarkt, Faßbier, warme Duschen und Brötchendienst am Morgen) kann man nur träumen. Recht gemütlich wirken dagegen meist die *Zeribas,* Unterkunftshütten aus Stroh. Übernachtungen auf Campingplätzen sind dann ganz praktisch, wenn z. B. ein Waschtag eingelegt werden soll oder wenn man Kontakt mit anderen Saharareisenden sucht. Auch als vereinbarter Treffpunkt eignet sich ein Campingplatz recht gut. Die Preise auf den Plätzen variieren. Richtwerte: Zelt, Auto, Motorrad, Person je DA 5–20 pro Nacht.

Hotels

In den größeren Oasen Südalgeriens findet man zum Teil recht luxuriöse Hotels neben einfachen Hotelunterkünften, in kleineren Oasen allerdings bestehen häufig keinerlei Unterkunftsmöglichkeiten. In den Streckenbeschreibungen ist unter den jeweiligen Orten angegeben, ob ein oder mehrere Hotels vorhanden sind. Ein von offizieller Seite herausgegebenes Verzeichnis über sämtliche Hotels im Süden Algeriens existiert nicht, auf Anfrage bei Fremdenverkehrszentralen, Tourismus- und Informationsministerien u. ä. werden lediglich einzelne Hotelprospekte übersandt. Die nachstehende Hotelliste erhebt daher keinen Anspruch auf absolute Vollständigkeit. Die teuersten Hotels stehen jeweils am Anfang. Richtwerte für die Hotelpreise: In einem Hotel der obersten Kategorie muß für ein Einzelzimmer mit Frühstück mindestens DA 90 und für ein Doppelzimmer mindestens DA 140 (aber auch bis zu DA 200) bezahlt werden. In einfacheren Hotels liegen die Preise teilweise erheblich niedriger (die Hälfte oder weniger), und in ganz billigen Unterkünften ist eine Übernachtung auch gelegentlich für weniger als DA 20 zu haben. Übernachtungen in Zeribas (Strohhütten) sind generell preiswert (ca. DA 10–40). Private Gästehäuser gibt es im Süden Algeriens nicht.

Auch bei Hotels der höchsten Preisklasse sollte nicht mit europäischen Maßstäben gemessen und ›perfekter Service‹ erwartet werden. Je nach Leitung und Personal eines Hotels können Preis und Leistung u. U. in krassem Mißverhältnis zueinander stehen. Auch macht die Wasserknappheit in verschiedenen Oasen häufig nicht vor den Luxushotels halt. Man sollte seine Ansprüche also rechtzeitig zurückschrauben; oft wird fehlender Komfort durch Gastfreundschaft und viel guten Willen ersetzt (wobei die Sternezahl eines Hotels nicht immer eine Rolle spielt). Auch an die Küchen von Hotels und Restaurants sollten keine zu hohen Anforderungen gestellt werden. Der Menüplan ist meist recht einseitig, es fehlt an frischem Gemüse oder Salat, und die wenigen Spezialitäten – Kuskus und verschiedene Zubereitungsarten von Hammel- und Lammfleisch – hat man bald durchprobiert. Fleisch ist sehr teuer, weshalb die Portionen meist etwas spärlich ausfallen. In verschiedenen großen Hotels kann man Alkohol (Bier, Wein und Spirituosen) bekommen, allerdings zu sehr hohen Preisen. (Beispiel: Hotel Tidikelt, In Salah: Menü = 83 DA; 0,3 l Bier = 15 DA; 5 cl Whisky = 45 DA; 1 Flasche Rotwein = 60 DA). Man hält sich deshalb besser an das Nationalgetränk, den Pfefferminztee.

Manche der aufgeführten Hotels lohnen allein schon wegen ihrer herrlichen Lage und ihrer gelungenen Architektur einen Besuch, und gerade nach einer entbehrungsreichen Wüstenfahrt wird man den Luxus eines guten Hotels mit Swimmingpool (leider nicht immer gefüllt), klimatisierten Räumen, gepflegtem Garten und guter Küche besonders zu schätzen wissen und dann auch nicht über den Preis murren. Achtung: Manche Hotels sind in den Sommermonaten geschlossen.

Hotelverzeichnis

Adrar: Hotel Touat, Hotel Timmi

Assekrem: Unterkunft und Verpflegung in Schutzhütte

Bechar: Hotel Transatlantique, Hotel de la Saoura, Hotel Antar

Beni Abbes: Hotel Rym, Hotel Grand Erg

Beni Ounif: Hotel

Berriane: Hotel Ballouh

Bordj Omar Driss: Zeribas (Strohhütten)

Djanet: Hotel des Zeribas (Strohhütten)

El Golea: Hotel El Boustan

El Oued: Hotel Le Souf, Hotel de l'Or Noir, Hotel des Dunes, Hotel Si Moussa

Fort Gardel: Zeribas (Strohhütten)

Ghardaia: Hotel Les Rostémides, Hotel M'Zab, Hotel Napht, Hotel Carrefour, Hotel Le Rym

Hassi Bel Guebbour: Hotel in Planung

Hassi Messaoud: Hotel CSH

Iherir: Zeribas (Strohhütten)

In Salah: Hotel Tidikelt, Hotel Badjoudah

Kerzaz: Hotel Boucheta

Mertoutek: Zeribas (Strohhütten)

Metlili: Hotel Chebhka

Ouargla: Hotel Le Tassili, Hotel Marhaba, Hotel el Mehri, Hotel des Rhimel

Taghit: Hotel de Taghit

Tessalit (Mali): einfaches Hotel

Tamanrasset: Hotel Le Tahat, Hotel Tin Hinane, Hotel Dassine (Zeribas mit Campingplatz), Auberge de la Source (bei der Chapuis-Quelle)

Timimoun: Hotel Le Gourara, Hotel Oasis Rouge, Hotel Ighzer; mit Campingmöglichkeit

Touggourt: Hotel Oasis, Hotel Bédouin (Zeribas/Strohhütten außerhalb der Stadt; mit Campingmöglichkeit)

Wasserversorgung und Hygiene

Nehmen Sie noch einmal ein genüßliches Schaumbad, bevor Sie wegfahren, bzw. nutzen Sie die Duschen an Bord der Fähre. Solch großzügiger Umgang mit Wasser wird während der Fahrt durch die Wüste nur noch selten möglich sein. Allerdings läßt sich mit einer kleinen Schüssel Wasser – so viel läßt sich fast immer erübrigen – auch in der Sahara überall eine komplette Körperwäsche durchführen, nach der man sich wieder einigermaßen sauber fühlt. Oasen, Brunnen oder Gueltas (natürliche Wasserbecken) bieten immer wieder einmal die Möglichkeit, einen Waschtag einzulegen, bei dem man sich aus hochgestellten Kanistern oder Wassersäcken sogar eine Dusche bauen kann (Vorsicht, daß keine Seife oder Abwasser *in* die Becken gelangen). Es gibt also keinen Grund und keine Ausrede dafür, in der Wüste übermäßig zu verdrecken!

Wasserbehälter

Berechnen Sie vor der Reise, wie groß Ihre längste Etappe ohne Möglichkeit zur Wasserversorgung sein wird, und ermitteln Sie danach die benötigten Wasservorräte bzw. die erforderliche Anzahl an Kanistern (Wasserbedarf s. u.; Plastikkanister sind notfalls auch in Algerien erhältlich). Während der Fahrt sollte die Möglichkeit gegeben sein, ohne große ›Fummelei‹ an das Wasser heranzukommen (eventuell mit Hand- oder Elektropumpe oder mit Schlauch absaugen). Da die massiven Plastikkanister (stabile 25-l-Kanister für destilliertes Wasser haben wir kostenlos in Apotheken bekommen) leer genauso platzraubend sind wie voll, haben wir auf unseren Fahrten immer auch einige Faltkanister dabei (erhältlich bei Expeditionsausrüstern), die man im Leerzustand eng zusammenlegen kann und nur bei Bedarf füllen muß. Letztere verlangen allerdings eine vorsichtige Behandlung, da sie sonst leicht leck werden (kleine Lecks lassen sich mit Klebeband oder Heftpflaster flicken).

Bedingt empfehlenswert ist neben den Plastikkanistern ein spezieller Leinen-Wassersack, dessen Inhalt durch Verdunstungskühlung stets angenehm frisch bleibt. Er sollte außen am Fahrzeug (am besten in einem Nylon-Einkaufsnetz zur Erhöhung der Festigkeit) angebracht werden. Der Hauptnachteil dieser Wassersäcke ist der hohe Wasserverlust, der gut 50% des Inhalts pro Tag ausmachen kann. Für kritische Etappen also ungeeignet! ›Solarduschen‹ (dunkle Plastiksäcke, erhältlich in Campinggeschäften) heizen sich durch Sonnenbestrahlung auf und sind praktisch für Körperduschen. *Gerbas,* wie sie die Einheimischen gelegentlich verwenden (Ziegenfelle, bei denen das Hinterteil zugenäht und der Hals als Einfüllstutzen verwendet wird), sehen zwar sehr ›urig‹ aus, wenn sie außen am Fahrzeug baumeln, und sie liefern durch die Verdunstungskühle auch relativ kühles Wasser, doch hat man ewig Haare im Getränk und – vielleicht ist es auch nur Einbildung – den Geschmack von Ziege im Gaumen (vgl. auch Kapitel ›Kühlprobleme‹, S. 313).

Wasserbedarf

Die benötigte Trinkwassermenge wird sich primär nach den Temperaturen richten. Bei Temperaturen bis ca. 30 °C kann vom entsprechenden ›Heimatdurst‹ ausgegangen werden, bei höheren Temperaturen nimmt der Flüssigkeitsbedarf aber gewaltig zu und kann bis zu acht oder noch mehr Liter pro Tag und Person anwachsen! Vom Versuch, den Trinkwasserverbrauch durch ›Selbstdisziplin‹ zu verringern, ist daher dringend abzuraten! Wenn man bedenkt, daß unter ungünstigen Bedingungen dem menschlichen Körper pro Stunde bis zu einem Liter salzhaltiges Wasser durch Verdunstung entzogen werden kann, so scheint einleuchtend, daß auf die Dauer mit Selbstkasteiung nicht viel zu erreichen ist. Gescheitere Leute als wir haben festgestellt (und gar nicht so wenige haben es durch Verdursten ›bewiesen‹), daß der Mensch einen einzigen Tag bei 50 °C und ohne Trinkwasserzufuhr kaum überleben kann. Selbst bei einer täglichen Zufuhr von vier oder fünf Litern würde der Tod nach spätestens fünf bis sechs Tagen eintreten. Langfristig ist es noch nicht einmal ausreichend, nur so viel Flüssigkeit aufzunehmen, bis der Durst gestillt ist. Der Körper braucht einen gewissen Überschuß, der sicherstellt, daß er ständig genügend ›durchgespült‹ wird und dadurch Giftstoffe mit dem Urin ausscheiden kann. Ausreichende ›Spülung‹ ist sichergestellt, wenn der Urin hellgelb sowie in gewohnter Menge (Minimum 1 l pro Tag) und Häufigkeit in den Sand plätschert. Geringere als zu Hause übliche Mengen und dunkle Färbung signalisieren unzureichende Flüssigkeitszufuhr.

Der durch das andauernde starke Ausschwitzen salzhaltigen Wassers verursachte Verlust an Kochsalz und Mineralsalzen macht sich allmählich durch Müdigkeit, Lustlosigkeit, Übelkeit, Schwindel und verminderte Leistungsfähigkeit bemerkbar. Lang anhaltender starker

Salzmangel kann zu Muskelkrämpfen und sogar zur Bewußtlosigkeit führen. Bei schweißtreibender körperlicher Betätigung, besonders jedoch bei anhaltend hohen Temperaturen empfiehlt es sich, die Mahlzeiten generell etwas stärker zu salzen. Noch besser ist die Einnahme von Mineralsalztabletten (erhältlich in Apotheken und bei einigen Ausrüstungsfirmen), da diese gleichzeitig den Verlust der wichtigen Mineralsalze (vor allem Kalium und Magnesium) ausgleichen. Der bei Durchfallerkrankungen auftretende Flüssigkeits- und Salzverlust wird am besten mit einer Trinklösung aus Tee oder Wasser mit ›Elotrans‹ oder ›Oralpädon‹ ausgeglichen.

Neben dem Trinkwasser muß Wasser für Koch-, Wasch- und Abwaschzwecke eingerechnet werden. Und vergessen Sie nicht, eine Reserve für die Wasserkühlung des Motors einzuplanen! Der Kühlerinhalt ist z. B. schnell verspritzt, wenn einer der Wasserschläuche platzt.

Wasserbedarf

Temperaturen unter 30 °C:
ca. 6 Liter pro Person und Tag
+ 20 Liter Sicherheitsreserve
+ Kühlerinhalt

Temperaturen über 30 °C:
ca. 10 Liter pro Person und Tag
+ 30 Liter Sicherheitsreserve
+ Kühlerinhalt

Wo gibt es Wasser?

Wasser ist für die Wüstenbewohner eine sehr kostbare Substanz, mit der auch wir als Gäste sehr sparsam umgehen sollten, ganz besonders natürlich in Anwesenheit von Einheimischen. Wo es im einzelnen Wasser gibt und in welcher Qualität, geht aus der jeweiligen Streckenbeschreibung hervor. Generell kann man sagen, daß Nachschub an fast allen Tankstellen erhältlich ist. Denken Sie also beim Tanken immer auch an die Wasserversorgung! In verschiedenen Oasen finden sich entlang der Straße öffentliche Zapfstellen oder Brunnen. Selbst in Südalgerien sind die Möglichkeiten, an relativ sauberes Wasser zu kommen, so häufig, daß bei entsprechender Planung keine Engpässe auftreten dürften. Allerdings verlasse man sich dabei nicht auf die in den Landkarten angegebenen Wasserstellen. Viele von ihnen sind inzwischen ausgetrocknet und versandet oder aber sehr schwer zu finden. Da das aus solchen teilweise mehr als 50 m tiefen Brunnen (langes Perlonseil für den Schöpfeimer nicht vergessen!) oder aus Gueltas geschöpfte Wasser häufig brackig, salzhaltig und verunreinigt ist, sollte es im allgemeinen nur für ›untergeordnete‹ Zwecke Verwendung finden. Als Trinkwasser kann es nur in Notfällen dienen – und dann selbstverständlich gefiltert und desinfiziert! (Eine Methode der Wassergewinnung aus dem Wüstensand – für extreme Notsituationen – wird auf S. 339 beschrieben.)

Desinfektion von Wasser

Alle Wasservorräte – selbst sauber erscheinendes Wasser aus Wasserleitungen und -hähnen – müssen unbedingt vor Gebrauch desinfiziert werden. Selbst wenn Ihnen die Einheimischen hoch und heilig versichern, daß ihr Wasser gutes Trinkwasser sei und dies durch einen Probeschluck zu beweisen versuchen, trinken Sie niemals unbehandeltes Wasser! Krankheitserreger, gegen welche die dortigen Bewohner infolge langjähriger Gewöhnung immun geworden sind, können Ihnen schwer zu schaffen machen. Zur Wasserentkeimung eignet sich z. B. ›Romin‹, ein flüssiges Mittel zur Trinkwasseraufbereitung; es ist preiswert und sofort wirksam. Wir haben bei sämtlichen

Reisen zum Desinfizieren ›Micropur‹ benutzt, ohne jemals Ärger mit der Verdauung zu bekommen. Auch dieses Präparat macht das lästige Abkochen des Wassers überflüssig. Für 100 Liter Wasser genügt 1 Gramm des hochkonzentrierten Pulvers (etwa eine Messerspitze), um das Wasser innerhalb von ca. 4–6 Stunden keimfrei und bis zu sechs Monaten haltbar zu machen. Das völlig geruchlose und geschmacksneutrale Präparat tötet u. a. die Bakterien der Krankheiten Typhus, Paratyphus, Dysenterie, Colibazillose, Cholera und die Viren von Influenza (Grippe) und Mumps ab. Micropur schädigt die Gesundheit nicht (auch nicht bei Überdosierung). Es ist außer als Pulver auch flüssig (1 ccm pro 10 l) und in Tablettenform in verschiedenen Konzentrationen (1 Tablette auf 1,5 oder 20 l) und mit einer Einwirkzeit von nur einer Stunde erhältlich. Bei der Verwendung von Micropur sollte man allerdings beachten, daß es seine Wirkung nur in klarem, also von Schwebestoffen freiem Wasser entfalten kann. Wer entlang der Hauptrouten fährt und regelmäßig die großen Oasen ansteuert, wird in dieser Hinsicht keine nennenswerten Probleme haben, da das dort aus den Wasserhähnen strömende Wasser ausreichend ›sauber‹ ist, so daß sich die Mitnahme eines speziellen Wasserfilters erübrigt. Im Notfall, also wenn man ausnahmsweise einmal auf eine weniger vertrauenswürdige Wasserstelle ausweichen muß, kann man sich vor dem Hinzufügen von Micropur auch mit einer Kaffee-Filtertüte oder einem Tuch als Filterersatz behelfen, was immerhin den gröbsten Schmutz zurückhält.

Für längere Fahrten abseits der Hauptrouten, bei denen man wiederholt auf Guelta- oder Brunnenwasser zurückgreifen muß, empfiehlt sich jedoch ein wirksamer Wasserfilter. Die Kataloge von Expeditionsausrüstungsfirmen informieren über die verschiedenen Techniken und Geräte zur Wasserentkeimung und -filterung. Auch der Hersteller von Micropur (Firma Katadyn, Schäufeleinstraße 20, München 21) liefert Informationen und bietet Filter in verschiedenen Größen an. Platzsparend und einfach in der Handhabung ist z. B. der Taschenfilter TF (Prospekte und Produkte von Katadyn erhalten Sie bei den Expeditionsausrüstungsfirmen).

Fügen Sie dem Waschwasser für Obst und Gemüse stets etwas Kaliumpermanganat zu (etwa 1 Körnchen auf 1 l Wasser).

Hygiene

Für eine Chemietoilette samt Desinfektionsmittel wird in den meisten Fahrzeugen der Platz fehlen, und schließlich bietet die Wüste genügend Raum. Aber: Bitte vergraben Sie Ihre Produkte samt Papier zuverlässig. Keiner stolpert gern über solche Souvenirs. Bei Oasenbesuchen ist ›vorzusorgen‹; öffentliche Bedürfnisanstalten gibt es kaum.

Ganz hervorragend hat sich auf unseren Reisen das Feuchtigkeits-Toilettenpapier von Hakle bewährt. Es gibt einen passenden, dicht schließenden Plastikbehälter dazu zu kaufen, der sich auch im Wageninnern an günstiger Stelle anbringen läßt. Dieses Papier eignet sich nicht nur für den empfohlenen, sondern für alle möglichen sonstigen Zwecke: als Erfrischungstuch, zur Schnellwäsche von Gesicht, Händen und sonstigen ›bedürftigen‹ Körperteilen, zum schnellen Abwasch von Geschirr und Besteck, zum Reinigen von Spiegeln, Fenstern, Brillen. Es ist wahlweise schwach parfümiert oder ›babymild‹ mit Kamille erhältlich und bleibt auch bei großer Hitze und Trockenheit verblüffend lange feucht. Für stark verschmutzte Hände (z. B. nach Autoreparaturen) empfiehlt sich eine Handwaschpaste. Nehmen Sie ausreichend viele Waschlappen mit, benutzen Sie für die Nase Papiertaschentücher oder Toilettenpapier.

Die Haut trocknet bei Hitze und Wind rasch aus. Packen Sie genügend Sonnen- und Hautcreme sowie Fettstifte für die Lippen ein. Finger- und Fußnägel werden in trockener Hitze schnell brüchig. Schere und Feile nicht vergessen, und unbedingt eine gute Pinzette mitnehmen, um Dornen oder Holzsplitter entfernen zu können. Auf Wüstenreisen sind Kurzhaarfrisuren praktisch. Nach einer Haarwäsche wirkt der warme, trockene Wüstenwind wie ein Föhn. Hut oder Kopftuch schützen die Haare vor Austrocknung, Ausbleichen und Schmutz.

Für Männer, die mit stoppelfreiem Gesicht die Wüste bereisen wollen, empfiehlt sich die Verwendung eines Trockenrasierers, der über die Zigarettenanzünder-Buchse oder eine Autosteckdose an die Autobatterie angeschlossen werden kann. Sehr bewährt haben sich auch Rasierer mit eingebauten Akkus, die sich immer wieder über ein kleines Ladegerät an der Autobatterie aufladen lassen. Eine Wüstenreise bietet aber auch die ideale Möglichkeit (oder Ausrede), sich einen Bart wachsen zu lassen.

Sonstige Ausrüstung

Denken Sie daran: Was Sie mitzunehmen vergessen, fehlt Ihnen unterwegs! Nachkaufen, wie das in den meisten europäischen Urlaubsländern möglich ist, scheidet in Südalgerien im allgemeinen aus.

Kompaß

Eine ganz große Hilfe, selbst für jene, die sich nicht abseits der großen Pisten bewegen wollen, ist ein guter Autokompaß, der – zur Vermeidung von Parallaxenfehlern – möglichst genau über oder vor dem Fahrer in Blickrichtung angebracht werden sollte. Wenn man so ein Gerät nicht nur als ›urigen‹ Dekorationsgegenstand betrachtet, sondern während der Fahrt tatsächlich im Auge behält und immer wieder einmal die Anzeige mit der Karte vergleicht, wird man z. B. sehr bald entdecken, wann man sich munter von der richtigen Route entfernt. Auch das Auffinden der richtigen Ortsausfahrt wird sehr erleichtert, da man schon nach wenigen Kilometern merkt, daß z. B. die gewählte Piste nach Westen abknickt, obwohl sie sich laut Karte stur südlich halten müßte. Das frühzeitige Erkennen eventueller Fehler ist äußerst wichtig und mit solch einem Autokompaß möglich! Wir haben gute Erfahrungen mit dem amerikanischen ›Airguide‹-Kompaß gemacht (erhältlich bei einigen Ausrüstungsfirmen). Welche Marke man wählt, ist aber nicht so wichtig, vorausgesetzt, daß sich der Kompaß über einen weiten Bereich kompensieren läßt. Dies bedeutet, daß die vom Fahrzeug verursachten Störfelder mit Hilfe kleiner, interner Magneten einigermaßen ausgleichbar sein müssen, was bei Fahrzeugen mit Ganzstahlkarosserie nicht einfach, häufig sogar unmöglich ist.

Gänzlich ungeeignet sind die kleinen Kompasse aus Autozubehörgeschäften (Preisklasse um die 20 DM), die sich – wir haben mehrere Modelle ausprobiert – trotz hübscher Einstellschräubchen nicht oder nur völlig unzureichend kompensieren lassen. Ein ganz borniertes Modell zeigte, ganz gleich, in welcher Richtung der Wagen stand, immer nach Südwest.

Die Genauigkeit eines Autokompasses ist trotz sorgfältiger Kompensation und Verwendung einer Korrekturtabelle begrenzt, aber dennoch für viele Zwecke ausreichend. Wer es aber ganz genau wissen will oder muß, z. B. für Fahrten nur nach Karte durch pistenloses Gelände, braucht zusätzlich einen guten Handkompaß, der – in einiger Entfernung vom Fahrzeug abgelesen – sehr genaue Messungen ermöglicht.

Zweifellos ein schöner, wenn auch nicht gerade billiger Luxus ist eine Kombination aus Fernglas und integriertem Peilkompaß, da man damit das anvisierte

Ziel und den zugehörigen Peilwinkel mit einem Blick erfassen kann. Da die Kompaßrose in das Fernglasbild eingespiegelt wird, lassen sich genaue Handpeilungen leicht und schnell durchführen. Die Firma Steiner-Optik, Postfach 1128, 8580 Bayreuth, fertigt verschiedene Modelle (7×35, 7×50, Binocular, Monocular).

Korrekturtabelle für den Kompaß

Da trotz sorgfältigen Kompensierens Restfehler nicht zu vermeiden sind, empfiehlt sich die Anfertigung einer Korrekturtabelle. Dazu richtet man zunächst den Wagen anhand eines Handkompasses (Verwendung nur in großer Entfernung vom Fahrzeug!) genau nach Norden aus und liest die Anzeige des Autokompasses ab (z. B. 0°).Dann dreht man den Wagen auf 30° und ermittelt die Anzeige im Wagen (z. B. 28°). In gleicher Weise verfährt man, bis man wieder bei Nord angekommen ist. Die ermittelten Werte trägt man in einer kleinen Tabelle etwa folgendermaßen ein:

Für Richtung	muß man laut Autokompaß fahren
0/360° = Nord	0°
30°	28°
60°	63°
90° = Ost	93°
usw.	usw.

Je kleiner man die Stufen wählt, um so genauer wird logischerweise die Korrekturtabelle.

Campingmöbel

Tisch und eine Sitzgelegenheit für Mahlzeiten im Freien sind kein überflüssiger Luxus, sondern durchaus sinnvoll. Es gibt sehr leichte und platzsparende Klapptische und -stühlchen. Notfalls tun es auch Benzinkanister. Vorweg eine Warnung: Auf weichem Sandboden hockt es sich auf den üblichen Campingstühlchen sehr wacklig, da diese mit Vorliebe einseitig einsinken. Behelfen kann man sich allerdings z. B. mit einer untergelegten Fußmatte oder Teppichfliese, die gleichzeitig auch anderen Zwecken dienen kann (z. B. als Unterlage bei Autoreparaturen, als Dämpfer zwischen klappernden Kanistern, Fußabstreifer vor dem Wagen u. a.). Eine schattenspendende Plane zum Einhängen am Fahrzeug und mit entsprechenden Stützstangen und Abspannseilen (Heringe nicht vergessen!) empfiehlt sich vor allem für die wärmere Jahreszeit. Sie muß sicher befestigt werden können, denn auch bei Hitze weht oft ein sehr kräftiger Wind.

Behälter und Packsystem

Das Wageninnere sollte stets so gepackt sein, daß nichts hin- und herrutschen, nichts umfallen, nichts auslaufen, nichts aufgehen kann, wobei strengste Maßstäbe anzulegen sind: Bei Fahrten über Wellblechpisten und geröllübersäte Bergstrecken gerät manches in Bewegung, was sich auf Teerstraßen nicht im geringsten rührt. Haltegurte, Gummispinnen u. ä. als Reserve mitnehmen!

Äußerst unangenehm ist es, wenn man bei der eiligen Suche nach einer Kleinigkeit die ganzen Vorräte durchwühlen und nachher wieder ordnen muß. Sofern nicht bereits unterteilte Schränke oder Kisten vorhanden sind, empfiehlt es sich deshalb, die Vorräte nach System in viele kleine Behälter (stabile Kartons, Schachteln, Dosen, Säckchen) zu packen und diese eventuell zu beschriften. Ganz hervorragend für diese Zwecke eignen sich z. B. die Leichtmetallkisten von Zarges Leichtbau (8120 Weilheim) sowie vom Leichtmetallwerk Gmöhling

(Postfach 6140, 8510 Fürth 18). Von Zarges erhält man sie in drei Standardgrößen, von Gmöhling auf Wunsch sogar nach Maß. Die Kisten haben Tragehenkel, sind staub- und spritzwasserdicht, abschließbar, sehr stabil, stapelbar und – je nach Modell – durch Zwischenwände zu unterteilen. Sie können notfalls auch als Sitz- oder gar Liegefläche dienen. Am besten verschraubt man sie sicher mit dem Wagenboden. Zugegeben, die Kisten sind leider nicht gerade billig, aber sicherlich hervorragend für unsere Zwecke geeignet. Vorsicht! Alu-Kisten ›schmieren‹, d. h. durch Reibung des Inhalts (besonders Plastiktüten) an den Kistenwänden entsteht – speziell im Zusammenwirken mit Feuchtigkeit (z. B. durch Kondensation) – ein schwarzer, schmieriger Abrieb, der Ihnen Kleidung, Souvenirs etc. total verfärben kann. Deshalb sollte man den Inhalt entsprechend schützen oder die Kiste zuvor auskleiden.

Zur Aufbewahrung von Wäsche und Oberbekleidung, von schmutziger Wäsche oder Kleidung zum Verschenken eignen sich verschiedenartige oder gemusterte Stoffsäcke (ideal sind kleine Kissenbezüge). Praktisch ist außerdem ein unterteilter Behälter (Kiste, Karton, Hängetasche) in Reichweite des Fahrers oder Beifahrers, in dem alle tagsüber benötigten Kleinigkeiten wie Getränkeflaschen und Zwischenproviant, Erste-Hilfe-Box, kleine Geschenke, Sonnencreme, Taschentücher etc. griffbereit untergebracht werden können.

Wenn das Wageninnere nicht ausreicht, um alles Benötigte unterzubringen, empfiehlt sich zusätzlich eine der erwähnten Leichtmetallkisten, die man relativ leicht auf dem Dachgepäckträger befestigen kann. Verschrauben Sie die Kiste ›diebstahlsicher‹, z. B. mit Schloßschrauben, und zwar derart, daß die abgerundeten Schraubenköpfe außen und die Befestigungsmuttern im Innern der Kiste, also von außen nicht zugänglich sind.

Insektenschutz

Für den unvermeidlichen Kampf gegen Insekten sollten Sie dabei haben: Insektenspray (große Dose), ein Mückenschutzmittel zum Einreiben (z. B. Autan), eine Fliegenklatsche für den ›Nahkampf‹ sowie Insektensalbe, wenn all das nichts genützt hat. Gar nicht so übel gegen Fliegen sind auch die klebenden Spiralen zum Aufhängen aus Großmutters Zeit. ›Moskitospiralen‹, deren Rauch laut Werbung (›garantiert safarierprobt‹) die Mükken vertreiben soll, wirkten nach unseren Erfahrungen weder auf afrikanische noch auf europäische Mücken erkennbar abschreckend. Auch die Wirkung der kleinen, batteriebetriebenen Minisender (Preis ca. 20 DM), deren hoher Pfeifton die Mücken in die Flucht jagen soll, ist nicht sehr überzeugend; die Mücken, die wir damit zu vertreiben suchten, trugen offensichtlich alle Ohrenschützer. Nähen Sie sich Moskitonetze aus einfachem Vorhangtüll, paßgenau für Türen und Fenster Ihres Fahrzeugs, die sich mit selbsthaftendem Klettenverschluß (bei Kurzwaren in Kaufhäusern erhältlich) an den Rahmen anbringen lassen. Ein großes Stück Moskitonetz kann beim Schlafen im Freien mittels aufgestellter Zeltstangen (notfalls Ästen) auch über den Schlafenden gespannt werden. Den besten vorbeugenden Schutz gegen lästige Insekten bietet allerdings nach wie vor eine den ganzen Körper bedeckende Kleidung.

Diverses

Unentbehrlich ist eine gute Sonnenbrille (für Brillenträger auch eine Ersatzbrille). Bei Sandsturm bewähren sich Ski- bzw. Motorradbrillen. Nehmen Sie ein Notizbuch/Tagebuch mit und machen Sie darin Eintragungen. Wenn es Ihre einzige Saharareise bleibt, haben Sie später ein interessantes Souvenir, und wenn der ›Wüstenbazillus‹ Sie erfaßt und Sie weitere Reisen planen, sind Sie froh, Aufzeichnungen über Strecken, Entfernungen, Schwierigkeitsgrad, Tips und Hinweise, Lagepläne, Angaben über schöne Übernachtungsplätze, Temperaturen, Preise etc. zu besitzen. Kleben Sie vorn einen Kalender ein, der Ihnen unterwegs bei der Planung von Etappen, beim Erkennen ›kritischer‹ Wochentage (freitags z. B. sind Banken, Post etc. geschlossen) behilflich ist. Tragen Sie Paßnummern, Führerscheinnummern, die Daten Ihres Fahrzeugs ein. Sie können diese dann bei den diversen Grenzübergängen und polizeilichen Meldestellen abschreiben, ohne jedesmal in den Papieren wühlen zu müssen. Notieren Sie vor Abreise die wichtigsten Adressen, Notrufnummern etc. Auch als ›Spickzettel‹ für die wichtigsten arabischen (oder französischen) Ausdrücke eignet sich das Buch. Notieren Sie sich die Summen der mitgeführten Währungen und Ihre Ausgaben. Dies erleichtert sowohl den generellen Überblick über die Finanzlage wie auch die vorgeschriebene Abgabe der Devisenerklärung an der Grenze und die Errechnung der Gesamtreisekosten. Ein elektronischer Taschenrechner (natürlich mit Solarzelle) leistet gute Dienste, wenn es darum geht, Treibstoffverbrauch, Streckenkilometer, Wechselkurse, Preise etc. zu berechnen. Mit etwas Glück kann er gegen Ende der Reise gewinnbringend verkauft werden.

Fertigen Sie eine Kopie Ihres Passes an (Lichtbild- und Visaseite); bewahren Sie diese getrennt auf. Paßbilder benötigt man u. U. für Sonderbewilligungen.

Zur sicheren Aufbewahrung von Geld und Wertpapieren am Körper bieten Expeditionsausrüstungsfirmen und Sportgeschäfte verschiedene Hilfsmittel an. Brustbeutel sind an heißen Tagen etwas unangenehm zu tragen, gleichgültig ob sie aus Leder, sonstigen Materialien oder gar Baumwollstoff bestehen. Gürteltaschen, die mit Schlaufen in den Hosen- oder Rockgürtel eingefädelt werden, bieten – unter dem Hemd getragen – annähernd die gleiche Sicherheit. Nylongürtel, auf die eine Reißverschlußtasche genäht ist, bieten den Vorteil, schnell um- und wieder abgebunden werden zu können. Eine besonders raffinierte (allerdings bei vielen Zöllnern der Welt schon bekannte) Lösung stellen Geldgürtel dar. Ein Reißverschluß an der Innenseite ermöglicht die Aufbewahrung von Geldscheinen in geringer Menge. Größere Füllungen verformen allerdings den Gürtel und verraten sein ›Innenleben‹. Ein ›Wadenbeutel‹ ist ein aus Popeline mit Klettenverschluß gefertigter Paß- und Geldbeutel, der mit einem breiten Gummizug unter dem Hosenbein zwischen Knie und Wade befestigt wird. An der ebenfalls angebrachten Kordel um den Hals gehängt, wird er zum normalen Brustbeutel. Wer ganz sicher gehen will, der schließt seine Wertsachen in einen ›Unterwegstresor‹ (erhältlich bei verschiedenen Ausrüstern). Die stählerne Tresorhalterung wird im Fahrzeug montiert, der Stahltresor eingeschoben und abgeschlossen. Am Tresor befindet sich eine Schlaufe, so daß man ihn bei Bedarf auch überall hin mitnehmen kann.

Gegenstände, die außen am Fahrzeug oder auf dem Gepäckträger transportiert werden (z. B. Schaufeln, Sandbleche, Kanister, Alu-Kiste, Ersatzräder etc.) sollte man durch Ketten und/oder Vorhängeschlösser sichern. Wenn Sie mehrere Sicherheitsschlösser verwenden müssen, achten Sie darauf, daß diese mit einem Zentralschlüssel geöffnet werden können, damit nicht jedesmal die Sucherei nach dem passenden Schlüssel beginnt.

Etwas Unterhaltungslektüre sowie ein Karten- oder Würfelspiel vertreiben die Zeit bei der Fährenüberfahrt und verkürzen die langen Abende in der Wüsteneinsamkeit. Für den Waschtag sind eine große Plastikschüssel, Wäscheleine und Klammern sowie Tubenwaschmittel und Handbürste einzupacken. Benutzen Sie unterwegs Papiertaschentücher (notfalls weiches Toilettenpapier; Stofftaschentücher von Hand auszuwaschen ist unzumutbar). Beim Nähzeug Ersatzreißverschluß, Hosengummi, Knöpfe und Bänder nicht vergessen! Zur Beseitigung unterwegs auftauchender Mängel an der Ausrüstung braucht es viel Einfallsreichtum. Man tut sich leichter, wenn man etwas ›Improvisationsmaterial‹ dabei hat, z. B. Schnur und Drähte in verschiedenen Stärken, Tesafilm, Klebstoff, kleine Gummiringe (kräftigere Gummibänder oder -riemen lassen sich aus alten Autoschläuchen, die man unterwegs gelegentlich findet, fertigen).

Sehr praktisch ist unterwegs ein kleiner, leichter *Rucksack.* Bei Spaziergängen oder Wanderungen hat man so die Hände frei. Eine kleine Trillerpfeife ist ein nützliches Signalmittel beim Ausschwärmen im Gelände. Feldstecher nicht vergessen! Er ist unentbehrlich zur Orientierung im Gelände und leistet auch beim Aufspüren von Gazellen oder bei der Entdeckung landschaftlicher Besonderheiten gute Dienste. Auf eine lichtstarke Taschenlampe (möglichst bruchsichere Stablampe mit Gummigehäuse und Haftmagnet zur Befestigung am Fahrzeug; Stablampen mit Halogenbirne haben eine Reichweite von ca. 1 km) nebst Ersatzbatterien und -birne kann man ebenfalls nicht verzichten. Nicht notwendig sind dagegen von der Autobatterie betriebene Handscheinwerfer. Bei nächtlicher Suche nach Wegzeichen, Abzweigungen oder einem Übernachtungsplatz ist man mit einer Taschenlampe beweglicher als mit einem solchen an der Strippe hängenden Instrument. Wer aber darauf dennoch nicht verzichten will, der verschwende sein Geld nicht an die kümmerlichen Billiglampen der Preisklasse von 15 bis 20 DM (eine gute Taschenlampe ist leistungsstärker!), sondern kaufe gleich einen ordentlichen Scheinwerfer mit Halogenlampe.

Ein stabiles Messer (z. B. Schweizer Offiziersmesser, Fahrtenmesser in Lederscheide o. ä.) sollte stets greifbar sein (eventuell am Gürtel befestigt), weniger zur Selbstverteidigung als vielmehr für so profane Zwecke wie das Schneiden von Brot, Schälen von Orangen, Zerkleinern von Obst oder Gemüse und diverse handwerkliche Einsätze. Wer öfters abends am Lagerfeuer sitzen will, sollte sich fürs Holzsammeln ein Campingbeil einpacken und unbedingt auch Schutzhandschuhe: Die Bäume und Büsche der Sahara haben meist Dornen und Stacheln, und – wer weiß – vielleicht ist das, was wie ein besonders schöner Stock aussieht, womöglich doch mal eine Schlange? Kleine, handliche Thermometer, aus einer schützenden Lederhülle ausschwenkbar, werden in Optiker- und Sportgeschäften verkauft (auf ausreichenden Meßbereich achten!). Die Wüstentemperaturen mit ihren Schwankungen zwischen Tag und Nacht und ihren ungeahnten Höhenflügen sind zu interessant, als daß man sie einfach ›ungemessen‹ hinnehmen sollte.

Nehmen Sie außerdem möglichst mehrere metallisierte Rettungsdecken mit (erhältlich bei den meisten Ausrüstungsfirmen und in Camping- und Sportartikelgeschäften). Diese sind nicht teuer, leisten aber in Notfällen u. U. sehr wertvolle Dienste. Dank ihrer stark reflektierenden Oberfläche schützen sie den Körper bei Kälte vor Auskühlung bzw. bei starker Sonneneinstrahlung vor Überhitzung. Außerdem können sie als Signalmittel verwendet werden (vgl. S. 337f.).

Sprache und Verständigung

Möbeln Sie Ihre Französischkenntnisse noch etwas auf, bevor Sie losfahren. An Grenzen, bei Behörden und in den meisten Geschäften wird französisch gesprochen und verstanden. Die Kinder Algeriens lernen in der Schule Französisch, und wenn überhaupt eine Verständigungsmöglichkeit mit Einheimischen besteht, dann in dieser Sprache. Englischkenntnisse trafen wir nur vereinzelt an, und mit Deutsch oder anderen europäischen Sprachen kann man so gut wie gar nichts anfangen. Sehr löblich ist natürlich der Vorsatz, vor der Reise wenigstens einige Worte Arabisch zu lernen. Die Einheimischen freuen sich und sind meist tief beeindruckt, wenn man irgend etwas in ihrer Sprache ausdrücken kann. Empfehlenswert aus der Reihe ›Reise Know-How‹ ist das ›Sprachbuch Afrika‹.

Bestandteil des Reisegepäcks sollte auf jeden Fall ein französisches Wörterbuch sein, es sei denn, Sie beherrschen die Sprache perfekt. Bekommen Sie keine Komplexe, wenn Sie das Französisch der Einheimischen schwer oder gar nicht verstehen, obwohl Sie doch in der Schule immer eine Eins hatten. Korrekte Grammatik oder Aussprache hört man selten, und selbst Franzosen klagen gelegentlich über Verständigungsschwierigkeiten.

Im Kontakt mit Einheimischen, mit denen überhaupt keine sprachliche Verständigung möglich ist, sollte man einfach in seiner Heimatsprache reden. Das ist immer noch besser, als stumm und steif einander gegenüberzuhocken. Sie werden beobachten, daß auch die Algerier einfach auf Fremde einreden, obwohl sie ja merken und wissen, daß man sie nicht versteht. Ein bißchen hört man immer heraus, worum es geht und worauf der andere hinaus will, vor allem, wenn mit Händen, Füßen und Mimik noch ein wenig nachgeholfen wird. Jede Seite hat ihren Spaß daran, frei drauflosreden zu können, vielleicht gerade *weil* es der andere nicht versteht.

Ein kleiner Tip, wenn Sie Auskünfte einholen: Stellen Sie Ihre Frage immer in einer Form, die den Befragten dazu zwingt, eine konkrete Antwort zu geben, also nicht nur mit »ja« oder »nein« zu antworten. Beispiel: Auf Fragen wie »Führt diese Piste nach Amguid?« oder »Hat die Bank auch freitags geöffnet?«, wird man häufig als Antwort »Oui« erhalten, obwohl »Non« u. U. richtig wäre. Keiner der Befragten wird gerne zugeben, daß er die richtige Antwort nicht weiß. Schließlich will er ja hilfsbereit sein. Fragen Sie daher »Wohin führt diese Piste?« oder »An welchen Tagen hat die Bank geöffnet?«. Ist die Antwort trotzdem »Oui«, dann wissen Sie wenigstens, daß Sie Ihr Glück bei einer anderen Person nochmals probieren müssen. Generell empfiehlt es sich, Auskünfte sicherheitshalber an mehreren Stellen einzuholen. Am zuverlässigsten sind dabei Fremdenverkehrsbüros, die Büros der S.N.T.V., Hotelrezeptionen oder (bei Fragen nach dem Weg) LKW-Fahrer. Auskünfte von zufällig passierenden Dorfbewohnern scheitern oft am Sprachproblem, oder die Bewohner wissen tatsächlich nicht, wo sich das Postamt oder die Tankstelle befindet und wo die Ortsausfahrt zur nächsten Oase ist.

Geschenke und Tauschobjekte

Auch Schenken will gekonnt sein! Bei aller Nächstenliebe und allem Mitleid mit den unbestritten meist sehr armen Bewohnern des Landes sollte man Geschenke nicht wahllos und womöglich gönnerhaft ›unter's Volk streuen‹. Kinder oder auch Erwachsene, die ohne Anlaß und Gegenleistung von einem Fremden etwas geschenkt bekommen, erwarten oder erhoffen dasselbe in Zukunft vielleicht von jedem Fremden. Die Folge: Es wird gebettelt. Daran, ob und wie sehr man auf einer Strecke von bettelnden Kindern bedrängt wird, läßt sich ablesen, ob und wie häufig Touristen hier vorbeikommen. Alten, Kranken oder Blinden Almosen zu geben, gehört zu den wichtigsten Koranvorschriften und sollte auch dem Fremden Pflicht sein. Ansonsten jedoch sollte man Geschenke nur für eine – sei es noch so geringe – Gegenleistung geben. In einem Info-Blatt für Globetrotter stand einmal die Bemerkung: »Benehmt Euch unterwegs nicht wie im Zoo, wo man alles bestaunt und dafür hin und wieder etwas Futter über den Zaun wirft!« Hart ausgedrückt, aber treffend! Andererseits bedarf es aber irgendeiner Gegengabe, wenn man z. B. in ein Nomadenzelt zum Tee eingeladen wird, wenn ein Einheimischer im Auto mitfährt, um einem den Weg zu zeigen (und dann womöglich zu Fuß wieder zurückpilgern muß), wenn einem Kinder beim Wasserholen helfen, an Tankstellen die Kanister und bei Fußmärschen das Gepäck schleppen. Je nach Ausmaß der ›Dienstleistung‹, nach Alter und Geschlecht des zu Beschenkenden sollten Sie ein Sortiment aus folgenden kleinen Gegenständen dabeihaben:

Speziell für Männer: amerikanische oder europäische Zigaretten (fast jeder Algerier raucht), die es billig im Duty-Free-Shop auf der Autofähre gibt; Zündhölzer, Einwegfeuerzeuge, Taschenmesser.

Speziell für Frauen: Sicherheitsnadeln, Taschenspiegel, Handcreme, Seifen, Blusen, bunte Tücher.

Speziell für Kinder: Kugelschreiber (halb Afrika bettelt nach ›stylos‹ oder ›Bics‹), kleine Notizblöcke oder -hefte, Süßigkeiten, Kaugummi, Brausepulver, Luftballons, Bilderbücher, Ansichtskarten aus Europa, alte Bildkalender, Spielzeugautos, Seifenblasen.

Allgemein: gebrauchte Kleidung (besonders Jeans und Hemden) und Schuhe (Plastiksandalen sind sehr beliebt); Lebensmittel (vor allem für Nomaden) wie Tee, Kaffee, Zucker, Obst, Brot, aber auch Reis, Nudeln, Puddingpulver etc.; Medikamente in folgender Rangordnung: Aspirin (mit weitem Abstand!), Augentropfen, Erkältungs- und Hustenmittel, Magentabletten, Rheumamittel, Wundsalbe, Vitaminpräparate (Männer fragen gelegentlich auch nach Potenzmitteln). Wenn Sie kein Arzt sind, sollten Sie keineswegs starke Medikamente verteilen! Lehrer oder Beamte in entlegeneren Oasen freuen sich über jede Art von französischem Lesestoff (z. B. Zeitschriften, Taschenbücher). Vorsicht mit Druckerzeugnissen, die auch nur entfernt ›pornografischen‹ Charakter haben könnten: Die Einfuhr von ›Pornografie‹ ist strengstens verboten, wenngleich nicht nur LKW-Fahrer, sondern gelegentlich auch Soldaten mit glänzenden Äuglein danach fragen.

Besonderes Einfühlungsvermögen und Fingerspitzengefühl sind nötig, wenn man wohlhabendere oder einflußreichere Personen beschenken will oder muß. Gebrauchte Kleidung oder Lebensmittel wären da sicher eine Beleidigung. Nehmen Sie etwas ›typisch Heimatliches‹ mit: Aschenbecher, Wandteller oder Schälchen mit Stadtansicht, Feuerzeug mit Wappenaufdruck, Zierkerze mit Heimatmotiv, Bildkalender etc. Daheim im Schrank verborgene ›Wanderpokale‹ können hier ohne Gewissensbisse erfolgreich weiterverschenkt werden. Ein originelles Geschenk für gläubige Moslems: ein Kompaß, der die Gebetsrichtung ›Mekka‹ in aller Welt anzeigt (erhältlich bei Pritz/Passau).

Tauschobjekte

Mit vorstehend aufgezählten Dingen kann man natürlich auch versuchen, etwas einzuhandeln. Die zahlreichen Sandrosenverkäufer z. B., die an der Strecke El Oued – Touggourt ihre Stände aufgeschlagen haben, nehmen fast alles in Zahlung, besonders gern gebrauchte Kleidung, die sie dann z. T. wieder weiterverkaufen. Man vermeide aber unbedingt, alte oder kaputte Dinge (z. B. defekte Uhren, undichte Kanister) zum Kauf oder Tausch anzubieten. Leider wird dies häufig praktiziert, und die ›Täter‹ berichten womöglich noch stolz davon, wie sie ihr Opfer übers Ohr gehauen haben. Ein solches Verhalten ist nicht clever, sondern schlichtweg mies und schäbig. In früheren Jahren waren Armbanduhren (je größer, um so besser) als Tausch-

oder Verkaufsobjekte der große Renner und eine Art Statussymbol für jeden männlichen Algerier. Inzwischen scheint der Uhrenbedarf weitgehend gedeckt zu sein. Das Interesse geht jetzt mehr in Richtung Transistor- oder Kofferradios und Kassettenrecorder. Auch die Batterien dafür sowie Tonbandkassetten scheinen Mangelware zu sein. Elektronische Taschenrechner werden in Südalgerien langsam populär (nur die Grundrechenarten werden benötigt). Gegen Ende der Reise lassen sich eventuell auch nicht mehr benötigte Ausrüstungsgegenstände (Kanister, Kleidung, restliche Lebensmittel) eintauschen, verkaufen oder verschenken.

Geschäfte, Zeiten, Termine

Uhrzeit

Die für Algerien gültige Zeit ist – wie bei uns – die Mitteleuropäische Zeit (MEZ). Da die Algerier jedoch nicht auf Sommerzeit umstellen, liegt in den entsprechenden Monaten die algerische Uhrzeit um eine Stunde gegenüber der unsrigen zurück.

Öffnungszeiten

Wo sich im einzelnen Banken, Postämter, und Einkaufsmöglichkeiten befinden, geht aus der jeweiligen Streckenbeschreibung hervor. Es gibt keine einheitlichen Öffnungszeiten. Banken, Behörden und Postämter sind im allgemeinen samstags bis mittwochs zwischen 8.30 und 12.00 Uhr sowie zwischen 14.00 und 16.00 Uhr geöffnet; in größeren Orten findet man gelegentlich durchgehende Öffnungszeiten. Am islamischen Wochenende (Donnerstag/Freitag) sowie an den Feiertagen haben Behörden und Banken geschlossen, Postämter bieten gelegentlich einen eingeschränkten Service. Läden und Geschäfte halten meist eine längere Mittagspause ein, haben jedoch abends lange geöffnet. Kleine Lädchen oder der Markt schließen häufig über Mittag und auch an Feiertagen nicht. Bäcker haben ihren Laden oft nur geöffnet, solange der Vorrat reicht. Besonderer Spürsinn ist nötig, um den Zeitpunkt nicht zu verpassen, zu dem eine frische Brotladung aus dem Ofen kommt (eventuell vorbestellen!). Während der Fastenzeit (Ramadan) sind Restaurants an allen Tagen tagsüber (von Sonnenaufgang bis Sonnenuntergang) geschlossen.

Post

Von jedem Postamt aus kann man Telegramme aufgeben und (mit gewissen Wartezeiten) Telefongespräche nach Europa führen. Briefsendungen können postlagernd (Poste Restante) an diese Postämter geschickt werden – wobei man nur den Nachnamen des Empfängers, z. B. ›Eckert – Poste Restante – Tamanrasset/Algérie‹, angeben sollte, um sicherzustellen, daß der Brief nicht etwa unter ›H‹ (Herrn) oder ›W‹ (Wolfgang) eingeordnet wird. Postlagernde Sendungen bewahrt das Postamt höchstens drei Wochen auf. Für Luftpostbriefe oder -karten muß in beiden Richtungen mit einem Postweg von mindestens einer Woche (bei abgelegenen Oasen mehr) gerechnet werden. Post sollte man sicherheitshalber nur in Orten mit eigenem Postamt und dort in den posteigenen Kasten einwerfen. Briefmarken sind nur in Postämtern erhältlich.

Elektrizität

In älteren Gebäuden beträgt die Stromspannung meist noch 110 V, in neueren 220 V (Wechselstrom). Viele der kleineren Orte sind noch nicht elektrifiziert.

Feiertage

Islamischer Wochenfeiertag ist der Freitag. Bezüglich der Daten religiöser Feiertage sowie des Beginns des Fastenmonats Ramadan ist zu beachten, daß der islamische Kalender an den örtlichen Aufgang des neuen Mondes gebunden ist, während sich unser Kalender nach dem Erdumlauf um die Sonne richtet. Daher besteht das islamische Jahr aus 12 Mondmonaten mit je 29 oder 30 Tagen und ist mit einer Gesamtdauer von 354 bzw. 355 Tagen um 10 oder 11 Tage kürzer als unseres. Diese Unterschiede in der Zeitrechnung bewirken, daß sich die religiösen Feste von Jahr zu Jahr um 10 oder 11 Tage nach vorn verschieben und somit jedesmal auf ein anderes Datum fallen. Termine des Fastenmonats Ramadan: 1988: ca. 18.4.–16.5.; 1989: ca. 7.4.–6.5.

Detaillierte Auskünfte über die Termine und auch über sonstige Fragen des Islam erteilt das Deutsche Office für Pilgerwesen und Islamische Angelegenheiten, Robert-Koch-Str. 18, D-8000 München 22 (frankiertes Rückkuvert beifügen!). Für zusätzliche DM 5,– + Porto werden die verschiedenen islamischen Kalender und Tabellen (mit Erläuterungen und Angabe der wichtigsten Gedenk- und Feiertage) übersandt.

Nationale Feiertage

1. Januar	offizieller Neujahrstag
1. Mai	Tag der Arbeit
19. Juni	Jahrestag der Machtübernahme durch Boumedienne
5. Juli	Unabhängigkeitstag
1. November	Revolutionstag

Islamische Feiertage

El Mawlid Ennabawi (Mouloud)
Geburtstag Mohammeds
Chabana
Vorabend des Ramadan
Aid El Fitr (Aid es Seghir)
Ende des Ramadan
Aid El Adha (Aid El Kebir)
Hammelopferfest
Awal Moharram
Jahresbeginn
Achoura
Neujahrsfest (10 Tage später)

Funk und Radioempfang

Wie bereits erwähnt (vgl. S. 262), sind die Einfuhr und der Betrieb von Funkgeräten verboten, auch wenn diese aus Sicherheitsgründen von Nutzen sein könnten. Auf den normalen Radiokontakt zur Heimat über Kurzwelle müssen Sie dagegen nicht verzichten. Da jedoch die meisten Autoradios – wenn überhaupt – nur für den Empfang von Sendungen im 49-m-Band geeignet sind, viele der heimischen Sender aber in anderen KW-Bändern senden, empfiehlt sich die Verwendung eines sogenannten Kurzwellen-Vorsatzes (z. B. KWV 1000 von Grundig), der den Empfang in den wichtigsten KW-Bändern (von 13 m bis 90 m) ermöglicht, vorausgesetzt, daß das normale Autoradio für den Empfang auf Mittelwelle (!) geeignet ist.

Frequenzen für deutschsprachige Sendungen nach Nordafrika können laut Information der verschiedenen Rundfunkanstalten aufgrund ständiger Änderungen der Ausbreitungsbedingungen immer nur für kürzere Zeiträume definitiv festgelegt werden. Es empfiehlt sich daher, vor Reisebeginn eine Anfrage an die gewünschten Rundfunkanstalten zu richten. Diese teilen Ihnen gerne die jeweiligen Frequenzen mit den besten Empfangswerten mit und übersenden Ihnen ihre Sendeprogramme. Hier die Adressen:

Deutsche Welle, Hauptabt. Hochfrequenztechnik, Postfach 10 04 44, D-5000 Köln 1

Schweizer Radio International, Giacomettistraße 1, CH-3000 Bern 15

Österreichischer Rundfunk, Auslandsdienst auf Kurzwelle, Würzburggasse 30, A-1136 Wien

Tips für Filmer und Fotografen

Religiöse Vorschriften verbieten den Moslems jede Abbildung der menschlichen Gestalt. Viel Zeit braucht man deshalb, viel Geduld und viel Taktgefühl, wenn man die südalgerischen Menschen trotzdem auf den Film bannen, sie dabei aber nicht verärgern oder verletzen will. Es hat übrigens durchaus seine Reize, zunächst einmal die Kamera im Gepäck zu lassen und völlig unbelastet die Atmosphäre eines Dorfes und die Freundlichkeit der Einheimischen zu genießen. Eine gezückte Kamera wirkt oft wie eine gezückte Pistole: Ganze Gruppen schwatzender Frauen stieben mit Gekreische auseinander, verschwinden hinter den Mauern und wagen sich erst wieder hervor, wenn die Luft rein ist. Die Blicke der Männer werden böse, wenn man sie direkt ›auf's Korn‹ nimmt, und selbst Kinder wissen schon, daß es sich nicht gehört, was die Fremden da tun. Zwar sind die Sitten in den touristisch erschlossenen Gebieten inzwischen etwas lockerer geworden, und häufig lassen sich die Menschen dort durch Geschenke oder Geld korrumpieren (eine Wirkung des Tourismus, die man keinesfalls fördern sollte). Fast unmöglich ist es in Südalgerien aber noch immer, eine arabische Frau zu fotografieren oder zu filmen.

Das Fotografieren oder Filmen jeder Art von öffentlichen Einrichtungen, auch wenn sie nur entfernt mit Behörden, Landesgrenzen, Polizei oder Militär zu tun haben, sowie von strategisch wichtigen Objekten ist verboten. Es bleibt dem Scharfsinn des Fotografen überlassen, an Ort und Stelle herauszufinden, was alles unter diese Kategorien fällt. Mit dem Identifizieren von Brücken, Flugplätzen und Sendestationen dürfte es keine Probleme geben, doch bei den behördlichen Gebäuden wird es schon ein wenig schwieriger. Häufig kann man sie durch die auf dem Dach wehende Fahne erkennen. Für bestimmte Orte gelten zusätzlich spezielle Vorschriften. So ist z.B. das Filmen (nicht jedoch das Fotografieren!) in und um Iherir sowie im Nationalpark bei Djanet aus unerklärlichen Gründen verboten. Es kann versucht werden, beim ›Ministère de l'Information et de la Culture de l'O.P.N.T.‹ (Office du Parc National du Tassili), Bd. Salah-Bouakouir, Algier, eine Sondergenehmigung zu erhalten (Antragsformular anfordern; lange Bearbeitungszeit). Die Verwendung von 16-mm-Filmgerät ist generell genehmigungspflichtig. Videogeräte müssen bei der Einreise deklariert werden. Einleuchtend ist das Verbot der Verwendung von Blitzlicht beim Fotografieren der alten, kulturell wertvollen Felsmalereien.

Allgemeines

Zum Filmen und Fotografieren sollte man die erste Stunde nach Sonnenaufgang, die letzte vor Sonnenuntergang sowie die Mittagsstunden meiden. Bei sehr flach stehender Sonne am Morgen und Abend erscheinen alle Motive in einem recht intensiven, roten Farbton, der – wenn nicht ausdrücklich gewünscht – unnatürlich wirkt. In den Mittagsstunden dagegen überwiegt der Blauanteil des Lichts (Ausgleich eventuell durch Skylight-Filter), wegen der hochstehenden Sonne verschwinden Schatten und Kontraste fast völlig, und die Luft beginnt durch die intensive Erwärmung (selbst im Winter) zu flimmern. Das Ergebnis sind kontrastlose, verwaschene und unscharfe Aufnahmen.

Ausrüstung

Ganz gleich, ob Sie filmen oder fotografieren: Beschränken Sie Ihre Ausrüstung auf das unerläßliche Minimum – es sei denn, Sie machen eine ausgesprochene Film- oder Fotoexpedition und wollen (oder müssen) professionelle Ergebnisse erzielen. Da es dem Großteil der Wüstenfahrer wohl mehr auf persönliche Erinnerungen ankommt als auf technische Spitzenleistungen, gelten die folgenden Anmerkungen vor allem für die Amateure.

Filmaufnahmen

Für Saharareisen mit ihren enormen Strapazen für Mensch und Material eignen sich relativ einfache, robuste Kompaktkameras sicherlich besser als die hochgezüchteten Systemkameras, bei denen schon der simple Objektivwechsel oder das Austauschen anderer Zubehörteile unter Wüstenverhältnissen nicht ohne Risiken für die Kamera ist. Welches Modell Sie letztendlich verwenden, hängt in erster Linie von Ihren Ambitionen und Ihren finanziellen Möglichkeiten ab. Zu bedenken ist jedoch, daß selbst eine Spitzenkamera in der Hand eines untalentierten Filmers schlechtere Ergebnisse bringt als eine wesentlich einfachere und billigere in der Hand eines Könners. Teleobjektive mit extrem hohen Brennweiten (mit denen man weit entfernte Motive natürlich hervorragend ›heranholen‹ kann) lohnen sich nur dann, wenn man gleichzeitig ein stabiles Dreibeinstativ mit sich führt. Verwacklungsfreie Aufnahmen mit Brennweiten über 35 mm schafft ›freihändig‹ selbst kaum ein Profi.

Tonfilme stellen im Prinzip sicher eine feine Sache dar, ob es aber wirklich sinnvoll ist, eine Kamera, die synchrone Tonaufnahmen gestattet, auf eine Wüstenfahrt mitzunehmen, erscheint zumindest fraglich. In der Praxis kann es recht mühsam sein, sich gleichzeitig auf das optische und das akustische Geschehen zu konzentrieren, und da bei der späteren Filmbearbeitung ebenfalls Schwierigkeiten auftreten (Schnitt, Nachvertonung), halten wir es persönlich für besser, ›stumm‹ zu filmen und nur bei Gelegenheit asynchronen Ton (z. B. Marktlärm) auf einem Kassetten- oder Tonbandgerät aufzunehmen. Zu Hause kann man dann in aller Ruhe die ›Tonkonserven‹, Musik und Kommentar zusammenmischen (viele Reisefilme im Fernsehen entstehen übrigens ebenso).

Fotoaufnahmen

Vieles, was vorstehend für den Film gesagt wurde, trifft analog auch für die Fotofreunde zu. Auch hier gilt prinzipiell, daß eine robuste Kamera ohne übertriebene Raffinessen bessere Aussichten hat, ›pannenfrei‹ durch die Wüste zu kommen, als ein überzüchtetes Modell mit zwei Dutzend Sonderfunktionen. Spiegelreflexkameras mit Bajonettfassungen für das Objektiv sind solchen mit Schraubfassungen vorzuziehen, da sich der allgegenwärtige Staub leicht in den engen Gewindegängen festsetzt. Da auch die zuverlässigste Kamera unterwegs ihren Geist aufgeben kann, sollten Sie die Mitnahme einer einfachen Reservekamera (möglichst mit gleichem Objektivanschluß) erwägen, um wenigstens einige Erinnerungsaufnahmen mit nach Hause nehmen zu können. Und nie mit einer nagelneuen Kamera auf Reisen gehen! Jede Funktion sollte vorher ausprobiert und die Handhabung eingeübt werden.

Viel Freude können Sie unterwegs bereiten, wenn Sie Aufnahmen aus einer Sofortbildkamera verschenken.

Filmmaterial

Welches Material man verwendet, ist nicht nur eine Frage des persönlichen Geschmacks, sondern hängt auch von den jeweiligen Bedingungen ab (z. B. Innen- oder Außenaufnahmen, Tages- oder Kunstlicht, Klimaverhältnisse). Wer sich nicht auskennt, lasse sich in einem guten Foto-Fachgeschäft oder direkt durch den Filmhersteller beraten. Auf jeden Fall nehme man einen ausreichenden Filmvorrat mit (auf spätes Verfallsdatum achten), nicht nur, weil das Filmmaterial zu Hause wesentlich billiger ist, sondern weil die Chancen, in Wüstenoasen das gewünschte Material zu erhalten, außerordentlich gering sind (zumal dort weder mit ordnungsgemäßer Lagerung noch mit Beachtung des Verfallsdatums zu rechnen ist). Bekanntlich soll das Filmmaterial (besonders das schon belichtete) bei geringer Luftfeuchtigkeit, staubfrei und kühl gelagert werden. Das mit der Luftfeuchtigkeit mag in der Wüste noch gehen, aber Schutz gegen Staub und Hitze ist in der Sahara gar nicht so leicht zu erreichen. Auf jeden Fall sollte man die Filme so lange wie möglich in der Originalverpackung belassen (die äußere Papphülle kann natürlich entfernt werden) bzw. sie, wenn sie belichtet sind, in kleinen Plastikbeuteln (z. B. Gefrierbeutel) aufbewahren (mit Drahtklammern dicht verschließen). Zum Schutz vor Hitze (je nach Jahreszeit ein sehr schwieriges Problem) bewahre man das Filmmaterial im Kühlschrank (falls vorhanden), in einer Kühlbox (vgl. S. 313) oder zumindest an einem schattigen Plätzchen im Wagen auf. Bei längeren Reisen ist es empfehlenswert, die belichteten Filme zwischendurch einem auf der Heimreise befindlichen Reisenden mitzugeben oder per Luftpost an ein Entwicklungslabor im Heimatland zu schicken.

Falls Sie per Flugzeug ein- oder ausreisen, sollten Sie sich nicht allzusehr darauf verlassen, daß die Röntgen-Kontrollgeräte auf den Flughäfen Ihrem Filmmaterial nichts anhaben (auch wenn dies versichert wird). Ziemlich ›auf Nummer Sicher‹ geht, wer Röntgenschutzbeutel mit Bleifolieneinlage verwendet (z. B. die im Fachhandel erhältlichen Film-Shield-Beutel oder vergleichbare Produkte der Firmen Rowi, Würker und Hama) oder – was keinerlei Risiko birgt – das gesamte Filmmaterial im Handgepäck mit sich führt und auf Kontrolle ›von Hand‹ besteht, damit die Filme nicht die Röntgenschleuse für Handgepäck passieren müssen.

Zubehör

Als Grundregel gilt: je weniger, um so besser. Schließlich ist es lästig, mit verschiedenen fotografischen Geräten und sieben zusätzlichen Zubehörtaschen behängt durch die Gegend zu marschieren, abgesehen davon, daß die Ausrüstung während der Reise großen Belastungen ausgesetzt wird. Im folgenden Abschnitt soll es nicht um das übliche Zubehör gehen, auf welches man in keinem Fall verzichten will, sondern um einige Dinge, die speziell für eine Saharareise von besonderem Nutzen sind und – jedenfalls zum Teil – kaum belasten und nicht die Welt kosten. Dem allgegenwärtigen Staub müssen Sie hin und wieder zu Leibe rücken. Nehmen Sie dazu einen weichen Pinsel (eventuell mit Blasebalg) oder Druckluft-Reiniger und für das Objektiv spezielles Linsenreinigungspapier. Mit Spucke und dem Taschentuch machen Sie sonst mit Sicherheit recht bald die Frontlinse blind. Empfehlenswert ist auch, einen neutralen UV-Filter permanent vor die Frontlinse des Objektivs zu schrauben. Nicht, daß dies aus optischen Gründen nötig wäre, denn die heutzutage verwendeten viellinsigen Objektive bieten schon einen ausreichenden Schutz gegen UV-Strahlung, doch bereiten die ständigen Reinigungsarbeiten auf dieser relativ billigen Glasscheibe sicher weniger Pein als das wiederholte Scheuern der empfindlichen Frontlinse. Daß man eine Sonnenblende vorschraubt, ist wohl selbstverständlich. Reinigen Sie beim Filmwechsel die Filmlaufbahn mit einem weichen Pinsel. Sonst besteht die Gefahr, daß sämtliche Aufnahmen von quer durch das Bild laufenden Kratzspuren (›Telegrafendrähten‹) verdorben werden. Filmer sollten zudem noch ein kleines Spezialbürstchen zum Reinigen des Filmfensters dabei haben, und die Tonfilmer belasten ihr Gepäck mit einigen Wattestäbchen (z. B. Q-tips) zum Reinigen des Tonkopfes auch nicht über Gebühr. Wer ganz perfekten Schutz gegen Staub und Sand wünscht, dem seien die im Fachhandel erhältlichen Schutzgehäuse aus dem reichhaltigen Programm der Firma Goedecke & Co. (Innsbrucker Ring 157, D-8000 München 80) empfohlen, mindestens aber eine einfache Plastik-Schutzhülle (Fa. Goedecke, Fa. Kaiser Fototechnik).

Für die staubdichte und stoßsichere Aufbewahrung der Geräte während der Fahrt stellen die herkömmlichen Bereitschaftstaschen nicht gerade das Ei des Kolumbus dar. Und die silbernen, professionell aussehenden Alukoffer sind zwar perfekt, aber sperrig, und verleiten außerdem u. U. zum Diebstahl, da ihr Äußeres verborgene hohe Werte vermuten läßt. Wir haben deshalb unsere Kameras ganz primitiv in Plastik-Einkaufstüten gepackt und auf Schaumstoff gebettet. Das sieht zwar nicht sehr fesch aus, schützt aber dennoch recht gut gegen Staub und Erschütterungen und wirkt auf Langfinger nicht sonderlich anziehend. Speziell für Kleinbildkameras bietet die schon erwähnte Firma Goedecke ihre Systembox ›ewa-safari‹ an, die perfekten Schutz sowie eine bequeme, staub- und stoßfeste Aufbewahrungs- und Transportmöglichkeit für Kameras einschließlich der Objektive bietet: Wer von den Filmern schließlich auf gute, ruhige, dem Auge wohltuende Aufnahmen Wert legt, kommt um die Mitnahme eines Stativs (nicht im Zahnstangen- und Kurbelbetrieb!) kaum herum. Der Fachhandel bietet hier eine Reihe von Varianten an (auch Spezialmodelle für Aufnahmen aus dem fahrenden Auto). Absolut ruhige Aufnahmen erhält man aber nur, wenn man die Kamera bombenfest auf ein solides Dreibeinstativ schraubt, das mit einem guten Schwenkkopf ausgestattet sein sollte (möglichst flüssigkeitsgedämpft).

Batterien

Keinesfalls vergessen darf man einen ausreichenden Vorrat an langlebigen und auslaufsicheren Ersatzbatterien für den Kameraantrieb, Belichtungsregler bzw. -messer, Blitzgerät o.ä. Nachkaufen unterwegs dürfte vielerorts ziemlich aussichtslos sein. Die Verwendung von Akkus anstelle der üblichen Trockenbatterien empfiehlt sich, da diese unterwegs mit einem geeigneten Ladegerät immer wieder von der Autobatterie aufgeladen werden können. Zugegeben, die Anschaffungskosten sind relativ hoch, doch amortisieren sie sich im Laufe der Zeit.

Sicherheitsregeln und Verhalten in Notfällen

Sicherheitsregeln

Eine Wüstenfahrt ist nie ganz ohne Risiko. Unvorhersehbare Ereignisse haben schon häufig zu Unglücksfällen und unverschuldeten Notsituationen geführt. Manche der folgenschweren Pannen, die bei Wüstenfahrten passiert sind, wären aber sicherlich vermeidbar gewesen. Durch Überschätzung der eigenen Fähigkeiten und der des Fahrzeugs, durch mangelnde Erfahrung und durch unzureichende Ausrüstung geraten Wüstenreisende immer wieder in zum Teil lebensgefährliche Situationen. Damit Ihnen dies möglichst erspart bleibt, sollten Sie folgende Punkte beachten:

Ihr ›Haus auf Rädern‹ und Ihre Lebensversicherung während der ganzen Fahrt stellt Ihr Fahrzeug dar. Solange dieses sich aus eigener Kraft bewegt, sind die Aussichten gut, heil durch die Wüste zu kommen. Achten Sie deshalb in erster Linie auf sorgfältige Behandlung und guten Zustand Ihres Fahrzeugs. Überfordern Sie Ihren Wagen nicht, z. B. durch falsche Routenwahl, verschleißfördernde Fahrweise oder Überladung (vgl. auch S. 288 ff.). Eignen Sie sich wenigstens die zur Durchführung der normalen Wartungsarbeiten nötigen Kfz-technischen Kenntnisse an und kontrollieren Sie Ihr Fahrzeug täglich (vgl. S. 284), damit eventuelle Defekte gleich im Anfangsstadium entdeckt und behoben und somit größere Folgeschäden vermieden werden können. Nehmen Sie genügend Ersatzteile und Werkzeuge mit (vgl. S. 270 ff. und 274). Auch wenn Sie sich nicht selbst an die Reparatur wagen, sind die Aussichten auf Hilfe durch Dritte erfolgversprechender, wenn Sie wenigstens über das nötige Material verfügen.

Nehmen Sie ausreichende Vorräte an Wasser, Treibstoff und Proviant für die jeweilige Etappe mit. Planen Sie dabei großzügig (vgl. S. 319). Gehen Sie generell sparsam mit Wasser um. Im Notfall werden Sie jedem Tropfen nachtrauern, den Sie vorher vergeudet haben.

Bleiben Sie immer auf der Piste oder wenigstens in Sichtweite derselben. Wenn Sie weit von dieser abweichen müssen oder wollen, dann merken Sie sich stets gut, auf welcher Seite der Piste und wie weit von ihr entfernt Sie sich gerade aufhalten, damit Sie garantiert wieder zurückfinden. Achten Sie auf Pistenmarkierungen (eventuell mit Feldstecher). Für gezielte Fahrten durch pistenloses Gelände sind exaktes Kartenmaterial (1:200 000), Kompaß, Feldstecher und gutes Orientierungsvermögen unerläßlich. Machen Sie sich unterwegs Aufzeichnungen über Entfernungen, Orientierungspunkte, Kompaßangaben etc. und zeichnen Sie den Streckenverlauf genau in der Karte ein, damit Sie immer wissen, wo Sie sich gerade befinden. Dies ist von größter Wichtigkeit, nicht nur für die Weiterfahrt, sondern auch für einen eventuellen ›Rückzug‹. Wenn Sie sich über Ihren momentanen Standort nicht mehr im klaren sind, oder sich gar verfahren haben, halten Sie sofort an. Unkontrolliertes Weiterfahren einfach nach Instinkt macht die Lage noch schwieriger. Stoppen Sie deshalb sofort, wenn Zweifel aufkommen, und überdenken Sie in aller Ruhe die Situation, bevor Sie sich zu irgendwelchen übereilten und womöglich falschen Manövern entschließen. Versuchen Sie, anhand von Karte, Kompaß und eventuell vorhandenen Orientierungspunkten (Berge, Oueds o. ä.) die gefahrene Strecke zu rekonstruieren und den Standort wenigstens ungefähr zu bestimmen. (Spätestens jetzt sind Sie für jede Art von Aufzeichnung, die Sie vorher während der Fahrt gemacht haben, dankbar.) Gelingt Ihnen das nicht, dann fahren Sie keinesfalls quer durchs Gelände in die vermeintlich richtige Richtung, sondern folgen Sie den eigenen Spuren wieder zurück zur Piste oder zu einem genau identifizierbaren Punkt, von welchem aus Sie die Weiterfahrt festlegen können. Beachten Sie generell, daß das Abschätzen von Entfernungen in der Wüste fast unmöglich ist. Unterschiedliche Licht- und Sichtverhältnisse täuschen unterschiedliche Entfernungen vor. Vor allem fehlen feste Bezugsgrößen, ein Vergleichsmaßstab. Was aussieht wie ein entferntes Felsmassiv, entpuppt sich oft schon nach kurzer Fahrt als bescheidener Felsblock am Wegesrand oder umgekehrt.

Fahren Sie nicht allein, wenn Sie Fahrten abseits der Teerstraßen unternehmen, vor allem nicht auf den in den Streckenbeschreibungen als ›einsam‹ und ›wenig befahren‹ beschriebenen Routen. Das Risiko, daß *zwei* Fahrzeuge unterwegs absolut fahruntauglich werden, ist äußerst gering. Bleibt *ein* Wagen auf der Strecke, kann man notfalls ›umsteigen‹, zumindest aber Hilfe holen (vgl. auch S. 256). Legen Sie vor der Abfahrt, besonders bei einem größeren Konvoi, die Reihenfolge der Fahrzeuge fest und halten Sie diese strikt ein. Es kann recht unangenehm sein, wenn man nicht weiß, ob sich die anderen Fahrzeuge vor oder hinter einem befinden (z. B. bei Pannen). Fahren Sie deshalb auch immer ›auf Sicht‹ zum Hintermann. Dies schließt aus, daß der führende Wagen davonschießt, ohne zu merken, daß der folgende womöglich mit einer Panne liegengeblieben ist oder an einer Pistengabelung eine andere Abzweigung genommen hat. Der streckenkundigste Teilnehmer sollte dabei stets im ersten, der ›Mechaniker‹ im letzten Fahrzeug sitzen. Funkkontakt zur Verständigung zwischen den Fahrzeugen wäre natürlich ideal. Die Einfuhr von Funkgeräten ist in Algerien jedoch strengstens verboten (mit gründlichen Kontrollen muß gerechnet werden). Vereinbaren Sie deshalb wenigstens einige Licht- und Hupsignale (z. B. für ›Halt‹, ›Langsamer‹ etc.), mit denen der hintere Wagen dem Vordermann seine Absichten kundtun kann. Die Verständigung auf diese Weise ist natürlich mühsam, weil der Vordermann die Signale wegen des hohen Geräuschpegels im Wagen möglicherweise nicht hört bzw. durch den aufgewirbelten Staub nicht sieht. Am besten bewährt hat sich folgende einfache Methode: Wenn der Hintermann Kontakt mit dem Vordermann sucht, schaltet er einfach die volle ›Festbeleuchtung‹ seines Wagens ein. Schaut der Vordermann, so wie es sein sollte, regelmäßig in den Rückspiegel, wird er bald die aufgeblendeten Scheinwerfer sehen und anhalten. Erhöhte Vorsicht ist bei Sandsturm, aber auch schon bei Sand- und Staubwinden geboten (vgl. S. 294).

Beachten Sie die Meldevorschriften. Diese wurden schließlich nicht allein zur Unterhaltung der Behörden geschaffen, sondern dienen zumindest in einem gewissen Maße der Sicherheit des Reisenden! Auch wenn die algerischen Behörden bei Nichterscheinen am angegebenen Zielort keine Suchaktion einleiten, so ist im Ernstfall später doch zumindest das wahrscheinliche Aufenthaltsgebiet des Vermißten feststellbar.

Hinterlassen Sie bei Angehörigen oder Freunden in der Heimat einen groben Zeit- und Streckenplan und halten Sie sich nach Möglichkeit daran. Unterrichten Sie ›die Lieben‹ zu Hause gelegentlich von Ihren Reisefortschritten und von eventuellen Änderungen der Route. Dies kommt Ihnen zugute, falls wirklich einmal eine Suchaktion erforderlich werden sollte. Kosten, die durch solche Suchaktionen entstehen, gehen übrigens ausschließlich zu Lasten des Vermißten!

Fahren Sie nie bei Nacht, jedenfalls nicht abseits der Teerstraßen. Der eventuell mögliche Zeitgewinn rechtfertigt keinesfalls das erhöhte Risiko, in ein zu spät oder gar nicht erkanntes Hindernis zu ›donnern‹ oder die Richtung zu verlieren.

Verhalten in Notfällen

In Algerien gibt es – die Hauptstadt Algier ausgenommen – keinen Straßenhilfsdienst, bei Pannen ist man deshalb weitestgehend auf Selbsthilfe angewiesen. Notfalls wende man sich an den nächsten Polizeiposten. Auch bei einem Unfall – vor allem, wenn andere Personen oder Fahrzeuge beteiligt sind – empfiehlt es sich (wenn möglich), die Polizei zur Unfallaufnahme hinzuzuziehen.

Falls Sie einmal das Pech haben, abseits befahrener Straßen oder Pisten ernsthaft festzusitzen und den Wagen trotz aller Improvisationskünste nicht wieder flottkriegen, dann sollten Sie trotz heißer Wüstensonne einen kühlen Kopf bewahren. In einer solchen kritischen Situation ist man leicht geneigt, sich auf den Marsch zur nächsten Oase oder häufig befahrenen Piste zu machen, um dort Hilfe zu holen. Ehe man aber zu einem strapaziösen Fußmarsch aufbricht, müssen unbedingt in aller Ruhe die Erfolgsaussichten abgewogen werden. Im Zweifelsfall gilt immer die Devise, beim Fahrzeug zu bleiben, da dieses relativ viel Schutz bietet und in der weiten Landschaft leichter zu entdecken ist als ein einsamer Wanderer. Nur wenn zweifelsfrei feststeht, daß die Entfernung zur nächsten Oase oder Piste nicht mehr als maximal zwei bis drei Tagesmärsche beträgt, kann man einen Fußmarsch ernsthaft in Erwägung ziehen. Die Länge der Tagesetappen darf dabei allerdings – je nach Temperatur, Wind und Geländebeschaffenheit – mit nicht mehr als 15–25 km veranschlagt werden. Ein solcher Fußmarsch setzt auch voraus, daß der Standort, die Marschrichtung und die Lage des Ziels *eindeutig* geklärt sind und daß der ›Auserwählte‹ über gute Kondition und gute Nerven verfügt. Als Mindestausrüstung (hier empfiehlt sich wieder ein Rucksack) sollte er wenigstens 15 Liter Wasser, Notproviant (z. B. hochkonzentrierte Bergsteigernahrung, Traubenzucker), Rettungsdecke, Kompaß, Fernglas, Spiegel, gute Landkarte, Messer, Sturmzündhölzer (eventuell ein Brennglas), Taschenlampe und einen Wecker (um nicht die kühlen Stunden zu verschlafen!) mitführen und den ganzen Körper bedeckende Kleidung tragen, um den Wasserverlust durch Schwitzen möglichst gering zu halten. Zum Marschieren sollten vor allem die kühleren (aber hellen) Abend- und Morgenstunden benutzt werden; während der heißesten Tageszeit empfiehlt es sich, im Schatten der als Wind- und Sonnenschutz dienenden Rettungsdecke auszuruhen oder zu schlafen. Der zurückgelegte Weg muß sorgfältig in der Karte eingetragen werden. Dies erleichtert zusammen mit Steinmarkierungen o. ä. im Gelände die Orientierung beim Rückweg.

Scheinen die Erfolgsaussichten eines Fußmarsches zweifelhaft, so bleiben Sie unbedingt bei Ihrem Fahrzeug! Nun geht es darum, möglichst schnell gefunden zu werden. Die diesbezüglichen Erfolgsaussichten hängen weitgehend von Ihrer Mithilfe ab. Sie müssen mit allen möglichen, Körperkräfte und elektrische Energie des Wagens sparenden Mitteln versuchen, die Aufmerksamkeit eines eventuell in der Ferne passierenden Fahrzeugs auf sich zu lenken. Fahren Sie, soweit noch möglich, auf eine erhöhte Stelle, von der aus Sie einen guten Überblick haben bzw. selbst besser erkennbar sind (nie jedoch auf einen Dünenkamm, da der Wind durch ungleichmäßige Sandauswehung den Wagen zum Kippen bringen kann). Mit Scheinwerfern, Spiegeln, reflektierender Metallfolie (z. B. metallisierte Rettungsdecke), mit Rauchbomben oder einem rechtzeitig vorbereiteten, stark qualmenden Feuer (z. B. Fahrzeugreifen, leere Konservendose o. ä. gefüllt mit ölgetränktem Sand) kann man sich auf weite Entfernungen hin bemerkbar machen. Verwenden Sie z. B. beim Blinken mit Scheinwerfern das internationale Notrufzeichen S.O.S.: 3 × kurz, 3 × lang, 3 × kurz (. . . – – – . . .). Halten Sie Ihre Signalmittel ständig einsatzbereit; verheizen Sie aber wertvolle Fahrzeugreifen o. ä. nicht auf Verdacht, sondern nur, wenn wirklich Erfolgsaussichten bestehen (wenn Sie also z. B. in der Ferne ein Fahrzeug sehen oder hören können).

Die Aussichten, von einem in großer Höhe dahinziehenden Passagierflugzeug entdeckt zu werden, sind trotz aller Signalisierbemühungen gleich Null, ganz abgesehen davon, daß es reiner Zufall wäre, ausgerechnet unter einem Flugkorridor steckenzubleiben. Sollte aber eine gezielte Suchaktion per Flugzeug durchgeführt werden, dann fliegen die Suchmaschinen natürlich in geringerer Höhe (eine gewisse Mindesthöhe dürfen sie allerdings wegen meist starker Turbulenzen in Bodennähe nicht unterschreiten). Es muß dann alles Erdenkliche getan werden, um die Aufmerksamkeit der Suchmannschaft auf sich zu lenken. Werden Sie nicht erst aktiv, wenn Sie den Motorenlärm hören, denn ein Flugzeug ist schnell vorbeigezogen. Neben den bereits aufgezählten Signalmöglichkeiten sollten Sie rechtzeitig möglichst großflächige und auffällige Erkennungshilfen vorbereiten: Da in der Natur regelmäßige, geradlinige Formen oder Muster sehr selten vorkommen, sollte man solche künstlich erzeugen. Sie heben sich deutlich sichtbar von der Umgebung ab und fallen – aus der Höhe betrachtet – relativ leicht ins Auge, vorausgesetzt, daß sie eine ausreichende Größe aufweisen. Ideal für diese Zwecke sind reflektierende Rettungsdecken (vgl. S. 326). Legen Sie mindestens vier davon in ausreichendem Abstand um das Fahrzeug herum auf dem Boden aus und sichern Sie die Ränder gut mit Steinen oder aufgehäuftem Sand. Arrangieren Sie zusätzlich weitere größere Gegenstände (Kanister, Kisten, Fahrzeugsitze) in gleichmäßiger Anordnung (z. B. strahlenförmig, Viereck) um das Fahrzeug herum und säubern Sie eine größere, regelmäßige Fläche von Steinen oder Büschen und bilden Sie aus diesen einen umlaufenden Wall mit dem Wagen im Zentrum. In sandigem Gelände kann man um das Fahrzeug herum große, möglichst tiefe (Schattenbildung!) Rinnen anlegen oder strahlenförmig auf den Wagen zulaufende Gräben ziehen. In den Sand getretene oder mit Steinen ausgelegte Großbuchstaben ›S.O.S.‹, mit altem Motoröl geschwärzter Sandboden – alle Mittel, die geeignet sind, auf sich aufmerksam zu machen, können Verwendung finden. Leuchtraketen mögen als Notsignale zwar recht nützlich sein, doch besteht die Gefahr, daß bei Grenz- oder anderen Kontrollen Schwierigkeiten entstehen.

Es mag – je nach Gegend und Jahreszeit – viel Zeit vergehen, bis ein abseits von Straßen und Pisten steckengebliebenes Fahrzeug zufällig oder durch eine gezielte Suchaktion gefunden wird. Deshalb ist es von größter Bedeutung, mit den verbliebenen Vorräten an Proviant und Wasser sowie mit den Körperkräften so wirtschaftlich wie möglich umzugehen. Ohne bzw. mit wenig Nahrung kann ein gesunder Mensch erstaunlich lange auskommen, ohne ausreichende und regelmäßige Flüssigkeitszufuhr dagegen nur sehr kurze Zeit. Je nach Klima und sonstigen Umständen braucht ein erwachsener Mensch zwischen 1½ und 8 Litern Flüssigkeit pro Tag (vgl. S. 319). Erhält er diese Menge nicht, so wird er langsam aber sicher gewissermaßen bei lebendigem Leibe mumifizieren: Das Blut verdickt, der Kreislauf bricht zusammen, die Nierenfunktionen setzen aus. Auf Schwindelanfälle und quälende Kopfschmerzen folgen Bewußtlosigkeit und schließlich der Tod – keine rosigen Aussichten! Durch Rationieren der Flüssigkeitszufuhr kann man die Zeit des Überlebens zwar etwas verlängern, aber der Austrocknungsprozeß des Körpers (Dehydration) mit all seinen Begleiterscheinungen setzt dennoch unweigerlich ein. Dagegen kann auch die beste Selbstdisziplin nichts ausrichten. Es ist daher besser, den Durst gleich zu stillen, wenn er auftritt, als sich erst lange mit gierigem Lechzen nach dem nächsten Schluck zu quälen. Mit gestilltem Durst kehrt das Wohlbefinden zurück, die Gedanken kreisen nicht mehr ständig um das Wasser, sondern können sich auf sinnvollere Dinge konzentrieren, z. B. darauf, was man tun kann, um aus der gegenwärtigen mißlichen Lage wieder herauszukommen.

Da der größte Teil des Wassers den Körper nicht als Urin, sondern durch Verdunstung verläßt, muß alles Mögliche getan werden, um den Wasserverlust durch die Haut, das Schwitzen also, auf ein Minimum zu reduzieren. Deshalb sollte man den ganzen Körper immer mit leichter Kleidung bedeckt halten, um direkte Sonneneinstrahlung zu verhindern und den Einfluß des Windes, der die Haut wie ein Föhn austrocknet, weitestgehend auszuschalten. Man vermeide schnelle Bwegungen, verlege jegliche körperliche Arbeit möglichst in die kühlen Nachtstunden und halte sich tagsüber stets im Schatten und hinter einem Windschutz auf. Wenn dann schließlich alle Getränkevorräte aufgebraucht und die letzten Tropfen Karottenwasser aus der allerletzten Konservendose ausgesaugt sind, dann wird es ernst. Mit Niederschlägen und nennenswerter Taubildung ist kaum zu rechnen; das Wasser aus dem Kühler des Wagens kann man notfalls nur dann trinken, wenn es keinen Frostschutz enthält (dieser ist giftig!). Je nach Gegend lohnt es sich durchaus, auf Wassersuche zu gehen. Glücklicherweise gibt es im Wüstenboden mehr Flüssigkeit, als man allgemein vemutet. Inspizieren Sie deshalb sorgfältig die Umgebung. Tierspuren führen u. U. zu einer Wasserstelle. Suchen Sie nach Flußtälern (Oueds). Selbst wenn diese völlig trocken erscheinen, führen Sie gelegentlich schon in geringer Tiefe Wasser. Auch Pflanzenbewuchs weist möglicherweise auf unterirdisches Wasser hin. Graben Sie an diesen Stellen in den kühlen Nachtstunden, doch gehen Sie dabei mit Ihren Kräften schonend um. Das auf diese Weise eventuell gewonnene Naß muß natürlich gefiltert und desinfiziert werden. Es wäre sinnlos, den Flüssigkeitsbedarf mit Wasser zu stillen, das mit ziemlicher Sicherheit Durchfall oder noch Schlimmeres verursacht und damit dem Körper wieder sehr viel Flüssigkeit entzieht.

In manchen Veröffentlichungen wird eine Methode beschrieben, wie man im Notfall auch Wasser aus dem trockenen Wüstensand ›herauskitzeln‹ kann. Obwohl wir das Verfahren nie selbst ausprobiert haben und von seiner Wirksamkeit auch nicht sehr überzeugt sind, soll es hier der Vollständigkeit halber kurz beschrieben werden, denn in der größten Not klammert man sich auch an den schwächsten Strohhalm: Man grabe in den Sand ein etwa 1 m tiefes Loch (um an die feuchten Bodenschichten zu gelangen), stelle ein Sammelgefäß auf den Boden, spanne eine dünne, möglichst transparente Plastikfolie über das Loch und beschwere diese am Rand mit Steinen o. ä. Während der Nacht steigt die feuchte Luft aus dem erwärmten Wüstenboden nach oben und kondensiert an der Folie. Damit nun das Kondenswasser in das Sammelgefäß tropft, lege man vorher einen Stein auf die Folie, und zwar genau über dem Gefäß. Das Kondenswasser läuft dadurch zur tiefsten Stelle und tropft brav in den Napf. Wir nehmen allerdings an, daß der Sand in den meisten Fällen auch in 1 m Tiefe noch strohtrocken ist und deshalb keine oder kaum Feuchtigkeit abgibt. Zur Verbesserung des Ergebnisses erscheint es deshalb sinnvoll, z. B. Zweige von lebenden Bäumen oder Büschen in die Grube zu legen oder – so abschreckend es klingen mag – den Sand mit Urin zu befeuchten. Allerdings ist anzunehmen, daß man beim anstrengenden Graben des Loches im ständig nachrutschenden Sand wohl mehr an Flüssigkeit herausschwitzt, als auf diese mühsame Weise jemals wieder gewonnen werden kann. Trotzdem mag die Sache einen Versuch wert sein.

Hilfsdienste

> **Warnung:** Nach offizieller Mitteilung führen die algerischen Behörden <u>keine Suchaktionen</u> nach vermißten Touristen durch!

Schutzbriefe: Verschiedene Automobilclubs bieten ihren Mitgliedern sogenannte Auslandsschutzbriefe (›Superschutzbriefe‹) an, eine Art Versicherung, die im Schadens- und Notfall beachtliche Hilfeleistungen verspricht (z. B. Fahrzeugrückführung, Krankenrücktransport, Kreditleistungen, Abschlepp- und Pannenhilfe). Bitte prüfen Sie aber unbedingt, ob die von Ihnen bereisten Länder durch den Schutzbrief voll gedeckt sind. Ersatzteilbeschaffung per Schutzbrief kann zollrechtliche Probleme verursachen (persönliche Abholung beim Zollamt Algier erforderlich).

Rückholversicherungen: Für medizinisch notwendige Rückflüge aus dem Ausland können bei verschiedenen Institutionen (Achtung! nicht alle sind seriös) Versicherungen abgeschlossen werden. Beiträge und Leistungen sind unterschiedlich; Erkundigungen und Preisvergleiche lohnen sich.

Flugdienst des Deutschen Roten Kreuzes: Mit modernen Ambulanzflugzeugen holt der DRK-Flugdienst Reisende im Notfall (schwere Erkrankung, Unfall) zurück. Die dadurch entstehenden hohen Kosten werden von den gesetzlichen Krankenkassen nicht getragen. DRK-Mitglieder bekommen die Kosten ersetzt, wenn ihr Kreisverband für seine Mitglieder einen Rahmenversicherungsvertrag abgeschlossen hat. Andernfalls ist noch eine zusätzliche Fördermitgliedschaft (Einzelversicherungsvertrag) im DRK-Flugdienst erforderlich. Nähere Information hierüber bei der Geschäftsstelle des DRK-Flugdienstes, Friedrich-Ebert-Allee 71, D-5300 Bonn 1.

Und so fordern Sie den DRK-Flugdienst von unterwegs an: fernmündlich über (02 28) 23 00 23, fernschriftlich über D 08 86 95 24 rkzl d; Telegrammadresse: deutschrotkreuz bonn. Die Flugdienst-Leitstelle des Deutschen Roten Kreuzes ist Tag und Nacht zu erreichen. Schalten Sie notfalls die diplomatische oder konsularische Vertretung der BRD ein.

Die DRK-Leitstelle benötigt folgende Angaben: Name, Adresse (Telefon) des Anrufers; Name, Geburtsdatum, Heimatanschrift des Patienten; gegenwärtiger Aufenthaltsort (z. B. Krankenhaus); Name, Adresse, Telefon und Sprache des behandelnden Arztes; Art der Krankheit/Verletzung und Ursache; Angaben über bestehende Versicherungen oder eine DRK-Mitgliedschaft; gewünschtes Transportziel.

Der DRK-Flugdienst wird dann tätig, wenn eine medizinisch begründete Notwendigkeit der Verlegung vorliegt. Diese ergibt sich ausschließlich aus der ärztlichen Diagnose, dem Vorliegen einer medizinischen Unterversorgung am Aufenthaltsort und der Lufttransportfähigkeit des Patienten.

Notservice: ›Därr's Travel Shop‹ in München bietet in Notfällen über seinen Fernschreiber – Telex 5215385 (darr d) – folgende Hilfeleistungen an:

Kostenlose Weiterleitung wichtiger Nachrichten an eine beliebige Adresse per Brief und Kurzinformation der angegebenen Heimatadresse per Telefon.

Kostenpflichtiger Einsatz aller Verbindungen und Erfahrungen in Notfällen, wenn alle Informationen über die nötige Hilfe in möglichst nur einem Telex durchgegeben werden. Das Telex muß auch aussagen, wer Sie sind, wo Sie per Post, Telefon oder Telex wann zu erreichen sind, wer die Kosten für die Hilfeleistung trägt. Die Bemühungen sind selbstverständlich auch dann mit Kosten verbunden, wenn die Hilfe erfolglos bleiben sollte.

Dieser Service gilt nur für Individualreisende und Expeditionen im außereuropäischen Ausland! Suchen Sie sich im Notfall ein Hauptpostamt, eine Firma oder diplomatische Vertretung, die über einen mit Lochstreifenleser ausgerüsteten Fernschreiber verfügt. Formulieren Sie Ihr Anliegen maschinenschriftlich in ca. 600 Zeichen (drei Minuten müssen Sie so oder so bezahlen!) und lassen Sie den Text durchgeben. Ersatzteile, Medikamente oder anderes Material werden – wenn möglich – besorgt und zum regulären IATA-Tarif per Luftfracht in jede Hauptstadt der Erde verschickt.

Einen ähnlichen Notservice bieten auch der Ausrüster Bernd Woick (Telex 722140 woik d) und der Globetrotter-Service Kreutzer (Telex 182639 gsbek).

Wo erfährt man mehr über Algerien?

Nützliche Adressen

Diplomatische Vertretungen

Algerische Vertretung in der BR Deutschland: Botschaft der Demokratischen Volksrepublik Algerien, mit Konsularabteilung, Rheinallee 32, D-5300 Bonn 2; Tel. (02 28) 8 20 70.

Kein Fremdenverkehrsbüro in der Bundesrepublik Deutschland. Werbung und begrenzte Auskünfte über die Botschaft in Bonn oder über Air Algérie, Friedensstraße 11, D-6000 Frankfurt/Main, Tel. (0 69) 23 32 81/82/83.

Vertretung der Bundesrepublik Deutschland in Algerien: Botschaft der Bundesrepublik Deutschland, 165 Chemin Sfindja, B.P. 664, Algier; Tel. 63 48 27/45/46. (So bis Do 8.30–12.00 Uhr).

Algerische Vertretung in Österreich: Botschaft der Demokratischen Volksrepublik Algerien, Rudolfinergasse 18, A-1190 Wien; Tel. (02 22) 36 88 53.

Vertretung Österreichs in Algerien: Österreichische Botschaft, ›Les Vergers‹ Rue 2, Lot Nr. 9, Birmandreis, Algier; Tel. 56 26 99.

Algerische Vertretung in der Schweiz: Botschaft der Demokratischen Volksrepublik Algerien, Willadingweg 74, CH-3006 Bern; Tel. (0 31) 44 69 61/63.

Auskünfte auch über TCS, Touring Club der Schweiz, Rue Pierre Fatio 9, CH-1211 Genf 3, Tel. (0 22) 37 12 12.

Vertretung der Schweiz in Algerien: Schweizer Botschaft, 27 Bd. Zirout Youcef, B.P. 482, DZ-Alger-Gare; Tel. 63 39 02/ 63 83 12/64 65 91.

Auskunftsstellen

Staatliches Fremdenverkehrsamt (Zentrale): Office National Algérien du Tourisme (ONAT), 27, Rue Khelifa Boukhalfa, Algier; Tel. 61 26 55.

Staatliches Reisebüro (Zentrale): ONAT, 5, Bd. Ben Boulaid, Algier; Tel. 63 62 63.

Staatliche Reise-Transportgesellschaft (Bus-Zentrale): Société Nationale de Transport des Voyageurs (SNTV), Route Nationale Nr. 5, B.P. 827, Rouiba; Tel. 80 86 49.

Staatliche Eisenbahngesellschaft: Société Nationale des Transports Ferroviaires (SNTF), 21–23, Bd. Mohamed V., Algier; Tel. 61 15 10.

Staatliche Fluggesellschaft: Air Algérie, 2, Bd. Mohamed V., Algier; Tel. 63 12 82.

Automobilclub: Touring Club d'Algérie, Rue El Idrissi 1 (BP 550), Algier; Tel. 6 40 83.

Sahara-›Fanclub‹: Sahara-Club e.V.; Bockweg 15, D-7500 Ulm 10; Tel. (07 31) 4 43 64.

Ausrüstungsfirmen
(teilweise mit Versand; fragen Sie nach Katalogen)

. . . in der Bundesrepublik Deutschland

Äquator, Hohenzollernstraße 93, D-8000 München 40 (Zelthaus: Enhuberstraße 6–8), Tel. (0 89) 2 71 13 50
Ausrüstung, großes Bücherangebot, Karten, Schwarzes Brett, Reisebüro, Veranstalter von Dia- und Filmvorträgen

Bannat – Globetrotter- und Expeditionsausrüstung, Brandenburgische Straße 6, D-1000 Berlin 31, Tel. (0 30) 8 61 57 68
Ausrüstung, Bücher und Karten

Därr's Travel Shop, Theresienstraße 66, D-8000 München 2, Tel. (0 89) 28 20 32 (Laden und Versand)
Ausrüstung, sehr umfangreiches Bücher- und Kartenangebot, Schwarzes Brett, Notservice (vgl. S. 340), Veranstalter von Globetrottertreffen

Denart & Lechhart GmbH, Globetrotter-Ausrüstungen, Wiesendamm 1, D-2000 Hamburg 60, Tel. (0 40) 29 12 23
Ausrüstung, Bücher und Karten

Globetrotter-Service Edwin Kreutzer, Konstanzer Straße 50, D-1000 Berlin 31, Tel. (0 30) 87 11 64
Ausrüstung, Notservice (vgl. S. 340)

Globetrott-Zentrale Bernd Tesch, Karlsgraben 69, D-5100 Aachen-Centrum, Tel. (02 41) 3 36 36
Ausrüstung, Bücher, Karten, Überlebens-Trainingskurse, Motorradausrüstung, Veranstalter von Globetrottertreffen

Lauche & Maas Expeditionsausrüstung, Alte Allee 28, D-8000 München 60, Tel. (0 89) 88 07 05
Ausrüstung, Bücher und Karten, Schwarzes Brett, Kfz-Reparatur-Kurse, Veranstalter von Globetrottertreffen

Pritz Horst, Globetrotter-Expeditionsausrüstung, Schmiedgasse 17–19, D-8390 Passau, Tel. (08 51) 3 62 20
Ausrüstung, Bücher, Karten, Schwarzes Brett (auch telefonisch), Veranstalter von Globetrottertreffen

Sahara Spezial, Büro: Bachstraße 10, D-6331 Hohenahr-Großaltenstädten, Tel. (0 64 46) 23 34; Laden: Bahnhofstraße 65, D-6300 Gießen
Ausrüstung, Reisen, Bücher, Karten, Kfz-Ersatzteilversand ins Ausland, Fährenbuchung, Schwarzes Brett, Veranstalter von Globetrottertreffen, Kompaß- und Survival-Kursen

Trans Globe, Zülpicher Straße 38, D-5000 Köln 1, Tel. (02 21) 23 93 98; Fraunhoferstraße 6, D-8000 München 5, Tel. (0 89) 26 90 55; Alexanderstraße 35, D-4000 Düsseldorf 1, Tel. (02 11) 32 64 29; Kleinkölner Straße 5, D-5100 Aachen, Tel. (02 41) 2 31 13
Ausrüstung und Bücher

Trekkingbüro N. Schehle, Memminger Straße 75, D-8960 Kempten/Allgäu, Tel. (08 31) 2 67 67
Ausrüstung, Bücher, Trekking-Touren, Rettungs- und Versorgungsfahrten

Süd-West/Tom Hauser, Magirusstraße 35, D-7900 Ulm/Donau, Tel. (07 31) 17 07 00
Ausrüstung

Bernd Woick GmbH, Expeditions- und Allradservice, Spaichinger Straße 31, D-7000 Stuttgart 75, Tel. (07 11) 47 30 80
Versand: Kfz- und Reiseausrüstung, Navigationsgeräte, Karten, Bücher, Fährenbuchung, Notservice (vgl. S. 340)

... in Österreich

Hof & Turecek Expeditionsservice GmbH, Markgraf-Rüdiger-Straße 1, A-1150 Wien, Tel. (02 22) 92 23 61/95 21 74
Ausrüstung, Bücher, Karten, Schwarzes Brett, Kontaktadresse des Expeditions-Club Austria

Robinson-Ausrüstung, Kriemhildplatz 10, A-1152 Wien, Tel. (02 22) 92 56 55
Ausrüstung

... in der Schweiz

Transa, Josefstraße 21, CH-8005 Zürich, Tel. (01) 42 90 40
Ausrüstung, Geländefahrzeug-Reparaturkurse, Navigationskurse, Filialen (ohne Auto-Ausrüstung) in: CH-3011 Bern, Speichergasse 39, Tel. (0 31) 21 12 35, und CH-4057 Basel, Klingentalgraben 37, Tel. (0 61) 33 82 18

Karten

Die besten Übersichtskarten für Algerien sind die Karten für Nord- und Westafrika von Michelin (Nr. 953) und vom VWK-Verlag. Beide Karten im Maßstab 1:4 Millionen decken etwas dasselbe Gebiet ab. Während die Michelin-Karte durch klare und übersichtliche Geländedarstellung besticht, zeigt die VWK-Karte viel mehr Einzelheiten (z. B. Pisten, Oueds, Tankstellen), was allerdings ein wenig auf Kosten der Übersichtlichkeit geht. Da sich diese Karten gegenseitig gut ergänzen, kauft man zweckmäßigerweise beide.

Von Bartholomew gibt es ferner eine World Travel Map Africa North-West im Maßstab 1:5 Millionen. Empfehlenswert ist auch die Carte Routière Algérie im Maßstab 1:2,5 Millionen, herausgegeben von der staatlichen algerischen Erdölgesellschaft SONATRACH.

Die Michelin-Karte Nr. 172 (Algerien und Tunesien) im Maßstab 1:1 Million deckt lediglich den Norden Algeriens ab und endet ungefähr auf Höhe der Oasen El Oued – Hassi Messaoud – Bechar. Eine Karte gleichen Maßstabs, die in etwa dasselbe Gebiet (außer Tunesien) zeigt, gibt es auch von der SONATRACH. Die Hallwag-Algerienkarte 1:1 Million repräsentiert ebenfalls nur den Norden Algeriens und endet auf Höhe der Oasen Ghardaia – Ghadames.

Wer auf den Hauptstrecken zu bleiben gedenkt (z. B. Teerstraße nach Tamanrasset, Tanezrouft-Piste etc.), ist mit diesen Karten ausreichend bedient. Wer jedoch eine Ggend etwas gründlicher erkunden, weniger befahrene oder von der Orientierung her nicht eindeutig erkennbare Pisten benutzen oder gar querfeldein fahren möchte, der benötigt ausführlicheres Kartenmaterial.

Ausgezeichnete topographische Landkarten gibt das IGN (Institut Geographique Nationale) Paris in den Maßstäben 1:1 Million, 1:500 000 und 1:200 000 heraus (vgl. folgende Skizzen). Für Querfeldeinfahrten sind die Karten im Maßstab 1:200 000 unentbehrlich. Leider bestehen bei den IGN-Karten für Algerien oft Lieferschwierigkeiten. Die Jagd nach Kartenmaterial kann deshalb zu den zeitraubendsten Vorbereitungen einer Sahareise gehören und sollte daher so früh wie möglich begonnen werden.

Wo erhält man Kartenmaterial?

Die gängigen Übersichtskarten sind in den meisten größeren Buchhandlungen erhältlich. Die SONATRACH- und IGN-Karten werden in der BRD vom Geo-Center, Stuttgart, vertrieben und sind bei geographischen Buchhandlungen, Landkartengeschäften und einigen Expeditionsausrüstern erhältlich, von denen wohl Därr's Travel Shop in München über das umfangreichste Kartenarchiv verfügt. Bitte geben Sie bei Kartenbestellungen sowohl den Namen der Karte als auch (soweit angegeben) die dazugehörige Zahlen/Buchstabenkombination an (vgl. nachstehende Übersichten).

Geographische Buchhandlungen und Landkartengeschäfte:
Internationales Landkartenhaus, Schokkenriedstraße 40a, D-7000 Stuttgart 80
Kiepert KG, Hardenbergstraße 4–5, D-1000 Berlin 12
Schroppsche Landkartenanstalt, Potsdamer Straße 100, D-1000 Berlin 30
Dr. Götze, Hermannstraße 7, D-2000 Hamburg 1
Geo-Buchhandlung Fata Morgana, Auf den Höfen 7–8, D-2800 Bremen
Gleumes & Co., Hohenstaufenring 47–51, D-5000 Köln 1
Schwarz, Richard KG, Eckenheimer Landstraße 36, D-6000 Frankfurt 1
Geo-Buchhandlung, Rosental 6, D-8000 München 2
Hof & Turecek GmbH, Markgraf-Rüdiger-Straße 1, A-1150 Wien
Giselas Travel Bookshop, Rindermarkt 20, CH-8001 Zürich
Atlas Reisebuchladen, Schauplatzgasse 31, CH-3011 Bern

IGN-Karten 1:200 000

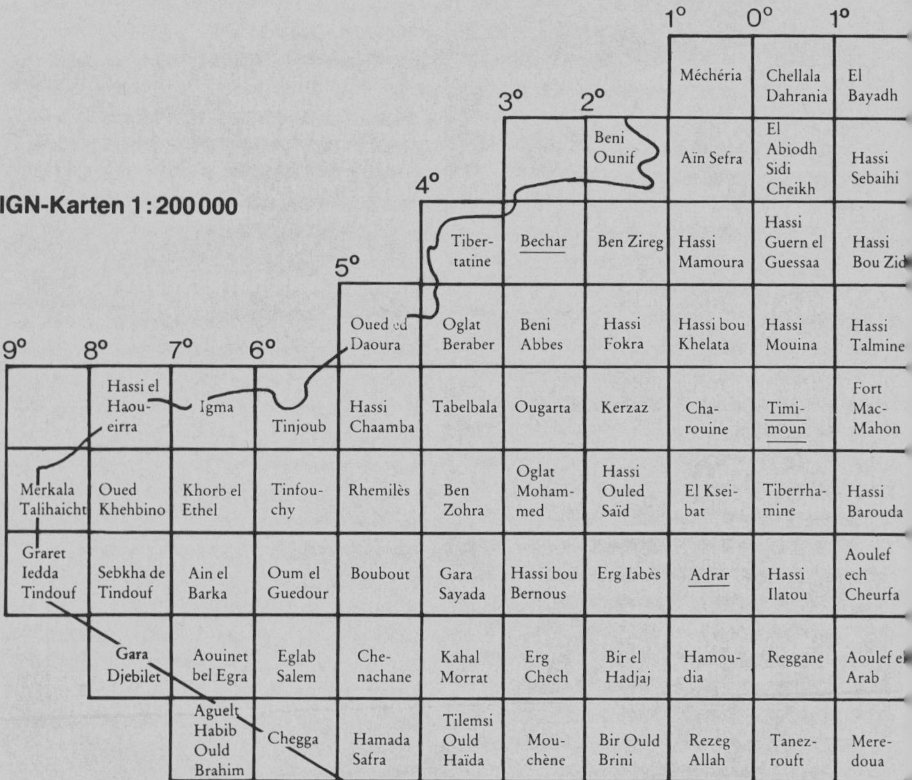

IGN-Karten 1:1 000 000

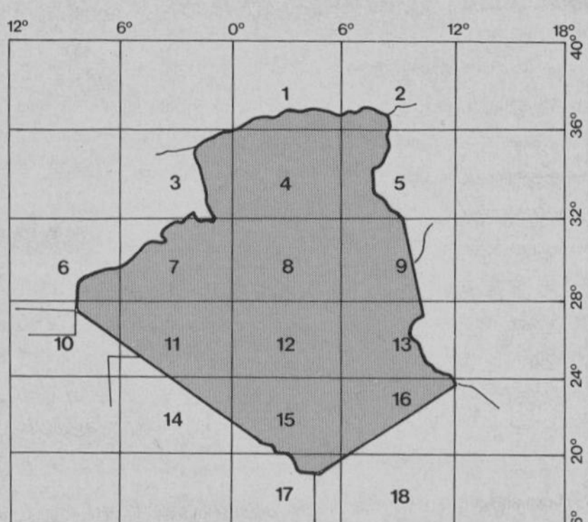

1 Algier NJ-31
2 Tunis NJ-32
3 Rabat NI-30
4 Oran NI-31
5 Sfax NI-32
6 Marrakech NH-29
7 Bechar NH-30
8 Ouargla NH-31
9 Hassi Messaoud NH-32
10 Tindouf NG-29
11 Erg Chech NG-30
12 In Salah NG-31
13 Djanet NG-32
14 Taoudenni NF-30
15 Tamanrasset NF-31
16 In Azaoua NF-32
17 Kidal NE-31
18 Agadez NE-32

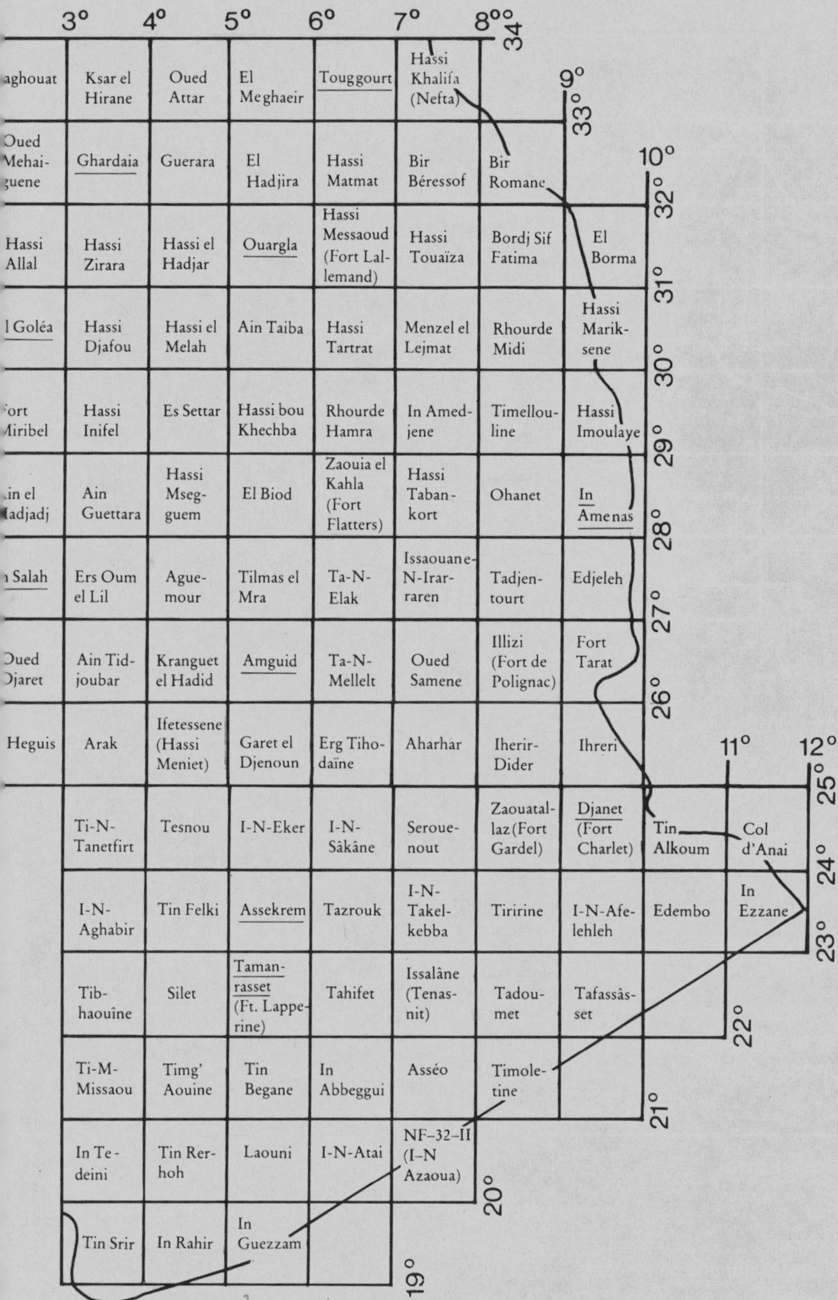

3°
4°
5°
6°
7°
8°
0°
34
9°
33°
10°
32°
31°
30°
29°
28°
27°
26°
11°
12°
25°
24°
23°
22°
21°
20°
19°
aghouat
Ksar el Hirane
Oued Attar
El Meghaeir
Touggourt
Hassi Khalifa (Nefta)
Oued Mehai-guene
Ghardaia
Guerara
El Hadjira
Hassi Matmat
Bir Béressof
Bir Romane
Hassi Allal
Hassi Zirara
Hassi el Hadjar
Ouargla
Hassi Messaoud (Fort Lal-lemand)
Hassi Touaïza
Bordj Sif Fatima
El Borma
l Goléa
Hassi Djafou
Hassi el Melah
Ain Taiba
Hassi Tartrat
Menzel el Lejmat
Rhourde Midi
Hassi Marik-sene
ort Miribel
Hassi Inifel
Es Settar
Hassi bou Khechba
Rhourde Hamra
In Amed-jene
Timellou-line
Hassi Imoulaye
in el Hadjadj
Ain Guettara
Hassi Mseg-guem
El Biod
Zaouia el Kahla (Fort Flatters)
Hassi Taban-kort
Ohanet
In Amenas
Salah
Ers Oum el Lil
Ague-mour
Tilmas el Mra
Ta-N-Elak
Issaouane-N-Irar-raren
Tadjen-tourt
Edjeleh
Oued Djaret
Ain Tid-joubar
Kranguet el Hadid
Amguid
Ta-N-Mellelt
Oued Samene
Illizi (Fort de Polignac)
Fort Tarat
Heguis
Arak
Ifetessene (Hassi Meniet)
Garet el Djenoun
Erg Tiho-daïne
Aharhar
Iherir-Dider
Ihreri
Ti-N-Tanetfirt
Tesnou
I-N-Eker
I-N-Sâkâne
Seroue-nout
Zaouatal-laz (Fort Gardel)
Djanet (Fort Charlet)
Tin Alkoum
Col d'Anai
I-N-Aghabir
Tin Felki
Assekrem
Tazrouk
I-N-Takel-kebba
Tiririne
I-N-Afe-lehleh
Edembo
In Ezzane
Tib-haouîne
Silet
Taman-rasset (Ft. Lappe-rine)
Tahifet
Issalâne (Tenas-nit)
Tadou-met
Tafassâs-set
Ti-M-Missaou
Timg' Aouine
Tin Begane
In Abbeggui
Asséo
Timole-tine
In Te-deini
Tin Rer-hoh
Laouni
I-N-Atai
NF-32-II (I-N Azaoua)
Tin Srir
In Rahir
In Guezzam

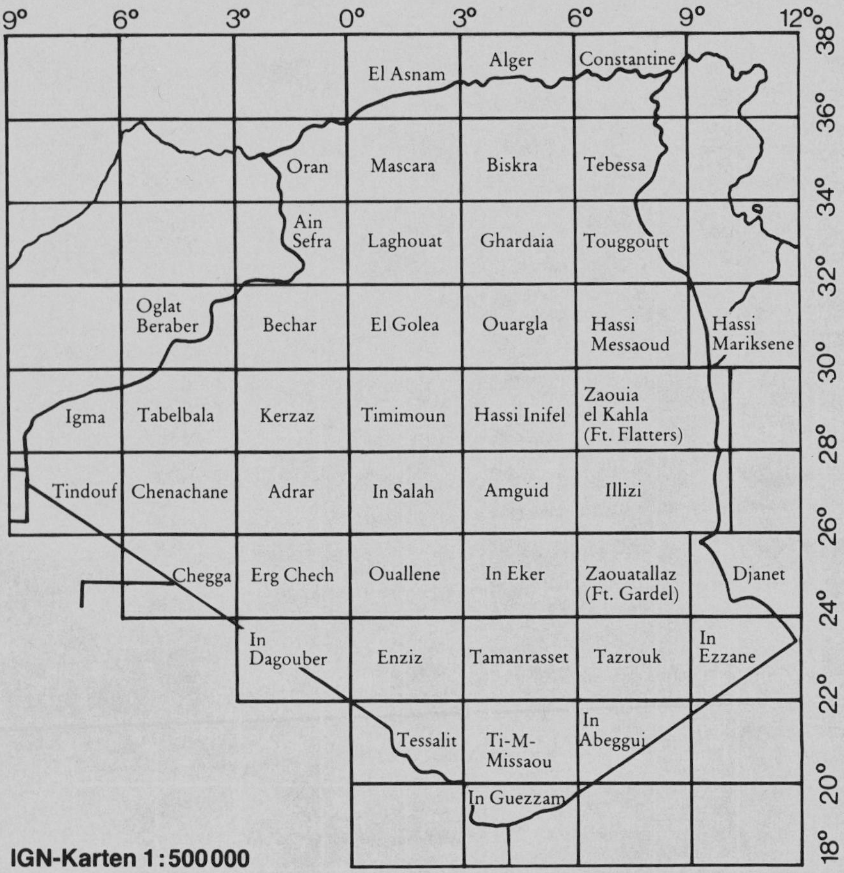

IGN-Karten 1:500000

Bücher

Über Algerien und generell zum Thema ›Sahara‹ gibt es zahlreiche Veröffentlichungen. Nachstehend eine Literaturübersicht. Erhältlich ist diese Literatur in Buchhandlungen (speziell geographischen Buchhandlungen, vgl. S. 343) oder über Ausrüstungsfirmen (vgl. S. 341 f.).

Reiseführer

Titel	*Verfasser*	*Verlag/Reihe*
Algerien Kunst, Kultur und Landschaft	Hans Strelocke	DuMont Kunst-Reiseführer
Algerien	A. Renz	Prestel
Algerien Goldstadt-Reiseführer	A. Schuster	Goldstadt

Titel	*Verfasser*	*Verlag/Reihe*
Algerien Polyglott-Reiseführer 772		Polyglott
Führer für Sahara und Hoggar	Hans Frei	VWK-Verlag
Sahara Polyglott-Reiseführer		Polyglott
Sahara (Nordafrika) Mai's Weltführer		Mai's Reiseführer Verlag
Algerien für Sie	Jean Hureau	Hieronimi
Durch Afrika Streckenbeschreibungen	Därr + TCS	Reihe ›Reise Know-How‹
Nordsahara für jedermann Auf Asphaltstraßen durch die Sahara	Chr. Pehlemann	Syro

Sachbücher und Bildbände

Algerien (Bildband)	Wimmer/Thielemann	Atlantis
3 mal Nordafrika	Willy Guggenheim	Piper
Nordafrika – Marokko – Tunesien – Algerien	Aubert/Müller	Bruckmann
10 000 Jahre Sahara Bericht über ein verlorenes Paradies	Hugot/Bruggmann	Bucher
10 000 Jahre zwischen Weide und Wüste	Handbuch zur Saharaausstellung des Völkerkundemuseums Köln	Museen der Stadt Köln
Sahara Sachbildband	Krüger	A. Schroll
Die Sahara	G. Göttler (Hrsg.)	DuMont Kultur-Reiseführer
Die Sahara	Jeremy Swift	Time Life (Die Wildnisse der Welt)
Sahara	Merian Heft 9/38	Merian
Sahara (Bildband)	Weyer/Lhote	Kümmerly & Frey
Die Sahara und ihre Randgebiete (3 Bände; 2 vergriffen)	H. Schiffers	Weltforum
Die Sahara Entwicklungen in einem Wüstenkontinent	H. Schiffers	Reihe Geocolleg F. Hirt
Hoggar – Die Lichter der Stille	Frahan	Echter Verlag
Moula-Moula Im Vogelflug über die Sahara	Alain Sèbe	Karl Schillinger
Kel essouf – Mit dem Heißluftballon über der Sahara	Alain Sèbe	Karl Schillinger
Tagoulmoust Die Menschen mit dem Schleier	Alain Sèbe	Karl Schillinger

Titel	*Verfasser*	*Verlag/Reihe*
Gehen in der Wüste	Otl Aicher	S. Fischer
Lexikon der Felsbildkunst	H. Biedermann	Verlag f. Sammler
Felsbilder der Sahara	K. H. Striedter	Prestel
Die Felsbilder des zentralen Ahaggar	Franz Trost	Akademische Druck- und Verlagsanstalt, Graz
In den Wüsten dieser Erde	Uwe George	Knaur Taschenbuch
Die Wüste – Vorstoß zu den Grenzen des Lebens	Uwe George	GEO-Buch, Gruner & Jahr
Die Tuareg	Bancaud	Dianus Trikont
Die Twareg des Tassili-N-Ajjer	K.-H. Kiesewetter	Eigenverlag
Wörterbuch zur Sprache der Twareg (in Vorbereitung)	Hans Ritter	
Tanz ins Abenteuer der Wüste – Das Leben des Charles de Foucauld	K. Klein	Herder
Charles de Foucauld	J. F. Six	Herder
Die Spur in der Wüste – Das Leben des Charles de Foucauld	K. Benesch	Styria
Die Berber	W. Neumann	DuMont-Dokumente
Architektur des Islam	Henri Stierlin	Atlantis
Biologie der Sahara	Peter Dittrich	Dittrich-Verl., München
Knaurs Tierleben in der Wüste	H. Wagner	Droemer-Knaur
Der Koran	Übersetzer: Rudi Paret	Kohlhammer

Erlebnis- und Reiseberichte

Die große Reise Sahara-Tagebuch 1876–1877	H. Barth/H. Schiffers	Erdmann
Dreimal Sahara Reisebericht aus der Sahara des Maghreb	Chr. Pehlemann	Syro
Vom Atlantik zum Nil	G. Heussler	Fischer-Taschenbuch
Abenteuer-Almanach Sahara	M. Ziegler	Umschau
Abenteuer Sahara	Rainer Falk	Pietsch
Saharasommer Trans-Afrika-Tour 1980	Perscheid/Schenk	VWK-Verlag

Sonstige nützliche Bücher

Trans-Sahara (Ausrüstung und Durchführung)	K. Därr	Reihe ›Reise Know-How‹
Motorradreisen zwischen Urlaub und Expedition	T. Trossmann	Reihe ›Reise Know-How‹
Durch Wüste und Regenwald Vorbereitung u. Ausrüstung für Motorradfahrer	M. Kunzendorf	Eigenverlag

Titel	*Verfasser*	*Verlag/Reihe*
Orientierung mit Karte und Kompaß	Linke	Busse
Medizinfibel für Fernreisen	Lieb	Band 12 der Reihe GsfG
Gesund reisen	Hans Ritter	Conrad Stein
Dünnpfiff, Gips und Reisefieber	Lößl	Lößl-Verlag
Wo es keinen Arzt gibt	David Werner	Reihe ›Reise Know-How‹
Wüsten-Survival	D. & S. Nelson	Conrad Stein
Survival in der Wüste	K. E. M. Melville	Schettler
Achtung Touristen	Ch. Adler	Umschau
Sprachbuch Afrika (Französisch–Arabisch–Kisuaheli)	H. G. Semsek/ E. Schneider/ G. Friedrich	›Kauderwelsch‹-Sampler, Reihe ›Reise Know-How‹

Kartenverzeichnis

Bitte senden Sie Korrekturen, Ergänzungen und Verbesserungsvorschläge (möglichst mit Angabe des Reisedatums und des Fahrzeugtyps) an:

Ursula und Wolfgang Eckert – ›Algerische Sahara‹
c/o DuMont Buchverlag
Mittelstr. 12–14
5000 Köln 1

Im voraus besten Dank!

Bildnachweis

Farbabbildungen

Ursula und Wolfgang Eckert: Umschlagvorderseite, Umschlaginnenseite, 2, 3, 5, 7–9, 11, 13–16, 18, 23–26, 28–39, 41, 42

Angela Hounam: Umschlagrückseite, 1, 4, 6, 10, 12, 17, 19–22, 27, 40

Schwarzweißabbildungen

Ursula und Wolfgang Eckert: S. 6, 10, 11, 12, 14 unten, 15 (2), 18 oben, 19, 20, 21f. (5), 26, 28, 29, 36, 37, 41, 46, 49, 50 (2), 51, 67, 74, 75, 84, 92 unten, 98, 104, 111, 113, 115, 116, 123, 131, 133, 134, 136f. (2), 138, 139, 140, 171, 174, 175, 186 unten, 188, 189, 190f., 205, 207, 208, 209, 211, 212, 220, 222f., 224, 225, 226, 228f., 230, 231, 232, 233, 234, 236f., 239, 241, 242f., 244f., 247, 248, 250, 270, 279, 292, 293, 300

Angela Hounam: Frontispiz, S. 9, 14 oben, 18 unten, 42f., 52f., 54f., 76f., 94, 142f., 183, 185, 186 oben, 202f.

Heinz Schmitz: 16, 34, 80, 85 (2), 89, 90, 92 oben (2)

Historische Abbildungen: S. 24, 27 oben, 70, 71 und 72 unten aus ›Gustav Nachtigals Reisen in der Sahara und im Sudan‹, Leipzig 1887; S. 25 und 38 aus ›Illustrierte Länder- und Völkerkunde‹, hrsg. v. Gustav A. Ritter, Berlin um 1910 (zur Verfügung gestellt von Herrn Helmut M. Schäfer); S. 48 (2) und 57 aus ›Völker der Sahara – Mauren und Twareg‹, Stuttgart 1979 (mit freundlicher Genehmigung des Linden-Museums Stuttgart und des Ullstein-Bilderdienstes, Berlin); S. 72 oben aus Heinrich Barth: ›Reisen durch Nord- und Zentralafrika‹, Gotha 1857

Der Abdruck der Vignette auf S. 1 erfolgt mit freundlicher Genehmigung der Firma Beiersdorf, Hamburg

Alle übrigen Abbildungen stammen aus den Archiven der Autoren und des Verlags

Karten in den Umschlaginnenklappen: Arnulf Milch, Lüdenscheid
Innenkarten: Heinz Schmitz, Hürth/Köln

Glossar

Abri	prähistorische Wohnstätte unter Felsüberhängen oder in Felsnischen
Acheb	kurzlebige Wüstenflora nach Regenfällen
Adrar	Berg, Bergland, Bergmassiv, Bergkette
Aguelman	offene Wasserstelle (Guelta)
Ahal	abendliche Zusammenkunft der heiratsfähigen Tuareg-Mädchen und -Jungen bei Gesang, Tanz und Amzadspiel
Ain	Brunnen, Quelle
Amenokal	gewähltes Oberhaupt einer Gruppe von Tuaregstämmen
Amzad, Imzad	einsaitige Geige der Targia
Artisanat	staatliches Kunstgewerbegeschäft
Atakor	Sattelknauf; auch Bezeichnung für die zentrale Region des Hoggar-Gebirges mit ihren charakteristischen Felshöckern
Azalai	Salzkarawane
Azegiz	langer Dolch der Tuareg, der mit einer Schlaufe am Unterarm getragen wird
Badou	kleine Bewässerungsrinne
Balise	Wegmarkierung
Barchane	kleine, sichelförmige Düne auf Regboden
Bidon	mit Sand gefüllte Treibstoffässer, als Wegmarkierung aufgestellt
Bir	Brunnen, Wasserstelle
Bled	Dorf, Siedlung, Region
B.N.A.	Banque Nationale d'Algérie
Bordj	Fort, Festung
Boukha	tunesischer Feigenschnaps
Brik	gefüllte, frittierte Teigtaschen; tunesische Spezialität
Cram-Cram	›Sudanklette‹; typische Sahelpflanze mit klettenähnlicher Samenkapsel
Dahar	Bergrücken
Daira	Kreisverwaltung
Delu	Schöpfbeutel aus Ziegen- oder Schafsleder
Djebel	Berg, Gebirgsstock
Djellaba	geschlossener Übermantel aus Lamm- oder Kamelwolle, mit Kapuze
Djinn (plural: Djenoun)	Geist
Drinn	Wüstengras; beliebtes Kamelfutter
Edeyen	Dünengebiet (libyscher Ausdruck für Erg)
Enaden, Inaden	Handwerkerkaste der Tuareg (besonders Schmiede)
Erg	Sandwüste, meist mit Dünen
Fantasia	Fest mit Reiterspielen
Fech-Fech	puderfeiner Sand, meist unter einer trügerischen, fest erscheinenden Kruste
Fedsch	weicher Durchgang zwischen Dünen
Fenek	Wüstenfuchs
Foggara	unterirdisches Bewässerungssystem
Gandura	weites, ärmelloses Gewand der Tuareg
Gara	Zeugenberg
Gassi	Längskorridor zwischen zwei Dünenzügen mit festem Grund
Gerba	Wassersack aus Ziegenfell
Ghout (Plural Ghitane)	künstliche Sandtrichter im Souf, auf deren Grund Palmen, Gemüse und Tabak gedeihen
Gibli, Ghibli	heißer Wüstenwind

Guelta	offene Wasserstelle; Felsenloch, in dem sich Quell- oder Regenwasser oft jahrelang hält
Hadj (Hadji)	Pilgerfahrt nach Mekka (Titel eines Mekkapilgers)
Halfa	hohes Steppengras; Rohstoff für Flechtarbeiten (bes. Matten) und Papier
Hammada	ebene Geröllwüste, meist bedeckt mit scharfkantigen Gesteinstrümmern
Haratin	dunkelhäutige Nachkommen der einstigen Negersklaven
Harissa	scharfe Sauce aus Peperonis
Harmattan	trockener Wüstenwind im Winter
Hassi	Brunnen, Wasserstelle
Hokum	Zelt der Tuaregnomaden, meist aus rotgefärbten Ziegenhäuten
Igharghar	Flußtal, meist ausgetrocknet
Iklan	ehemalige Sklaven und Leibeigene der Tuareg
Imam	Vorbeter; Vorsteher einer islamischen Gemeinde
Imazighen	›die Freien, die Unabhängigen‹; Eigenbezeichnung der Tuareg
Imghad, Imrad	tributpflichtige Tuareg der Vasallenkaste
Imohagh, Imohar	Kaste der adligen Tuareg
In	Brunnen, Quelle
Indigo	blauer Farbstoff
Inschallah	›So Gott (Allah) will!‹
Kalaa	Festung
Kalebasse	verholzter Kürbis, als Gefäß verwendet
Kasbah	Zitadelle, Festung, befestigter Teil der Altstadt
Kedia	Zeugenberg
Kerkour	Vermessungspunkt, trigonometrischer Punkt; meist in Form einer Steinpyramide
Khottara	Schwenkbrunnen
Kori	Flußbett (im Air-Gebirge), meist ausgetrocknet
Kri-Kri	Talisman
Ksar (Plural Ksour)	befestigte Siedlung
Kuskus, Couscous	aus Grieß oder Hirse auf Dampf bereitetes nordafrikanisches Hauptgericht, mit Fleischstückchen und Gemüse garniert; zahllose lokale Varianten
Lagmi	Saft aus dem Stamm der Dattelpalme
Litham	turbanartiges Kopftuch der Tuaregmänner; wird auch vor Nase und Mund gebunden
Maghreb	arabisch für ›Westen‹; bezeichnet den Westteil der arabisch-islamischen Welt (Tunesien, Nordalgerien, Marokko, gelegentlich auch das libysche Tripolitanien)
Marabut	vom Volk als Heiliger verehrter Weiser, Gelehrter, Heilkundiger; auch Bezeichnung für dessen Grabmal
Medersa, Medrese	höhere Koranschule
Medina	arabische Altstadt
Meharée	Kamelritt
Mehari	Reitkamel, meist mit hellem Fell
Meharist	Kamelreiter, französische Wüstenpolizei
Mejra	Bewässerungskanal
Meschui, Mechoui	arabisches Festmahl mit einem am Spieß unzerteilt gebratenen Tier (meist Hammel oder Ziege)
Muezzin	Ausrufer, der die Moslems täglich fünfmal zum Gebet ruft
Mufti	Gesetzeskundiger des Koran (türkischer Titel)
ONAT	Office National Algérienne de Tourisme = Algerischer Fremdenverkehrsverband (vgl. SONATOUR)
Oued (Wadi)	Flußbett, meist ausgetrocknet

Rahla	Reitsattel der Tuareg mit kreuzförmigem Knauf
Ramadan	islamischer Fastenmonat
Ras	Felsvorsprung, Kap
Redjem	Steinhaufen zur Pistenmarkierung
Reg	ebene Kieselwüste
Rezzu	räuberischer Feldzug der Tuareg; davon abgeleitet unser Begriff Razzia
SAA	Societé Algérienne d'Assurance = Staatliche Versicherungsgesellschaft
Safia	von Geröll und Felsplatten bedeckte Landschaft
Sahara, Sahra	›Von gelber Farbe‹; im übertragenen Sinn: Wüste
Sahel	›Ufer‹; Übergangszone zwischen Wüste und Steppe (Ufer der Wüste); Viehzuchtgebiet
Samara	Sandalen der Tuareg
Saroual	weitfallende ›türkische‹ Hose
Schesch, Chech	turbanartiges Kopftuch (bis zu acht Meter lang)
Schott, Chott	Salzsee, Salztonsenke, häufig ausgetrocknet (meist größer als Sebkha)
Sebkha	Salzsee, Salztonsenke, häufig ausgetrocknet
Seguia	Bewässerungskanal
Seif	Schwert; auch: langgezogene Düne mit scharfem Kamm
Senoussi	frühere islamische, betont ausländerfeindliche Sekte aus Libyen
Serir	Kieselwüste, Schotterwüste (libyscher Ausdruck für Reg)
Sidi	Titel eines Heiligen oder Gelehrten; auch vornehme Anrede ›Herr‹
SNTF	Societé Nationale des Transports Ferroviaires = Staatliche Eisenbahngesellschaft
SNTR	Societé Nationale des Transports Routières = Staatliche Straßentransport-Gesellschaft
SNTV	Societé Nationale des Transports de Voyageurs = Staatliche Gesellschaft für Öffentliche Verkehrsmittel
SONAREM	Staatliche Bergbaugesellschaft
SONATOUR	Societé Nationale Algérienne de Tourisme = Algerischer Fremdenverkehrsverband (vgl. auch ONAT)
SONATRACH	Staatliche Erdöl- und Erdgasgesellschaft
Souf	berberisch für ›Wasserlauf‹; Region um El Oued
Souk	Markt (arabisch; entspricht dem persischen ›Basar‹)
Sudan	Zone zwischen Sahara und Regenwald vom Nil bis zum Atlantik (arabisch: bled es Sudan = ›Land der Schwarzen‹); zugleich Name für Staat am Nil südlich Ägyptens
Tagelmust	Gesichtsschleier der Tuaregmänner; meist indigofarben
Takuba	Schwert der Tuareg, häufig in reich verzierter Lederscheide
Tamaschek	Sprache der Tuareg
Tanezrouft	›Land des Schreckens‹; weite, flache Sand- und Kiesebene
Targi	männlicher Angehöriger der Tuareg
Targia	weibliche Angehörige der Tuareg
Tassili	Hochebene, Plateau
Tela, Telek	Dolch der Tuareg
Tifinagh, Tifinar	Schrift der Tuareg
Tin	Brunnen; Wasserstelle
Tirest	großer Ledersack zum Wasserschöpfen
Trachom	in Afrika weit verbreitete, infektiöse Augenkrankheit
Tuareg	hellhäutiger Volksstamm in der Zentralsahara (arabisch: ›die von Gott Verstoßenen‹)
Wadi (Oued)	Flußbett, meist ausgetrocknet
Wilaya	Bezirks-(Regions-)Verwaltung
Zeriba	Hütte aus Schilf, Stroh oder Palmzweigen

Register

Vgl. auch das Inhaltsverzeichnis des Gelben Teils S. 249 und das Glossar S. 351ff.